미네르바 인문 읽기와 토의·토론
- 인간의 삶과 가치 -

서문

미네르바 인문강좌로의 두 번째 초대

자연은 위대한 스승이라는 말처럼 우리는 계절의 변화를 통해서 많은 가르침을 얻고 있습니다. 지난 무더위 속에서 흘린 땀의 가치와 시원한 바람이 안겨준 고마움을 기억하면서 다시 설레는 마음으로 미네르바 인문강좌의 두 번째 만남에 여러분들을 초대합니다.

2학기를 맞이한 여러분들은 어느 덧 친구가 생기고 대학생활에 익숙해지면서, 하나 둘 씩 목표를 세워 새로운 꿈과 비전을 향해 달려가고 있겠지요. 그러면서도 한편으로는 우리가 사는 이 사회와 앞으로 나아가야 할 세계가 그리 낙관적이지만은 않다는 생각을 하게 됩니다. 매일같이 들려오는 사건 사고의 소식들이 우리의 마음을 무겁게 만들기 때문입니다.

우리는 지난 세월을 통해 수많은 분쟁과 전쟁을 겪으면서 인간의 욕망이 빚어내는 갈등이 얼마나 잔인한 결말을 가져오며, 인간들 상호간의 소통의 부재가 어떠한 참담한 결과를 일으키는지를 알게 되었습니다. 인류의 역사뿐만이 아니라 현재 이 사회를 구성하는 사람들에서도 배려와 책임 의식은 찾아볼 수 없고, 이기적이고 비상식적인 태도로 일관하는 모습들을 접하곤 합니다.

그러한 가운데 한국 교육의 문제점들이 지적되고 있습니다. 이러한 위기의 때에 대학교육의 본질은 무엇인가에 대해 고민하지 않을 수 없습니다. 물질이나 외형적 성장이 아닌, 내면적 성장과 정신적 성숙을 위해 노력해야 할 때인 것입니다. 더욱이 대학 교육의 공적 역할을 담당해야 하는 교양교육은 그 책임이 더욱 크고 막중합니다. 교양에서 다루는 인문학은 말 그대로 인간에 대해 배우는 학문입니다. 인간이라는 존재를 이해하고 인간이 '인간다움'을 이루기 위해 올바른 가치관과 덕목을 익히며 실천해 가는 배움이라고 할 수 있습니다. 인성교육의 중요성이 날로 강조되고 있는 이 때에 인문학 공부를 통해서 근본적으로 성찰하고 회복하여야 할 가치들에 대해 공부하고자 합니다.

<미네르바 인문읽기와 토의·토론>강좌는 미네르바 교양대학 기초교양교육의 핵심과목으로 모든 1학년 학생들이 2학기에 이수하는 기초필수과목으로 마련되었습니다. 우리 대학교의 인재상인 자주적·국제적·독창적 지성인에게 필요한 덕목과 민주적 의사소통 능력을 함양하기 위해 고전인문 읽기와 토의·토론을 연계하여 구성하였습니다. '인문읽기'는 철학, 역사, 종교, 문학, 예술 등 다양한 분야의 동·서양 고전 작품의 원전을 통해 그 속에서 다루는 인간과 인간 삶의 문제들을 마주하면서 우리 자신의 모습을 성찰해 가는 작업입니다. 또한, 인간의 삶에 우선해야할 도덕적인 가치를 비롯해 정치, 경제, 사회 등 공동의 합의가 필요한 주요 현안들에 관해 집중적으로 탐구하는 기회를 갖고자 합니다. '토의·토론'은 합리적인 근거와 형식, 절차에 따라 자신의 의견을 설득력 있게 제시하는 방법과 서로 다른 입장의 사람들이 의견 교환과 협의를 통해 결론을 도출하는 의사 결정 방식 등을 익히는 훈련입니다. 이러한 배움 훈련은 글로벌 시대의 세계시민으로서 갖춰야 할 소양과 리더십을 키워가는 데 도움을 줄 것입니다.

끝으로 『미네르바 인문읽기와 토의·토론-인간의 삶과 가치』가 출판되기까지 도움을 주신 모든 분들에게 감사의 말씀을 전합니다. 교재에 출판물들을 사용

할 수 있도록 허락해주신 여러 출판사를 비롯하여, 좋은 글을 선정하고 이해를 돕기 위해 번역과 해제를 맡아주신 미네르바 교양대학 교수님들, 그리고 누구보다도 열심히 학생들과 소통하면서 강의를 진행해주시는 인문강좌 담당 교수님들에게 고마움의 뜻을 전해드립니다.

2018년 9월

『미네르바 인문읽기와 토의·토론』 집필진

미네르바
인문 읽기와 토의·토론

제1장 대화와 설득
우리는 어떻게 대화하는가

• 들어가는 말

1. 말 또는 글의 우위성: 플라톤의 『파이드로스』, 김기림의 『문장론 신강』
2. 설득을 위해 필요한 기술: 아리스토텔레스의 『수사학』
3. 연설가의 고유한 능력: 키케로의 『웅변술의 분류』
4. 행위로서의 말: 오스틴의 『말을 가지고 행하는 방법』
5. 동양의 변증론: 묵자의 「소취」, 「귀의」, 공손룡의 「백마론」, 「견백론」 편

제1장 대화와 설득

들어가는 말

의사소통은 인간과 동물을 구별하는 가장 중요한 요건이다. 그러나 의사소통은 인간 사이에서만 이루어지는 것은 아니다. 벌이나 침팬지와 같은 동물 세계에서도 춤, 소리, 표정, 몸짓 등의 고유한 신호 체계를 통해 '의사'를 '소통'한다. 그렇다면 동물의 의사소통과 구별되는 인간의 의사소통이 갖는 고유한 특성은 무엇인가? 그것은 바로 언어, 즉 '말'과 '글'의 사용(설득하기, 말하기, 쓰기)이다.

언어는 인간의 의사소통에서 가장 정교한 수단으로 사용된다. 인간은 언어의 구성요소인 소리, 어휘, 구문, 텍스트 등을 통해 청자에게 메시지의 내용이나 주제를 전달한다. 뿐만 아니라 청자(상대방)에 대한 화자의 의도나 감정을 실어 표현하기도 한다. 언어를 통한 의사소통은 여러 가지 다른 수단, 이를 테면 몸짓이나 그림과 같은 수단보다 더 명확하게 자신의 사고를 표현할 수 있다. 이와 같은 언어의 특징 때문에 여러 언어학자들은 인간이 언어로 사고하고, 사고가 언어를 통해 객관화된다고 주장한다.

인간은 동물들과 달리 언어를 통한 정교한 의사소통을 함으로써 감정과 정보를 서로 공유하고 사회를 유지해 나가기 때문에 의사소통은 인간의 활동 중에서 가장 기본적이고 중요한 덕목이 된다. 따라서 올바른 의사소통을 위해서 인간의 사고와 깊게 관련된 언어를 기반으로 하는 의사소통(대화) 수칙 및 현상들을 이해해야만 한다.

의사소통의 모형이나 현상을 성찰하기 위해서는 먼저 그리스 시대와 로마 시대 수사학을 일컫는 설득적 의사소통 기능의 이해가 선행되어야 한다. 고대 수사학에서 연설가(화자)가 소통 역량을 연마하기 위해 의식적으로 학습했던 의사소통(대화) 능력인 수사학의 다섯 수칙들(발견술, 배열술, 표현술, 연기술, 기억술)을 단계별로 따라가 음미해 볼 필요가 있다.

소크라테스가 활동하던 고대 그리스는 소피스트들이 아테네 시민들에게 최고의 인기를 얻던 시대이다. 그러나 아테네 동맹과 스파르타 동맹 중심의 펠레폰네소스 전쟁에서 참패한 후 아테네는 그리스 '민주제' 정신의 타락을 그 원인이라 생각했다. 그것은 결국 아테네 법정에서 진실보다는 단지 승리를 위해서만 논쟁술을 가르쳤던 소피스트들에 대한 비난으로 돌아갔다. 문제는 플라톤의 스승 소크라테스가 소피스트들 중 한 명으로 오해받고 아테네 법정에 회부되어 사형선고를 받고 죽게 되는 사태가 벌어지게 된 것이다. 플라톤은 대부분의 작품에 소크라테스를 등장시켜 수많은 대화편들을 썼는데 소피스트와의 차별성을 부각시키는 이야기들이 자주 등장한다. 소크라테스가 소피스트들과 어떻게 다른지를 논리적으로 제시하면서 소크라테스의 죽음을 간접적으로 항변하려는 의도를 볼 수 있다.

플라톤의 『파이드로스』는 그의 작품 중 『향연』과 『국가』와 비슷한 시대에 쓰여진 것으로 추정되는데, 에로스와 수사학에 대한 두 가지 주제를 담고 있다. 플라톤은 소크라테스의 죽음과 관련하여 소피스트의 논쟁술이나 당대의 수사학에 대해 부정적인 시각을 갖고 있었다. 그러나 이 작품에서는 수사학에 대해 좀 더 긍정적인 측면을 다루고 있다. 플라톤은 수사학을 '영혼을 설득하는 기술'로 생각하였다. 설득을 하기 위해서는 우선적으로 무엇이 참인지 거짓인지를 배워야 하며 진리를 인식해야 한다. 이처럼 플라톤에게 진정한 의미의 수사학은 말을 통해 영혼을 인도하는 것이다. 교재에 소개된 '문자의 신화와 말의 기능과 역할'에서는 플라톤이 지어낸 문자 발명 신화가 나오는데, 말과 글의 관계에서 말의 우위를 설명하고 글을 비판하는 이야기가 수록되어 있다. 플라톤 자신도 수많은 작품들을 썼음에도 불구하고 글의 한계가 무엇인지를 보여주며 말이 상대적으로 더 우위에 있다고 주장하는 이유는 말을 통해 영혼에 진리의 씨앗을 뿌리는 일이 가장 중요하다고 생각했기 때문이다.

김기림의 『문장론신강』은 문장론에서 보여주는 구조의 첫 번째 항목으로 언어와 문학의 관계를 파악할 수 있는 '말(spoken language)' 과 '글(written language)' 에 관한 주제를 담고 있다. 교재에 소개된 『문장론신강』의 2장 '말과 글'에서는 말과 글의 중요성에 관한 논의가 자세히 전개되고 있다. 그의 이론에 따르면 말과 글을 따로 분리하는 옳지 못한 경향을 극복하여 말하는 말과 쓰여진 말이 하나의 동일한 것이라는 인식을 가져야 하며, 말은 천한 것이며 글은 소중하여 말보다는 글이 우위의 가치를 가진다는 미신을 떨쳐버려야 한다는 것이다. 그는 또한 말과 글을 잘 연마하기 위해서는 재능보다는 많은 훈련과 기술이 필요하다는 점을 역설한다. 이는 말과 글을 다루는 별도의 기술체계 또는 규칙이라 할 수 있는 수사학의 필요성으로 연결된다.

아리스토텔레스의 『수사학』은 웅변술, 변론술에 관한 것으로 단순한 기술로 간주하며 경멸하던 당시의 수사학을 담론의 진행을 규칙화하는 학문으로 정립한 것이다. 고대 수사학은 의회에서의 연설, 재판에서의 논쟁, 나아가 일상적 좌담에서 청중의 마음을 움직이고 사로잡으며 상대를 '설득하는 기술'의 연구가 주된 것으로 사라쿠사의 코락스에서 출발한다. '청중으로부터 화자가 원하는 반응을 불러일으키는 기술'(코락스), '언어를 통해 사람들의 마음에 영향을 미치는 기술'(플라톤)로 정의하는 설득의 뜻은 프로타고라스, 고르기아스와 같은 소피스트의 수사학을 거쳐 기원전 4세기경 아리스토텔레스의 『수사학』에서 처음으로 체계화된다. 아리스토텔레스는 수사학을 '모든 주제에 담겨진 설득의 정도를 추출해 내는 기술' 혹은 '설득적인 것을 사변적으로 발견하는 능력'으로 정의한다. 여기서 눈여겨봐야 할 것은 수사학은 일종의 기술(Technè)이며, 그것은 또한 대중 앞에서 말하는 기술로, 담화를 받아들이는 청자를 잘 설득하고 납득시키는 기술이라는 점이다.

이러한 그리스 시대의 수사술은 로마시대의 대표적 수사학자 키케로와 퀸틸리아누스를 통해 그대로 계승된다. 키케로는 로마시대 정치가이자 명연설가로 플라톤과 아리스토텔레스의 수사학과 자신의 수사학 체계를 중재하고 조화시키는 절충주의의 입장을 취한다. 그의 대표저작으로는 『연설가』, 『논거발견술』, 『수사학』, 『웅변술의 분류』 등이 있다.

키케로의 『웅변술의 분류』의 첫 장에 등장하는 '소재와 문체에 관한 웅변가의 수단과 방법들'은 아리스토텔레스가 제시한 연설가의 다섯 가지 구성요소를 이론적으로 정리, 통합한 것으로서 연설가(화자)가 학습을 통해 갖춰야 할 다섯 가지 고유한 능력들로 구성되어 있다. 이러한 다섯 가지 수사학 수칙은 아버지 키케로와 그의 아들 마르쿠스가 서로 묻고 대답하는 대화 형식으로 제시되었고, 명확하고 설득력 있고 수용 가능한 연설(담화)을 수행하기 위한 수단과 방법들로 구성되었다. 그것은 "나는 말하기의 원칙에 관한 규칙들과 체계들이 몇 개의 부분으로 나뉘어졌는지를 듣고 싶습니다"라는 아들의 질문으로 시작한다.

오스틴의 『말을 가지고 행하는 방법』은 비트겐슈타인의 후기 사상에 영향을 받은 오스틴이 말의 의미를 넘어 말의 사용에 초점을 둔 화행론(speech act)을 다루고 있다. 오스틴은 '무언가를 말한다'는 것을 '무언가를 행한다'는 것으로 간주하면서 말의 수행적 성격을 규명하고자 하였다. 교재에 소개하는 8강에서는 모든 발화를 발화행위, 발화수반행위, 발화효과행위의 세 가지 수행적 행위로 설명한다. 첫째, 발화행위(locutionary act)는 무언가를 말하는 행위로 일정한 의미를 가지는 문장을 발화하는 행위이다. 둘째, 발화수반행위(illocutionary act)는 발화와 함께 수행되는 행위로 진술, 명령, 질문, 약속, 감사, 보고 등의 기능을 가진다. 셋째, 발화효과행위(perlocutionary act)는 화자의 발화가 청자에게 어떤 효과를 가져오게 하는 행위이다.

묵자의 「소취」, 「귀의」 편은 묵변(墨辨)으로 명명되는 후기 묵가의 논리학이 제시되어 있고, 공손룡의 「백마론」, 「견백론」 편은 전국시대 명가(名家)의 논리학이 제시되어 있다는 편목이다.

묵자와 묵가(墨家)의 교의는 논변(論辨)을 통해 자신들의 이상상이 시대적 요구에 부합하는 당위성을 확보했음을 증명하려고 했다. 왜냐하면 유가를 비롯한 제자의 논리가 지닌 모순과 난점을 폭로하고, 자신들의 이상상이 시대정신을 반영하는 최선의 선택임을 합리화할 필요성이 있었기 때문이다. 이러한 양상은 전국시대에 들어와 제자백가 모두에게서 나타나는 공통점이며, 그 결과 치열한 논쟁의 수단으로 논리학이 발전하게 되었다. 묵가 역시 후대에 변설(辨說)의 대상, 범위, 성질을 정의함으로써 논변을 하나의 독립된 과학으로 성립시키고 논리학의 수준으로 끌어올렸던 것이다.

여기에서 소개하는 『묵자』의 「소취」, 「귀의」편은 서양철학의 특징이라고 할 수 있는 분석적 접근방식으로 이해할 수 없는 논리전개와 태도를 지니고 있어 해석상 오류를 범할 위험성이 크다고 알려져 있는 동아시아 고유의 논리학이 자신만의 고유한 수사와 문법을 가지고 있었지만, 그들이 사용한 언명과 진술들 그리고 규칙들이 언어적 소통의 보편성을 담고 있었는지의 여부를 보다 분명히 알려줄 것이다.

전국시대 명가는 현실의 대상물을 두고 사실을 있는 그대로 묘사할 수 있는 이름 짓기를 의미하는 명실론을 주장하였는데, 등석, 혜시, 윤문, 공손룡 등이 대표적인 인물들이다. 공자의 정명(正名) 개념으로부터 출발한 명실론(名實論)은 신분이나 위계를 지닌 칭호에 따른 직분이나 의무를 의미하는 규범적, 수행적 기능을 의미하는 것이었다. 전국시대에 이르러서 규범을 내포한 명분론이 기술적 기능(descriptive function)으로 전환되면서 명실론이 제기되었다. 이들은 극단의 양립 불가능한 논리도 궤변으로 통섭하는 변론에 능했지만, 논박할 수 없으나 실제로 불가능한 일을 제시했다는 비판을 받았다. 『공손룡자』에 등장하는 「백마론」, 「견백론」 편은 전국시대 명실론을 이끌어 나가면서 정명의 원칙을 기초로 논리학을 창시한 것으로 평가받는 공손룡의 백마비마(白馬非馬)의 명제를 담고 있다.

1

말 또는 글의 우위성

플라톤의 『파이드로스』, 장영란 옮김, 김기림의 『문장론 신강』, (민중서관, 1950).

플라톤의 『파이드로스』

소크라테스: [274c] 나는 이런 이야기를 들었네. 이집트의 나우크라티스Naucratis 지방에는 옛날 신들 가운데 이비스ibis라고 부르는 성스러운 새를 가진 어떤 신이 있었네. 그 신의 이름은 바로 테우트Theuth라네. [274d] 테우트는 처음으로 수, 계산, 기하학, 천문학은 물론 장기놀이와 주사위 놀이를 발명했고, 특히 문자까지 발명했다고 하네. 그 당시 이집트 전체의 왕은 타무스Thamus였지. 그는 위쪽 지역의 큰 도시에 살았다네. 그리스 사람들은 그 도시를 이집트의 테바이라고 부르고, 그 신을 암몬Ammon이라 불렀네. 테우트 신은 타무스 왕을 찾아와 기술들을 보여주면서 다른 이집트인들에게 전파해야 한다고 말했네. 그러나 왕은 그 기

술들이 각각 어떤 유용성을 지녔는지 물었고, 테우트가 설명을 해주자, 훌륭한 것과 훌륭하지 않은 것을 따져서 어떤 것은 비난하고 어떤 것은 칭찬했다네. 타무스는 테우트에게 각 기술의 장단점에 대해 많은 것을 이야기했다고 하지만 너무 길어서 일일이 설명할 수는 없네. 그런데 문자에 대한 설명에 이르자, 테우트가 이렇게 말했다네. "왕이여, 이런 배움은 이집트 사람들을 더욱 지혜롭게 하고 더 기억력을 높여 줄 것입니다. 왜냐하면 그것은 기억과 지혜의 약(pharmakon)으로 발명된 것이기 때문이니까요." 그러자 타무스가 이렇게 대답했네. "기술이 뛰어난 테우트여, 어떤 사람은 기술들을 만들어낼 수 있는 반면, 다른 사람은 그것들이 사용자들에게 미치는 손해와 이익을 판단할 수 있다네. [275a] 이제 문자의 아버지인 당신은 문자에 대한 호의 때문에 그것이 할 수 있는 것과 정반대를 말했네. 문자는 기억을 훈련하는데 소홀히 만들어 배우고자 하는 사람들의 영혼 속에 망각을 낳을 것이네. 더구나 글쓰기를 신뢰하기 때문에 자기 외부의 다른 흔적들에 의존할 뿐 자기 내부의 힘을 빌려 기억하지 않을 것이네. 그래서 당신이 발명한 문자는 기억의 약이 아니라 환기(還記,hypomneseos)의 약이네. 당신은 제자들에게 진리(aletheia)가 아니라 지혜처럼 보이는 것을 주는 것 뿐이네. 그들은 가르침을 받지 않고도 많은 것을 읽게 되어 자신들이 많이 안다고 생각하네. [275b] 하지만 그들은 대부분 무지하고 상대하기 어렵다네. 그들이 [진정으로] 지혜로운 것은 아니며, 단지 지혜로운 것처럼 보이기 때문이네.

파이드로스: 소크라테스, 당신은 이집트나 당신이 원하는 곳의 이야기를 잘도 지어내시는군요.

소크라테스: 이 사람아, 도도나에 있는 제우스 신전의 사제들은 참나무의 이야기가 최초의 예언이라고 말하네. 그 당시 사람들은 당신들과 같은 청년들처럼 지혜롭지 않았기 때문에, 참나무이든 [275c] 바윗돌이든 단지 진리를 말한다고 한다면, 단순하게 듣는 것만으로도 만족했네. 그러나 자네에게는 말하는 사람이 누구이고 어느 곳에서 왔는지가 중요한 것 같군. 자네는 그의 말이 사실인지 아닌지를 확인조차 하지 않으니 말이네.

파이드로스: 당신의 비난이 옳습니다. 제가 보기에는 문자에 대해 테바이 사람이 말한 것이 맞는 것 같습니다.

소크라테스: 그러니 기술을 문자에 담아 남긴다고 생각하는 사람이나 문자로부터 무언가 분명하고 확실한 것이 생겨나리라는 생각에서 그것을 받아들이는 사람은 너무 순진하여 실제로 암몬의 예언을 모르는 것이네. [275d] 문자는 그것이 무엇을 다루는지를 알고 있는 사람에게 환기시켜 주는 [역할]만 할 뿐이네.

파이드로스: 맞습니다.

소크라테스: 파이드로스, 글쓰기에는 뭔가 이런 특이한 점이 있다네. 그것은 사실 그림 그리기와 비슷하네. 그려진 것들은 살아있는 생물처

럼 보이지만, 자네가 어떤 질문을 던지면 무겁게 침묵한다네. [글로 쓰여진] 말들(logoi)도 비슷하네. 자네에게는 그것들이 마치 무언가 생각을 가지고 말하는 것처럼 보일 수도 있겠지. 그렇지만 그 글에 담긴 것들 가운데 무언가 배우고 싶어서 질문을 던지면 글은 항상 똑같은 한가지만을 가리킨다네. [275e] 일단 글로 쓰이고 나면, 아무데나 돌아다니며 그것을 이해하는 사람들이나 전혀 관심 없는 사람들 사이를 똑같이 맴돌면서, 말을 해야 할 사람들과 그렇지 않은 사람들을 알지 못하네. 그것이 잘못 사용되고 부당하게 비판을 당하면 항상 아버지의 도움이 필요하다네. 그것 스스로는 자신을 보호하지도 도울만한 힘도 없기 때문이라네.

파이드로스: 정말 옳은 말씀입니다.

소크라테스: [276a] 자 이제 말해보게. 그러면 그것의 이복형제이자 적자로 태어난 다른 말(logos)은 어떤가? 그것이 어떻게 태어났고, 또 다른 쪽에 비해 얼마나 본성적으로 더 좋고 더 강한 능력을 타고났는지 살펴볼까?

파이드로스: 그것이 무엇이고 어떻게 생겨난다고 말씀하시는 건가요?

소크라테스: 배우는 사람의 영혼 속에 참된 인식(episteme)으로 쓰인 말은 자신을 지킬 힘이 있고, 말을 해야 할 사람들과 침묵해야 할 사람들을 안다네.

파이드로스: 당신은 참된 인식을 가진 사람의 말이 살아 있고 영혼이 들어있다고 이야기하시는 거군요. 글로 쓰인 말은 그것의 허상(eidolon)이라고 불러야 마땅할 겁니다.

소크라테스: [276b] 정확하네. 이제 내게 말해주게. 씨앗을 돌보고 거기서 결실이 맺히기를 바라는 지각 있는 농부가 진지한 마음으로부터 한여름의 아도니스 정원에 씨를 뿌리고 여드레 만에 정원이 아름답게 변하는 것을 바라보며 기뻐할까, 아니면 그가 그렇게 한다면 놀이나 축제를 위해서 하는 일일까? 그는 진지한 마음의 경우에는 농사 기술을 써서 알맞은 곳에 씨를 뿌리고 씨 뿌린 것들이 여덟 달이 차서 그 마지막 결실을 맺을 때 이를 기뻐하지 않을까?

파이드로스: [276c] 아마도 그러겠지요, 소크라테스. 그는 한쪽 것들은 진지한 마음에서, 다른 쪽 것들은 당신의 말대로 그와 다른 방식으로 할 겁니다.

소크라테스: 우리는 정의로운 것과 아름다운 것과 좋은 것에 대한 참된 인식을 가진 사람이 자기의 씨앗에 대해 농부보다 덜 알고 있다고 말해야 할까?

파이드로스: 결코 그렇지 않습니다.

소크라테스: 그렇다면 그가 진지한 마음으로 자신을 변론할 수도 없고 진리

를 충분히 가르칠 수도 없는 말들을 가지고 먹물에 담가 철필을 사용해서 씨를 뿌리듯 그것들을 쓰지는 않을 걸세.

파이드로스: 그렇게 하지 않는 것이 옳습니다.

소크라테스: [276d] 결코 그런 일은 없네. 만약 그가 글을 쓴다면, 놀이 삼아 문자의 정원에 씨를 뿌리고 글을 쓸 것이네. 그는 자기 자신을 위해서나 똑같은 발자취를 좇는 모든 사람들을 위해서, 나이가 들어 망각에 이를 때 기억해 낼 수단들을 쌓아두면서, 그 문자의 정원이 여린 잎새를 내며 자라는 것을 바라보며 기뻐할 걸세. 다른 사람들이 다른 놀이들을 즐기며 수많은 술잔치나 그와 유사한 놀이를 통해 자기 자신들에게 물을 주는 데 반해, 그 사람은 그 대신 내가 말한 일들을 즐기면서 시간을 보낼 것이네.

파이드로스: [276e] 정말 훌륭한 놀이를 말하시는군요. 소크라테스. 하찮은 놀이와는 달리 말을 가지고 놀 줄 아는 사람의 놀이 말입니다. 그런 사람은 정의나 당신이 말하는 다른 주제들에 대해 이야기를 하면서 놀이를 즐기지요.

소크라테스: 정말 그렇다네. 파이드로스. 하지만 내 생각으로는 진지한 마음일 때 훨씬 더 훌륭하게 된다네. [말하자면] 어떤 사람이 변증술을 통해 그 일에 적합한 영혼을 골라 참된 인식을 갖춘 말들을 키우고 씨를 낸다면 훨씬 훌륭하게 된다네. 그런 말들은 그 자신은 물론이고 그 말들을 키워낸 사람을 도울 수 있다네. [277a] 더욱

이 그 말들은 아무런 결실도 내지 못하는 것이 아니라 다른 사람들 속에 자라날 수 있는 씨앗을 가지고 있어 이런 과정을 영원하고 불멸하도록 만든다네. 그래서 그것들을 소유한 사람으로 하여금 인간으로서 가능한 최대의 행복을 누리게 할 걸세.

김기림의 『문장론신강』

1. 말과 글

우리가 오늘 가지고 있는 이른바 전통적 말은 소리를 근간으로 한 꽤 복잡한 기호조직이다. 말이라고 할 적에 우리가 가리키는 것은 바로 그것이다. 그러나 말에는 소리로 말하는 말과, 그 소리를 글로 옮겨놓은 쓰여진 말의 두 가지가 있다. 즉 넓은 의미로 말이라고 할 적에는 쓰여진 말과 말하는 말 둘 다를 포섭한 것이요, 좁은 의미로 쓰일 적에는 그 중에서 말하는 말만 가리키는 것이 된다.

그런데 말을 좁은 의미의 말, 즉 말하는 말과 글로 나누어서 말이라면 으레 말하는 말로만 생각하는 것은 우리의 오래인 잘못된 버릇이 있었다. 이러한 말버릇은 말과 글을 아주 갈라 놓아버려서, 글은 말과 동떨어져 저의 딴 길을 걸어가도 무방하다는 폐로운 생각이 그대로 통용되었다. 그 결과는 입으로 말하는 우리나라 말은 말대로 버려두고, 그것과는 성음 조직이 다른 남의 나라 글, 즉 한문을 1천여 년 동안 써 오면서도 그 불합리와 불편을 깨닫지 못하였고 극복하지도 못하였던 것이다. 따라서 말과 글의 긴밀한 호상 관련과 작용에 의한 자연스러운 발전을 보지 못한 병적 사태를 연출하였던 것이다. 우스운 일은 그 한문 자체는 본토인 중국에서는 그 나라 말과 긴밀하게 관련이 있었으며 그 말을 뿌리로 한, 즉 소리의 기호조직을 다시 시각의 기호조직으로 고친 것이었다.

그러니까 우리는 우리말은 어디다 버려두고, 남의 말을 기초로 한 남의 글을 빌어다 썼던 것이다. 이 일에 크게 깨달은 세종은 과연 큰 형안을 가졌었다고 할 밖에 없다.

또 이런 데서 한 가지 큰 폐단이 생겼다. 즉 말은 천한 것이요, 글만이 소중하고 대단한 것으로 아는 잘못이 그것이다. 더군다나 글은 봉건시대에는 양반이라는 특권층의 특권이요, 전유물처럼 되어버려 점점 더 뽐내게 되고, 그 대신 우리말은 천대받았고, 그러자니까 모처럼 세종이 정해놓은 우리글이야 말로 우리말에 맞는 것이언만 그것마저 언문이라 하여 괄시하였으며, 겨우 부녀자의 글이라는 좁고 낮은 지체를 주어서 안방이나 부엌에 몰려가 숨을 밖에 없이 만들었던 것이다.

인제 우리가 바로잡아야 될 중대한 일이 두 가지가 있다.

(가) 우리말은 하나라는 것, 그 하나인 말은 어디까지든지 말하는 말이 줏대가 되는 것이요, 쓰는 글은 본질에 있어서는 그 말을 눈으로 보는 시각적 기호조직으로 옮겨놓은 것이라는 것, 따라서 말과 글은 말을 중추로 해 가지고 통일되어야 한다.

(나) 글만이 소중하다는 미신을 버려야 할 것, 글은 말의 번역인 까닭에 그 존재가치가 있는 것이며 말은 일정한 사회적 기능을 하는 까닭에 소중한 것으로, 다시 말하면 우리의 생활과 실천을 위한 전달의 임무를 다 해주는 까닭에만 그것이 값이 있는 것이다. 생활과 실천을 떠나 말이 무용의 장물이듯 더군다나 말을 떠난 글이란 공소한 것이 될 밖에 없다.

2. 말이 좋은 점과 못한 점

가령 지금 사무실 창머리에서 내가 가서 선 순간 방 안에서 일보는 여사무원을 돌아다보고 활기 띤 말씨로 『불이다!』하고 소리쳤다면 이러한 사태에 대하여 우리 여사무원이 어쩔 것이라는 것은 대체로 어김없이 짐작할 수 있다. 그는 이 말을 일정한 정황 아래서 한순간 이해해버린 것이다.

나는 이 말을 할 적에 어떤 예약된 구조를 가진 소리의 기호만을 이용하는 냉혈동물일 수는 없다. 나의 목적은 맞은편에 지금 길 건너 집에서 일어나고 있는 긴급한 사태를 나의 동료에게 될 수 있는 대로 정확하고 신속하게 알리려는 것이다. 그뿐 아니다. 이러한 사태의 인식이 목적인 동시에 거기만 그치지 않고 나아가서 그 비상사태에 대처할 긴급태세를 취하는 것까지를 나의 동료에게 바라고 있는 것이다.

이 과정의 통일된 목적을 달성하기 위하여 내가 채용할 수단은 무엇보다도 먼저 말이었다. 나는 이 말의 효과를 될 수 있는 대로 보장하기 위하여 내 손이 미치는 온갖 수단을 동원하여 응원을 받는다.

첫째 동원되는 것은 몸짓(Gesture)일 것이다. 소리로 말하는 말이 있기 전에 우리는 몸짓으로 우리의 감정과 의지와 의사를 서투른 대로 나타낸 적이 있다. 그것이 이른바 몸짓말(Gesture language)이다. 몸짓은 그 뒤에 자연어인 적에도 매우 많이 쓰였다. 그 뒤의 오늘의 전통어의 단계에 들어선 다음에도 몸짓은 꽤 중요하게 말을 도와주고 있는 것이다. 그런데 그 몸짓 가운데서 제일 많이 쓰이는 것은 아마도 손짓일 것이다. 손은 일찍이 입을 대신해서 말을 한 적이 있었다. 사실은 처음에는 입이 지금 손이 하는 일의 대부분을 맡아 한 적이 있다. 지금 짐승들이 하고 있는 게 바로 그것이다. 무엇을 들고 다니는 것, 붙잡는 것, 잡아당기는 것, 싸우는 데까지 입이 중요한 일을 했다. 그러다가 손이 이러한 일들을 가로맡아 하게 되었으며 입은 먹는 일과 말만 하게 되었었다. 그리하여 입은 본래의 그 완강한 구조에서 점점 퇴화하고 고운 빛마저 잃어버려, 현대의 여성들은『루즈』를 칠해서 입술가의 생기를 겨우 유지하게까지 되었다.

말을 입에게 맡긴 다음에도 손은 적지 아니 입을 도와왔다. 아마 지금 내가『불이다!』하고 소리 질렀을 적에도 내 손은 내 말을 돕기 위하여 밖을 가리켜 주었을 것이다.

다음에 내 얼굴의 놀란 표정이 말을 듣기 전부터도 무슨 비상한 사태가 발생했다는 눈치를 맞은편에서 알아차리도록 했을 게 틀림없다. 눈이 둥그레졌을 것이고 얼굴빛은 좀 핼쑥해졌을 것이고 말이 끝난 순간에는 입이 좀 벌려진 채 다물지 않았을지도 모른다.

이런 것은 모두 말하는 소리 이외의 것에서 오는 응원이지만, 말소리 자체에도 여러 가지 변화가 있는 것이다. 놀라운 사건을 말할 적과 슬픈 사연을 하소연할 적과 기쁜 일을 토로할 적에는 첫째, 그는 어감(Feeling)이 달라진다. 보고할 적과 명령할 적, 윗사람과 아랫사람을 대해서 말할 적에는 어조(Tone)가 달라진다. 말하는 편의 목적을 따라, 우겨댈 적과 범연할 적과 냉담할 적을 따라서 어세(語勢)가 달라진다. 목소리의 이러한 모가 색채 농후하게 생동할 적에 그 말은 생기 있어 보인다. 한 나라 말도 마찬가지다.

불행히 우리는 유교 수 백년의 그릇된 교훈으로 해서 희로애락을 표정에 나타내는 것을 천하다 하여 금지당해 왔다. 그러니까 우리의 얼굴은 표정이 죽은 『데스마스크』에 가까워졌다. 몸짓 역시 마찬가지다. 또 목소리의 모든 능률도 될 수 있는 대로 눌러서 김빠진 말씨가 존중되었다. 우리말은 다시 감정과 색채가 풍부한 싱싱한 모습을 회복해야 할 것이다. 우리의 얼굴은 기쁠 적에는 활짝 피고 슬플 적에는 시드는 것이 확실해야 할 것이다. 표정은 감정의 자연스러운 생리적 표현이다. 표정을 누른다는 것은 감정을 누른다는 말이다. 감정이 눌리면 그만치 그 정신이 이지러지는 것이다. 마음이 자유롭고 자연스럽게 기를 펴야 씩씩한 사람이 되는 것이다. 말과 표정과 마음을 바로잡는 것, 쪽쪽 뻗게 하는 것 – 예술은 주로 그러한 일을 맡아 하는 것이다.

이렇게 활기 있는 극적 계기가 풍부한 회화로서의 말, 즉 말하는 말에는 그러나 피하기 어려운 결함이 있다.

생생한 그 순간의 정황에서 순간적으로 튕겨지는 말이기 때문에 풀이 할 수도 없으며, 되풀이한댔자 첫 번과 같은 생생한 효과는 제대로 나오지 못한다. 즉 말은 순간적인 서러운 운명을 가진 것이다. 그 순간이 지나면 똑같은 무게를 가지고 다시 돌아오기가 어렵다. 흘러가는 물, 사라지는 연기, 꺼지는 불꽃이기 쉽다. 사라지면 다시 붙잡아 오기가 어렵다.

따라서 말은 단 한번뿐인 것이다. 생각해가면서 짓고 고칠 수 없이 한번 있으면 그만, 다시 두 번 있을 수 없는 일을 저지르게 된다. 쏟아진 물이나 마찬가지다. 한번 입 밖에 나와 버리면 천생 도로 끌어들일 수 없는 것이다.

다음에 말은 말하는 그 현장에 그 효과가 국한되는 것이다. 그 현장에 참여하지 못한 사람에게는 딴전의 일이 된다. 이를 가리켜 말의 현장성이라고 해도 좋겠다.

그러나 오늘에 와서는 문명의 이기를 이용해서 말의 순간성 1회성의 제한은 적지 아니 구제되게 되었다. 물론 그 말이 있을 적의 정황을 엄밀하게 다시 나타낸다는 것은 있기 어려우나 녹음에 의해서 또는 『딕타폰』(Dictaphone)에 의해서 말만은 보존하여 되풀이할 수가 있다. 발성영화로 박아서 몸짓까지라도 어느 정도 『이미지』로서 재현시킬 수 있다. 그러나 모두 편의상의 문제로서 연설, 강연 같은 데는 잘 적용되어도 생생한 현실의 회화를 그 특수한 분위기마저 고스란히 되풀이하기란 거의 불가능할 것이다.

또 『라디오』, 『텔레비전』을 통해서 말은 어떤 특수한 부문에서는 그 현장성의 제한을 깨트리고 넘어갈 수 있다. 즉 강연, 연설, 현장방송 같은 데서만 비교적 효과있게 현장성의 테두리를 넘어서지만, 그 밖에 경우에는 현장에서 오는 말의 실감은 방송을 거쳐 들어오지는 못한다.

3. 글이 좋은 까닭

한 옛날 『애급』 사람들은 벌써 『파피루스』라는 종이 비슷한 것을 만들어 거기다가 그들의 상형문자를 적었다고 한다. 그 뒤에 서양에서는 양의 가죽에 쓰는 버릇이 있었다. 『유프라테스』강 골짝에서 얻어 본 것처럼, 흙판에 써서 구워서 벽돌처럼 된 것도 있다. 동양에서는 대나무에 글을 쓰기도 하였고 돌에 쓴 다음 파기도 했다. 여하간 글자를 쓰게 되면서부터 사람들은 입으로 하는 말의 하잘 수 없는 순간적인 성격, 단 한번뿐인 제약을 깨트렸다. 즉 우리는 말로 한다면 금방 사라지고 말 일도 글로 적어서는 오래오래 둘 수가 있다. 보존하기 쉽고 또 보존하도록 되어 있다는 점은 글의 좋은 점의 으뜸가는 조목이다.

따라서 그것은 말이 그 현장에서만 효과가 국한되는 데 대해서 글을 적어서 멀리 사방으로 전파할 수가 있다. 말하는 말도 오늘은 『라디오』를 통해서 전파될 수 있으나 그것도 방송되는 그 시간만 전파를 타는 것뿐이다. 이에 대해서 글은 그 본래의 보존성과 어울려서 두 겹 세 겹의 전파력을 발휘하는 것이다.

보존될 수 있다는 말은 즉 영속성이 있다는 말과 마찬가지다. 계약을 하면 입으로 하는 구두 계약이거나 글로 된 서면계약이거나 법률상의 효과는 마찬가지다. 그렇건마는 계약은 어째서 하필 글로 된 계약서가 행세하나, 말은 순간적이요 단 한번뿐인 때문에 베어 먹기 쉬운데다가, 기껏해야 말은 사람의 기억력에 의거해서 돌이켜 생각하는 것인데 그 기억은 세월이 갈수록 희미해지는 밑을 수 없는 것이다.

한 나라의 사신이 다른 나라 정부에 항의하거나 통고하거나 사신끼리 언약할 적에 가벼운 내용의 것은 입으로만 하는 구두 전달(Oral representation)로 하지만, 좀 더 중요한 것은 글로 쓴 각서(Memorandum)로 한다. 그러나 거기는 서명은 하지 않는다. 내용이 좀 더 심각해지면 이번에는 서명까지 한 통첩(Note)의 형식을 밟는 것이 관례가 되어 있다.

또 글은 소원과 희망을 따라 서서히 또는 두었다가 두고두고 읽을 수도 있다. 그것은 말처럼 그 당장에서 무슨 회답을 해주기를 요구하는 것은 아니다. 최후 통첩(Ultimatum)에도 적어도 24시간의 여유를 붙여서 회답을 독촉하는 게 보통이다.

다음에 글은 통일된 긴 서술(敍述)이 가능하다. 말로서도 꽤 긴 이야기나 진술이 아주 될 수 없는 것도 아니지만 글에서처럼 장황한 서술은 매우 어렵다.

따라서 세밀하고 정밀한 서술도 역시 글의 장점의 하나겠다. 이러한 정밀한 서술이 가능하다는 점은 글의 가장 중요한 장점으로서, 근세 과학의 발달은 그것을 기술하기 위한 또 할 수 있는 정밀한 글의 도움이 아니었던들 기대하기 어려울 정도였다.

외연과 내포를 분명히 하는 개념의 구성, 그 명석성(Clearness)과 판명성(Distinctness)의 확립은 글의 안정성의 혜택으로 기약할 수 있는 것이다. 형식논리의 3단 논법의 식을 세우는 것도 대전제·소전제·결론의 전칭(全稱)·특칭(特稱) 관계에 이르기까지 글로 써서 분명히 고정시켜 놓지 않고서는 추리의 정확을 도모하기가 어렵다.

이것은 좀 특수한 예이지만 수학에 있어서 글에 의한 정의·공리·정리의 정립은 물론이고, 증명·운산(運算)에 이르기까지도 만약에 우리가 입으로 하는 말만을 가졌다면 과연 할 수 있었을까 없었을까가 의문이겠다.

정밀과 정확을 거의 그 생명으로 하는 근세 자연과학이 글에 빚진 바는 실로 크다. 많은 예를 주워 모아야 하는 귀납·관찰 결과의 기재·정리·보고·전달에 이르기까지 글이 아니고는 하기 어려운 모가 실로 많다. 오늘 글과 학문이 실로 떼려야 뗄 수 없는 긴밀한 관계에 있어서 글을 알고 모르는 것이 곧 유무식을 가려내는 표지가 되다시피 되어 있는 것도 그럴법한 일이다.

말에서는 얻기 어려운 보존성·전파성으로 해서 글은 시간과 공간의 제한을 넘어서 먼저 시대에서 다음 시대에, 이곳에서 저곳으로 문화를 보존하여 전승해가며 옮겨가지고도 다녔다. 개인의 의사를 보존, 전달하는 경우도 마찬가지였다. 글이라는 유효적절한 보존·전달수단이 없었던들 문화의 발달은 오늘의 성황을 이루기 어려웠을 것은 쉽사리 알 수 있다.

또 글뿐 아니라 말에서도 물론 그랬지만 우리가 흐릿하던 생각을 정돈하여 테두리를 잡고 갈피를 캐는 데 있어서 말이 맡아 하는 몫이 매우 큰 것은 주목할 일이다. 정확히 말하면 우리는 말을 가지고 생각한다. 목소리를 내지 않고 하는 생각은 행동주의 심리학자(Behaviorists)가 말하듯 속에 숨은 우리의 모든 육체적 행동에 포함되어 있는 듯싶다. 여하 간에 이러한 숨은 행동은 맨 처음에는 지극히 단순한 것이었으나 말을 통해서 그것이 한층 더 갈리어 나가고 정돈되어가는 것만은 사실이다. 말에는 우리들의 생각하는 행동이 반영되어 있고, 거꾸로 생각하는 행동은 말을 재료로 하는 것이다. 더 안정성이 있는 글에서는 생각을 발전시키고 정리하기가 훨씬 더 좋다. 우리는 가끔 막연히 생각하고 있던 자기의 생각을 남하고 회화를 바꾸어가는 동안에 저도 모르게 분명해지는 것을 깨닫는 적이 많다. 또 어느 정도 테두리가 잡힌 생각을 글로 써가는 동안에 의외에도 더 분명해지고 뜻하지 아니한 발전을 하는 것을 발견할 적이 적지 않다. 말 더군다나 글은 우리의 생각하는 행동을 추진하는 데 유기적(有機的)인 관계가 있음을 깨달아야 할 일이다. 똑바로 생각하는 일을 길들여가기 위해서는 똑바로 말하며 똑바로 글을 쓰는 버릇을 길러야 할 것으로, 실상은 이 둘은 떨어져 있는 게 아니라 하나라고 해야 옳을 것이다. 『희랍』의 성인 『소크라테스』가 진리를 탐구하는 가장 유력한 길로서 서로서로 제목에 대한 대화(對話)라는 방식을 채용하였으며 권한 것은 딴은 지혜로운 생각이었다. 그것이 변증법(Dialectic)의 시초였다.

그러나 글에는 말에서 보는 그 생생한 현장성에서 오는 정황의 실감이 매우 희박한 것은 어찌할 수가 없다. 대개의 경우에는 그 정황이 문맥을 통하여 어슴푸레하게나마 지시되어 있다. 특히 시와 같이 극히 압축된 암시적인 형태의 표현에서는 이 정황을 읽는 사람 자신이 추정해서 재건해야 되는 불편이 있다. 글에 분명히 나타나지 않은 것을 미루어 다시 테두리를 잡자고 하니까 결정적이 될 수 없다. 그러므로 시를 읽을 적에는 다른 것보다는 잘못 해석할 위험이 많이 따른 것이다.

글은 그 본직에 있어서 말이라는 소리의 기호조직을 눈으로 볼 수 있는 시각적 기호조직으로 옮겨놓은 것이므로, 따라서 거기도 『가디너』가 말한 세 가지 요인, 『뷜러』가 말한 네 가지 요인이 그대로 있을 수밖에 없다. 그러면서도 말과는 다른 점은 이 네 요인 중에서 말하는 사람 즉 쓰는 사람이 유달리 자기 존재를 의식하게 되는 점이다. 그 대신 그는 목전에 듣는 사람 즉 읽는 사람을 마주 보지 않기 때문에 읽는 사람의 존재를 아주 잊어버리거나 무시하기 쉽다. 따라서 읽는 사람에게 대하여 깊은 책임감을 가지지 않고, 글의 전달성이라는 주요한 사회적 기능을 돌보지 않는, 쓰는 사람만의 독선적인 자기도취에 빠지기 쉽다. 『다다이즘』의 시가 필경 쓴 사람 혼자의 붓장난에 그치고만 것 같은 것은 그 한 예라 하겠다.

또 말에서는 한마디 한마디가 현장에서 격발되는 자극 또는 그 반응으로서 순간순간 일어나는 긴박한 것임에 대해서, 글은 서서히 생각하며 지우며 바꾸어 놓으며 써가므로 쓰이는 글이 유달리 쓰는 사람의 손아귀에서 늦춰진다. 그러므로 글로서는 말에서보다 다듬고 깎고 기교를 부릴 기회가 훨씬 『수단을 위한 수단』이 『클로즈 업』 되기 한창이다. 기교주의가 침노할 틈이 아니라 대문이 여기 준비되어 있는 것이다. 글이 전달하려는 『의미』는 이 경우에 외부 장식 때문에 유실되고 만다. 우리의 큰 목적은 상대편에 『무엇』인가를 말하려는 데 있을 터이다. 상대편도 잊어버리고 말하려는 『무엇』도 행방불명이 되면 남는 것은 말하는 편의 속없는 말치레뿐이 된다. 회화로서의 말에는 그런 일이 일어나기 어려우나 글에서는 그리 될 경향이 매우 짙은 것이다.

2

설득을 위해 필요한 기술

아리스토텔레스의 『수사학』, 이종오 옮김, (HUEBOOKS, 2015).

『수사학 I』

1장. 수사학의 새로운 개념

수사학과 변증론

수사학은 변증론과 '유사'하다. 사실 이 두 학문 분야는 모든 인간이 가진 공통의 능력과 어느 정도 관련이 있으면서도, 어떤 특정 과학을 필요로 하지 않는 문제들과 관련이 있다. 모든 인간은 그러한 두 분야에 어느 정도는 관계되어 있는 것이다. 인간은 누구나 하나의 명제에 대해 질문하거나, 그 명제를 옹호하려 들고, 또한 변호하고 비난하려든다. 단지 대부분의 사람들은 어떠한 구체적인 방법도 없이 그렇게 행하고, 또 다른 이들은 '아비투스(habitus)'에서 기인하는 습관에 의해 그렇게 행하는 것이다.

방법론의 가능성

그런데 두 가지 절차들이 가능하기 때문에, 우리가 이러한 사항들에서 하나의 방법을 추적해낼 수 있다는 사실은 분명하다. 만일 습관에 따르는 이들과 우연에 맡기는 이들이 동일하게 목적을 달성한다면, 우리는 그 원인을 사변적으로 찾아낼 수 있을 것이다. 바로 이러한 점에서 우리 모두는 '기술'의 기능에 동의하고 있는 셈이다.

선행된 기술의 불충분함

그러나 오늘날까지도 '담화의 기술들'을 편집한 이들은 그 기술들의 극히 일부만 제공했을 뿐이다. 왜냐하면 그들에게 오직 증거만이 기술적인 것으로 여기기 때문이다. 나머지는 모두 부가적인 것들에 불과하다. 사실 편찬자들은 생략삼단논법이 증거의 몸체를 이루고 있음에도 불구하고, 그것에 관해서는 침묵해왔다. 그들은 개론서의 대부분을 주제와 무관한 문제들에 할애했다. 왜냐하면 의심, 연민, 분노, 영혼의 또 다른 정념들은 소송에 영향을 미치는 것이 아니라, 재판관에게만 관련이 있기 때문이다. 그러므로 만일 우리가 가장 개화된 몇몇 도시국가에서 현실적으로 따르는 규칙들을 모든 판단에 적용시켰다면, 이 편찬자들은 더 이상 할 말이 없었을 것이다. 모든 시민들은 이 점에 동의하고 있다. 하지만 어떤 사람들은 법이 그 규칙들을 명시하고 있어야 한다고 생각하는 반면, 또 다른 이들은 이미 아레오파고스 법정에서 그렇게 했듯이 법의 실제에 만족하고, 주제와 관련 없는 것에 대해 말하는 것을 금한다. 두 경우 모두 다 옳다. 왜냐하면 재판관을 화나게 하거나, 의심이나 증오심을 품게 함으로써 재판관을 타락시켜서는 안 되기 때문이다. 이는 우리가 준수해야 할 규칙을 왜곡하는 것이기 때문이다.

수사학의 효용성

따라서 우리는 기술에 관한 다른 저자들이 주제와 상관없는 문제들만을 다룬다는 점을 명백하게 볼 수 있다. 이러한 이유로 저자들은 사법적 웅변술을 더욱 선호하게 된다. 그래서 수사학은 유용하다. 왜냐하면 진실과 정의는 반대의 것들보다도 더욱더 큰 자연적 힘을 갖고 있기 때문이다. 만일 판결들이 적절하게 내려지지 않았다면, 소송인들은 열세에 놓이는데, 이는 분명 그들의 한 가지 과오에 기인하는 것이다. 그러므로 소송인들의 무지는 비난받아 마땅하다. 덧붙인다면 우리가 가장 정확한 과학을 소유하고 있을지라도, 무지라는 유일한 이유 때문에 설득하기 쉽지 않은 몇몇의 사람들이 있다. 과학에 의한 담론은 교육에 해당하는 것이므로, 여기서 그 담론을 사용한다는 것은 불가능하다. 이런 점에서 증거들과 담론들은 반드시 공통된 개념들을 거쳐야만 한다. 이러한 사항은 우리가 일반 대중과의 토론에 관하여『토피카』에서 말한 것과 같다.

수사학은 반대되는 결론을 이끌어 낼 수 있다

더욱이 수사학은 주제에 반대되는 것을 설득하는 데 적합해야 한다. 이러한 사실은 변증론적 삼단논법에서처럼 분명히 두 개의 사물을 무차별적인 상태로 만드는 것이 아니라(왜냐하면 비도덕적인 것에 대해서는 설득할 것이 없기 때문에) 그 문제들이 어떻게 제기되는가를 간과하지 않아야 하고, 만약 다른 하나의 주장이 정의와 대립되는 논증을 할 경우, 그 주장을 반박할 수 있어야 한다.

어떤 다른 기술도 반대되는 결론을 지을 수는 없다. 그런데 유일하게 변증론과 수사학은 반대되는 결론을 낼 수 있다. 왜냐하면 변증론과 수사학은 똑같이 반대 주제에 적용되기 때문이다. 그렇지만 이러한 주제들이 동일한 가치를 갖는 것은 아니다. 따라서 단언하건대 항상 참인 명제들과 보다 도덕적인 명제들은 본질적으로 삼단논법적인 추론과 설득에 있어 매우 고유한 것들이다.

인간은 말을 통해 자신을 변호할 줄 알아야한다

게다가, 인간이 자신의 육체로 스스로를 방어할 수 없다는 것이 부끄러운 일이라 한다면, 인간이 말을 통해서 자신을 보호할 수 없다는 사실을 부끄러워하지 않는다는 것은 불합리할 것이다. 말의 사용은 인간에게 육체의 사용보다도 더욱 고유한 것이다. 우리는 인간이 이러한 말의 모호한 능력을 부당하게 사용함으로써 엄청난 해를 끼칠 수 있다고 반박할 수 있을 것이다. 그런데 덕을 제외하고, 우리는 가장 유용한 선(善)들, 즉 활력, 건강, 부, 군대의 명령 등에 대해서도 똑같이 말할 수 있다. 말의 정당한 사용이 유용할 수 있는 반면, 말의 부당한 사용은 해가 될 수 있다.

수사학의 기능

따라서 수사학이 변증론과 마찬가지로 확정된 한 장르에 속하지 않는다는 점은 명백하다. 수사학이 유용하며, 수사학의 고유한 기능이 설득에 있는 것이 아니라, 각각의 주제가 담고 있는 설득의 방법들을 아는 데 있다는 점은 분명하다. 이러한 사실은 모든 다른 기술에서도 마찬가지이다. 왜냐하면 의학의 의무는 환자에게 건강을 되돌려 주는 것이 아니라, 최대한 환자를 회복의 길로 이르게 하는 것에 있기 때문이다. 하지만 사실 우리는 건강을 회복할 수 없는 환자들도 훌륭히 돌볼 수 있다.

실제적 설득과 표면적 설득

변증론이 실제적인 삼단논법과 표면상의 삼단논법을 발견하는 데 이용되는 것처럼, 수사학이 실제적인 설득과 표면적인 설득을 발견하는 데에도 이용된다는 것은 명백하다. 왜냐하면 궤변술을 행한다는 것은 능력이 아니라 의도이기 때문이다. 그럼에도 불구하고 여기에는 차이점이 있다. 웅변가를 예로 들자면, 과학적 지식에 의거한 웅변가와 의도에 의한 웅변가가 있다. 다른 한편 소피스트의 경우, 의도에 따르게 되면 소피스트가 되고, 의도가 아닌 자신의 능력에 따르게 되면 변증론자가 되는 것이다.

2장. 수사학의 정의

수사학의 정의와 영역

수사학이 설득에 고유한 것들을 사변적으로 발견해나가는 능력이라는 점을 가정한다면, 다른 어떠한 기술도 이러한 기능을 갖고 있지는 않다. 반면 다른 기술들은 각각의 대상에 있어서 교육과 설득에 고유한 것이다. 예를 들면 의학은 건강과 병의 상태, 기하학은 규모의 변이, 산술은 수와 또 다른 기술들과 과학에 관계한다. 그런데 수사학은 모든 주어진 주제에서 설득적인 것을 사변적으로 발견하는 능력이라고 말할 수 있다. 바로 이러한 점이 기술은 고유하고 변별적인 한 장르에 속하지 않는다는 것을 확인시켜준다.

증거의 두 종류

증거들 중 일부는 기술외적인 것들이고 또 다른 것들은 기술적인 것들이다. 나는 각자의 개별적인 수단에 의해서 만들어지지는 않았지만, 사전에 주어진 것들, 예를 들면 증언들, 고문에 의한 자백들, 작품들, 그리고 동일한 스타일의 다른 증거들을 기술외적 증거들로 이해한다. 한편 방법과 개인적인 수단들에 의해 제공될 수 있는 증거들을 기술적인 증거들로 이해한다. 결과적으로 첫 번째 것인 기술외적 증거들은 사용해야만 하며, 두 번째 것인 기술적인 것들은 고안해야만 한다.

세 종류의 기술적 증거

담론의 방법을 통해 처리된 증거들에는 세 종류가 있다. 첫 번째 증거들은 웅변가의 성격을 이루며, 두 번째 증거들은 청자를 위치시키려는 논거의 배열에 있다. 세 번째 증거들은 담론이 증명하거나 증명하는 것처럼 보이는 담론 그 자체에 있다.

1) 웅변가의 성격

담론이 웅변가를 믿을 만하게 만들 때, 웅변가는 성격을 통해서 설득한다. 왜냐하면 정직한 사람들은 일반적인 모든 문제들에 대해 우리에게 더 많고 더욱 신속한 신뢰감을 심어주고, 확실성이 없고 의심의 여지가 있는 모든 문제들에 대하여 전적인 신뢰감을 불어넣어 주기 때문이다. 그러나 이러한 신뢰감은 담론의 결과일 뿐, 웅변가의 성격에 대한 선입견의 결과가 아니다. 따라서 우리는 웅변가의 정직성조차도 설득에는 아무런 기여를 할 수 없다는 점에 동의해서는 안 된다. 바로 이러한 성격이 증거들 중의 제일 효과적인 증거를 구성한다고 말할 수 있다.

2) 청중의 정념

담론이 청중들로 하여금 정념을 경험하게 할 때, 설득은 청중의 논거 배열을 통해 만들어진다. 왜냐하면 우리는 고통이나 쾌락, 우정 혹은 증오의 감정을 품고 있는 것과 동일한 방식으로 판결을 내리지는 않기 때문이다. 다시 반복하자면 "기술들(Techniques)"에 관해서 저자들이 지향하는 유일한 목적이 바로 그것이다. 정념에 대해 논하면서, 우리는 그러한 요점들의 각 부분을 자세히 밝힐 것이다.

3) 담론의 증명적 가치

각 주제에 들어있는 설득적인 것으로부터 사실과 사실임직함을 도출해내려고 할 때, 이러한 설득을 만들어내는 것은 바로 담론이다.

『수사학 II』

1장. 어떻게 청자의 정신에 영향을 줄 것인가

웅변가가 제시하는 관점

수사학의 목적이 하나의 판단 (사실상 우리는 조언들을 판단하며, 법정에서 내려지는 판결도 하나의 판단에 속한다)에 있다고 할 때, 논증과 그것을 설득력 있게 만드는 수단을 반드시 고려해야 한다. 뿐만 아니라 자신의 색채를 드러내어야 하며, 재판관 역시 결단력 있는 태도를 보여줄 필요가 있다. 누군가를 설득하기 위해서는, 특히 토의나 소송과 관련된 상황에서는 웅변가 자신이 확고부동한 관점을 갖고 있는 이처럼 보이는 것이 유리하며, 동시에 청중들에게도 자신들이 분명한 태도를 갖고 있다는 생각을 갖도록 만들어야 한다. 그렇게 함으로써 청중들로 하여금 웅변가에 대해 일정한 입장을 취하도록 해야 하는 것이다.

청중의 성향

토의에 있어서 웅변가가 보여주는 관점은 더욱 유용하다. 소송에서는 청중의 성향이 매우 중요하다. 어떠한 대상을 좋아하느냐 그렇지 않느냐에 따라, 그 대상에 대해 화를 내느냐 아니면 평온한 '아비투스' 속에 머물러 있느냐에 따라 같은 것도 다르게 보이기 때문이다. 이를테면 한 가지의 사태가 사람에 따라 완전히 다르게 보일 수 있으며, 다른 중요성을 가질 수도 있는 것이다. 어떤 사람을 좋아하는 사람은 자신이 판단해야 하는 자가 죄가 없거나, 혹은 거의 없다고 생각하기 마련이다. 반면 어떤 사람을 미워하는 사람은 정반대의 판단을 내릴 것이다. 기대하는 일이 기분 좋은 것이라면, 그것을 바라고 희망하는 자에게는 좋은 일이 될 것이다. 관심이 없거나, 기분이 좋지 않은 자에게는 정반대의 결과가 나타날 것이다.

웅변가의 신뢰성

웅변가들은 다음과 같은 세 가지 관점에서 신뢰감을 줄 수 있어야 한다. 우리의 신뢰성을 결정지을 수 있는 증명들을 제외한다면 세 가지 관점들이 유일한 기준이 된다. 즉 신중함, 미덕, 호의가 바로 그것들이다. 웅변가들이 어떠한 주제에 대해 말하거나 조언하면서 진리를 왜곡시킨다면, 그것은 이러한 세 가지 이유, 혹은 그 중의 한 가지 이유이기 때문일 것이다. 만일 신중함이 결여되어 있다면, 그들의 의견은 공허한 것이 될 것이다. 또는 정당하다고 생각하면서도 그들은 악의에 차서 자신들의 생각을 드러내지 않을 것이다. 또는 신중하고 정직하면서도 그들은 호의적이지 않을 것이다. 종종 가장 좋은 해결책을 알면서도 그것을 조언하지 않는 이유가 바로 여기에 있다. 이 외에 다른 경우는 있을 수 없다. 따라서 웅변가가 이 모든 자질들을 가지고 있는 것처럼 보인다면 그는 필히 청중들에게 신뢰감을 심어줄 수 있을 것이다.

성격

스스로가 신중하고 정직한 것처럼 보이게 만드는 방식들은 미덕들과 관련해서 우리 자신이 고결하다고 여기는 것에서 나오는 것이다. 실제로 이 같은 동일한 방식을 통해 우리 자신과 타인들은 스스로 이런저런 관점을 보여줄 수 있다.

정념

호의와 우정에 대해서는 정념과 관련지어 이야기해야 할 것이다. 정념은 사람들로 하여금 다양한 판단을 내리게 하는 원인들이며, 따라서 정념은 분노, 연민, 두려움, 그리고 이러한 종류의 모든 감정들과 마찬가지로 고통과 쾌락도 가지고 있다. 그 반대의 감정들도 마찬가지로 가지고 있다.

각각의 정념에 대한 정의는 세 부분으로 구성되어 있다

정념을 다루는 방식은 다음과 같은 세 가지 방식으로 구분될 수 있다. 예를 들어 분노라는 정념에 대해서는 우선 어떠한 '아비투스' 속에서 사람들이 이러한 분노에 빠지게 되는지, 누구에 대해서, 그리고 어떤 주제에 대해서 분노하게 되는지의 세 부분이 있다. 이러한 세 조건들 가운데 한두 가지라도 결여되어 있다면 우리는 분노를 일으킬 수 없을 것이다. 또 다른 정념들에 있어서도 마찬가지이다.

『수사학 III』

1장. 수사학 3권의 주제

문체를 다루어야만 한다

이어서 우리가 다루는 설명은 문체에 관하여 말하는 것이 될 것이다. 왜냐하면 만들어 내야하는 논거들을 소유하는 것만으로는 충분하지 않기 때문이고, 그 논거들을 훌륭하게 소개할 필요가 있기 때문이며, 그렇게 함으로써 많은 사람들에게 담론이 이러저러한 특징을 가지고 있는 것처럼 보이도록 기여해야하기 때문이다. 우선 우리는 순서상 자연스럽게 첫 번째 자리를 차지하는 것, 즉 사물들 자체에 그것들의 설득적 특징을 부여하는 것을 우리 연구의 첫째 목표로 삼았다. 두 번째 자리를 차지하는 것은 문체가 사물들에게 부여하는 가치이다. 세 번째 부분은 가장 큰 효율성을 가지고 있지만 아직까지는 연구가 이루어지지 않은 부분으로써 연기술과 관계된 모든 것을 포함하고 있다.

비극 상연과 음송서사시에 있어서 연기술은 나중에 도입되었다. 왜냐하면 우선 시인들 스스로가 자신들의 비극의 역을 맡았기 때문이다. 그러므로 수사학에도 시학에 적용되는 것과 같은 특정한 기법이 있다는 것은 명백하다. 그리고 어떤 저자들은 다른 무엇보다도 테오스의 글라우콘을 다루었다.

비극 상연과 음송서사시에 있어서 연기술은 나중에 도입되었다. 왜냐하면 우선 시인들 스스로가 자신들의 비극의 역을 맡았기 때문이다. 그러므로 수사학에도 시학에 적용되는 것과 같은 특정한 기법이 있다는 것은 명백하다. 그리고 어떤 저자들은 다른 무엇보다도 테오스의 글라우콘을 다루었다.

2장. 여러 장르들의 문체들

각각의 장르는 고유한 문체를 가지고 있다.

각각의 장르에는 그것에 어울리는 고유한 문체가 적합하다는 사실을 잊지 말아야 한다. 왜냐하면 작품의 구성이나 창작의 문체는 토론의 문체와 동일하지 않으며, 의회에서 사용하는 문체 또한 법정에서 사용하는 문체와는 같지 않기 때문이다. 그런데 상이한 두 가지 문체들에 대해서 모두 알 필요가 있다. 토론의 문체는 희랍어에 관한 지식을 요구한다. 그런데 창작의 문체 덕분에 사람들은 자신의 생각을 전달할 때 침묵하지 않아도 된다. 하지만 글을 쓸 줄 모르는 자는 불편함을 겪는다.

글의 담론과 말의 담론

작품 창작의 문체는 가장 정확하다. 한편 토론의 문체는 행위에 더욱 적합한 것이다. 토론의 문체는 두 가지 장르를 포함한다. 하나는 특징을 표현하는 것이고, 다른 하나는 정념을 표현하는 것이다. 바로 이러한 점에서 배우들은 정념이 담긴 비극을 추구하고, 시인들은 이러한 천부적인 재능을 가진 배우들을 추구한다. 그럼에도 불구하고 읽기에 적합한 작품들을 쓴 시인들도 폭넓은 독자층을 갖는다. 가령 케레몬(기원전 4세기의 비극시인이나 산문가라고 부르는 것이 더욱 정확함), 리킴니오스(디오니소스를 찬양하는 시인) 등을 예로 들 수 있다. 우리가 말의 담론과 글의 담론을 비교했을 때, 글의 담론은 토론에서 매우 옹색한 모습을 띠게 될 것이다. 여러 차례 다루기 쉬운 것으로 여겨져 왔던 웅변가들의 담론들은 세속적인 자들의 작품처럼 보인다. 그 이유는 이러한 종류의 문체는 토론에 적합하기 때문이다.

또한 행위를 지향하는 담론들은 행위가 사라졌을 때, 더 이상 그 기능들을 완수할 수 없으며, 하찮은 것으로 나타난다. 예를 들어 접속사 생략법과 빈번한 용어반복은 작품을 창작하는 문체에서 사용해서는 안 된다. 하지만 토론의 문체에서는 사용가능하며, 특히 웅변가들은 이러한 기법들을 종종 사용하고 있다. 왜냐하면 웅변가들의 문체는 행위에 적합한 표현기법들이기 때문이다.

3

연설가의 고유한 능력

키케로의『웅변술의 분류』, 이종오 옮김.

소재와 문체와 관한 웅변가(화자)의 수단과 방법들

1. 논거 발견술

〔5〕

아　들: 연설가가 첫 번째로 해야 할 일이 논거 발견술이라면, 여기서 무엇을 발견해야 합니까?

아버지: 연설가는 설득하려는 사람에게 어떻게 신뢰를 줄 수 있는지에 대한 방법과 사람의 마음을 어떻게 움직일 수 있게 하는지에 대한 방법을 발견해야 하는 것이지.

아　들: 신뢰는 어떻게 생기는 것인지요?

아버지: 그것은 논거를 통해서이지. 논거란 논의가 담겨 있는 곳에서 끌어내온 것으로서, 안건 자체의 내부에 있거나 혹은 외부에서 가져온 것을 말하지.

아 들: 논의가 보관된 곳이라니 그게 무슨 말씀이신지요?

아버지: 그것은 논거가 드러나지 않은 장소를 말하지.

아 들: 그러면 논거란 무엇이지요?

아버지: 논증을 구성하기 위해 찾아낸 합당한 근거를 말하지.

〔6〕

아 들: 어떤 기준을 가지고 근거를 두 종류로 나누지요?

아버지: 증거처럼 기술이 아닌 것으로 간주하는 근거가 있지. 나는 그것이 안건 외부에서 가져온 것이기 때문에 외부의 근거라 부르지. 한편 안건 내부에 자리 잡고 있는 근거도 있는데, 이는 안건 자체 내에 있는 논거를 말하지.

아 들: 그러면 증거에는 어떤 예가 있는지요?

아버지: 신적 증거와 인간적 증거가 있지. 전자에는 신탁, 점괘, 예언, 제사관(祭祀官), 복점관(卜占官) 등의 판단에 의한 답변이 있고, 후자에는 권위로부터 나온 것, 의지로 판단되는 것, 언어로 된 것이 있지. 언어로 된 증거에는 자유로운 것과 강제적인 것이 있지. 강제적인 것의 예로는 문서, 계약, 약정, 맹세, 고문 진술 등을 들 수 있어.

〔7〕

아 들: 말씀하신 내부에 있는 논거들이란 어떤 것들인지요?

아버지: 안건 자체의 내부에 있는 논거란 정의, 반대, 해당 사항 자체 혹은 그것의 반대 사항과 유사하거나, 차이가 크게 나거나, 일치 혹은 불일치하는 것들이지. 연관된 것이나 안건 자체에서 서로 모순되는 것도 내부에 있는 논거에 속하지. 논쟁 중인 안건의 원인과 결과도 역시 그러

한 논거에 해당되지. 부분의 종이나 종의 부분도 마찬가지야. 사건의 발단과 선행 사건도 또한 여기에 속하지. 어떤 것이 더 큰지, 같은지, 더 작은지를 따지는 비교도 안건에서 끌어올 수 있는 논거들이지. 비교의 대상에 속하는 것으로는 안건의 본질이나 수행 능력들이 있지.

〔8〕

아　들: 결국 논거들은 위와 같은 모든 논의가 담긴 곳에서 가져온다는 말씀인지요?

아버지: 그래, 심지어 논거들은 그곳에서 샅샅이 뒤져야 하고 탐구해야 해. 하지만 중요하지 않은 논거들은 버릴 수 있어야 하며, 공통의 논거와 반드시 필요하지 않은 논거들을 생략할 수 있는 판단력을 갖고 있어야 해.

아　들: 신뢰를 받는 방법에 대하여 말씀해주셨는데 이제 마음의 움직임에 관해 듣고 싶습니다.

아버지: 네가 아주 적시에 묻는구나. 그러나 그에 대한 답은 연설 부분과 문제 제기를 본격적으로 거론할 때 자세히 설명해 주마.

2. 논거 배열술

〔9〕

아　들: 그러면 연설가가 다음에 해야 할 일은 무엇이죠?

아버지: 논거 발견술의 다음으로는 논거 배열술이지. 논거 배열술에 관한 논의는 일반적인 사항의 문제를 다룰 때에는 앞에서 언급한 논의가 담겨 있는 곳에 관한 설명 체계와 거의 비슷해. 하지만 구체적인 사항의 경우에는 마음을 움직이는 여러 요소들을 덧붙여야만 하지.

아 들: 어떤 방식으로 설명할 수 있는지요?

아버지: 논증의 구성과 마음의 움직임에는 들어맞는 공통의 준칙이 있어. 논증은 매우 확고부동한 견해이지만, 마음의 움직임은 즐거움, 분노, 두려움, 욕구 등을 불러일으키는 것이야. 이런 감정의 종류는 매우 많고, 그 각각의 종들은 다양한 부분들로 구성되어 있지. 이것들은 제기된 논의의 목적에 따라 배열해야 하지. 일반적인 사항에 관한 논의에서는 논증을 목적으로 삼아야 하지만, 구체적인 사항에서는 논증 이외에도 감동을 대상으로 삼아야 하기 때문이야. 따라서 일반적인 사항과 구체적인 사항의 두 경우를 포함시켜 논해야 하네.

〔10〕

아 들: 연설의 종류에 관해서는 어떤 말씀을 하실 건가요?

아버지: 그것은 청중의 종류로 구별되지. 청중은 그냥 듣기만 하는 청중과 사안과 의견을 조정(조절)하면서 듣고 난 이후에 오히려 질문을 하는 이가 있지. 즉 청중은 즐거워하거나 어떤 것을 비교, 헤아려보고 결정하지. 후자와 같은 과거사의 결정은 재판관의 판결이고, 미래사의 결정은 원로원이 하는 일이라네. 그래서 연설에는 법정 연설, 정책 연설, 칭송 연설 등 세 종류가 있는 것이야. 칭송 연설의 경우는 대부분 칭찬과 관련된 주제를 다뤘기 때문에 칭송 연설이라 부른다네.

〔11〕

아 들: 이러한 세 연설 종류에서 연설가는 무엇을 우선으로 고려해야 하는지요?

아버지: 칭송 연설에서는 즐거움을, 법정 연설에서는 재판관의 엄격함이나

관대함을, 정책 연설에서는 결정권자의 희망이나 두려움을 우선으로 놓아야 하지.

아　들: 그러면 왜 연설의 종류를 설명하시는 것이지요?

아버지: 각 연설 종류의 목적에 알맞은 논거의 배열 방식을 설명하기 위해서이지.

〔12〕

아　들: 도대체 어떻게 말입니까?

아버지: 즐거움이 목적인 칭송 연설의 경우, 논거 배열의 순서가 다양하기 때문에 시기의 중요함과 중요하지 않음을 가리거나, 이야깃거리의 배열을 고려해야 하지. 예를 들어 작은 것에서 큰 것으로 올리거나 큰 것에서 작은 것으로 내리기도 하고, 그것들을 다양하게 배열함으로써 눈에 잘 띄게 만들기도 하지. 작은 것에 큰 것을 결합하고, 복잡한 것에 간단한 것을, 명확한 것에 불명확한 것을, 슬픈 것에 기쁜 것을, 믿음이 가는 것에 믿기지 않는 것을 결합해야 하지. 장식에 해당하는 것 모두를 말이야.

〔13〕

아　들: 정책 연설에서는 무엇을 생각해야 할까요?

아버지: 서론은 짧아야 하는지, 서론 없이 연설해야 하는지를 따져봐야 하지. 심의하고 토론하는 사람들은 자신의 이해와 관련 있는 부분에 귀를 기울이기 때문이지. 자주 따지고 사실을 길게 늘어놓아서도 안되지. 사실 기술(記述)은 과거나 현재의 사안을 다루는 것이지만, 설득은 미래를 다루는 것이기 때문이지. 그래서 연설 전체는 신뢰와 감동을 일

으키기 위해 구성되어야 하는 거야.

〔14〕

아　들: 법정 연설에서 배열은 어떻게 해야 하지요?

아버지: 원고가 사용하는 방식과 피고가 의존하는 방식은 서로 달라. 원고는 사건의 경과를 먼저 추적하고, 개별 논거들을 신속하게 내놓고, 정확하고 날카롭게 결론 내리고, 계약이나 법적 효력과 강제력 있는 관청의 결정, 증거 자료들로 보강하여 자신의 주장을 강건하게 펼쳐야 하지. 그리고 각 안건과 주장들을 핵심 사항으로 기억하게 해야 하지. 또한 감정에 호소하는 방법을 효과적으로 사용해야 하는데, 결론 부분이 아닌 다른 부분에서도 논지에서 벗어나 감정에 호소해야 하지. 결론에서는 감정을 더욱 심하게 자극해야 하지. 왜냐하면 재판관을 성나게 하는 것이 목적이기 때문이지.

〔15〕

아　들: 반대로 피고는 어떻게 해야 하지요?

아버지: 원고와 전혀 다르게 해야 하지. 서론에서는 호의를 얻도록 해야지. 사실 기술의 경우에 해롭고 불리한 것은 축소하거나 잘라내야 하고, 이야기 전체가 분노를 사거나 공분을 일으키는 것이라면 조용히 덮고 넘어가도록 문제 삼지 말아야 하지. 피해갈 수 없는 논거의 경우에는 스스로 무너지도록 하거나 모호하게 처리하여 불분명하게 얼버무려 넘겨버려야 하지. 결론에서는 동정을 사도록 유도해야 하지.

아　들: 아버지 말씀은 주장하고 싶은 바에 따라 배열 순서를 계속 유지할 수 있다는 말씀이시죠?

아버지: 반드시 그렇지만은 않아. 청중의 귀는 물론 현명하고 명민한 연설가에 의해서 조종되기는 하지만, 청중의 귀가 거부하는 것은 수정해야만 하지.

3. 표현술

〔16〕

아　들: 연설의 고유한 규칙과 단어 사용의 규칙을 설명해 주세요.

아버지: 표현술의 종류에는 마음으로부터 나온 개별 단어와 통사적으로 연결된 단어가 있지. 개별 단어는 발견되는 것이고, 연결 단어는 배치를 통해 성립되는 것이야. 개별 단어 가운데 일부는 자연적으로 생겨나는 것이고, 일부는 만들어진 것이지. 자연적으로 생긴 단어는 사물의 성질이나 종류의 형상을 표기한 것이고, 신조어는 자연 단어를 기초로 하여 새롭게 만들어진 것으로서 단어의 유추, 모방, 굴절, 복합 등의 작용을 통해서 생겨나는 것이야.

〔17〕

개별 단어의 구별에는 자연에 의한 구별과 사용에 의한 구별이 가능하지. 전자는 소리의 조화로운 울림이 잘 이루어지는 단어, 웅장한 단어, 연결 흐름이 부드러운 단어, 듣기에 좋은 단어가 있는데, 이에 상반되는 경우들도 있기는 하지. 후자에는 사물의 고유어, 이름에 덧붙여진 단어, 신조어나 고어, 연설가가 조작하거나 변형시킨 단어, 예컨대 본래의 의미에서 다른 의미로 옮겨진 단어(은유), 위치가 바뀌어 사용된 단어(제유), 오용하는 경우(남용), 불분명하게 하는 경우, 믿지 못할 정도로 의미를 높이거나(과장) 일상 어법 이상으로 꾸며 수용의 범위를 넘어서는 경우가 있지.

〔18〕

아 들: 단어의 연결 구성에 관해 설명해 주세요.

아버지: 단어의 연결 구성에는 문장의 호흡(리듬)을 살펴야 하고, 단어의 순서 배열에 주의해야 하지. 리듬을 측정하는 것은 귀이지. 불필요한 단어로 인해 정해진 범위와 기준을 넘기지 않고 반복하지 않도록 해야지. 문법적 일치도 조심해야 하지. 성, 수, 격, 인칭에 의해서 표현술이 망가지지 않도록 해야 해. 왜냐하면 단어의 연결 구성에서 문법적 불일치는 비난 받기 때문이야.

〔19〕

개별 단어와 단어의 연결 구성에 공통으로 적용되는 연설의 다섯 덕목에는 명확성, 간결성, 신뢰성, 선명성, 부드러움 등이 있지.

...(중 략)...

〔23〕

아 들: 말의 변형과 조작에 대한 논의가 남았습니다.

아버지: 개별 단어와 관련된 변형과 조작은 말이 한 단어로부터 확장되거나, 한 단어로 축약될 때를 말하지. 전자는 고유어, 유의어, 신조어가 여러 개의 단어들로 확장될 때를 말하고, 후자는 정의가 한 단어로 줄어들 때, 덧붙여진 것이 제거될 때, 에둘러서 말하지 않고 직접 표현할 때, 연결(접속사)을 이용해 두 단어를 한 단어로 만들어 사용할 때를 말

하지.

〔24〕

단어의 연결 구성에서는 단어뿐만 아니라, 순서의 세 조작이 적용될 수 있어. 먼저 자연적으로 드러난 것처럼 아무런 조작 없이 직접 표현되는 경우가 있고, 단어들의 연결 순서가 바뀌는 경우로서 동일한 요소가 앞 또는 뒤에 위치하기도 하지. 마지막으로 동일한 요소가 나누어져 그 사이에 다른 요소를 위치시키는 방식으로 표현하기도 하지. 실제로 표현술 연습의 대부분을 차지하는 것이 이런 종류의 조작과 전환 훈련이야.

4. 연기술

〔25〕

아　들: 제 생각에는 위의 것들 이외에 연기술도 필요하다고 봅니다.

아버지: 그래 맞아. 연기술은 연설가가 안건과 단어의 움직임에 따라 몸을 움직이는 것이지. 다시 말해 연기술은 단어들 자체에 의해서가 아니라 다양한 목소리, 몸짓, 표정 등에 의해서 연설을 선명하고 명확하게 하며 동시에 부드럽게 해주기도 하지. 연기술이 가장 큰 효력이 발생하는 경우로는 그것이 연설의 장르와 같을 때, 표현하려는 의미와 성격에 상응하거나 부합할 때이지.

5. 기억술

〔26〕

아　들: 연설가의 고유 능력에 대해서 말씀하실 것이 또 있는지요?

아버지: 이제 기억술만 남았어. 기억은 어떤 측면에선 기록과 짝을 이루지. 기억은 기록과는 전혀 다른 성질을 갖지만 매우 비슷한 현상도 갖고 있어. 기록이 철자들로 만들어진 표지(단어)로 구성되어 있고 이 표지 자체가 전달매체에 찍혀있듯이, 기억은 밀랍처럼 장소를 사용하고 표상들을 이 장소에 철자처럼 쌓아둠으로써 이루어지는 것이야.

4

행위로서의 말

오스틴의 『말을 가지고 행하는 방법』, 변군혁 옮김.

<제 8 강>

무언가를 말하는 것이 무언가를 행하는 것이고, 무언가를 말하면서 무언가를 행한다거나, 심지어 무언가를 말함으로써 무언가를 행한다는 것이 얼마나 많은 의미를 갖는지를 그 바탕에서부터 살펴보기 위해 일단 근본적인 것으로 되돌아가는 것이 좋을 것이다. 그리고 무언가를 말하는 것은 지극히 평범한 의미에서 무언가를 행하는 것이라고 명백하게 말할 때, '무언가를 실제로 행함'에 관한 의미그룹 전체를 구별하는 작업이 시작된다. 이러한 의미그룹은 소리의 발화, 구문에서의 단어의 발화, 철학자들이 선호하는 것으로서의 의미, 즉 어구의 의미(sense)와 지시 대상(reference)을 갖고 있는 소리의 발화를 포함한다.

나는 이처럼 가장 일상적인 의미에서 '무언가를 말함'의 행위를 발화행위(locutionary act)의 수행이라고 부를 것이다. 발화에 대한 지금까지의 연구들은 이것과 관련된 것들이다. 우리가 발화행위에 관심을 가지는 것은 물론, 앞으로 이야기할 다른 행위들과 발화행위를 구별하기 위해서는 기본적으로 발화행위가 무엇인가를 분명히 밝혀야 한다. 만약 우리가 발화행위 자체를 위해 발화행위를 논의하려면 물론 훨씬 더 많은 수정이 가능하고 필요할 것이다. 이러한 수정은 철학자들뿐만 아니라 문법학자나 음성학자들에게도 매우 중요하다.

우리는 음성행위(phonetic act), 형태행위(phatic act), 의미행위(rhetic act)를 대략적으로 구분하였다. 음성행위는 단지 어떤 소리를 발화하는 행위이다. 형태행위는 단어 또는 낱말, 즉 어휘에 속하거나 문법에 알맞은 유형의 소리를 발화하는 것이며, 의미행위는 어느 정도 한정된 의미와 지시대상을 가진 단어를 사용하는 행위를 수행하는 것이다. 따라서 문장 '그는 "그 고양이가 매트 위에 있다" 라고 말했다'(He said "The cat is on the mat")는 형태행위를 나타낸다. 반면에 '그는 그 고양이가 매트 위에 있다고 말했다'(He said that the cat was on the mat)의 문장은 의미행위를 나타낸다. 이와 유사한 대조는 아래의 예문들에서 살펴볼 수 있다.

그는 "그 고양이가 매트 위에 있다"라고 말했다.

(He said "The cat is on the mat.")

그는 그 고양이가 매트 위에 있다고 말했다.

(He said (that) the cat was on the mat.)

그는 "나는 거기에 있을거야"라고 말했다.

(He said "I shall be there.")

그는 그가 거기에 있을 것이라고 말했다.

(He said he would be there.)

그는 "나가"라고 말했다.

(He said "Get out.")

그는 나에게 나가라고 말했다.

(He told me to get out.)

그는 "이것이 옥스퍼드나 케임브리지에 있어요?"라고 말했다.

(He said "Is it in Oxford or Cambridge?")

그는 이것이 옥스퍼드나 케임브리지에 있는지를 물었다.

(He asked whether it was in Oxford or Cambridge.)

나는 위에서 제시한 대조 예들을 근본적으로 검토하기 위하여 몇 가지 기억할만한 일반적인 사항을 언급할 것이다.

(1) 형태행위를 수행하기 위해서는 분명히 음성행위를 수행해야만 한다. 또는 형태행위를 수행함에 있어서 음성행위를 수행하고 있다. (하지만 형태행위는 음성행위의 하위 부류가 아니다. 우리는 형태행위란 어떤 한 어휘에 속하는 단어를 발화하는 것이라고 정의하였다.) 그러나 그 반대의 사실, 즉 음성행위를 수행함에 있어서 형태행위를 수행한다는 것은 참이 아니다. 왜냐하면 원숭이가 'go'와 구별할 수 없을 정도로 똑같은 소리를 낸다고 해도 그것은 형태행위는 아니기 때문이다.

(2) 형태행위를 정의하는 데 있어서 어휘와 문법은 한 덩어리처럼 함께 논의되어 왔다. 그래서 우리는 예를 들어 'cat thoroughly the if'나 'the slithy toves did gyve'를 발화하는 사람에게 특별한 이름을 부여하지 않았다. 그러나 문법과 어휘뿐만 아니라 억양이 또 다른 문제로 나타나게 된다.

(3) 하지만 음성행위와 마찬가지로 형태행위는 (억양, 윙크, 제스처 등을 포함하여) 본질적으로 흉내 낼 수 있으며 재생 또한 가능하다. '그 여자는 예쁜 머리카락을 가지고 있다'라는 인용부 안의 진술만을 흉내 낼 수 있는 것이 아니라, 그가 '그 여자는 예쁜 머리카락을 가지고 있다'고 어깨를 움츠면서 말하는 좀 더 복잡한 사실도 흉내 낼 수 있다.

...(중 략)...

일반적으로 발화행위(locutionary act)를 수행하는 것은 그 자체로 발화수반행위(illocutionary act)를 수행하는 것이라고 말할 수 있다. 그러므로 발화행위를 수행할 때에는 다음과 같은 행위 또한 수행하게 되는 것이다.

- 질문하기, 질문에 답하기
- 정보 제공하기, 보증하기, 경고하기
- 판결하기, 의도 알리기
- 형량 선고하기
- 임명하기, 호소하기, 비판하기
- 신원 확인하기, 묘사하기

위와 같은 행위 이외에도 유사한 행위들 또한 많이 있다. 위에서 '그 자체로' 또는 '저절로' 라는 표현은 전혀 이상하지 않다. 그보다도 문제가 되는 것은 오히려 '우리는 그것을 어떤 방식으로 사용하고 있는가?'와 같은 애매모호한 표현이 여러 다른 의미를 갖고 있다는 점이다. 이러한 점은 심지어 발화행위를 가리킬 수 있으며, 더 나아가 앞으로 논의할 발화효과행위(perlocutionary act)를 가리킬 수도 있다. 우리는 발화행위를 수행할 때 말을 사용한다. 그런데 이 경우에 정확히 어떤 방법으로 말을 사용하고 있는가? 말을 사용하는 방법과 기능에는 수많은 종류가 있기 때문에, 말은 우리가 어떤 방법과 의미로 말을 '사용하고' 있었는가 하는 의미에서 우리의 행위에 큰 영향을 준다. 충고했는가? 단지 제안했는가? 실제로 명령했는가? 혹은 확실하게 약속하고 있었는가? 단지 모호한 의도를 알렸는가? 등은 행위의 커다란 차이를 나타내는 것이다. 이러한 논점은 조금은 문법의 영역에 포함된다. 그러나 우리는 어떤 단어들이 질문의 영향력(force)을 지니고 있는지, 아니면 평가로 받아들여야만 하는지의 관점에서 끊임없이 이 논점을 따져봐야 한다.

나는 행위의 수행을 '발화수반' 행위의 수행이라는 새로운 두 번째 의미로 설명하였다. 즉, 무언가를 말하는 가운데서 수반하는 행위의 수행으로, 이는 무언가를 말하는 행위의 수행과 대립되는 것이다. 나는 그렇게 수행된 행위를 '발화수반행위'라고 부르며, 여기서 논의되는 여러 유형의 언어 기능에 관한 이론을 '발화수반 영향력'의 원리라고 말할 것이다.

철학자들은 아주 오랫동안 이러한 연구를 등한시했으며, 모든 문제를 '발화용법(locutionary usage)'에 관한 문제로 다루어 왔다고 말할 수 있다. 게다가 실제로 제 1강에서 언급한 기술적 오류(descriptive fallacy)는 일반적으로 발화수반 영향력의 문제를 발화 용법의 문제로 잘못 처리함으로써 생긴다고 말할 수 있을 것이다. 우리는 이제 그러한 잘못에서 벗어나는 중이다. 지난 몇 년 동안 우리는 발화의 환경이 매우 중요하다는 사실을 분명하게 깨달았으며, 사용된 단어들은 언어적 상호소통 과정에서 그것들이 고안되었거나 실제로 언급된 '문맥'에 의해 어느 정도 '설명'된다는 것을 알게 되었다. 그럼에도 불구하고 우리는 여전히 '단어의 의미'를 가지고 설명하려는 경향에 빠져 있다. 우리는 '그는 그것을 명령으로 의미했다' (He meant it as an order)에서와 같이 발화수반 영향력과 관련하여 '의미'라는 말을 사용할 수 있다. 그러나 의미(sense)와 지시대상을 반드시 구별해야 하듯이, 뜻(meaning)은 의미 그리고 지시대상과 같다는 점에서 나는 (발화수반) 영향력(force)과 뜻(meaning)을 구별하고자 한다.

또한 우리는 '언어의 용법' 또는 '문장의 용법'의 표현이 다르게 사용되는 경우를 여기에서 볼 수 있다. '용법'이란 단어는 조롱거리가 되어버린 '뜻'이라는 단어와 마찬가지로 아주 애매모호하고 사용의 범위가 넓은 단어이다. 그렇다고 '뜻'을 대신하는 단어 '용법'도 그보다 나은 상황은 아니다. 우리는 발화수반행위의 의미를 전혀 거론하지 않은 채 발화행위의 의미만으로도 특정한 경우의 '문장의 용법'을 완벽하게 밝혀낼 수 있다.

발화수반행위의 개념을 더 정밀하게 살펴보기에 앞서 발화행위와 발화수반행위를 제 3의 행위와 대조해 보자.

발화행위를 수행하고, 발화행위를 수행하는 가운데 발화수반행위가 수행하는 또 다른 행위의 추가적 의미(C)가 생겨난다. 무언가를 말하는 것은 흔히 청중, 화자, 타자의 느낌이나 사고 또는 행동에 결과적 효과(consequential effect)를 만들어낸다. 그리고 무언가를 말하는 것은 결과적 효과를 보여주겠다는 계획, 의도, 목적 등을 가지고 수행될 수 있다. 따라서 우리가 이러한 점들을 고려한다면 발화행위 또는 발화수반행위의 수행을 오직 간접적으로만 언급하는 (C. a)의 행위, 발화행위 또는 발화수반행위의 수행을 전혀 언급하지 않는 (C. b)의 행위를 화자가 수행했다고 말할 수 있다. 우리는 이러한 행위들의 수행을 '발화효과'(perlocutionary) 행위의 수행이라고 명명할 것이다. 그리고 기본적으로 (C. a)의 경우, 수행된 행위를 '발화효과행위'(perlocution)라고 부를 것이다. 이 개념에 대한 신중한 정의가 물론 필요하지만 더 이상 그 개념 정의에 관한 논의를 보류한 채 몇 가지 예만 들기로 하자.

(E. 1)

- 행위(A) 또는 발화행위(Locution)

  그는 '쏘다'라는 말로 쏘는 것을 의미하고, '그녀'라는 말로 그 여자를 언급하면서 나에게 '그녀를 쏴라'라고 말했다.

  (He said to me 'Shoot her!' meaning by 'shoot' shoot and referring by 'her' to her.)

- 행위(B) 또는 발화수반행위(Illocution)

  그는 나에게 그녀를 쏘라고 재촉(또는 충고, 명령)했다.

  (He urged (or advised, ordered, etc.) me to shoot her.)

- 행위(C. a) 또는 발화효과행위(Perlocution)

  그는 내가 그녀를 쏘도록 설득했다.

  (He persuaded me to shoot her.)

- 행위(C. b)

  그는 나로 하여금 그녀를 쏘게 했다(또는 쏘게 만들었다).

  (He got me to (or made me, etc.) shoot her.)

(E. 2)

- 행위(A) 또는 발화행위(Locution)

  그는 나에게 '너는 그것을 할 수 없어'라고 말했다.

  (He said to me, 'You can't do that.')

- 행위(B) 또는 발화수반행위(Illocution)

  그는 내가 그것을 하는 것에 대해 항의했다.

  (He protested against my doing it.)

- 행위(C. a) 또는 발화효과행위(Perlocution)

  그는 나를 세우고, 검문했다.

(He pulled me up, checked me.)

- 행위(C. b)

그는 나를 멈추게 했다, 그는 나를 정신이 돌아오게 했다.

(He stopped me, he brought me to my sense, etc.)

그는 나를 귀찮게 했다.

(He annoyed me.)

위에서 볼 수 있듯이 우리는 'he said that…'의 발화행위와 'he argued that…'의 발화수반행위, 'he convinced me that…'의 발화효과행위를 구별할 수 있다.

여기서 언급된 수행의 '결과적 효과' (C. a와 C. b)는 마치 약속의 행위에서처럼 화자에게 의무를 부과함으로써 성취되는 특별한 효과를 포함하고 있지 않다는 것을 알 수 있다. 왜냐하면 약속 행위는 발화수반행위에 해당되기 때문이다. 우리가 실제적 효과에 의한 실제적 산출로 느끼는 것과 오직 관습적 결과로 생각하는 것 사이에는 분명히 차이가 있기 때문에 제약이 필요해 보인다. 우리는 추후에 이 문제로 다시 돌아올 것이다.

5

동양의 변증론

묵자의 「소취」, 「귀의」 편, 공손룡의 「백마론」, 「견백론」 편, 윤대식 옮김.

묵자의 『묵자』

「소취」

대체로 변론(辯)이란 장차 옳고 그름의 구분을 밝히고 다스림과 혼란스러움의 요점을 자세히 드러내고 같고 다른 경우를 분명히 하고 명칭과 내용의 이치를 살피며 이로움과 해로움을 구분하고 의심스러움을 결정하는 것이다. 즉 만물의 (원래) 그러함을 있는 그대로 요약하고 여러 가지 (다른) 말들의 종류를 논하는 것이다. 명칭으로써 내용을 거론하고 수식하는 말로써 뜻을 드러내며 설명하는 것으로써 그 원인을 도출한다. 그렇게 해서 한 가지 종류(의 변론)을 가지고 선택하거나 유추하는 것이다. 자기 스스로에게 (변론하는 방법이) 있어도 다른 사람을 비난하지 않으며 자기 스스로에게 (변론하는 방법이) 없어도 다른 사람에게서(변론하는 방법을) 구하지 않는다.

대체로 사물은 혹 마침내 옳으면서도 그런 것도 있지만 혹 마침내 옳으면서도 그렇지 않은 것도 있으며 혹 한번은 두루 전부를 표현하기도 하지만 한번은 두루 전부를 표현하지 않기도 하며 혹 한번 옳지만 한번은 옳지 않기도 하니 언제나 똑같이 쓸 수 없다. 그러므로 말(言)을 하는 데는 여러 방법이 있고 종류가 다르고 이유가 다른 것이니 한쪽에 편향되어서만 바라볼 수 없으며 잘못된 것이다.

흰 말은 말이다. 흰 말을 타는 것은 말을 타는 것이다. 검은 말도 말이다. 검은 말을 타는 것도 말을 타는 것이다. 여자노예는 사람이다. 여자노예를 사랑하는 것은 사람을 사랑하는 것이다. 남자노예도 사람이다. 남자노예를 사랑하는 것도 사람을 사랑하는 것이다. 이것이 곧 옳으면서도 그런 것이다.

여자노예의 부모는 사람이다. 여자노예가 그 부모를 섬기는 것은 다른 사람을 섬기는 것이 아니다. 그 동생은 미인이다. 그 동생을 사랑하는 것은 미인을 사랑하는 것이 아니다. 수레는 나무로 되어 있다. 수레를 타는 것은 나무를 타는 것이 아니다. 배는 나무로 되어 있다. 배에 들어가는 것은 나무에 들어가는 것이 아니다. 도둑은 사람이다. 도둑이 많다는 것은 사람이 많다는 것이 아니다. 도둑이 없다는 것은 사람이 없다는 것이 아니다.

어떻게 이것을 구별해야 하는 것인가? 도둑이 많은 것을 혐오하는 것은 사람이 많아지는 것을 혐오하는 것이 아니고 도둑이 없기를 바라는 것은 사람이 없어지기를 바라는 것이 아니다. 세상 사람들이 모두 그렇게 되기를 바라는 것이다. 만약 그렇다면 비록 도둑이 사람일지라도 도둑을 사랑하는 것이 사람을 사랑하는 것이 아니고 도둑을 사랑하지 않는 것이 사람을 사랑하지 않는 것이 아니며 도둑을 죽이는 것이 (다른) 사람을 죽이는 것이 아니니 (구별하는데) 어려움이 없을 것이다.

이것(후자)과 앞의 것(전자)은 같은 종류이다. 세상 사람들은 앞의 것으로 스스로 잘못이라고 (생각)하지 않는데 묵가들은 이것으로 비난하니 다른 이유가 없다. 이른바 내면이 들러붙어 있고 외부가 막혀서 마음에 (생각하는) 구멍이 없기 때문이다! 내면이 들러붙어 있어서 풀리지 않는 것이다. 이것이 곧 옳으면서도 그렇지 않은 것이다.

이 말의 눈이 애꾸라면 곧 이 말이 애꾸눈이라는 것이다. (그러나) 이 말의 눈이 크다고 해서 이 말이 크다고 말하지 않는다. 이 소의 털이 누렇다면 곧 소가 누렇다고 말한다. (그러나) 이 소의 털이 많아도 소가 많다고 말하지 않는다. 한 마리의 말도 말이다. 두 마리의 말도 말이다. 말이 네 다리를 가졌다는 것은 한 마리의 말이 네 다리가 있다는 것이지 두 마리의 말이 네 다리가 있다는 것이 아니다. 흰 말은 말이다. (그러나) 말이 혹 흰 것이 있다는 것은 두 마리 말이 혹 흰 것이 있다는 것이지 한 마리 말에서 혹 흰 것이 있다는 것이 아니다. 이것이 곧 한번은 옳고 한번은 옳지 않은 것이다.

「귀의」

묵자가 말했다. "지금 눈먼 사람이 흰 것(皚者)은 흰색(白)이고 검은 것(黔者)은 까만색(黑)이라고 말한다면 비록 밝은 눈을 가진 사람이라도 이를 바꾸어 말할 수 없다. (그러나) 흰색과 까만색을 뒤섞어서 눈먼 사람으로 하여금 이를 고르라고 한다면 알아낼 수가 없을 것이다. 그러므로 눈먼 사람은 흑백을 모른다고 내가 말할 수 있는 것은 그 명칭(눈먼 사람) 때문이 아니라 (눈먼 사람이) 그것을 고르지 못하기 때문이다."

"지금 천하의 군자들이 어질다(仁)고 명명(名)하는 것은 비록 우임금과 탕임금이라도 바꾸어 말할 수 없다. (그러나) 어진 것과 어질지 않은 것을 뒤섞어서 천하의 군자로 하여금 이를 고르라고 한다면 알아낼 수가 없을 것이다. 그러므로 천하의 군자들이 인(仁)을 모른다고 내가 말할 수 있는 것은 그 명칭 때문이 아니라 그 또한 (군자들이) 고르지 못하기 때문이다."

공손룡의 『공손룡자』

「백마론」

손님: 흰 말은 말이 아니다(白馬非馬)라니 그런 논리가 가능한 것인가요?

주인: 가능합니다.

손님: 어떻게 그것이 가능합니까?

주인: 말(馬)이란 것은 그 형체를 명명하는 까닭에서입니다. 희다(白)는 것은 그 색깔을 명명하는 까닭입니다. 색깔로 명명하는 것은 형체를 명명하는 것이 아니기 때문에 흰 말은 말이 아니라고 하는 것입니다.

손님: 흰 말이 있는데도 말이 없다고 할 수는 없습니다. 흰 말이 있는데도 말(馬)이 없다고 말할 수 없는데 어떻게 말이 아니라는 뜻이 됩니까? 흰 말이 있어서 말이 있다고 할 수 있는데 흰 것은 말이 아니라는 것은 무슨 뜻입니까?

주인: 말을 구하는 것이라면 누런색, 검은색 말 모두 될 수 있습니다. 흰 말을 구하는 것이라면 누런색, 검은색 말은 될 수 없습니다. 흰 말을 가지고 마침내 말(馬)이라고 하려면 이것은 구하려고 하는 것과 일치해야 합니다. 구하려고 하는 말과 일치해야 하려면 희다는 것이 말(馬)과 다르게 구별되지 않습니다. 구하려고 하는 것이 구별되지 않는 것이라면 마치 누런색, 검은색 말도 가능할 수도 있고 가능하지 않을 수도 있다는 것이니 어찌해야 합니까? 가능함과 불가능함은 그 서로가 어긋남이 분명하기 때문에 누런색, 검은색 말도 똑같은 것이니 말이 있다고 응답할 수 있지만 흰 말이 있다고 응답할 수 없는 것이니 이런 까닭으로 흰 말은 말이 아닌 것이 분명합니다.

손님: 말의 색깔을 가지고 말이 아니라고 하면 천하에 색깔 없는 말이 있을 수 없는데 (그러면) 천하에는 말이 없다고 할 수 있습니까?

주인: 말은 진실로 색깔을 가지고 있기 때문에 흰 말이 있는 것입니다. 말을 가지고 색깔이 없다고 하면 (단지) 말이 있다고 하는 것과 같을 뿐이며, 어떻게 흰 말을 가졌다고 할 수 있겠습니까? 그러므로 희다는 것은 말이 아닌 것이고 흰 말이라는 것은 말과 흰색이 어우러진 것입니다. 말과 흰색이 어우러진 것이 (정말) 말이라고 할 수 있습니까? 그러므로 흰 말은 말이 아니라고 말하는 것입니다.

손님: 말이 흰색과 어우러지지 않아야 말이 되고, 흰색이 말과 어우러지지 않아야 흰색이 되며 말과 흰색이 합해져 어우러져야 다시 흰 말이라고 명명한다니, 이렇게 서로 어우러진 것으로 어우러지지 않은 것을 명명하는 것은 가능하지 않습니다. 그러므로 흰 말은 말이 아니다라는 것 역시 가능하지 않습니다.

주인: 흰 말이 있어서 (그것으로써) 말이 있다고 하는데 흰 말이 있다는 것으로 누런 말이 있다고 말하는 것이 가능합니까?

손님: 가능하지 않습니다.

주인: 말이 있다는 것과 누런 말이 있다는 것은 다른 뜻이니 이것은 누런 말이 있다고 하는 말(言)과 다르다는 것입니다. 누런 말과 (있다고 하는) 말이 다르다는 것은 누런 말은 말이 아니라는 것입니다. 누런 말은 말이 아니라는 것이 되니 흰 말로 말이 있다고 한다면 이것은 날아다니는 것이 연못에 들어갔다는 것과 같으며 관과 곽이 (각기) 다른 곳에 있다는 것입니다. 이는 천하에 패륜적인 말이고 혼란스러운 말입니다.

주인: 흰 말이 있다고 말이 없다고 말할 수 없다라고 하려면 흰 색을 떼어내고 말해야 하는 것입니다. (흰 색을) 떼어내지 못한 것이라면 흰 말이 있다고

해도 말이 있다고 말할 수 없는 것입니다. 그러므로 말이 있다고 할 수 있는 까닭은 오로지 말(馬)로 말(馬)이 있다고 할 수 있을 뿐이며, 흰 말이 있다고 말이 있다고 할 수 없습니다. 그러므로 말이 있다고 할 수 있어도 말말(馬馬)이라고 말할 수는 없는 것입니다.

주인: 희다는 것은 흰 색으로 정해지지 않은 것이며 잊혀진다고 해도 가능합니다. 흰 말이라는 것은 흰 색이 흰 말에 고정된 것을 말하는 것이지 흰 말에 고정되었다고 흰 색은 아닙니다. 말이라는 것은 색깔로 취하는 것이 아니기 때문에 누런 말과 검은 말 모두 (말이라고) 응답할 수 있는 것입니다. 흰 말이라고 하는 것은 색깔로 취하는 것이고 누런 말과 검은 말 모두도 색깔로 취하는 것이기 때문에 오로지 흰 말만이 응답할 수 있을 뿐입니다. 취할 수 없는 것은 취할 수 있는 것이 아니기 때문에 흰 말은 말이 아니라고 하는 것입니다.

「견백론」

손님: 견고함, 흰색, 돌 이 세 가지를 함께 묶어서 하나의 개념으로 정의할 수 있습니까?

주인: 불가능합니다.

손님: 두 가지는 가능합니까?

주인: 가능합니다.

손님: 어떻게 그것이 가능합니까?

주인: 견고함 없이 흰색을 말할 수 있으면 그 거론하는 것이 두 가지이고 흰색이 없이 견고함을 말할 수 있으면 그 거론하는 것 (역시) 두 가지입니다.

손님: 그 흰색이라고 하는 것을 말할 수 있다면 흰색이 없다고 말할 수 없습니

다. 그 견고함이라는 것을 말할 수 있다면 견고함이 없다고 말할 수 없습니다. 그렇기에 돌이라고 하는 것은 본래의 것이니 세 가지를 함께 묶어서 하나의 개념으로 정의할 수 없다는 것입니까?

주인: (눈으로) 보고서 그 견고함을 (말할 수) 없으면서도 그 흰색을 (말할 수) 있다고 하는 것은 견고함이 없다는 것입니다. (손으로) 잡아보고서 그 흰색을 (말할 수) 없으면서도 그 견고함을 (말할 수) 있다는 것은 흰색이 없다는 것입니다.

손님: 천하에 흰색이 없다면 흰 돌을 볼 수 없습니다. 천하에 견고함이 없다면 돌을 견고하다고 말할 수 없습니다. 견고함, 흰색, 돌은 서로 밖으로 돌지 않는데 (이 세 가지의 속성을) 감출 수 있습니까?

주인: 스스로 감추는 것이 있고 감추지 않아도 감추어집니다.

손님: 그 흰 색이라는 것, 그 견고함이라는 것, 돌이라는 것은 반드시 서로 채워질 수 있으니 어찌 스스로 감출 수 있겠습니까?

주인: 그 흰색이라고 말할 수 있고, 그 견고함이라고 말할 수 있는 것을 (눈으로) 보았다 못 보았다고 하는 것은 분리되었음을 말하는 것입니다. 하나하나 서로가 채워지지 않기 때문에 분리라고 하는 것입니다. 분리되었다는 것은 감추고 있는 것입니다.

핵심개념

① 삼단논법
② 수사학
③ 변증론
④ 테크네(Technè)
⑤ 소피스트
⑥ 에토스(ethos)
⑦ 파토스(pathos)
⑧ 로고스(logos)
⑨ 논변(argument)
⑩ 화행론(speech act)

기본문제

(1) 인간과 동물의 의사소통 중 가장 큰 차이점은 언어 사용의 유무이다. 그렇다면 인간이 사용하는 언어는 동물의 의사소통과 어떻게 다르며, 어떠한 언어의 특징이 인간과 동물을 구분 짓게 하는지 생각해 보자.

(2) '화성에서 온 남자 금성에서 온 여자'라는 책의 제목에서도 드러나듯이, 남성과 여성은 여러 면에서 차이를 보인다. 그 중에서 남성과 여성의 언어 사용의 차이를 비교하고, 서로간의 원활한 의사소통을 위해 필요한 것은 무엇인지 생각해 보자.

(3) 오늘날 인터넷 기반사회에서는 최소한의 기억에 의한 지식의 중요성이 점점 등한시되고 있는 것도 사실이다. 이 상황에서 여전히 연기술과 기억술의

수칙들이(다른 세 수칙들에 비해) 소홀하기 쉽고 비교적 덜 중요하다고 인정할 수밖에 없다고 보는지, 아니면 그와는 반대로 그 중요성이 강조되어야 하는지 생각해 보자.

(4) 성공적인 의사소통을 위하여 자신의 말을 바르게 전달하고 상대방의 말을 잘 알아듣기 위해 화자와 청자가 갖춰야 할 대화원칙이나 규범이 무엇인지 생각해 보고, 그라이스(Grice)의 4가지 대화격률과 비교해 보자.

심화문제

최근 들어 SNS 상에서 이루어진 대화가 급격하게 증가하고 있다. 그러나 SNS의 특성에 대한 이해가 부족하여 상대방으로부터 오해와 갈등을 불러일으키기도 한다. 이와 같은 현상은 SNS가 말의 특성을 지니고 있는지, 글의 특성을 지니고 있는지에 대한 이해 부족으로 생겼다고도 볼 수 있다. 따라서 올바른 SNS의 사용을 위해서는 우선적으로 그 특성을 잘 파악해야 하는데, SNS 상에서 이루어지는 대화가 말과 글 중 어떤 특성을 더 갖고 있는지 생각해 보자.

더 읽어볼 책

(1) 요한 고트프리트 폰 헤르더 지음, 조경식 옮김, 『언어의 기원에 대하여』, 한길사, 2003.

(2) 페르드낭 드 소쉬르 지음, 최승언 옮김, 『일반언어학 강의』, 민음사, 2006.

(3) 찰스 샌더스 퍼스 지음, 김동식, 이유선 옮김, 『퍼스의 기호학』, 나남, 2008.

(4) 존 랭쇼 오스틴 지음, 김연진 옮김, 『말과 행위』, 서광사, 1992.

(5) 존 썰 지음, 이건원 옮김, 『언어행위』, 한신문화사, 1987.

(6) 노암 촘스키 지음, 김진우 옮김, 『언어와 정신』, 한국문화사, 2012.

(7) 매튜 맥케이, 데이비스 마타, 패트릭 패닝 지음, 임철일, 최정임 옮김, 『효과적인 의사소통을 위한 기술』, 커뮤티케이션북스, 1999.

(8) 괴츠 힌델랑 지음, 김갑년 옮김, 『화행론 입문』, 한국문화자, 1999.

제2장 매개와 소통
구텐베르크-은하계의 끝에는 무엇이 있을까

• 들어가는 말

1. 카페에서 신문 읽기: 위르겐 하버마스의 『공론장의 구조변동』
2. 카카오톡에 대해 알고 싶어 하지만 페이스북에서 물어보지 못한 것들: 마셜 매클루언의 『미디어의 이해: 인간의 확장』
3. 텔레비전이라는 익숙한 전쟁터: 스튜어트 홀의 『문화, 이데올로기, 정체성 스튜어트 홀 선집』
4. 실재라는 거대한 환영(幻影): 장 보드리야르의 『시뮬라시옹』
5. 쾌락의 통제와 억압된 개인: 헤르베르트 마르쿠제의 『에로스와 문명』

제2장 매개와 소통

들어가는 말

미디어는 현대사회의 주요 구성요소이자 변화의 핵심 동인이다. 미디어는 인류의 커뮤니케이션 상징체계이자 그 광범한 결과물을 포괄하기 때문에, 이를 이해하기 위한 관점과 접근방식도 매우 다양할 수밖에 없다. 그 중 가장 일반적인 접근방식은 도구적 관점에서 미디어를 정보 자원을 전달하는 수단으로 간주하는 것이다. 이 경우, 송신자와 수신자 사이에서 메시지(정보)를 얼마나 정확하게, 효과적으로 전달할 수 있느냐 하는 점이 주요 이슈가 된다. 반면, 해석적 관점의 여러 연구들에서는 미디어를 통한 커뮤니케이션 행위를 인간의 사회적 삶을 본질적으로 구성하는 요소로 간주한다. 해석적 관점에 따르면, 커뮤니케이션 행위의 주체는 개인이지만, 개개인은 특정한 사회적 관계 속에 있으며, 커뮤니케이션은 그와 같은 여러 제도적 형태로부터 협력, 갈등, 적대와 같은 실체적인 관계를 맺는 행위 자체이기 때문에, 미디어는 인간의 정신적 삶의 의미해석과 문화적 실천 및 물질적 생산 관계에 조응할 수밖에 없다. 해석적 관점을 대표하는 여러 미디어 연구들을 거칠게 분류한다면, 크게 정치경제학(political economy), 미디어생태학(media ecology), 문화연구 (cultural studies) 등의 세 가지 흐름으로 정리해볼 수 있다. 이 장에서는 세 가지 이론적 경향을 살펴볼 수 있는 핵심 텍스트를 선정하여 미디어와 커뮤니케이션에 관한 학술적 이해의 지평을 넓히고자 했다.

첫 번째로, 미디어를 통한 인간 커뮤니케이션 행위를 특정한 사회제도적 관계 속에서 이해하고자 하는 정치경제학적 접근방식이 있다. 이 접근법에서는 미디어 테크놀로지를 정치경제적, 역사적 조건이라는 구체적인 사회적 맥락 속에서 하나의 사회적, 제도적 산물로 고려한다. 따라서 미디어 정치경제학자들에게 중요한 것은 사회적 제도로서의 미디어, 다시 말해 사회적 의사소통의 장치로서 미디어가 갖는 공적 기능에 초점을 맞춘다. 이들의 관심은 미디어가 하나의 공론장으로서 제대로 기능하기 위한, 혹은 기능하지 못하는 구조적 조건, 즉 미디어의 소유구조나 정치적, 경제적 권력과 같이 의사소통의 합리성을 왜곡하는 권력관계를 밝히는 데 관심을 기울인다.

위르겐 하버마스의 『공론장의 구조변동: 부르주아 사회의 한 범주에 관한 연구』는 공공 영역과 사적 영역을 매개하는 '공론장'으로서 미디어의 위상과 함의에 대해 역사적으로 논증하고 있는 글로서, 공론장으로서 미디어가 등장하게 된 배경과 원인을 사회구조적 차원에서 설명한다. 절대왕정에 맞선 부르주아 계급은 이전의 과시적 공공성에 맞서 공공 이슈에 대해 합리적인 의사소통이 가능한 살롱이나 카페와 같은 근대 시민사회 공간을 기획하였고, 이는 하버마스에 의해 '공론장'이라는 이름으로 이론화된다. 이 텍스트를 통해 학생들은 현대 사회의 다양한 구성원들이 공공이슈에 대해 어떠한 제약도 받지 않고 자유롭고 합리적인 토론과 의견을 교류함으로써 여론의 형성과정에 참여할 수 있는 다양한 사회적, 제도적 조건에 대해 생각해볼 수 있을 것이다.

다음으로, 미디어 테크놀로지와 사회의 관계를 인간과 기술의 관계에 주목하여 설명하고자 하는 미디어 생태학적 관점이 있다. 이관점을 대표하는 저자인 마셜 매클루언은 저서 『미디어의 이해』에서 사회변동의 핵심 동인으로서 미디어 테크놀로지의 영향력에 관심을 기울이며, 특히 미디어의 메시지나 내용적 측면보다는 미디어 자체, 기술적이고 형식적인 특성이 만들어내는 환경적 요인에 주목한다. 매클루언에 따르면, 미디어는 자체의 물질적 구조나 형태 때문에 인간과의 상호작용 시에 특정 감각이 비대칭적으로 발달하는 감각적 편향(bias of sense)을 일으킨다고 보았다. 인간은 원래 오감으로 구성된 신체적 감각이 균형 상태를 이루고 있는데, 미디어가 특정 감각을 확장시킴으로써 감각의 불균형이 발생한다는 것이다. 미디어가 하나의 환경으로서 그 환경 속에서 살아가는 인간의 지각과 의식에 영향을 미친다고 보았기 때문에, 매클루언은 제1장의 제목처럼, "미디어는 메시지다"라는 유명한 명제를 통해 미디어가 전하는 내용보다 미디어 자체의 구조와 원리에 주목하라고 지적한다. 매클루언의 미디어이론은 특수한 사회문화적 배경이나 맥락을 고려하지 않기 때문에, 기술결정론(technological determinism)적이라는 비판을 받기도 하지만, 새로운 미디어 테크놀로지가 등장할 때마다 언급되는 만큼, 학생들은 이 텍스트를 독해함으로써 스마트폰과 SNS, 인공지능(AI)으로 대표되는 새로운 미디어의 등장이 우리의 인지구조와 삶의 방식을 어떻게 획기적으로 바꾸어 놓았는지에 대해 생각해볼 수 있을 것이다.

세 번째 텍스트의 저자인 스튜어트 홀은 자메이카 출신의 영국 문화연구자로서, 1969년 버밍엄대학의 현대문화연구소(Center for Cultural Studies, CCCS) 소장으로 취임하면서 문화연구의 이론적 성장을 주도한 대표적인 학자이다. 스튜어트 홀의 여러 저작들 가운데 가장 널리 읽히는 저술은 이 장에서 다루고 있는 1980년 출간된 논문 "텔레비전 담론 속의 부호화와 해독(Encoding and Decoding in Television Discourse)"이라고 할 수 있다. 부호화/해독 모델에서 스튜어트 홀이 제기한 가장 핵심적인 질문은 "독자들은 텍스트 내의 이데올로기로부터 저항할 수 있는가" 여부였다. 홀의 기획은 단순히 저항적 읽기의 가능성을 발견하는 데 그친 것이 아니라, 문화연구에 지대한 영향을 미쳐온 양대 후기맑스주의자인 안토니오 그람시와 루이 알튀세르의 이론적 난제를 극복하기 위한 이론적 기획이기도 했다. 홀의 부호화/해독 모델은 시각미디어, 그 중에서도 텔레비전을 대상으로 한다. 이전까지의 문화이론이 문학, 또는 영화 텍스트의 내적 완결성, 미학적 완성도에 초점을 맞춰왔던 것과 달리, 스튜어트 홀은 텔레비전 텍스트(프로그램)이 고정적이고 단일한 의미를 갖는 것이 아니라, 어떤 이들에게 전혀 다른 의미로 독해될 수도 있는 열린 텍스트라는 점, 즉 동일한 프로그램을 시청하더라도 시청자가 처한 사회적 위치와 그들의 사회적 경험치에 따라 해석하는 의미의 내용과 방향이 매우 다양하게 나타날 수 있다는 점을 지배적(dominant), 교섭적(negotiated), 저항적(oppositional) 해독이라는 층위로 구분하여 설명하였다.

네 번째 텍스트의 저자인 장 보드리야르는 프랑스의 대표적인 사회이론가이자 철학자로서 현대사회는 원본과 실재가 갖는 진위의 구분이 더 이상 무의미해지는 소비의 사회로 진입했다고 주장한다. 보드리야르에 따르면, 전통적으로 복제는 원본을 모사함으로써 발행하기 때문에 언제나 모사본은 원본이 존재해야 의미를 가질 수 있었지만, 시뮬라시옹의 시대에는 원본이 없는 모사본 자체가 의미를 지닐 수 있다고 보았고, 궁극적으로는 원본과는 무관한 모사본이 실재를 지배하는 사회로 변화하게 될 것임을 예견하였다. 보드리야르는 이를 시뮬라크르로 개념화하고, 시뮬라크르를 생성하고 운영하는 원리를 시뮬라시옹으로 설명하였다. 이 장에서 소개하는 보드리야르의 『시뮬라시옹』은 영화 매트릭스의 한 장면에 등장하기도 하는데, 이를 두고 워쇼스키 감독의 이론적 모티브를 제공했다고 알려지기도 했다. (물론 워쇼스키 감독은 이를 부인했지만 말이다.) 여하튼 시뮬라크르와 시뮬라시옹은 미래사회가 작동되는 핵심 원리인 파생실제(=하이퍼리얼리티)를 철학적, 사회적, 기호적으로 풀어내고 있다는 점에서 주목할 만한 저서이다. 이 책이 <매개와 소통> 부분에 소개된 것은 바로 현대사회를 형성하는 하이퍼리얼리티의 핵심에는 기호적 리얼리티가 있으며, 기호와 이미지를 통해 하이퍼리얼리티를 생성하는 기제가 바로 미디어이기 때문이다.

마지막 텍스트로 소개된 『에로스와 문명』의 저자인 마르쿠제는 비판이론을 계승하고 있는 프랑크푸르트학파의 주요 학자 중 한 사람으로서, 비판의식의 형성을 가로막는 대중문화와 매스미디어의 영향을 비판함으로써 1970년대 미국의 신좌파 문화운동의 사상적 기반을 제공했다는 평가를 받는다. 마르쿠제의 『에로스와 문명』은 기술 산업사회가 인간의 의식을 어떻게 통제하면서 권력관계를 유지해가는가에 대한 사회철학적 관심이 집대성된 저서로서, 기본적인 문제의식은 『일차원적 인간』과 같은 마르쿠제의 다른 저서와 연속선상에 있다. 그렇지만, 『에로스와 문명』은 맑스주의를 수정하고자 했던 프랑크푸르트학파의 다양한 기획 중에서도 프로이트주의와 맑스주의를 결합하고자 했던 획기적인 시도라는 점에서 다른 이론들과 차별화된다. 마르쿠제의 저술은 과거 오락매체로 맹위를 떨치던 텔레비전과 영화가 사회적으로 인간의 본능의 억압과 사회적 억압이라는 '과잉억압'이라는 원리를 통해 대중과 사회에 강력한 지배력과 통제력을 행사해왔다는 점을 두 사상가의 조합을 통해 밝혀줌으로써 현대사회의 미디어와 문화소비에 대한 통찰을 제시해주고 있다. 아울러, 마르쿠제가 미디어의 부정적 영향력을 강조한다는 점에서 텔레비전을 사이에 두고 매클루언과 마르쿠제가 갖는 입장 차이를 비교해보는 것도 의미 있는 작업이 될 것이다.

1

카페에서 신문 읽기

위르겐 하버마스의 『공론장의 구조변동: 부르주아 사회의 한 범주에 관한 연구』, 한승완 옮김, (나남출판, 2001).

제1장 서론: 부르주아 공론장의 한 유형에 대한 예비적 구획

부르주아 공론장의 발생

초기자본주의는 보수적이다. 그것은 좀바르트(Sombart)가 그렇게 열정적으로 묘사한 경제적 정서, 즉 영리행위를 '명예로운' 소득의 표본으로 파악하는 독특한 이해방식에서 뿐만 아니라, 정치적으로도 그렇다. 초기 자본주의가 낡은 생산양식(부자유 농민층이 봉건적으로 결합된 농업생산과 도시 수공업자가 직능조합적으로 결합된 소상품생산)을 변혁시키지 않고 그 열매를 먹고사는 한, 그것의 특징은 양가적이다. 한편으로 이 자본주의는 신분적 지배관계를 안정시키며 다른 한편으로 이 지배관계를 언젠가 해체할 요소들을 만들어낸다. 이것이 새로운 교류관계의 요소들, 즉 초기 자본주의적 장거리 무역이 창출한 상품교환과 뉴스교류이다.

...(중략)...

상품교환과 함께 전개된 뉴스교류도 사정은 비슷하게 진행된다. 시장을 지향하는 상인의 계산은 무역의 확장과 더불어 공간적으로 멀리 떨어진 사건들에 대한 더 정확한 정보를 자주 필요로 한다. 따라서 14세기 이후 상인들의 편지교류는 일종의 직업 신분적 서신교환체제로 발전한다. 상인들은 일정한 날에 보내는 최초의 전령코스, 이른바 정규우편을 자신들의 목적에 맞게 조직한다. 큰 무역도시들은 동시에 뉴스교류의 중심이 된다. 상품과 유가증권의 교류가 항 구적이 될수록 뉴스교류의 항구성 또한 긴급하게 된다. 증권거래소의 발생과 거의 동시에 우편과 신문이 지속적인 접촉과 의사소통을 제도화한다. 그러나 상인들에게는 직업 신분적으로 비밀스러운 정보체계로 충분하였으며, 도시와 궁정의 관청을 위해서는 행정 내부의 정보체계로 충분하였다. 이들에게 정보의 공개성은 중요한 것이 아니다. 오히려 그들의 이익에 맞는 것은 '자필 시사 회보,' 즉 뉴스상인들이 영업적으로 조직한 사적 서신교환이었다. 이 새로운 의사소통 영역에는 결정적 계기인 공개성이 결여되었기 때문에, 그것은 뉴스교류의 제도화와 더불어 기존의 의사소통 형식에 아무런 문제없이 순응하였다. 좀바르트의 규정에 따라 편지수송을 위한 정기적인 일이 공중에 일반적으로 허용될 때 '우편'을 말할 수 있듯이, 정기적 뉴스제공이 공적으로, 다시 말해 공중에 일반적으로 허용된 이후 비로소 엄밀한 의미의 신문이 존재한다. 그러나 이는 17세기 말에 와서야 일어나는 일이다. 이때까지 과시적 공공성의 낡은 의사소통 영역은 공개적 공공성의 새로운 의사소통 영역에 의해 근본적으로 위협을 받지는 않았다. 영리적으로 운영되는 뉴스는 아직 출판되지 않았다. 비정기적으로 출판되는 새로운 소식은 아직 뉴스로 사물화되지 않았다. 초기자본 주의의 교류관계, 즉 상품교환과 뉴스교류의 요소들은 근대 국가와 동시에 민족경제와 지역경제가 형성되는 중상주의 시대에 비로소 그 혁명적 힘을 입증한다.

...(중략)...

엄격한 의미에서 최초의 신문들, 아이러니컬하게도 '정치신문'이라 불렸던 신문들은 처음에는 주간으로, 17세기 중반 경에는 이미 일간으로 출판되었다. 그 당시 사적 서신교환은 제국의회, 전쟁사건들, 수확량, 세금, 귀금속 수송에 관한 그때그때의 자세한 뉴스와 무엇보다도 물론 국제무역거래 뉴스를 담고 있었다. 그러나 인쇄된 신문에 이르기까지 이런 '자필' 시사회보의 필터를 통과한 것은 이런 뉴스흐름에서 아주 작은 실개천에 지나지 않았다. 사적 서신교환의 구독자는 그 내용이 공개되는 데 아무런 관심이 없었다. 따라서 정치신문이 상인들을 위해 존재했던 것이 아니라, 역으로 상인들이 신문을 위해 존재했다. 바로 공적 뉴스제공이 이들 사적 뉴스교류에 의존하기 때문에 이들 신문은 동시대인들에게서 새로운 것의 보호자(custodes novellarum)라 불렸다. 외국뉴스, 궁정뉴스, 보다 덜 중요한 무역뉴스는 기본적으로 대상인의 비공식적 뉴스통제와 행정의 공식적 뉴스검열의 여과를 통과했다. 일면 인쇄물들의 레퍼토리로부터 온 기적적 치료, 호우, 살인, 전염병, 화형 등과 같은 전통적 '뉴스들'이 여전히 잔존하였다. 따라서 출간된 정보는 실제로 사용 가능한 뉴스자료의 나머지 범주에 속한다. 그럼에도 불구하고 왜 이것들이 이제 일반적으로 유포되고 접근 가능하게 되었는가, 곧 이것들이 왜 공공적으로 되었는가에 대한 설명이 필요하다. 통지문 필사가(筆寫家)의 이익이 여기에 이르기까지 충분했다고 믿기는 어렵다. 그렇지만 여하튼 그들은 출판에 대한 관심을 가지고 있었다. 뉴스교류가 상품교환의 필요에 따라서만 발전한 것은 아니다. 뉴스 자체가 상품이 된다. 따라서 영리적 뉴스제공은 시장의 법칙과 동일한 법칙에 종속된다. 그리고 시장의 발생이야말로 이런 뉴스제공이 존재하게끔 한 원인이다. 이미 자필 시사회보를 제공하던 서신 사무실에서 바로 인쇄신문이 발전된 것은 우연이 아니다. 모든 서신 정보는 그 가격을 지니고 있다. 그러므로 판매를 확대함으로써 수입을 증대하려 했다는 것은 당연하다. 기존의 뉴스자료의 일부분은 이런 이유로 해서 정기적으로 인쇄되어 익명으로 판매되었고, 이로써 공개성을 지니게 된다. 그러나 신문을 곧 행정목적에 활용하려는 관청의 새로운 관심이 더 중요하다. 관청이 명령과 칙령을 공표하기 위해 이 도구를 이용함으로써, 공권력의 수신인은 비로소 근원적으로 '공중'이 된다.

...(중략)...

말의 역사는 이러한 많은 결과를 초래하는 전회의 흔적을 보존하고 있다. 영국에서 17세기 중반 이래 'public'이라는 말이 사용되기 시작하는데, 그때까시 이에 상응하는 말로 '세계'(world)나 '인류'(mankind)가 사용되었다. 마찬가지로 프랑스어에서는 'le public'라는 말이 등장하는데, 이 말은 그림사전에 따르면 18세기 베를린으로부터 시작하여 독일에서도 '공중'(Publikum)이라는 말로 채용되었던 것을 지칭한다. 그때까지 독일에서는 독서계(Lesewelt) 또는 단순히 세계(Welt)라고 말했다 (이는 오늘날에도 모든 세계(alle Welt, tout le monde)라는 의미에서 남아 있다). 아델룽(Adelung)은 공공장소에서 연사나 배우 주위에 군중으로 모여든 공중을 독서공중과 구별한다. 그러나 이 두 경우 모두에서 중요한 것은 '판결을 내리는 공중'이다. 공중의 판결을 위해 제출된 것이 '공개성'을 얻는다. 17세기 말 프랑스어 publicité로부터 영어 publicity가 차용된다. 독일에서는 이 말이 18세기에 등장한다. 비판 자체는 '여론'(Öffentliche Meinung)의 형태로 제시되는데, 이말은 18세기 후반기에 프랑스어 'opinion publique'를 모방한 말이다. 영국에서도 '여론'(public opinion)이라는 말이 거의 동시에 출현한다. 그러나 '일반여론' (general opinion)이라는 말은 이미 오래 전부터 사용되고 있었다.

제2장 공론장의 사회적 구조

부르주아 공론장은 우선 공중으로 결집한 사적 개인들의 영역으로 파악될 수 있다. 이들은 곧 당국으로부터 규제받는 공론장을 공권력 자체에 대항하여 요구하며, 그 결과 기본적으로는 사적인 것으로 되었지만 공적으로 중요한 상품교환과 사회적 노동의 영역에서 교류의 일반규칙에 관해 공권력과 대결한다. 이 정치적 대결의 매체는 특유하며 역사상 유례가 없는 공적 논의(Öffentliches Räsonnement)이다. 이 말은 독일어의 언어사용에서 건성으로 들어 넘길 수 없는 두 측면의 논쟁적 뉘앙스를 보존하고 있다. 그것은 이성에의 호소('이치를 따지다'-역자)라는 의미와 동시에 이러한 호소를 불평불만의 궤변으로 경멸하며 깎아내리는 의미이다. 이제까지 신분들은 군주들과 계약을 통해 합의했는데, 이 계약을 통해 신분의 자유권과 군주권(fürsterliche Oberkeit) 및 통치권(Herrlichkeit)의 경계를 확정할 때 상호 갈등하는 권력요구들이 개별 경우에 따라 조정되었다. 이러한 관행은 13세기 이래 우선 지배신분과 군주의 이원화를 가져왔다. 곧 지역의 신분들만이 국가를 대표하고, 국왕은 국가와 대립하게 된다. 잘 알려져 있듯이 의회에 의한 왕권의 상대화를 통해 이러한 발전이 진행된 영국은 왕이 신분들 을 예속(Mediatisierung)하는 유럽대륙에서와는 다른 과정을 거친다. 이러한 권력 조정의 양식을 깨고 나오는 것이 제 3 신분이다. 왜냐하면 이 신분은 더 이상 지배신분으로 확고한 지위를 차지할 수 없기 때문이다. 지배권들(Herrenrecht)

- 지배권들은 또한 신분적 '자유'였다 – 사이의 경계확정을 통한 지배의 분할은 상품경제의 기초 위에서는 더 이상 불가능하다. 자본주의적으로 기능하는 소유에 대한 사법적 처분권은 바로 비정치적이다. 부르주아적인 사람들은 사적 개인들이다. 그리고 이런 사적 개인들로서의 그들은 '지배'하지 않는다. 따라서 공권력에 대항한 그들의 권력요구는 '분할'되어야 할 지배의 집중에 대항한 것이 아니다. 오히려 이 권력요구는 기존의 지배원칙을 무력하게 하는 것이었다. 부르주아 공중이 이 원칙에 대항해 내세운 감독의 원칙, 바로 공개성은 지배 자체를 변화시키려 한다. 당연히 지배요구의 형태를 포기하는, 공적 논의로 나타나는 권력의 요구는, 만약 그것이 관철된다면, 원칙적으로 유지되는 지배에 대한 정당화의 기초를 대체하는 것 이상의 결과를 가져올 것이다.

공중이 지배를 그것에 종속시킴으로써 지배를 실질적으로 변화시키고자 한 '이성'의 척도와 '법'의 형식이 갖는 사회학적 의미는 부르주아 공론장 자체를 분석함으로써, 특히 부르주아 공론장 내에서 공중으로 서로 교류하는 사람 들이 사적 개인들이라는 사실을 분석함으로써 드러난다. 핵가족적 사생활 영역의 공중과 관련된 주체성으로부터 나온 사적 경험이 특유하게 공적 논의의 자명한 이해를 이끈다. 이러한 사생활 영역이 충만하고 자유로운 내밀성(Innerlichkeit)이라는 근대적 의미에서의 프라이버시(Privatheit)의 역사적 출현처이다. 고대적 의미의 '사적인 것' - 삶의 필요에 의해 운명적으로 주어진 강제성 – 은 사회적 노동의 노고와 예속관계로 인해 사적 영역의 내부권, 즉 가정으로부터 추방되는 것처럼 보인다. 상품교환이 가정경제의 경계를 파괴시켜 감에 따라 핵가족의 영역은 사회적 재생산의 영역으로부터 분리된다. 국가와 사회의 양극화 과정은 사회 내에서 다시금 반복된다. 사인(私人)의 지위를 통해 상품소유자의 역할과 가장의 역할, 소유자의 역할과 '인간' 자체의 역할이 결합된다. 고차원의 사생활 영역에서의 사적 영역의 이중화는 '사적'이라는 공동의 표제 하에 이 두 역할의 동일성을 확인하기 위한 토대를 제공한다. 부르주아 공론장의 정치적 자기이해는 궁극적으로 여기로 환원된다.

그러나 국가와 사회 간의 긴장에서 공론장이 정치적 기능을 명확하게 담당하기 이전에, 핵가족의 사생활 영역으로부터 출현하는 주체성이 말하자면 그것의 고유한 공중을 형성한다. 공권력의 공공성이 사적 개인들의 정치적 논의에 의해 문제시되고 결국에는 정지되기 이전에도, 이 공론장의 갑판 밑에서 어떤 비정치적 형태의 공론장, 즉 정치적으로 기능하는 공론장의 문예적 초기형태가 형성된다. 이것이 아직 자기 내부의 권역에서 움직이는 공적 논의의 연습장이다. 이는 사적 개인들이 그들의 새로운 프라이버시에 대한 진정한 경험을 통해 자기 계몽되는 과정이다. 정치경제학 이외에 심리학이야말로 18세기에 발생한 또 다른 고유한 부르주아 학문이다. 공적으로 허용되는 문화적 형성물들, 열람실, 극장, 박물관, 연주회에서 불붙는 논의를 이끄는 것도 심리학적 관심이다. 문화가 상품형태를 취함으로써 진정 본래의 (그 자신의 목적을 위하여 존재한다고 주장되는 것으로서의) '문화'로 전개되면서, 문화는 그것을 통해 공중과 연관된 주체들 서로가 협의하는 토론대상으로 요구된다.

물론 문예적 공론장이 본래부터 부르주아 공론장은 아니다. 그것은 궁정의 과시적 공공성과 일정한 연속성을 보유하고 있다. 공적 논의의 기술은 교육받은 중산층의 부르주아 전위가 '고상한 세계,' 즉 궁정·귀족 사교계와의 교류를 통해 학습한 것이다. 물론 이 궁정·귀족 사교계는 군주의 개인적 영역으로부터 근대 국가기관이 자립화됨에 따라 점차 궁정으로부터 떨어져 나와 도시에 자리 잡으면서 궁정에 대한 균형추를 이루게 된다. '도시'는 단지 부르주아 사회의 경제적 생활의 중심만은 아니다. 그것은 무엇보다 '궁정'의 문화정책에 대립한 초기의 문예적 공론장을 가리키는데, 이것은 커피하우스, 살롱 및 만찬회로 제도화된다. 저 인본주의적이고 귀족주의적인 사교계의 유산들은, 부르주아 지식인들과 만나면서 이들 지식인의 공적 비판으로 전개되는 사교적 대화를 통해 붕괴되어 가는 궁정 공론장의 잔여형태와 새로운 부르주아 공론장의 초기형태 간에 다리를 놓는다.

다음과 같은 예시에 의례적으로 따라붙는 단순화를 유보한다면, 사회 부문들의 도식으로서 18세기 부르주아 공론장의 개요는 다음과 같은 도표로 제시될 수 있다.

사적 부문		공권력의 영역
부르주아 사회 (상품교환과 사회적 노동의 영역)	정치적 공론장 문예적 공론장 (클럽, 신문)	국가 ('내무행정'의 영역)
핵가족의 내부공간 (부르주아 지식인)	(문화적 재화 시장) '도시'	궁정 (궁정·귀족사교계)

우리의 맥락에서 기본적인, 국가와 사회 간의 분리선이 공공영역을 사적 부문으로부터 분리한다. 공공영역은 공권력에 의해 제한된다. 우리는 궁정도 여기에 속하는 것으로 여긴다. 또한 본래의 '공론장'은 사적 부문에 포함된다. 왜냐하면 공론장이 사적 개인들의 공론장이기 때문이다. 그러므로 우리는 사적 개인들에 속하는 부문 내에서 사적 영역과 공론장을 구분한다. 사적 영역은 좁은 의미의 부르주아 사회, 따라서 상품교환과 사회적 노동의 영역을 포괄한다. 사생활 영역을 갖는 가족이 여기에 편입된다. 정치적 공론장은 문예적 공론장으로부터 나온다. 그것은 여론을 통해 국가와 사회의 욕구를 매개한다.

공론장의 제도들

만찬회, 살롱, 커피하우스가 그 공중의 범위와 구성, 교제 스타일, 논의의 풍토, 주제의 정향에 있어 아무리 다르다 하여도, 이들 모두는 경향적으로 사적 개인들 간에 벌어지는 지속적 토론을 조직화하였다. 따라서 이것들은 일련의 공통되는 제도적 기준들을 가지고 있다.

첫째, 지위의 평등을 전제로 하는 것이 아니라 지위 전체를 도외시하는 일종의 사회적 교제가 요구된다. 서열의식에 반하여 경향적으로 동등함의 예의가 관철된다. 사회적 위계질서의 권위에 대항하여 논증의 권위가 방어되고 종국에는 관철될 수 있었던 토대인 동등성은 그 당시의 자기이해에 따르면 '단순히 인간적인 것'의 대등한 자격을 의미했다. 관직의 권력과 위신이 무효화되었다는 의미에서만 사람들(les hommes), 사적 신사들(private gentlemen), 사적 개인들(Privatleute)이 공중을 구성하는 것은 아니다. 경제적 예속도 역시 원칙적으로 무효화될 수 있다. 국가의 법과 마찬가지로 시장의 법칙도 정지된다. 물론 이로써 커피하우스, 살롱, 단체를 통해 공중의 이념이 진정으로 실현되었다고 말하는 것은 아니다. 그러나 이것들을 통해 공중의 이념은 이념으로서 제도화되었으며, 객관적 요구가 되었고, 그런 한에서 현실이 된 것은 아니지만 효력을 발휘하게 되었다.

둘째, 이러한 공중의 토론은 이제까지 의문시되지 않았던 영역의 주제화를 전제한다. 자본주의의 발전이 특정한 사회적 범주들에 대해 점점 더 많은 정보를 합리적으로 지향하는 태도를 이미 요구하고 있음에도 불구하고 공중이 비판적으로 다루는 '일반적인 것'은 여전히 해석의 독점에 귀속되어 있었다. 이 해석의 독점은 단지 설교단에서만이 아니라 오히려 철학, 문학, 예술에서 교회의 권위와 국가의 권위가 갖고 있었다. 그러나 철학적 저작과 문학작품, 예술작품 일반이 시장을 위해 생산되고 시장을 통해 중개됨에 따라, 이들 문화적 재화들은 일종의 정보와 유사하게 된다. 그것들은 상품으로서 원칙상 일반적으로 접근할 수 있는 것으로 된다. 그것들은 더 이상 교회의 공공성이나 궁정의 공공성의 과시를 위한 구성요소가 아니다. 이것은 바로 이러한 공공성의 아우라의 상실, 그것의 과거 성스러운 성격의 세속화를 뜻한다. [...]

셋째, 문화를 상품형태로 전화시킴으로써 문화를 비로소 토론능력을 갖춘 문화로 만들어 낸 동일한 과정이 공중의 원칙적 비폐쇄성을 가져온다. 각각의 공중이 아무리 배타적이라 할지라도, 공중이 결코 완전히 빗장을 걸고 하나의 파벌로 고착될 수는 없었다. 왜냐하면 공중은 모두가 독자, 청자, 관중으로서 소유와 교양을 전제로 하며 시장을 통해 토론대상을 소유할 수 있는 사적 개인들의 보다 큰 공중의 한가운데서 자신을 이해하고 이 속에 존재하기 때문이다. 토론 가능한 문제들은 그 중요성이라는 의미뿐만 아니라 그것에 대한 참여가능성이라는 의미에서도 '일반적'으로 된다. 모든 사람이 그것을 가질 수 있어야 한다.

2

카카오톡에 대해 알고 싶어 하지만 페이스북에서 물어보지 못한 것들

마셜 매클루언의 『미디어의 이해: 인간의 확장』, 김상호 옮김, (커뮤니케이션북스, 2003).

우리 서구와 같이, 관리와 통제를 위해 모든 사물을 분절하고 분리하는 데 오랫동안 익숙해 온 문화는, 작동의 방식과 실제적 사실에서 미디어가 메시지라는 사실을 알려주면 때때로 적지 않은 충격을 받는다. 그러나 이것은 단지 우리의 각 확장들 또는 모든 새로운 기술들이 우리의 삶에 도입한, 새로운 척도가 만들어 낸 모든 미디어-즉, 우리 자신의 모든 확장들-의 개인적 그리고 사회적 결과들이라는 것을 말하고 있을 뿐이다. 예를 들어 자동화라는 인간 조직 방식의 새로운 패턴은 기존의 직업들을 없애는 경향이 있는데, 이것은 사실이다. 그 리고 그것은 부정적인 결과다. 긍정적으로 자동화는 사람들을 위한 역할을 창조한다. 이것은 일과 사람 사이에 깊이 있는 관여를 만들어 예전 기계 기술이 파괴했던 유대를 강화하는 것을 말한다. 많은 사람들이 기계 그 자체보다 자신이 기계로 한 일이 그 기계의 의미나 메시지라고 말하고 싶어 한다. 그러나 기계가 우리가 타인과 맺는 상호 관계와 우리 자신 내부의 관계를 변화시키는 방식들이라는 점에서 보자면, 그 기술이 콘플레이크를 바꾸는 것이든 캐딜락을 바꾸는 것이든 전혀 상관이 없다. 인간의 일과 관계의 방식을 재구조화하는 일은 기계 기술의 본질인 파편화라는 기법에 의해 이루어진 것이다. 그러나 자동화 기술의 본질은 정반대다. 기계가 인간의 관계들을 유형화하는 데 파편적이고 중앙집중적이고 피상적이었던 데 반해, 자동화 기술은 근본적이고 통합적이고 탈중앙집중적이다.

전깃불의 경우는 이런 연결 방식을 분명하게 보여줄 것이다. 전깃불은 순수한 정보다. 말하자면, 전깃불은 어떤 광고나 이름을 나타내는 데 사용되지 않는 한, 메시지가 없는 미디어다. 이것은 모든 미디어의 "내용"을 이루고 있는 것은 언제나 또 다른 미디어라는, 모든 미디어에 해당되는 특징을 의미한다. 말은 쓴 것의 내용이고, 쓰인 것은 인쇄의 내용이며, 다시 인쇄는 전보의 내용이다. "말하는 것의 내용은 무엇인가"라는 질문을 받게 될 경우, 우리는 반드시 "그것은 생각이라는 실재적인 과정이며 그 과정 자체는 비언어적인 것이다"라고 말할 필요가 있다. 추상화는 창조적 과정들을 직접 드러나도록 실현한 것인데, 이런 과정들은 컴퓨터 디자인에서도 나타날 수 있을 것이다. 그러나 여기서 우리가 고찰하고 있는 것은, 디자인이나 패턴들이 기존의 과정을 증폭시키거나 가속화했을 경우 초래할 정신적이고 사회적인 결과들이다. 왜냐하면 모든 미디어나 기술의 "메시지"는 결국 미디어나 기술이 인간의 삶에 가져다줄 규모나 속도 혹은 패턴의 변화이기 때문이다. [...]

전깃불의 문제로 되돌아가보자. 그 빛이 뇌수술을 위해 사용되느냐 아니면 야간의 야구 경기를 위해 사용되느냐는 중요하지 않다. 전깃불이 없으면 뇌수술이나 야간 경기를 할 수 없다는 점에서, 뇌수술이나 야간 경기가 전깃불의 "내용"이라는 주장을 할 수도 있을 것이다. 그러나 이 같은 사실은 "미디어가 메시지다"라는 점을 강조해 줄 뿐이다. 왜냐하면 '인간관계와 행위'의 '규모와 형태'를 형성하고 제어하는 것이 바로 미디어이기 때문이다. [...]

전깃불은 '내용'을 갖고 있지 않다는 바로 그 점 때문에 커뮤니케이션 미디어로 주목받지 못하고 있다. 그러나 바로 이런 상황이 어떻게 해서 사람들이 미디어를 제대로 연구하지 못하고, 전혀 감을 잡지 못하는지를 단적으로 보여주는 소중한 사례가 되기도 한다. 왜냐하면 전깃불은 어떤 브랜드 이름을 나타내는 데 사용되고 나서야 비로소 하나의 미디어로 주목받기 때문이다. 그럼에도 여기서 주목받고 있는 것은 전깃불이 아니라 '내용'(사실상 또 다른 미디어)이다. 전깃불의 메시지는, 산업에서 전력의 메시지와 마찬가지로, 총체적으로 급진적이고, 전면적이며 또한 탈집중적이다. 왜냐하면 전깃불과 전력은 그것들을 이용한 구체적인 사용들로부터는 분리되어 있지만, 그럼에도 불구하고 라디오, 전보, 전화, 텔레비전이 심도 깊은 관여를 창출해 내는 것과 똑같은 방식으로, 인간관계망의 형성에서 시간적, 공간적 요인들을 제거하기 때문이다.

...(중략)...

기계화라는 현상 그것 자체는 최대한의 성장과 변화를 일으키는 원인인데, 막상 기계화라는 것을 가능하게 한 근본 원리는 바로 그 성장이라는 것의 가능성이나 변화라는 것에 대한 이해를 완전히 배제한다는 것이 바로 기계화의 역설이다. 왜냐하면 기계화는 모든 과정을 파편화하고, 그렇게 파편화된 여러 부분들을 죽 늘어놓는 계열화를 통해서 얻어지는 결과이기 때문이다. 하지만 데이비드 흄(David Hume)이 이미 18세기에 보여준 바와 같이, 단순히 연속해서 일어나는 일들 속에는 인과성의 원리가 없다. 즉 하나의 사건 뒤에 다른 사건이 뒤따른다는 사실은 아무것도 설명해주지 못한다. 변화가 있다는 사실 이외에 다른 아무것도 나올 것이 없다. 결국 전기의 등장과 함께 미디어들이 만들어 낸 반전들 중 최대의 반전이 일어났는데, 사물들을 순간적인 차원의 것으로 만들어 버림으로써 연쇄에 기반을 둔 계열화에 종지부를 찍었다. 순간적인 속도 아래에서 사물들의 원인들은 새롭게 인식되기 시작했다. 왜냐하면 그 원인들은 계열이나 연쇄 속의 사물들과는 무관한 것이 되어 버렸기 때문이다. 닭이 먼저냐 달걀이 먼저냐는 물음은 의미를 상실해버렸고, 갑자기 닭은 더 많은 달걀을 얻기 위한 달걀의 이데아가 되어 버린 것 같았다. [...]

고도의 문자 문화를 가진 기계화된 문화에서 영화는 돈으로 살 수 있는, 승리감에 찬 환상과 꿈의 세계로 보였다. 큐비즘이 등장한 것은 바로 영화가 이런 상황에 놓여 있는 순간이었는데, 곰브리치(E. H. Gombrich)는 『예술과 환영(Art and Illusion)』에서 큐비즘을 "애매성을 분쇄하고, 그림을 읽는 한 방식, 즉 인간이 만들어 낸 구도와 채색된 캔버스를 읽는 독특한 방식을 사람들에게 부과하는 가장 급진적인 시도"라고 서술하고 있다. 왜냐하면 큐비즘은 특정한 '시점'이라든가 특정한 원근법적 환영이라는 측면을 버리고 그 대신 대상이 지닌 모든 모습들을 한꺼번에 나타내는 것이기 때문이다. 큐비즘은 캔버스 위에서 구현된 3차원의 특수화된 환영 대신, 여러 평면들의 상호 작용과 각종 패턴, 빛, 질감들의 상충이나 극적 갈등을 빚어내고 관람자들을 그림 속에 관여하게 만듦으로써, '메시지를 인식시키는 것'이다. 이것은 그려진 그림이 주는 환상 속에서가 아니라 실제로 화가가 그림을 그리는 것 속에서 이루어진 것이다.

달리 말해 큐비즘은 2차원에서 안과 밖, 위와 아래 그리고 앞과 뒤 등을 표현함으로써 전체에 대한 순간적인 감각 지각을 얻기 위해 원근법이라는 환영을 던져 버렸다. 큐비즘은 순간적인 전체적 지각을 거머쥠으로써 갑자기 '미디어가 메시지다'라고 선언했던 것이다. 연속성이 순간적인 것에 자리를 물려줄 경우 우리가 구조와 구성의 세계 속에 놓이게 되는 것은 자명한 일이 아닌가? 물리학에서 일어났던 일도 회화와 시 그리고 커뮤니케이션 등에서 일어났던 일들과 같은 것이 아니겠는가? 특수화된 부분들에 주목하다가 이제는 전체적인 장에 주목하게 되었고 그래서 우리는 이제 너무나도 자연스럽게 '미디어가 메시지다'라고 말할 수 있게 되었다.

...(중략)...

스노(C. P. Snow)는 "유화정책과 뮌헨으로 가는 길(Appeasement and the Road to Munich)"이라는 로스(A. L. Rowse)의 책에 대한 서평(《뉴욕 타임스 북 리뷰New York Times Book Review》, 1961년 12월 24일)에서, 자신이 1930년대 영국의 최고위 지도자들과 가졌던 경험을 서술하고 있다. "그들의 IQ는 보통정치 지도자들보다 훨씬 높았다. 그런데 왜 이 꼴이 되었는가?" 이에 대한 로스의 견해는 "그들은 들으려는 자세가 되어 있지 않아 각종 경고들에 귀 기울이지 않았기 때문이다"라는 것이다. 이 점은 스노도 인정한다. 그들은 반공주의자였기 때문에 히틀러의 주장이 주는 메시지를 읽어 낼 수 없었다. 그런 그들의 실패는 오늘날 우리의 상황에 비하면 아무것도 아니었다. 기술이나 획일성이 모든 수준의 교육, 정부, 산업, 사회생활 등에 적용되고 있는 미국의 문자 문화 상태는 지금 전기 기술의 전면적인 위협을 받고 있다. 이에 비하면 스탈린이나 히틀러의 위협은 외부에 드러나서 잘 보이는 것이었다. 전기 기술은 이미 내부에 들어와 버렸는데, 우리는 이 전기 기술이 미국의 생활양식을 속속들이 지배했던 구텐베르크 기술과의 충돌 속에서 만들어 내는 것들에 마취되고, 눈멀고 귀까지 먹은 벙어리가 되어 있다. 하지만 위협이 존재한다는 사실조차 사람들에게 제대로 알려지지 않은 지금과 같은 시점은 전략을 제시할 때가 아니다. 가장 큰 적은 전혀 눈으로 볼 수 없고 또 인식되지도 않는다고 의사들에게 말했던 루이 파스퇴르의 처지가 지금 나의 처지와 같다. 모든 미디어에 대한 우리의 전통적인 대응, 즉 "중요한 것은 미디어들이 어떻게 사용되는가다"라는 식의 대응은 기술에 관해 전혀 모르는 멍청이들이 보여 주는 감각 마비 상태다. 왜냐하면 미디어의 '내용'이란, 도둑이 집 지키는 개의 주의를 딴 데로 돌리기 위해 사용하는 육즙이 흐르는 고깃덩어리처럼 우리의 주의를 다른 곳으로 돌리기 때문이다. 미디어의 효과가 강렬해지는 것은 또 다른 미디어가 '내용'으로 주어진다는 점 바로 그것 때문이다. 예를 들어 영화의 내용은 소설이나 연극 혹은 오페라다. 영화라는 형식의 효과는 그 프로그램의 내용과는 무관하다. 글쓰기나 인쇄의 '내용'은 말이다. 그러나 독자는 인쇄인지 말인지를 거의 대부분이 의식하지 못한다.

미디어가 역사를 형성해 왔는데도 아널드 토인비는 미디어에 무지했다. 그렇지만 그의 책에는 미디어 연구자들이 이용할 수 있는 사례가 풍부하게 들어 있다. 영국의 '노동자교육협회(Workers Educational Association)'같은 성인 교육이 대중 언론에 대항할 수 있는 유용한 힘이라고 진지하게 제시해 주는 것과 같은 경우가 그런 예다. 토인비는 오늘날 모든 동양 사회들이 산업 기술과 그에 따른 정치 제도들을 채택하고 있지만, "문화적인 면에서 거기에 상응하는 획일적 경향은 없다"(『역사의 연구』, 서머벨(Somervell)이 축약한 판본의 제1권, 267쪽)고 생각하고 있다. 이는 광고가 흘러넘치는 환경 속에서 몸부림치면서도, "개인적으로 나는 광고에 전혀 관심이 없다"고 자랑스럽게 말하는 문자 문명사회 교양인의 목소리와도 같다. 동양인이 서구의 기술에 대해 정신적이고 문화적인 면에서는 유보적인 태도를 가진다 하더라도 전체적으로 보면 별반 소용이 없을 것이다. 기술의 효과들은 견해나 개념들의 차원에서 나타나는 것이 아니라 감각 비율이나 지각 패턴을 아무런 저항 없이 서서히 변화시킨다. 진지한 예술가는 감각 마비 현상 없이 무사히 기술에 직면할 수 있는 유일한 사람이다. 왜냐하면 그들은 감각 지각상의 변화를 알 수 있는 전문가이기 때문이다. [...]

오늘날 우리가 문화 속에서 자신의 방향 감각을 획득하고, 기술적 형식이라는 인간 표현에 의해 만들어진 편향과 압력들에서 벗어나려면 그 같은 형식이 느껴지지 않는 사회나 그런 형식이 알려져 있지 않았던 역사적 시기를 찾아보면 된다. 언론학자 윌버 슈람(Wilbur Schramm) 교수는 『서구 어린이들의 생활에서 텔레비전(Television in the Lives of Our Children)』이라는 연구서에서 그 같은 접근을 시도했다. 그는 텔레비전이 전혀 보급되지 않은 지역들을 찾아내 몇 가지 실험을 했다. 그는 텔레비전 영상의 고유한 본성을 전혀 연구하지 않았기 때문에 그의 실험은 주로 '내용' 선호도, 시청 시간, 사용되는 어휘 등에 관한 것이었다. 비록 무의식적인 것이긴 하지만, 한마디로 텔레비전에 관한 그의 접근 방법은 전형적으로 문자 문화적인 것이었다. 따라서 그는 보고할 사항이 아무것도 없었다. 만일 1500년경에 그 방법이 인쇄된 서적들이 어린이나 성인의 생활에 미친 영향을 찾아내는 데 사용했다 하더라도 그는 인쇄에서 생겨난 인간 심리학과 사회 심리학에서의 각종 변화들에 대해 아무것도 알아낼 수 없었을 것이다. 인쇄는 16세기에 개인주의와 민족주의를 만들어 냈다. 프로그램과 '내용' 분석은 이런 미디어의 마력이나 무의식을 파고드는 힘을 이해하는 데 아무런 단서도 제공하지 않는다.

레너드 두브(Leonard Doob)는 『아프리카에서의 커뮤니케이션(Communication in Africa)』이라는 보고서에서, 내용을 전혀 이해하지 못하면서도 매일 저녁 BBC 뉴스를 들으려고 엄청나게 노력하는 한 아프리카인에 대해 이야기하고 있다. 매일 저녁 7시 그 소리 앞에 있다는 것 자체가 그에게는 중요한 것이었다. 이 라디오 음성에 대한 그의 태도는 멜로디에 대한 서구인들의 태도와 비슷하다. 울리는 억양도 충분히 의미가 있었던 것이다. 17세기 무렵까지 우리 조상들 역시 각종 형태의 미디어에 대해 이런 원주민의 태도를 가지고 있었는데, 이 점은 프랑스인 베르나르 랑(Bernard Lam)이 쓴 『화술(The Art of Speaking)』의 다음과 같은 감상적인 구절에서 명백하게 드러난다.

> 사람들의 대화(생활 방식)에 도움이 되는 것 모두가 사람들 마음에 드는 것이라는 사실은 인간을 행복하게끔 창조한 하느님의 지혜에 힘입은 것이다. … 왜냐하면 영양가 있는 식물은 모두 맛있는 것인데 반해, 흡수되어 피와 살이 되지 않는 것은 맛이 없는 것이기 때문이다. 말하는 사람에게 쉽지 않은 이야기가 듣는 사람에게 즐거울 수는 없다. 또 즐겁게 들어 주지 않으면 말을 하는 것도 쉽지 않다.

여기에는 인간의 식사와 표현에 관한 균형 이론이 제시되어 있는데, 지난 수 세기 동안 세분화, 전문화 시대를 거쳐 온 오늘날의 우리는 미디어에 대한 바로 그런 이론을 만들어 내려고 애쓰는 중이다.

교황 피우스 12세는 오늘날 미디어에 관한 진지한 연구가 이루어져야 한다는 것을 깊이 인식하고 있었고, 1950년 2월 17일에는 이렇게 말했다.

> 현대 사회의 미래와 그 사회에서의 정신생활의 안정은 주로 각종 커뮤니케이션 기술의 힘과 그것에 대한 개인의 대응 능력이 어떻게 균형을 유지하느냐에 달려 있다고 말하는 것은 전혀 과장이 아니다.

이런 점에서 인류는 수 세기 동안 전형적이고 전면적인 실패를 거듭해왔다. 미디어의 충격을 의식하지 못한 채 순종적으로 받아들였고, 그 결과 미디어는 그 사용자를 벽 없는 감옥에 가두어버렸다. 리블링(A. J. Liebling)이 『신문(The Press)』에서 이야기한 것처럼 인간은 자신이 어디로 가고 있는지 모르면 자신에게 도움이 되는 총을 갖고 있어도 전혀 자유롭지 못하다. 왜냐하면 미디어 하나하나는 모두 다른 미디어나 집단들을 꺾을 수 있는 강력한 무기이기 때문이다.

그 결과 현대는 예술과 오락의 세계에 한정되지 않고 다층적인 영역에서 시민 전쟁이 벌어지는 시대가 되었다. 그래서 네프(J. U. Nef) 교수는 『전쟁과 인간의 진보(War and Human Progress)』에서 "현대의 전면전은 일련의 지적 오류들 때문에 생긴 것이었다"라고 말했다.

만일 사회나 문화를 형성하는 힘이 미디어의 내용이 아니라 미디어 그 자체에 있다면, 여기서는 간략히 언급하는 것으로 그치겠지만, 엄청난 양의 책을 쓸 수 있을 만큼 수많은 중요한 문제들이 제기된다. 그것은 바로, 기술적 미디어가 원료나 천연자원, 즉 석탄이나 면화, 석유와 똑같은 것이라는 점이다. 면화나 곡물, 목재, 생선, 소 등과 같은 주요 원료 한두 가지에 전체 경제가 의존하고 있는 사회는, 그것의 결과로 조직이 명확한 사회적 패턴을 갖게 될 것이라는 점은 누구나 인정할 것이다. 몇 가지 주요 원료에만 집중적으로 의존할 경우, 경제적인 면이 극도로 불안해도 사람들 사이에서는 엄청난 인내가 생겨나게 된다. 미국 남부 사람들의 열정과 유머는 이처럼 제한된 원료로 꾸려가는 경제에 바탕을 두고 있다. 몇 가지 상품들에 힘입어 형성된 사회는 그 상품들을 사회를 연결해주는 힘으로 받아들인다. 이는 거대 도시가 신문을 그렇게 받아들이는 것과 같은 것이다. 면화와 석유처럼, 라디오나 텔레비전이 공동체의 모든 정신생활에 반드시 지출되어야 하는 고정비용과 같은 것이 된다. 그리고 이와 같이 전체에 구석구석 퍼져 있는 사실은 어떤 사회에서나 각각의 독특한 문화적 향기를 빚어낸다. 사회는 그 사회의 삶을 형성해 나가는 각각의 원료에 대해 코나 그 밖의 모든 다른 감각으로 그 대가를 지불하는 것이다.

3

텔레비전이라는 익숙한 전쟁터

스튜어트 홀의 『문화, 이데올로기, 정체성 스튜어트 홀 선집』 중
"텔레비전 담론 속의 부호화와 해독," 임영호 옮김, (컬처룩, 2015).

전통적으로 매스커뮤니케이션 연구는 커뮤니케이션 과정을 순환 회로식으로 개념화했다. 이 모델은 송신자/메시지/수신자로 이어지는 단선적 구조로 구성되었다는 점, 메시지 교환 수준에만 집중했다는 점, 여러 다른 요소를 복합적인 관계 구조로 구조화해 파악하지 못했다는 점 때문에 비판받았다. 그러나 이 과정을 서로 관련되면서도 구분되는 여러 요소, 즉 생산, 순환, 배포/소비, 재생산 등의 접합을 통해 만들어지고 유지되는 구조로도 볼 수 있을 뿐 아니라 그렇게 보는 것이 편리하다. 아마 이것은 그 과정을 서로 연결된 실천 간의 접합을 통해 유지되는 '복합적인 지배 내 구조(complex structure in dominance)'로 보는 관점 정도가 될 것이다. 이 실천들은 서로 연결되기는 하지만, 각기 고유의 특징과 구체적인 양식, 고유의 존재 형식과 조건이 있다. 이 두 번째 접근 방식은 마르크스가 《정치경제학요강》이나 《자본론》에서 상품 생산의 분석틀로 제시한 것과 비슷한데, 생산-분배-생산을 잇는 연속적인 회로가 '형태 바꾸기[형태의

이행](passage of forms)'를 통해 어떻게 유지될 수 있는지를 예리하게 보여준 것도 또 다른 장점이다(마르크스의 주장이 주는 방법론적 함의에 관한 설명과 논평으로는 홀(Hall, 1974)을 보라). 이는 또한 과정의 산물이 각 요소 속에 '드러나게' 되는 구체적인 형태를 부각하고, 이에 따라 우리 사회와 현대 미디어 체제에서 담론 '생산'이 다른 생산 유형과 어떻게 구분되는지도 밝혀 준다.

이 실천의 '대상'은 구체적인 종류의 기호 전달체 형태를 띠는 의미와 메시지인데, 이 기호 전달체는 다른 커뮤니케이션이나 언어 형식과 마찬가지로 통합체적인(syntagmatic) 담론의 고리 내에서 의미 규칙이 작용함으로써 조직된다. 따라서 생산의 기구, 관계와 실천은 어떤 계기('생산/유통'의 계기)에서는 '언어' 규칙 내에서 구성되는 상징적 전달 매체 형식을 띠게 된다. '산물'의 유통은 바로 이러한 담론 형태로 진행된다. 따라서 생산 지점에서 보자면 커뮤니케이션 과정이 이루어지려면 물질적 도구, 즉 그 '수단' 뿐 아니라 그 특유의 사회적 (생산) 관계, 즉 미디어 장치 내에서 여러 실천의 조직화와 결합이 반드시 이루어져야 한다. 그러나 그 산물은 담론 형식으로 다양한 수용자에게 배포되고 유통된다. 일단 이 과정이 이루어지고 난 후 순환 회로가 완성되고 효과를 얻기 위해서는, 담론이 다시 사회적 실천으로 번역, 다시 말하면 변형되어야 한다. 만일 아무런 '의미'가 전달되지 못했다면, '소비'도 전혀 발생할 수가 없다. 즉 의미가 실천으로 명시화되지 못한다면 아무런 효과도 발생하지 않는다. 이 접근방식이 가치가 있는 것은 바로 다음과 같은 이유 때문이다. 의미의 명시화 과정을 이루는 각 요소는 모두 순환 회로 전체가 유지되는 데 필요하기는 하지만, 어느 한 요소도 그것과 연결되는 다음 요소가 반드시 일어나도록 확실히 보증해주지는 못한다. 각 요소는 그 나름의 존재 양식과 조건을 갖기 때문에, '형태의 이행'을 스스로 끊거나 중단시킬 수도 있는데, 이러한 이행의 연속성 없이는 효과적인 생산(즉 '재생산')의 흐름이 유지될 수 없다. [...]

이러한 일반적인 관점에서 텔레비전 커뮤니케이션 과정의 특징은 대략 다음과 같이 정리할 수 있다. 방송 프로그램을 생산하기 위해서는 제작 관행과 네트워크, 조직 관계, 기술적 하부 구조를 갖춘 제도적 구조가 필수적이다. 《자본론》에 나오는 비유를 들자면, 이 생산은 담론 양식으로 진행되는 '노동 과정'이다. 여기서 생산이 메시지를 만들어 내는 것이다. 그렇다면 어떤 의미에서는 순환 회로가 여기서 시작된다. 물론 생산 과정에 '담론적' 성격이 없는 것은 아니다. 생산 과정 역시 전 과정에 걸쳐 의미와 관념에 의해 틀이 구성된다. 일상적 생산 공정, 역사적으로 정의되는 기술적 숙련도, 전문 직업 이데올로기, 제도적 지식, 정의와 가정, 수용자에 관한 가정 등등에 관해 실제 사용되는 지식이 이 생산 구조를 통해 프로그램 구성 방식의 틀을 정하게 된다. 나아가 텔레비전 생산 구조에서 텔레비전 담론이 유래하기는 하지만, 이 구조는 폐쇄된 체제가 아니다. 텔레비전 생산구조는 자신이 속한 사회 문화적, 정치적 구조 내의 다른 소스나 다른 담론구성체에서 소재나 처리 방법, 의제, 사건, 인력, 수용자의 이미지, '상황 정의' 따위를 끌어온다. 필립 엘리엇(Phillip Elliott)은 더 전통적인 이론틀을 사용해, 수용자가 텔레비전 메시지의 '소스'이면서도 어떻게 동시에 '수용자'도 되는지를 논의하면서 이 점을 간결하게 표현했다. 따라서 마르크스의 용어를 빌자면 유통과 수용은 텔레비전에서 생산 과정을 구성하는 계기이며, 수많은 굴절되고 구조화된 '피드백'을 거쳐 생산 과정 자체로 다시 통합된다. 물론 생산 과정은 메시지가 '실현되기 위한 출발점'이기 때문에 더 '비중이 크기는' 하지만, 텔레비전의 소비나 수용 역시 넓은 의미에서는 그 자체가 생산 과정의 한 '계기'다. 그러므로 텔레비전 메시지의 생산과 수용은 똑같지는 않으면서도 서로 연관되어 있다. 즉, 양자는 커뮤니케이션 과정 전체의 사회관계에 의해 형성된 총체성 내에서 이 총체성을 구성하는 분화된 계기들이다. 하지만 어떤 시점에서는 방송 구조가 의미 있는 담론 형식으로 기호화된 메시지를 만들어 내야 한다. 생산물이 '실현'되려면 생산 제도와 생산의 사회관 계가 언어의 담론적 규칙을 따라야 한다. 이 때문에 그 내부에서 담론과 언어의 공식적 규칙이 지배적 위치를 차지하는 요소가 하나 더 분화되어 나오게 된다. 이 메시지가 (어떻게 정의하든지 간에) '효과'를 낳거나, (수용자의) '욕구'를 충족시키거나, (수용자가) 메시지를 '이용'할 수 있게 하려면, 수용자가 우선 메시지를 의미 있는 담론으로 받아들여야 하고 그 의미를 해독해야 한다. '효과를 낳고,' 영향을 미치고 오락, 교육, 설득 기능을 하며, 매우 복잡한 지각, 인지, 정서, 이데올로기적 혹은 행태상의 결과를 낳는 것은 바로 이 해독된 의미다. 어떤 '한정적' 계기에서 구조는 의미 규칙을 채택해서 '메시지'를 만들어 낸다. 또 다른 한정적 계기에서 '메시지'는 기호 해독을 거쳐 사회적 실천의 구조로 끝나게 된다. 메시지가 어떻게 해서 수용자의 수용과 '이용'과 같은 실천으로 다시 들어가게 되는지를 단순히 행태적 용어로 파악할 수 없다는 점을 우리는 잘 안다. 고립된 요소, 즉 효과, 이용, '충족' 등에 관한 실증적 연구가 발견해 낸 전형적 과정은 그 자체가 이해의 구조에 의해 그 틀이 규정된다. 또한 이 과정은, 메시지가 수용 단계에서 '실현'되는 방식을 정하고 이와 더불어 담론에 담긴 의미가 (사회적

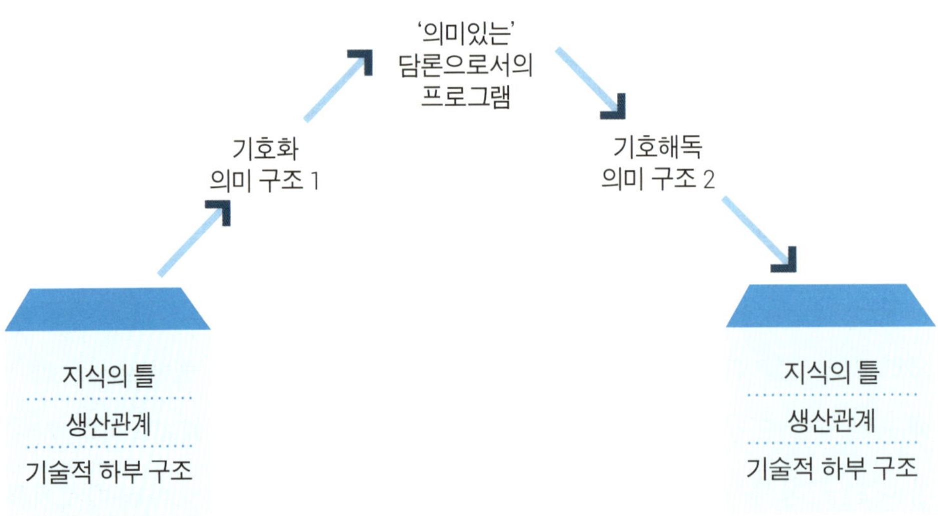

사용 가치나 정치적 효과를 얻기 위해) 실천이나 의식으로 옮겨지도록 해 주는 사회적, 경제적 관계에 의해 생산된다.

앞의 그림에서 '의미 구조 1'과 '의미 구조 2'로 이름 붙인 두 부분이 똑같지 않을 수도 있다는 점은 분명하다. 이 둘은 '직접적으로 동일한 것'이 되지 않을 수도 있다. 기호화와 기호 해독을 지배하는 의미 규칙은 완벽하게 대칭을 이루지 않을[즉 똑같지 않을] 수도 있다. 대칭성의 정도, 즉 커뮤니케이션 교환 행위 에서 '이해'와 '오해'가 어느 정도 발생하는지는 '의인화(personi cations)'된 위치들 사이, 즉 기호화의 주체-생산자와 기호 해독자-수용자 사이에 성립하는 대칭성/비대칭성의 정도(등가 관계)에 달려 있다. 그러나 이는 또한 두 의미 규칙이 어느 정도 동일한지, 혹은 차이가 있는 지에도 달려 있다. 이 차이는 전달 내용을 완전하게 혹은 불완전하게 하거나, 중단시키거나 체계적으로 왜곡시키는 원인이 된다. 의미 규칙 사이의 차이는 방송사와 수용자의 관계나 위치가 구조적으로 서로 다른 것과 관련이 있다. 그러나 이 차이는 의미 규칙에서 담론 형태가 생겨나고, 담론 형태에서 다시 의미 규칙이 변형되는 단계/계기에서 '송신자'와 '수신자'가 사용하는 의미 규칙이 서로 다른 것과도 관련이 있다. '왜곡' 혹은 '오해'로 불리는 현상은 바로, 커뮤니케이션 교환 행위에서 쌍방 간에 **부등가 관계가 성립하기 때문에**[lack of equivalence. 즉 의미의 차이를 정치경제학적 비유로 표현한 것] 생겨난다. 다시 말해 담론 과정에 메시지가 들어오고 나가고 하는 것이 '상대적 자율성'과 더불어 '한정적 성격'을 띤다는 뜻이다.

...(중략)...

기호화와 기호 해독이 반드시 일치하지는 않기 때문에 기호화 단계에서는 기호해독 단계에서 있던 의미가 '선호'되어 채택되도록 시도할 수는 있지만,

그러한 의미가 채택되도록 규정하거나 보장할 수는 없다는 것이다. 기호해독은 나름대로 존재 조건이 있다. 기호 해독이 완전히 엉뚱하게 이루어지지 않는다면, 기호화는 기호 해독이 일어날 수 있는 한계와 척도를 어느 정도 정해주는 정도로 영향을 미칠 것이다. 만일 그러한 한계가 정해지지 않는다면 수용자는 어떤 메시지의 의미를 마음대로 읽을 수 있을 것이다. 이러한 종류의 완전한 오해가 존재하는 것도 틀림없는 사실이다. 그렇지만 이와 같이 광범위한 해석이 가능함에도 불구하고 기호화와 기호 해독의 계기 사이에는 어느 정도 상호 관계가 있으며, 만일 그렇지 않다면 효과적인 커뮤니케이션 교환 행위는 전혀 불가능할 것이다. 하지만 이러한 '양자 일치'는 그냥 주어지지 않고 (인위적으로) 만들어진다. 다시 말해 '자연적'인 것이 아니라 서로 구분되는 두 계기가 접합해 생겨나는 산물이다. 그리고 기호화 단계는 기호 해독 단계에서 어떤 의미 규칙이 사용될 것인지-단순한 의미에서-결정하거나 보장할 수 없다. 만일 그렇지 않다면 커뮤니케이션은 양자 간에 완전히 동등한 순환 회로를 이루며, 모든 메시지는 '완전히 투명한 커뮤니케이션'을 보여주는 예가 될 것이다. 그렇다면 기호화와 기호 해독이 결합해서 이룰 수 있는 다양한 접합 양식은 어떤 것일지 생각해 보아야 한다. 이 점을 발전시켜 '아무런 필연적인 상응 관계가 없다'는 점을 확실히 보여주기 위해, 몇 가지 가능한 해독 위치를 가상해서 분석해 보겠다.

텔레비전 담론을 해독하는 시각을 제공하는 세 가지 입장을 가상적으로 생각해 볼 수 있다. 이것들은 경험적으로 검증하고 손질할 필요가 있다. 그러나 기호화에서 기호 해독이 반드시 따라 나오지 않으며 이 양자는 똑같지 않다는 주장은, '필연적인 상응 관계는 없다'는 주장을 재확인해준다. 이 주장은 또한 '오해'가 가지는 상식적 의미를 '체계적으로 왜곡된 커뮤니케이션'의 이론이라는 관점에서 분해해 보는 데 도움이 된다.

첫 번째의 가상적 위치는 지배적-헤게모니적(dominant-hegemonic) 위치다. 시청자가 가령 텔레비전 뉴스보도나 시사 프로그램에 깔린 내포적 의미를 완전히 그대로 받아들이고, 메시지 기호화의 준거틀이 된 의미 규칙에 따라 그 메시지를 해독한다면, 지배적인 의미 규칙 내에서 움직인다고 말할 수 있다. 이러한 해독은 '완전히 투명한 커뮤니케이션'의 이상형적인 사례이거나 '실제로' 접할 가능성이 높은 사례에 가깝다. (지배적인 의미 규칙 내에서도) 전문 직업적 의미 규칙(professional code)이 만들어 낸 위치를 세분할 수 있다. 이러한 위치는 아마도 '메타의미 규칙(metacode)'의 작동이라고 간주할 만한 것에 의해 만들어지는데, 이미 헤게모니적 방식으로 의미 작용이 이루어진 메시지를 기호화할 때 전문 방송인들은 이 위치를 취한다. 전문 직업적 의미 규칙은 특히 기술적, 실제적 성격을 띠는 나름대로 고유한 기준을 적용하고 변형 작업을 한다는 점에서, 지배적 의미 규칙에서 '상대적으로 독립적인' 것이다. 그러나 전문 직업적 의미 규칙은 지배적 의미 규칙의 '헤게모니' 안에서 작용한다. 이 (전문 직업적) 의미 규칙은 지배적인 정의의 헤게모니적 성격을 부차적인 것으로 숨기고, 그 대신 시각적 질, 뉴스와 전달 기법적인 가치, 영상 미디어적 질, '전문 직업주의(professionalism)' 등과 같은 외관상 중립적, 기술적으로 보이는 문제를 중시하는 전문 직업적 기호화 방식으로 대체, 운용하여 지배적인 정의를 재생산하는 역할을 한다. [...]

두 번째로 제시하려는 위치는 타협된 의미 규칙(negotiated code) 혹은 위치다. 지배적인 의미 규칙에 따라 정의되고 전문 직업적인 규칙에 따라 의미가 부여된 것에 대해, 아마도 대다수의 수용자는 아주 적절하게 이해할 것이다. 하지만 지배적 정의란 바로 이 '지배 내 위치'에 있는 (즉 전체적인 global) 상황과 사건의 정의를 재현하기 때문에 헤게모니적인 것이다. 지배적 정의는 개별 사건을, 은밀히 혹은 노골적으로, 총체적인 해석(거대한 총체화)에, 또 거대한 통합체적인 세계관에 연결시킨다. 지배적 정의는 쟁점을 '거시적인 시각'으로 바라본다. 비록 연결이 불완전하게, 거꾸로, 혹은 신비화해서 이루어진다 해도, 지배적인 정의는 개개 사건을 '국익'이나 지정학(地政學) 수준에 연결시킨다. 헤게모니적인 시각을 정의해 보면 다음과 같다. (1) 어떤 문화나 사회 내에서 가능한 의미나 모든 관계의 부문으로 이루어진 정신적 지평이나 우주를 헤게모니적인 시각의 관점 내에서 정의한다. (2) 헤게모니적인 시각은 정당성이라는 딱지를 붙이고 있으며, 사회 질서에 관해 '자연적이고,' '불가피하며,' '당연시되는' 것과 비슷해 보인다. 타협된 규칙 내에서 이루어지는 기호 해독에는 순응적 요소와 저항적 요소가 혼재한다. 이러한 기호 해독은 헤게모니적인 정의가 (추상적 차원에서) 높은 차원의 의미 작용을 하는 것이 정당하다고 인정하지만, 반면 좀 더 한정된 상황의 수준에서는 그 나름의 기본 원칙을 정한다. 말하자면 규칙에 예외를 인정하는 것이다. 이러한 해석은 지배적인 정의에게 특권적 위치를 부여하기는 하지만, '국지적인 상황'에 좀 더 타협된 적용을 할 권리는 좀 더 조합주의적인 (corporate) 위치에 맡겨 둔다. [...]

마지막으로 시청자는 어떤 담론이 주는 외연적 의미와 함축적 의미 변화를 모두 완전히 이해하면서도 메시지를 완전히 반대로 해독할 수도 있다. 시청자는 어떤 대안적인 준거틀 안에서 메시지를 재구성하기 위해, 선호되는 의미 규칙에 따라 만들어진 메시지를 해체한다. 임금 규제의 필요성에 관한 논쟁에 귀를 기울이면서 '국익'이 언급될 때마다 이를 '계급 이익'으로 '읽는' 시청자의 사례가 이에 해당한다. 이 시청자는 대항적 의미 규칙(oppositional code)으로 불리는 규칙에 따라 행동한다. 중요한 정치적 계기(이는 또한 명백한 이유로 방송 조직 자체가 위기에 처한 시점과 일치한다) 중 하나는, 보통 타협적 방식으로 의미 작용과 기호 해독이 이루어지던 사건에 대해 시청자들이 대항적 해독을 하기 시작하는 시점이다. '의미 작용의 정치'-담론 영역에서의 투쟁-는 여기서 시작된다.

4

실재라는 거대한 환영(幻影)

장 보드리야르의 『시뮬라시옹』, 하태환 옮김, (민음사, 2001).

시뮬라크르들의 자전

시뮬라크르란 결코 진실을 감추는 것이 아니다. 진실이야말로 아무것도 존재하지 않는다는 사실을 숨긴다. 시뮬라크르는 참된 것이다: 전도서

예전에는 시뮬라시옹의 가장 좋은 비유로서, 제국의 지도제작자들이 극도로 정밀한 지도를 만들어서 결국은 지도가 제국의 전영토를 거의 정확히 덮어버리고 만다는 보르헤스의 우화를 들 수 있었다(그러나 제국의 쇠퇴는 차츰차츰 이 지도가 닳아 없어지는 것을 보게 되고, 결국에는 몇몇 조각들만이 아직도 폐허 위에 나뒹굴고 있다. 폐허가 된 이 추상의 형이상학적 미는 제국에 걸맞은 오만함을 증명해주며 썩은 고기처럼 부패하여, 마치 분신이 세월이 흐르면 결국은 실제와 혼동되고 말 듯이, 실제 흙으로 되돌아간다). 이 우화는 이제 우리에게는 효력이 지났으며, 단지 제2차적 시뮬라크르들의 조촐한 매력만을 가질 뿐이다.

오늘날의 추상은 더 이상 지도나 복제, 거울 또는 개념으로서의 추상이 아니다. 시뮬라시옹은 더 이상 영토 그리고 이미지나 기호를 지시하는 대상 또는 어떤 실체의 시뮬라시옹이 아니다. 오늘날의 시뮬라시옹은 원본도 사실성도 없는 실재, 즉 파생실재를 모델들을 가지고 산출하는 작업이다. 영토는 더 이상 지도를 선행하거나, 지도가 소멸된 이후까지 존속하지 않는다. 이제는 지도가 영토에 선행하고 - 시뮬라크르들의 自轉 - 심지어 영토를 만들어낸다. 다시 위의 우화를 든다면, 오늘날에는 영토의 조각들이 펼쳐진 지도 위에서 서서히 썩어들고 있다. 지도가 아닌 실재의 잔해들이 여기저기, 제국의 폐허가 아니라 우리의 폐허 여기저기에 흩어져 있다. 실재 그 자체의 폐허에 이른 것이다.

사실 위의 우화는 그 내용을 뒤집어서라도 이제는 쓸모가 없다. 그중 아마도 제국의 비유만이 남아 있게 될 것이다. 왜냐하면 오늘날의 시뮬라크르 제작자들은 일종의 제국주의로서, 한발 더 나아가 모든 실재를 그들이 시뮬라시옹에 의해 만든 모델들과 일치시키려 하기 때문이다. 그렇지만 이젠 더 이상 지도나 영토의 문제가 아니다. 무엇인가가 사라져버렸다. 추상의 매력을 낳았던, 어떤 것에서 다른 것 사이에 개재되었던 至高의 <다름>이 사라져버렸다. 지도의 서정과 영토의 매력, 개념의 마술과 실재의 매력을 낳는 것은 다름이기 때문이다. 지도와 영토를 이상적으로 일치시키려는 지도제작자들의 광적인 계획 속에서 절정을 이루고 또 수그러든 재현적 상상 세계는 시뮬라시옹 속에서 사라진다. 이 시뮬라시옹의 작용은 핵분열적이고 발생론적이지, 전혀 사변적이거나 담론적이지 않다. 사라져버린 것은 모든 형이상학이다. 더 이상 존재와 그 외양을 나누던, 실재와 그 개념을 나누던 거울이 없다. 더 이상 상상적인 공통분모가 없다. 시뮬라시옹은 발생론적인 축소의 차원에서 이루어진다. 실재는 이제 축소된 세포들, 모태들과 기억들, 지휘 모델들로부터 생겨난다. 그리고 이로부터 실재는 무한정 재생산될 수 있다. 실재는 이제 합리적일 필요가 없는데, 그 이유는 실재란 더 이상 이상적이거나 부정적인 어떤 사례에 빗대어 측정되지 않기 때문이다. 실재는 이제 조작적일 뿐이다. 사실 이것은 더 이상 실제에 대한 문제가 아니다. 왜냐하면 어떠한 상상 세계도 더 이상 실재를 포괄하지 않기 때문이다. 실재는 대기도 없는 파생공간 속에서 조합적인 모델들로부터 발산되어 나온 합성물인 파생실재이다.

그 휘어짐이 실재나 진실이 아닌 다른 공간으로 이동하는 동안에, 시뮬라시옹의 시대가 열리고 모든 지시대상은 소멸되어버린다. 곧이어 사라진 지시대상들이 기호 체계 속에서 인위적으로 부활됨에 의해서 시뮬라시옹은 더욱 강화된다. 기호는 의미보다도 훨씬 유연한 재료로서, 모든 등가의 체계, 이원적 대립, 조합적 대수학에 공히 적용된다. 이제 더 이상 모방이나 이중성, 심지어는 패러디마저도 문제의 대상이 아니다. 문제는 실재가 그의 기호들로 대체된다는 데 있다. 즉 실재에 해당하는 모든 기호를 다 제공하여 기호로가 아닌 실재로 우발적인 사건이 일어나는 것을 모두 차단해버린다. 완벽하고 프로그램적이며 변화를 느낄 수 없을 정도로 안정된 신호 기계와 실재의 조작적인 분신에 의하여 모든 실제 과정을 저지하는 작업이 문제인 것이다. 죽음의 체계 속에서 혹은 죽음이라는 사건조차 일어날 수 있는 가능성이 배제된 예정된 부활의 체계 속에서 모델의 근본적인 기능이 이러할진대, 실재는 결코 다시는 생겨날 경우가 없을 것이다. 차후로는 상상으로부터 그리고 실재와 상상의 구별로부터 벗어난 파생실재는 모델들의 궤도적인 순환과 다름들의 허구적인 생산만을 가능케 한다.

...(중 략)...

이미지에서 신의 그림자만을 보았고 정교한 선으로 그려진 이미지로서의 신을 공경하는 것으로 만족하던 성상 숭배자들과는 반대로, 이미지를 경멸하고 부정한다고 비난받는 성상 파괴주의자들은 이미지에다가 그 정확한 가치를 부여한 자들이다. 그런데 다른 한편으로는 성상 숭배자들이야말로 가장 근대적이고 가장 모험적인 정신의 소유자들이었다고 말할 수 있다. 왜냐하면 신이 이미지의 거울 속에서 투명해진다는 생각의 배후에는, 이미 신 재현의 현현(顯現) 속에 내포되어 있는 신의 죽음과 사라짐이 도박되는 것이기 때문이다(그들은 아마 신의 재현이 더 이상 아무것도 재현하지 않음을, 재현이란 순수한 도박임을, 그러나 바로 그 때문에 커다란 도박임을 알고 있었다. 또한 이미지가 그 뒤에 아무것도 숨기고 있지 않기 때문에 이미지를 벗긴다는 것이 위험한 행위임을 알고 있었다).

예수회 교도들도 마찬가지로 그렇게 행동하는데, 그들은 신의 사실상 사라짐이라는 생각과 인간의식을 세속적이고 연극적으로 조작한다는 원칙 위에서 그들의 정치학을 세울 것이다 - 권력이라는 현현 속에서 신의 사라짐, 초월성이 종말을 고해서, 이제 그것은 지배력과 기호가 완전히 자유로이 전략을 세우도록 도와주기 위한 알리바이로서만 이용되게 된다. 이미지의 바로크적 자유로움 뒤편에는 정치라는 잿빛 실력자가 숨어 있는 것이다.

이처럼 비잔틴 시대의 성화상이 신의 동질성, 즉 신성을 살해할 수 있었듯이, 이미지에 걸린 문제는 항상 자기자신의 모델인 실재를 죽이는 이미지의 살상력일 것이다. 이러한 살상력에 맞서는 것이 이미지의 재현력인데, 이는 실재를 눈에 보이게 그리고 이해가능하게 중재하여 주는 변증법적 힘을 말한다. 서구의 모든 신념과 믿음은 이 재현에 대한 자신감을 걸고 도박하였다: 기호는 의미의 심층을 지시할 수 있고, 기호와 의미는 서로 교환되어질 수 있으며, 이러한 교환에 무엇인가가 - 물론 신이 - 보증을 서준다. 그러나 만약에 신 자체가 시뮬라크르로 되어질 수 있다면, 즉 신 자신이 보증을 서주는 기호들의 하나로 축소될 수 있다면 어떻게 될까? 그러면 모든 체계는 무중력 상태로 들어가서, 신은 단지 하나의 거대한 시뮬라크르가 될 따름이다. 그렇다고 해서 비현실은 아니고 시뮬라크르이다. 즉 더 이상 실재와 교환되어지지 않으며, 어느 곳에서 지시도 테두리도 없는 끝없는 순환 속에서 그 자체로 교환되어지는 시뮬라크르이다.

이것이 바로 시뮬라시옹인데, 시뮬라시옹은 재현과는 정반대이다. 재현은 기호와 실재의 등가의 원칙으로부터 출발한다 (비록 이 등가가 이상에 불과할지라도, 등가의 원칙은 근본적인 공리이다). 시뮬라크르는 등가 원칙의 유토피아를 거꾸로 하여 가치로서의 기호에 대한 근본적인 부정으로부터, 모든 지시의 사형집행으로서의 기호로부터, 지시가 죽은 후 이 지시가 가진 권리를 획득한 기호로부터 출발한다. 재현이 시뮬라시옹을 그릇된 재현으로 해석하고 이를 흡수하려고 시도하는 반면, 시뮬라시옹은 재현의 축조물 자체를 송두리째 시뮬라크르로서 감싸 버린다.

다음이 이미지의 연속적인 단계일 것이다.

이미지는 깊은 사실성의 반영이다.
이미지는 깊은 사실성을 감추고 변질시킨다.
이미지는 깊은 사실성의 부재를 감춘다.
이미지는 그것이 무엇이건간에 어떠한 사실성과도 무관하다 : 이미지는 자기 자신의 순수한 시뮬라크르이다.

첫 번째 경우에 이미지는 선량한 외양이다. 여기서 재현은 신성의 계열이다. 두 번째 이미지는 나쁜 외양으로 저주의 계열이다. 세 번째 이미지는 외양임을 연출한다. 이것은 마법 계열에 속한다. 네 번째 이미지는 전혀 외양이 아니라 시뮬라시옹의 계열이다.

무엇인가를 감추고 있는 기호로부터 아무것도 없음을 감추고 있는 기호로의 이전은 결정적인 전환점이다. 첫 번째 기호는 진실과 비밀의 신학으로 돌려진다(이데올로기는 여전히 여기에 속한다). 두 번째 기호는 시뮬라크르와 시뮬라시옹의 시대를 여는데, 여기서는 자신을 인지하기 위한 신이 더 이상 존재하지 않으며, 참으로부터 거짓을, 실재의 인위적 부활로부터 진짜 실재를 분리하기 위한 최후의 심판도 더 이상 존재하지 않는다. 왜냐하면 모든 것이 이미 죽었고 또 미리 부활되었기 때문이다.

실재가 더 이상 과거의 실재가 아닐 때, 향수란 중대한 의미를 갖는다. 근원적 신화와 사실성을 나타내는 기호들의 가격이 오른다. 이차적인 진실과 객관성, 권위들의 가격이 더욱 오른다. 진실한 것과 경험된 것이 점점 높이 공격을 가하고, 대상과 실체가 사라져버린 그곳에, 그들에 대한 형상적인 부활이 행해진다. 물질적 생산의 광란과 평행한 상위 단계에서 실재와 지시물의 광적인 인위적 생산: 이렇게 나타난 것이 우리가 해당되는 단계 속에서의 시뮬라시옹이다. 실재의, 네오 실재의, 파생실재의 전략, 이 전략은 어디서나 어떤 저지전략과 겹쳐지는 것이다.

파생실재와 상상

디즈니랜드는 모든 종류의 얽히고설킨 시뮬라크르들의 완벽한 모델이다. 우선 환상과 공상의 유희이다: 해적, 국경선, 미래 세계 등에서 보이듯이 사람들은 이 상상 세계가 성공적인 작전을 수행한 것으로 간주한다. 그러나 군중들을 끄는 것은 틀림없이 상상보다는 훨씬 더 이곳이 사회의 축소판이라는 사실이다. 실제 미국사회가 가하는 통제 그리고 그 사회가 제공하는 기쁨을 축소시켜 경험하는 데에서 오는 근엄한 즐거움이다. 당신은 밖에다는 주차를 한 다음 안에서는 줄을 서며, 출구에서는 완전히 버림받는다. 이 상상 세계에서 유일한 환상은 군중에 본래적인 부드러움과 열정이며 다양함에 대한 욕구를 유지하는 데 적합한 충분하고 과도한 양의 잡동사니들이다. 진짜 집중의 장소인 주차장의 절대적인 고독과 이 세계와의 대비는 완전하다. 또는, 안에서는 모든 잡동사니들의 나열이 유도된 흐름 속의 군중들을 전자기화시키고, 외부에서는 고독이 오직 하나의 잡동사니인 자동차로 유도되어 있다. 놀랄 만한 우연의 일치로(그러나 이 우연의 일치라는 것도 틀림없이 이 세계에 고유한 매력에 속하는 것이다), 이 냉동된 어린애 같은 세상은 그 자신도 오늘날 냉동된 사람, 지금 영하 180도에서 부활을 기다리고 있는 월트 디즈니에 의해서 고안되고 실현되었었다.

따라서 디즈니랜드 곳곳에는 개인들과 군중의 얼굴 형태에 이르기까지 미국의 객관적인 프로필이 그려진다. 여기서는 모든 가치들이 축소된 세밀삽화와 만화에 의해 높이 치켜세워진다. 이 가치들은 방부 처리되고 잠잠하게 되어있다. 그 때문에 디즈니랜드의 이념적인 분석이 가능하다(루이 마렝이 이를 『공상적인 것, 공간의 유희』에서 아주 잘 분석하였다). 미국 생활방식의 개요, 미국 가치의 칭송사, 모순적인 현실의 이상화된 옮기기라고 분석하면 확실히 맞는 말이다. 그러나 이것은 다른 것을 숨기고 있다. 그리고 이 <이념적인> 경위는 세 번째 질서의 시뮬라시옹에 대한 은폐물로 사용된다. 디즈니랜드는 <실제의> 나라, <실제의> 미국 전체가 디즈니랜드라는 사실을 감추기 위하여 거기 있다(마치 감옥이 사회 전체가 그 평범한 어디서고 감방이라는 사실을 감추기 위하여 거기 있는 것과 약간은 유사하게). 디즈니랜드는 다른 세상을 사실이라고 믿게 하기 위하여 상상적 세계로 제시된다. 그런데 사실은 그를 감싸고 있는 로스앤젤레스 전체와 미국도 더 이상 실재가 아니고 파생실재와 시뮬라시옹 질서에 속한다. 더 이상 사실성의 거짓 재현 문제(이데올로기)가 아니고, 실재가 더 이상 실재가 아니라는 사실을 숨기고, 따라서 사실성의 원칙을 구하기 위한 문제이다.

디즈니랜드의 상상 세계는 참도 거짓도 아니고, 실재의 허구를 미리 역으로 재생하기 위하여 설치된 저지기계이다. 그로부터 이 상상 세계의 허약함과, 유치한 백치성이 나온다. 이 세계가 어린애 티를 내려 하는 이유는, 어른들이란 다른 곳, 즉 <실제의> 세상에 있다고 믿게 하기 위하여, 그리고 진정한 유치함이 도처에 있다는 사실을 숨기기 위하여이며, 어른들의 유치성 그 자체가 그들의 실제 유치성을 환상으로 돌리기 위하여 여기서 어린애 흉내를 낸다.

게다가 디즈니랜드만이 유일한 것이 아니다. 마술 걸린 마을, 마술의 산, 해저세계 - 로스앤젤레스는 이러한 종류의 상상 발전소로 둘러싸여 있는데, 이 발전소들은 비실제적인 끝없는 순환망일 따름인 신비한 도시에 실재, 즉 실재의 에너지를 공급한다. 환상적으로 펼쳐졌지만 공간도 차원도 없는 그런 마을 말이다. 발전소와 핵발전소만큼이나, 영화촬영소만큼이나, 이 도시는 그 자신이 거대한 시나리오와 끝없는 이동촬영일 따름인데, 유아적이고 위조된 환상의 기호로 된, 교감신경계와 같은 낡은 상상 세계를 필요로 한다.

디즈니랜드, 다른 곳에서와 같이 상상을 재생하는 공간인데 여기조차 쓰레기 처리장이다. 어디서나 오늘날은 쓰레기와 꿈, 환상을 재생하여야 한다. 어린이들과 성인들의 역사적, 동화적, 전설적 상상 세계는 쓰레기, 즉 파생실재적 문명의 가장 일차적인 커다란 독소적 배설물이다. 디즈니랜드는 정신적인 면에서 이 새로운 기능의 전형이다. 그러나 캘리포니아에 우글거리는 성적, 심리적, 신체적인 모든 설비들도 이와 똑같은 계열이다. 사람들은 더 이상 서로 마주보지 않지만 그를 위한 설비가 있다. 그들은 서로 몸을 닿지 않지만 그를 위한 접촉치료 요법이 있다. 그들은 더 이상 걷지 않지만 조깅을 한다. 도처에서 사람들은 상실한 기능들 또는 잃어버린 신체, 잃어버린 사회성, 잃어버린 입맛을 재교육한다. 사람들은 궁핍, 금욕, 사라져버린 원시적 자연성을 재개발한다: 자연식, 건강식, 요가. 이차적이지만 마샬 살렝의 생각이 확인된다. 그에 따르면 결핍을 퍼뜨리는 것은 결코 자연이 아니라 시장경제이다. 바로 여기, 기세등등한 시장경제의 첨단에서 결핍/기호, 결핍/시뮬라크르가 다시 고안된다. 즉 시뮬라크르된(마르크스 이론에서의 저개발의 의미도 포함한) 저개발의 결핍행위가 환경보호주의, 에너지 위기, 자본 위기라는 핑계로, 불가사의한 문명의 승리에 최종의 불가사의한 후광을 덧붙인다. 그렇지만 아마도 전례 없는 어떤 정신적 파국, 어떤 **내파**(implosion)와 정신적 쇠퇴가 이런 종류의 체계를 노리고 있다. 이것의 눈에 띄는 기호들은 이 이상한 비만, 아주 묘한 이론과 실천의 믿을 수 없는 공존일 것인데, 이 기호들은 사치와 하늘과 돈의 전혀 그럴 법하지 않은 동맹에, 생의 전혀 그럴 법하지 않은 사치스러운 물질화에, 그리고 전혀 발견되지 않을 것 같은 모순들에 대답한다.

5

쾌락의 통제와 억압된 개인

헤르베르트 마르쿠제의 『에로스와 문명』, 김인환 옮김, (나남, 2004).

억압된 정신과정의 발달에 관한 프로이트의 분석은 다음과 같은 두 개의 수준에서 진행된다.

(1) 개체발생 : 유아기 초기로부터 의식적이고 사회적인 존재로의 억압된 개인의 성장
(2) 계통발생 : 원시 유목부족으로부터 완전히 제도화된 문명상태로의 억압된 문명의 성장

이 두 수준은 끊임없이 서로 관계하고 있다. 이러한 상호관계는 역사에서의 억압된 자들의 귀환이란 프로이트의 개념으로 요약된다. 개인은 인류의 발전과정 속에서 커다란 외상적(外傷的) 사건을 반복해서 경험하고 상연하며 본능의 동력은 개인(특수)과 인류(보편)사이의 갈등과 이러한 갈등에 대한 여러 가지 해결방안을 반영한다. 우리는 먼저 문명화된 개인의 성숙상태를 향한 개체발생

적 발전을 추구할 것이다. 다음에 우리는 계통발생적 기원으로 돌아가 프로이트의 개념을 문명화된 인류의 성숙상태에까지 확장할 것이다. 두 수준의 끊임없는 상호관계는 잦은 전후참조와 예상과 반복이 불가피하다는 것을 의미할 것이다.

억압된 개인의 기원 : 개체발생

현실원칙은 외부세계에 처한 유기체를 보존한다. 인간이란 유기체의 경우에 외부세계는 역사적 세계이다. 성장하는 자아가 직면하는 외부세계는 특수한 사회적 요인과 동인(動因)을 통해서 정신의 구조에 영향을 미치는 현실의 특정한 사회적·역사적 조직일 수밖에 없다. 현실원칙이란 프로이트의 개념이 역사적 우연성을 생물학적 필연성으로 취급함으로써 이러한 사실을 망각했다는 것은 어느 정도 논의되어 온 것이다. 현실원칙의 영향에 의한 본능의 억압적 변용을 분석하면서 프로이트가 현실의 특정한 역사적 형태를 순수하고 단순한 현실로 일반화했다는 비평은 정확하다. 그러나 이러한 비평이 프로이트 이론의 진리를 손상시킬 수는 없다. 본능의 억압적 조직은 문명에 내재하는 현실원칙의 모든 역사적 형태를 받쳐주고 있다는 것이 프로이트의 개념인 것이다. 만일 그가 본능들의 억압적인 조직을 쾌락원칙과 현실원칙의 화해할 수 없는 모순에 의하여 정당화하려 했다면, 그는 진보의 역사적 요인을 조직적 지배로 표현한 것이다. 이러한 인식은 원시유목부족의 가부장적 독재가 형제씨족의 내재화된 독재로 대체된 데서 문명의 기원을 찾는 계통발생적 이론구성에 도달한다. 엄밀하게 말해서 모든 문명이 조직적인 지배였기 때문에 역사적 발전은 보편적인 생물학적 발달의 권위와 필연성을 가정한다. 프로이트 개념의 비역사적인 성격은 그와 반대의 요소를 포함하고 있다. 프로이트 이론의 역사학적 본질은 (문학적인 신프로이트학파가 하듯이) 사회학적 요인을 부가함에 의해서가 아니라 프로이트 이론 자체의 내용을 해명함에 의해서 탈환되어야 한다. 이러한 의미에서 다음에 계속되는 우리의 논의는 역사적 과정이 자연적(생물학적) 과정으로 나타나는, 프로이트의 이론에서 구체적인 형태로 그 안에 포함되어 있는 개념과 명제를 끌어내는 보삽법(補挿法)이 될 것이다.

술어로 보아 이러한 보삽법(extrapolation)은 개념의 중복을 요구한다. 본능들의 생물학적·사회적·역사적인 변화를 적절하게 구별하지 않은 프로이트의 술어는 특정한 사회적·역사적인 구성요소를 가리키는 적절한 술어와 짝을 맞추어야 한다. 이제 우리는 두 개의 술어를 도입하고자 한다.

(1) 과잉억압 : 사회적인 지배를 위해 필요한 억제. 이것은 문명에서 인류의 영속을 위해 필요한 본능의 수정인 기본억압과 구별된다.
(2) 수행원칙 : 현실원칙의 역사적 형태.

현실원칙의 배후에는 아난케(필연) 혹은 희소성(Lebensnot)이라는 기본사실이 놓여있다. 아난케란 일정한 제한과 포기와 지연이 없다면 인간의 요구를 충족시키기에는 지나치게 궁핍한 세계안에서 생존경쟁이 일어난다는 것을 의미한다. 말을 바꾸면, 가능한 어떠한 만족도 욕구충족의 수단을 조달하기 위해서 노동, 즉 다소간 고통스러운 준비와 일을 필요로 한다는 것이다. 성숙한 개인의 전 존재를 실제적으로 점유하고 있는 노동시간에, 쾌락은 정지되고 고통이 우세하게 된다. [...]

인간과 자연을 지배하는 각종의 지배양식은 현실원칙의 다양한 역사적 형태에 귀착된다. 이를테면 모든 구성원이 생존을 위하여 정상적으로 노동하는 사회는 노동이 특정한 집단의 독점영역이 되어 있는 사회와는 다른 억압의 양식을 요구한다. 사회적인 생산이 개인의 소비를 위한 것이냐, 개인의 이윤을 위한 것이냐, 시장경제가 우세하냐, 계획경제가 우세하냐, 사유제냐 공유제냐에 따라서 억압은 그 범위와 정도를 달리할 것이다. 현실원칙의 모든 형태는 본능들의 필요한 수정을 전달하고 강요하는 사회제도나 사회관계의 체계, 법과 가치의 체계로 구체화되기 때문에 이러한 차이는 현실원칙의 내용 자체에 영향을 가한다. 이러한 현실원칙의 실체는 문명의 상이한 단계마다 상이하게 나타난다. 현실원칙의 어떠한 형태가 본능에 대한 억압적 조종을 상당한 범위와 정도로 요구함과 동시에 특정한 역사적 제도와 지배의 특정한 이익은 문명화된 인간의 공동생활에 피할 수 없는 억압적 조정 위에 부가적 조정을 다시 도입한다. 특정한 지배체계에 기인하는 부가적 조정을 우리는 바로 과잉억압이라고 하는 것이다.[...]

기록된 문명의 역사의 전 과정을 통해서 희소성에 강제된 본능의 억압은 희소성과 노동의 계급적 분배가 강제하는 억압에 의하여 강화되어 왔다. 지배계급의 이익이 현실원칙 아래서 본능의 조직에 과잉억압을 첨가한다. 쾌락원칙은 그것이 문명의 진보에 대항할 뿐 아니라, 지배와 노고(勞苦)를 영구화하는 문명에 대항하기 때문에 제거된다. 성(性)에 대한 문명의 태도를 그 자신의 이익을 위하여 다른 사람들을 지배하고 착취하는 종족이나 계급의 태도와 비교하면서 프로이트는 이러한 사실을 알고 있었던 것 같다. 지배자들 사이에 일어나는 반항에 대한 공포가 더 강한 규칙을 제정하는 동기가 된다. [...]

성욕이 문명과의 관계에서 본질적으로 폭발적인 힘이라면 성욕의 이러한 해석이 유기적 실체를 더 큰 통일체로 결합시키고, 통일체를 확립하고 유지하며, 한마디로 그들을 서로 결속시키는 노력으로서 에로스를 정의하는 것을 정당화할 수 있을 것인가? 어떻게 해서 성욕이 완전을 향한 본능의 가능한 대치물이 되며, 세계 안의 모든 것을 결합하는 힘이 될 수 있을까? 어떻게 해서 성욕의 비사회적인 성격이란 개념과 사랑의 관계(혹은 더 중립적인 표현을 사용하면 정서적 결속)가 집단 심리의 본질을 구성한다는 가정이 일치할 수 있을까? 파괴적인 내용을 성욕의 초기개념에 귀속시키고, 건설적인 것을 에로스에 귀속시키는 것으로는 모순을 해결할 수 없다. 왜냐하면 에로스는 두 가지를 다 포함하고 있기 때문이다. [...]

해석의 이 단계에서, 우리는 성욕의 모순되는 두 양상을 화해시키려고 하기보다는 그것들이 프로이트 이론의 화해할 수 없는 내적 긴장을 반영한다고 생각하는 것이 좋을 듯하다. 쾌락원칙과 현실원칙, 성욕과 문명의 피할 수 없는 생물학적 갈등의 개념에 대항해서 병든 문명에 속박되고 마멸된 에로스의 통합하고 충족시키는 힘이라는 개념이 도전한다. 이러한 관념은 자유로운 에로스가 지속적이고 사회적인 문명의 여러 관계를 배제하는 것이 아니라 오직 쾌락원칙을 부정하는 원칙 아래 있는 사회관계의 과잉억압적 조직을 배제할 뿐이라는 사실을 의미한다. [...]

과잉억압이란 용어를 도입하면서 우리는 우리의 논의를 현실원칙의 사회적 실체를 구성하는 제도와 관계에 초점을 모았다. 이것들은 동일한 현실원칙의 외적 표명의 변화를 의미하는 것이 아니고, 현실원칙 자체의 실제적인 변화를 지시하는 것이다. 결국, 현재의 문명에 내재하는 일반적인 억압의 범위와 한계를 밝히려고 시도할 때 우리는 이 문명의 기원과 성장을 지배하는 특정한 현실원칙에 의해서 그것을 기술하여야 한다. 이 법칙 아래서 구성원이 수행하는 경제적 경쟁에 따라서 사회가 계급으로 분화되어 있다는 사실을 강조하기 위하여 우리는 이것을 수행원칙이라고 부른다. 수행원칙은 단지 역사적인 현실원칙만은 아니다. 사회조직의 다른 양식들이 원시적인 문화에 일반적일 뿐 아니라 현대에도 살아 있다.

취득을 목적으로 하는 적대적인 사회의 끊임없는 팽창과정에 있는 수행원칙은 지배가 점점 더 합리화되는 긴 발전기간을 전제한다. 사회적인 노동의 조정은 이제 개량되어가는 조건 아래서 사회를 확대재생산한다. 상당한 정도까지 지배자의 이익과 전체의 이익이 일치되고 있다. 생산도구의 적절한 유용화가 개인들의 욕구와 능력을 충족하게 하고 있다. 인구의 대다수에게 만족의 범위와 양식이 그들 자신의 노동에 의해서 결정된다. 그러나 개인의 노동은 만일 살기를 원한다면 반드시 거기에 복종해야 하는, 개인이 조정할 수 없는, 독립된 힘으로 조작되는 장치를 위한 작업이다. 그리고 노동의 구분이 더욱 특수하게 되면 될수록 산업체계의 장치는 더욱 생소하게 된다. 인간은 그들 자신의 삶을 살지 않고 미리 확정된 기능을 수행한다. 일하는 동안에 그들은 그들 자신의 욕구와 능력을 충족시키지 못하고 소외 속에서 작업한다. 일은 이제 일반화되고 리비도 위에 가해진 억제도 일반화된다. 개인의 생활시간의 대부분을 차지하고 있는 노동시간은 고통스러운 시간이다. 왜냐하면 소외된 노동이란 만족의 부재이며, 쾌락원칙의 부정이기 때문이다. 리비도는 그 자신의 능력과 욕망과는 대부분의 일치하지 않는 활동에 속박되어, 산업의 장치를 위하여 일하는 한에서만, 개인이 자신을 위하여 작업할 수 있는, 사회적으로 유용한 수행으로 전환한다. 그러나 - 이 점이 가장 중요하지만 - 이렇게 위축된 본능적 활력은(노동에서) 그것의 사회적 유용화가 개인의 생명을 유지하고 충실하게 하기 때문에 승화되지 않은 공격적 본능에 도움이 되지 않는다. 리비도에 부과되는 억제는 합리적이면 합리적일수록 보편적이면 보편적일수록 전 사회에 더 잘 침투된다. [...]

성욕과 문명의 갈등은 이러한 지배의 발전으로 전개된다. 수행원칙의 지배 아래서 육체와 정신은 소외된 노동의 도구로 바뀐다. 육체와 정신은 인간이란 유기체가 일차적으로 존재하고 일차적으로 욕망하는 리비도의 주체적이고 동시에 객체적인 자유를 포기하기만 한다면 그러한 도구로서 기능할 수 있다. 시간의 분배는 이러한 변형에서 근본적인 역할을 수행한다. 인간은 작업시간 중에 제한된 몇 시간만 소외된 수행의 도구로서 존재한다. 그 시간의 나머지는 그 자신을 위한 자유시간이다(만일 평균노동시간이 준비시간과 통근시간을 포함해서 10시간이고, 그리고 수면과 음식에 대한 생물학적 욕구가 다른 10시간을 요구한다면, 자유로운 시간은 개인생활의 전체 24시간 중에서 겨우 4시간이 되는 셈이다). 이러한 자유시간은 쾌락을 위하여 사용될 가능성이 있다. 그러나 자유시간을 지배하는 쾌락원칙은 쾌락의 일시적인 분할에 항거하고, 소량(少量)의 분리된 투약(投藥)에 대항하여 싸운다는 의미에서 시간을 초월한다. 수행원칙에 의하여 지배되는 사회는 쾌락을 억압적으로 분배하지 않을 수 없다. 유기체는 그 근본인 쾌락적 자아로부터 소외되는 것을 견디도록 훈련되어야 한다. 유기체는 시간을 초월하고 유용성을 초월해 있는 만족과 쾌락의 영원성에 대한 요구를 잊어버리도록 학습되어야 한다.

소외와 규제가 노동시간으로부터 자유로운 시간으로 확대된다. 그러한 조정은 사회의 대리자에 의하여 외부로부터 강제되어야 하는 것도 아니고, 보통 강제되지도 않는다. 기본적인 여가의 조정은 작업시간의 길이와 소외된 노동의 지루하고 기계적인 절차에 의하여 결정된다. 여가의 조정은 여가가 수동적인 긴장의 이완(弛緩)이 되고, 작업을 위한 정력의 재생산이 될 것을 요구한다. 산업문명의 후기단계에 이르러서 생산력의 성장이 억압적 지배의 한계를 넘쳐흐를 때에 대중 조작의 기술이 직접적으로 여가시간을 조종하는 여흥(餘興)산업을 발전시켰으며, 국가는 곧장 그러한 조종의 강화를 인계하였다. 개인은 혼자 남겨져 있을 수 없다. 혼자 버려지면 억압의 현실로부터 해방될 수 있는 가능성을 의식하는 자유로운 지성의 뒷받침을 받아 이드에 의하여 생성된 리비도의 활력은 현실적인 자아와 억압적 수행을 폭발하면서, 외부적인 제한을 돌파하고, 실존적 관계의 넓은 영역을 휩싸 안는다.

성욕의 조직은 수행원칙과 사회조직의 기본적인 특징을 반영한다. 프로이트는 집중화의 양상을 강조한다. 이것은 특히 부분적 본능들의 다양한 대상들을 이성이라는 하나의 리비도적 대상으로, 그리고 성기(性器)가 우세하게 확정된 상황으로 통합하는 조작이다. 어떤 경우든지 통합하는 과정은 억압적이다. 다시 말하면 부분적인 본능들은 자신의 목적을 보존하는 고차의 만족으로 자유롭게 발전하지 않고, 제거되거나 의존적인 기능으로 변모한다. 이러한 과정은 육체를 사회적으로 유용하게 비성화(非性化)하는 데 성공한다. 리비도는 신체의 거의 전부를 노동의 도구로 사용되기에 편리하도록 자유롭게 내버려두고 신체의 일부에 집중된다. 리비도의 시간적 축소는 그것의 공간적 축소에 의해서 보충된다.

원래 성 본능은 주체에 대해서나 객체에 대해서나 외부의 시간적·공간적 한계를 가지고 있지 않다. 성욕은 그 본성으로 보아 다형(多形)의 도착이다(Sexuality is by nature Polymorphous Perverse). 성 본능에 관한 사회적인 조직은 생식적인 기능에 봉사하며, 생식에 봉사하지 않는 모든 표명을 도착으로 금기한다.[...]

성욕을 유용한 목적을 위한 수단으로 고용하는 사회에 반대해서 도착은 성욕을 목적 그 자체로 옹호한다. 도착은 자신을 수행원칙의 지배 바깥에 두고, 바로 수행원칙의 근거에 대하여 도전한다. 도착은 유기체를 작업의 도구로 만드는 문명의 과정을 역전시킬 우려가 있기 때문에 사회가 추방하지 않으면 안 되는 리비도의 관계를 확립한다. 도착은 가장 효과적으로 인간과 자연을 조직하기 위하여 억압하지 않을 수 없었던 것 - 자유와 행복의 폭력적인 동일시의 상징이다. 도착의 허용은 노동력의 질서 있는 재생산뿐 아니라 인류 그 자체의 재생산을 위협한다. 정상적인 인간존재에서조차 위험한 에로스와 죽음의 본능의 융합은 여기서 위험선을 넘어 헐거워진다. 이러한 융합의 완화가 죽음의 본능 속에서 애욕의 요소를, 성 본능 속에서 치명적인 요소를 드러낸다. 도착은 에로스와 죽음의 본능의 궁극적인 일치 또는 죽음의 본능에 대한 에로스의 굴복을 암시한다. '파괴적인 본능을 해롭지 않게 만들려는' 리비도의 문화적 임무(삶의 임무)는 여기서 무력해진다. 궁극적이고 완전한 충족을 추구하는 본능적인 충동은 쾌락원칙으로부터 열반원칙으로 퇴행한다. 문명은 이러한 극단의 위험을 인지하고 그것에 대하여 제재를 가해왔다. 덜 완전하나 더 현실적인 에로스를 위한 에로스의 표현을 법률로 금지하면서, 문명은 정사(情死)라고 하는 고도로 승화된 일부일처제적 창조물 속에서 죽음의 본능과 에로스가 수렴되는 것을 찬미한다.

에로스의 사회조직에 병행하는 것이 죽음의 본능에는 없다. 본능이 작용하는 바로 그 깊이가 체계적이고 방법론적인 조직에서 자신을 보호한다. 단지 약간의 파생적인 표명은 용이하게 조정된다. 가학-피학적인 만족의 구성인자로서 죽음의 본능은 도착에 대한 엄격한 금기의 범주에 들어간다. 문명의 전 과정은 죽음의 본능과 그것의 파생물을 변형하고 유용하게 함으로써만 이룩될 수 있다. 일차적인 파괴력을 자아로부터 외부세계로 전환하는 것은 기술적인 진보를 양육한다. 초자아의 형성을 위하여 죽음의 본능을 사용하면 쾌락적 자아를 현실원칙에 예속시키게 되어 문명화된 도덕이 보증된다. 이와 같이 변형되어 죽음의 본능은 에로스에 봉사하게 된다.

핵심개념

① 공공 영역과 사적 영역
② 부르주아 공론장
③ 미디어는 메시지다
④ 기술적 형식
⑤ 순환 회로식 커뮤니케이션 과정
⑥ 지배적-헤게모니적/교섭적/저항적 의미규칙
⑦ 시뮬라크르
⑧ 파생실재
⑨ 과잉억압
⑩ 수행원칙

기본문제

(1) SNS와 모바일 미디어 테크놀로지가 발전함에 따라, 우리는 인터넷 댓글이나 SNS를 통해 여론을 파악하기도 하고, 현실을 인식하기도 한다. 그렇다면, 전통적인 매스미디어가 갖고 있던 여론에 대한 영향력은 과연 약해진 것일까 아니면 오히려 더 강해졌을까? 그리고 우리가 인식하는 여론이라는 것이 현실을 얼마나 정확히 반영할 수 있는 것인지, 실제 사례를 들어 토의해보자.

(2) 미디어가 인간의 감각의 확장이라고 한다면, 새로운 미디어는 우리의 감각을 어떻게 확장하고 있는가? 그리고 그러한 감각의 확장이 사회적으로 바람직한 변화, 혹은 부정적인 영향을 가져올 것인지에 대해 토론해보자.

(3) 텔레비전 엔터테인먼트의 증가는 우리가 정치사회적 정보를 습득하고, 비판적으 로 사고하며, 궁극적으로 실제 정치사회적 과정에 참여하는 데 부정적인 영향을 미치는가? 그렇다고 생각한다면 원인과 대안을 제시해 보고, 긍정적이라고 판단한다면 반례를 들어 토론해보자.

(4) 미디어는 현실을 객관적으로 반영할까? 미디어는 때로는 현실을 그대로 반영하는가 싶기도 하지만, 많은 경우 현실이 미디어의 논리를 통해 구성된다. 그렇다면 우리가 접하는 미디어 속의 실재는 우리가 살고 있는 현실에 얼마나 근접한 것일까? 만약 미디어가 현실을 구성한다면 그 모습은 진실과 얼마나 가까운 것인지 토의해보자.

(5) 미디어의 선정주의와 자극성 문제는 아주 오래전부터 제기되어온 문제이다. 미디어는 즐거움과 쾌락의 향유를 제공해주지만 동시에 우리들을 지속적인 쾌락으로 유혹한다. 현대 미디어를 쾌락의 향유를 둘러싼 유혹과 통제의 메커니즘의 차원에서 이해해보고 이를 마르쿠제의 과잉억압과 수행원칙 개념을 토대로 설명해보자.

심화문제

우리가 접하는 정보가 현실을 제대로 반영하지 못한다면, 여기에는 어떠한 힘이 개입되기 때문일 것이다. 이 장에서 다룬 주요 이론가들(위르겐 하비마스와 마셜 매클루언, 스튜어트 홀, 장 보드리야르, 그리고 헤르베르트 마르쿠제)의 논의를 미디어와 인간/사회의 관계를 중심으로 종합하여 정리한 다음, 오늘날 새로운 미디어 환경에서 발생하는 정보의 생산과 유통, 소비의 문제점을 다양한 권력의 역학관계에 초점을 맞춰 논의해보자.

더 읽어볼 책

(1) 헤르베르트 마르쿠제 지음, 박병진 옮김, 『일차원적 인간: 선진산업사회의 이데올로기 연구』, 한마음, 2001.

(2) 닐 포스트먼 지음, 홍윤선 옮김, 『죽도록 즐기기』, 굿인포메이션, 2009.

(3) 월터 리프먼 지음, 이충훈 옮김, 『여론』, 까치글방, 2012.

(4) 빌렘 플루서 지음. 지음, 김성재 옮김, 『코무니콜로기』, 커뮤니케이션북스, 2001.

(5) 장 보드리야르 지음, 하태환 옮김, 『시뮬라시옹』, 민음사, 2001.

(6) 데이비드 볼터·리처드 그루신 지음, 이재현 옮김, 『재매개: 뉴미디어의 계보학』, 커뮤니케이션북스, 2006.

(7) 레프 마노비치 지음, 서정신 옮김, 『뉴미디어의 언어』, 커뮤니케이션북스,

2014.
(8) 마누엘 카스텔 지음, 김묵한·박행웅·오은주 옮김, 『네트워크 사회의 도래』, 한울아카데미, 2008.

제3장 사랑과 성
우리는 어떻게 하나가 되는가

• 들어가는 말

1. 사랑의 기원: 플라톤의 『향연』
2. 우정의 종류: 아리스토텔레스의 『니코마코스 윤리학』
3. 결혼의 철학: 미셸 푸코의 『성의 역사 III: 자기에의 배려』
4. 사랑의 기술: 에리히 프롬의 『사랑의 기술』
5. 사랑과 책임: 소포클레스의 『안티고네』

들어가는 말

우리의 삶에서 '사랑'만큼 많이 거론되는 것은 없다. 세계의 다양한 종교나 철학에서 주요 원리로서 제시하는 것도 바로 사랑이다. 사실 사랑은 인류의 역사를 통해 항상 인간의 삶과 밀착된 다양한 형식의 문화현상으로 나타난다. 사랑은 욕망의 일종이다. 인간은 누구나 사랑받고 싶어 한다. 그러나 사랑은 사랑받는 것보다 사랑하는 데 본질이 있다고 한다. 플라톤은 사랑의 기원, 종류, 기능, 유형, 특징 등과 관련하여 사랑에 관한 일반적인 견해들을 검토한 후, 사랑에 관한 철학적 분석을 통해 진리에 대한 사랑으로 나아가는 방법과 단계를 제시한다. 아리스토텔레스는 사랑하는 사람이 없다면 더 이상 이 세상을 살고 싶지 않다고 말한다. 사랑이야말로 인간을 가장 인간답게 만들어 주기 때문이다. 나아가 사랑은 모든 공동체를 결속시키는 가장 근원적인 힘으로 확장되기 때문에 정치적 차원에서도 핵심적 개념이 된다.

또한 사랑은 성과 매우 밀접한 관계를 가지고 있다. 특히 플라톤은 신화적 장치를 사용하여 인간은 본래적으로 둘이 하나였던 존재로 신에 대한 도전으로 절반으로 잘려졌기 때문에 본성적으로 하나가 되려고 하는 욕구, 즉 사랑이 생겼다고 말한다. 그래서 사랑은 인간을 하나로 결합시켜 치유해주고 본성을 회복시켜준다고 한다. 여기서 우리는 성이란 용어가 라틴어로 분리 또는 절단을 의미하며 사랑의 기원과 매우 밀접하다는 것을 찾아볼 수 있다. 미셸 푸코는 성이 단지 쾌락을 일으키는 원인들 중의 하나만은 아니라 성의 주체로서 인간이 자기 자신을 윤리적 주체로서 확립해나가는 데 중요한 자기극복의 기술이라고 한다. 에리히 프롬도 현대사회를 살아가는 데 사랑의 기술의 필요성을 강조하는 동시에 실천을 위한 자기 훈련의 중요성을 역설하고 있다.

플라톤의 『향연』은 인류 역사에서 사랑에 관해 가장 풍부하고 다채로운 이야기들을 담고 있을 뿐만 아니라, 현대까지도 사랑이야기의 원형으로서 수많은 사람들이 인용하거나 활용하고 있는 책이다. 대부분의 플라톤 대화편은 소크라테스와 주로 대화를 하는 인물의 이름을 제목으로 삼는데, 『국가』, 『법률』, 『향연』 등에는 예외적으로 다른 종류의 이름이 붙어있다. 그리스어로 향연(symposion)은 '함께 앉는다'는 의미이며 실제로는 각자의 자리에서 반쯤 누워서 함께 이야기를 나누는 모습을 그리면 된다. 주로 소크라테스와 상대방이 대화하는 방식으로 된 다른 작품들과 달리 독특하게 총 여섯 명의 사람이 돌아가면서 연설을 하는 방식으로 되어 있다. 전반부에 등장하는 파이드로스, 파우사니아스, 에릭시마코스, 아리스토파네스, 아가톤은 고대 그리스인의 신화와 사상을 활용하여 에로스에 대한 자신의 생각을 피력하고, 후반부에 등장하는 소크라테스는 기존의 논의들을 전복시켜 버리는 사랑에 대한 철학적 논의를 전개한다. 마지막은 갑작스럽게 등장한 알키비아데스가 소크라테스에 관한 이야기를 하는 에피소드로 구성되어 있다. 특히 그리스 희극작가인 아리스토파네스의 이야기는 서구 역사에서 수많은 사람들에게서 사랑을 받았고 가장 인상 깊은 이야기다. 물론 사랑에 대한 소크라테스의 마지막 연설이 플라톤이 가장 심혈을 기울인 부분이지만 상당히 심오한 철학적 내용을 포함하고 있어 대중적으로 많이 알려져 있지는 않다.

아리스토텔레스의 『니코마코스 윤리학』 제8권과 제9권은 서구 전통에서 우정에 대한 논의를 체계적으로 다룬 작품으로 수많은 다른 사상가들에게 영향을 미쳤다고 할 수 있다. 아리스토텔레스가 말하는 필리아(philia)는 국내에서 '우정'이나 '친애'로 번역되는데 상당히 포괄적인 의미를 가진다. 그리스 고전기에는 사랑으로 번역되는 에로스(eros)와 필리아(philia)는 혼용될 정도로 포괄적으로 사용되었다. 아리스토텔레스는 우정의 범위를 단순히 동성 간의 친구뿐만 아니라, 아내와 남편 간의 관계, 부모 자식 간의 관계, 형제간의 관계, 군주와 신하 간의 관계 등에까지 확대하여 생각한다. 따라서 현대에서 사용하는 우정이란 용어로 번역하면 너무 제한적이어서 오히려 사랑으로 번역하는 것이 적절하지만 에로스와 구별하기 위해 친애가 선택되었다. 헬레니즘 이후에 점차 필리아는 의미가 제한되어 동성 간의 관계, 즉 흔히 말하는 친구 사이에 제한적으로 사용되기 시작했다. 우정은 모든 인간 공동체의 기초다. 우정은 이익, 쾌락, 덕이 동기가 되어 형성된다. 가장 완벽한 의미의 우정은 덕에 기초한 좋은 사람들 간의 우정이다.

미셸 푸코의 『성의 역사』 제 3권은 "자기에의 배려"라는 부제를 달고 있다. 『성의 역사』는 '성'이라는 주제를 동일하게 다루고 있지만 기본적인 축이 다르다. 그것은 푸코의 계보학의 세 가지 축인 지식의 축, 권력의 축, 윤리의 축 중에서 제 1권은 권력의 축에, 제 2권과 3권은 윤리의 축에 분류된다. 제 1권은 권력이 인간의 앎에의 의지를 통해 성을 어떻게 수단화하는가를 설명하고 있으며, 제 2권은 인간이 스스로 윤리적 주체로서 확립하기 위해 어떻게 쾌락을 활용하였는가를 고대 그리스 시대의 문헌들을 중심으로 설명하고 있으며, 제 3권은 인간이 자기 자신을 돌보거나 혹은 자기 자신을 함양하는 방편으로 성을 어떻게 관리할 것인가를 로마 시대의 문헌을 중심으로 설명하고 있다. 푸코는 그리스 로마 시대의 사람들이 결혼 제도 속에서 스스로 자신의 성적 쾌락을 제한하려 했다는 사실로부터 어떻게 자기에의 배려를 했는지를 설명하고 있다. 여기서는 특히 스토아학파와 에피쿠로스학파의 결혼과 독신의 정당성에 대한 논쟁을 소개하고 있다.

에리히 프롬의 『사랑의 기술』은 현대 사회에서의 사랑의 특징을 자본주의와 정신분석학 이론에 기초하여 분석하고 있다. 프롬이 '사랑의 기술'이라 말할 때 기술의 의미는 단순한 테크닉을 말하는 것은 아니다. 따라서 사랑을 잘하는 요령을 가르쳐주는 책은 아니다. 그것은 사랑에 관한 실천적 지혜와 관련된다. 사랑을 잘 하기 위해서는 사랑에 관해 배워야 한다. 그러나 누구도 사랑을 배워야 한다고 생각하지는 않는다. 또한 사랑은 근본적으로 수동적인 것이 아니다. 사람들은 흔히 사랑에 빠진다고 말한다. 사랑이 사랑할 줄 아는 능력의 문제가 아니라, 사랑을 받는 문제로 여긴다. 그래서 남자는 사회적 지위나 부를 축적하려하고 여자는 성적 매력을 키우려고 한다고 한다. 그러나 사랑은 수동적이지 않으며 능동적 활동이다. 그것은 우리를 타자와 결합시키는 힘이다. 모든 사랑에는 배려, 책임, 존경, 지식 등 네 가지 요소가 필요하다. 프롬은 사랑은 사랑하는 대상이 나타나면 수동적으로 빠지는 감정이 아니라고 한다. 그것은 일종의 지식이라고 하며 배워야 할 필요가 있다고 한다. 프롬은 현대인이 사랑에 관해 너무 가볍게 생각하는 것을 '기술'의 개념을 통해 배움과 훈련이 필요하다는 사실을 환기시켜주고 있다.

마지막으로 소포클레스의 『안티고네』는 서구 문학에서 다양한 관심을 받아왔던 대표적 비극 작품이다. 안티고네는 테베의 왕 오이디푸스가 이오카스테와 결혼하여 낳은 딸이다. 테베에 역병과 가뭄이 들어 백성들이 도탄에 빠지자 오이디푸스는 신탁에 따라 전왕 라이오스의 살해범을 추적하게 된다. 결국 오이디푸스는 자신이 아버지를 살해하고 어머니와 한 침상에 들었다는 것을 알게 되고 비탄에 빠져 자신의 눈을 찌르고 테베 땅을 떠나게 된다. 안티고네는 맹인이 되어 떠돌아다니는 아버지 오이디푸스를 죽을 때까지 모시고 다녔던 효녀로 이야기된다. 이 작품은 오이디푸스가 죽은 이후 테베에서 왕권을 다투던 아들들인 에테오클레스와 폴뤼네이케스가 모두 죽고 난 후 왕위에 오른 크레온이 폴뤼네이케스의 장례의식을 금지하고 위반한 자를 사형에 처한다고 선포한 상황을 배경으로 한다. 테베로 돌아온 안티고네는 죽음을 무릅쓰고 오빠 폴뤼네이케스의 장례를 간소하게나마 치르지만 발각되어 체포되고 크레온과 논쟁을 벌이게 된다. 『안티고네』에 등장하는 가장 유명한 장면은 자연법과 국가법 간의 논쟁으로 헤겔은 안티고네의 자연법이자 신법은 여성의 법이고 사적인 법이며, 크레온의 국가법이 남성의 법이며 공적인 법이라고 주장하여 논란을 일으켰다. 그러나 여기에는 안티고네가 아버지와 형제에 대해 가졌던 사랑이 맞물려 있으며, 또한 크레온의 아들 하이몬이 자신의 약혼자 안티고네의 죽음에 절망하여 자살하는 내용도 포함되어 있다.

1

사랑의 기원

플라톤의 『향연』, 장영란 옮김.

[189c] 아리스토파네스가 말했다는군. "사실 에뤽시마코스! 나는 자네와 파우사니아스가 말한 것과는 약간 다른 방식으로 말하겠네. 내 생각에는 사람들은 에로스의 힘에 대해 전혀 알지 못하는 것처럼 보이네. 만일 알았다면, 에로스에게 가장 큰 신전과 제단을 만들어 바치고, 가장 큰 희생제의를 바쳤을 것이네. 당연히 다른 어떤 신들보다도 더 많은 것들이 바쳐져야 하는 데도 아무 것도 바쳐지지 않고 있다네. [189d] 모든 신들 가운데서도 에로스야말로 인간에게 가장 우호적인 신이네. 사실 에로스는 인간을 도와주는 존재이며 인간을 치료하는 존재이고 최고의 행복을 가져다주는 존재이지. 그래서 나는 자네들에게 에로스신이 가진 능력을 소개하려고 노력할 것이네. 자네들도 다른 사람들에게 그것을 알려주는 스승이 되어 주길 바라네.

먼저 자네들은 인간의 본성과 그것이 어떤 일을 겪었는지를 배워야 하네. 아주 옛날에는 우리의 본성이 지금과 같지 않았으며 아주 달랐다네. 우선 인간은 지금처럼 단지 남성과 여성만 있던 것이 아니라네. [189e] 세 번째 종류의 성,

즉 남녀 양성 모두를 가진 존재가 더 있었네. 지금은 그 이름만 남아 있고 그것 자체는 사라져 버렸지. 그때는 남녀양성(androgynon)은 이름만이 아니라 형태상으로도 남성과 여성을 모두 가진 하나의 성이었네. 그렇지만 지금은 이름만 남아 비난하는 말에만 사용되며 존재하지 않네. 모든 사람의 모습은 등과 옆구리가 원을 이루어 완전히 구형이었네. 네 개의 팔과 네 개의 다리, [190a] 그리고 둥그런 목 위에 모든 면에서 똑같은 두 개의 얼굴을 가지고 있었네. 서로 반대 방향을 향해 있는 두 얼굴에 하나의 머리를 가졌으며, 또한 네 개의 귀, 두 개의 생식기가 있고, 나머지도 지금까지 내가 말했던 것들로부터 상상할 수 있을 것일세. 지금처럼 똑바로 서서 두 방향 중 어느 쪽이든 원하는 대로 움직였다네. 그들이 빨리 달리기 시작했을 때는 마치 공중돌기를 하는 사람들이 다리를 뻗은 채로 회전하면서 가는 것처럼, 여덟 개의 팔다리로 재빠르게 굴러다녔네.

[190b] 인간의 성이 어떻게 그렇게 있었으며 세 가지로 있었는지는 다음과 같네. 원래 남성은 태양의 자식이었고 여성은 땅의 자식이었으며, 남녀양성은 달의 자손이었다네. 왜냐하면 달은 [태양과 땅]의 결합체이기 때문이네. 그들은 둥글었고, 둥글게 움직였다는데 그 부모들을 닮았기 때문이네. 그들은 힘이나 능력이 엄청났고, 야망이 매우 컸기 때문에 신들을 공격하려 했네. 호메로스가 에피알테스(Ephialtes)와 오토스(Otos)에 관해 했던 이야기, 즉 그들이 신들을 공격하겠다고 하늘로 올라가려 했었던 이야기는 그들에 대해서도 말해진다네. [190c] 제우스와 다른 신들은 그들을 어떻게 해야 할지를 의논하였지만 결정을 내리지 못했네. 신들은 인간들을 죽이거나 거인들에게 했던 것처럼 벼락을 쳐서 멸종시킬 수 없었네. 그러면 인간들에게 받는 숭배(timai)와 희생제의(hiera)가 전부 없어져 버리게 되기 때문이네. 그렇다고 제멋대로 구는 것을 그냥 내버려 둘 수도 없었네. 그래서 제우스가 한참을 고민한 후에 말했네. "인간들을 존속시키면서도 힘을 약화시켜 더 이상 오만방자하지 않게 하는 방도가 있다.

[190d] 나는 이제 그들을 둘로 자르겠다. 그러면 그들은 약해지는 동시에 수가 더 많아져 우리에게 유익하게 될 것이다. 그런데도 여전히 그들이 제멋대로 하고 얌전해지지 않다고 여겨지면 다시 한 번 둘로 잘라 외발로 뛰어다니게 만들 것이다."

제우스는 이렇게 말한 후에 인간들을 둘로 잘랐네. 마치 사람들이 마가목 열매를 저장하기 위해 잘라내듯이, 또는 터럭으로 삶은 계란 잘라내듯이 잘랐다네. 제우스는 인간을 자를 때 아폴론에게 [190e] 그 얼굴과 목 반쪽을 몸이 잘려진 곳을 향해 돌려놓으라고 명령했네. 그것은 인간이 항상 자신의 절단된 부분을 보면서 좀 더 공손하게 만들기 위해서였다네. 그러자 아폴론은 그 얼굴을 돌려놓고, 지금 배라고 부르는 곳을 향해 몸의 모든 곳에서 살을 잡아 당겨서, 마치 끈으로 주머니 졸라매듯 배 중앙에 주둥이가 만들어지도록 단단히 묶었다네. 이것을 바로 배꼽이라 불렀네. [191a] 또한 다른 수많은 주름들을 매끄럽게 펴고, 갖바치가 구두목형에 놓고 가죽의 주름을 매끄럽게 펴듯이 비슷한 도구를 가지고 가슴을 만들어냈네. 그렇지만 배꼽 주변에 있는 주름들 중 일부는 그냥 남겨 두었네. 그것은 그들이 옛날에 겪었던 일을 상기시키기 위한 것이었네.

그런데 인간의 본성이 둘로 잘렸기 때문에 각 반쪽은 자신의 나머지 반쪽을 그리워하며 함께 있으려 했네. 그들은 서로 팔로 감싸 껴안고 꽉 붙어서 한 몸이 되길 욕구했네. 서로 떨어져서는 아무 것도 하려 하지 않아서 결국 굶어 죽거나 아무 일도 하지 않아 죽어버렸네. [191b] 그리하여 반쪽들 중 어느 하나가 죽고 나머지 하나가 남게 되면 살아남은 반쪽은 다른 상대를 찾아다니다가 뒤엉켰다네. 때로는 상대가 여성의 반쪽이 되기도 하고 남성의 반쪽이 되기도 하였네. 어쨌든 그들은 그렇게 멸망해갔다네.

제우스는 인간들을 불쌍히 여겨서 다른 방도를 가져 왔다네. 그는 그들의 생식기를 몸의 앞쪽으로 옮겼네. 그때까지 인간들은 생식기를 몸의 뒤쪽에 가지고 있었네. [191c] 그래서 상대방 속에다 자식을 낳은 것이 아니라 매미들처럼 땅 속에다 자식을 낳았다네. 그래서 제우스는 그들의 생식기를 앞쪽으로 옮겨서 그들이 상대방 속에다, 말하자면 남성이 여성 속에다 자식을 낳도록 해주었다네. 남성과 여성이 만나 서로 결합하면 자식을 낳아 종족을 보존하게 하고, 또 남성이 남성을 만날 때도 최소한 만족감울 가지게 하여 [191d] 잠시 숨을 돌리고 각자 일로 돌아가 나머지 다른 삶도 돌보게 하기 위해서 일세. 아주 먼 옛날부터 인간은 태어나면서 서로에 대한 사랑을 가지고 있었다네. 그래서 사랑은 인간의 원초적 상태로 회복시켜주는 역할을 하고, 둘을 하나로 만들어주어 인간의 본성을 치유하려 하네.

우리는 각자 하나가 둘로 나눠진 반쪽이라네. 마치 넙치와 같이 하나에서 둘이 잘라졌기 때문이네. 그래서 우리들은 각자 자신의 반쪽을 끊임없이 찾아다니게 된다네. 당시에는 양성구유자라 불렸겠지만 남녀성으로부터 잘려 나온 남자들은 여자들을 매우 좋아하고, 대부분 간통하는 남자들이 남녀성에서 나온다네. [191e] 마찬가지로 남녀성으로부터 잘려 나온 여자들은 남자들을 좋아하고 간통하는 여자들이 남녀성에서 나온다네. 이에 반해 여여성으로부터 잘려져 나온 자들은 남자들에게는 관심이 없고 오히려 여자들에게 관심이 쏠려 있네. 동성애하는 여자들은 이들에게서 나온다네. 한편 남남성에서 잘려 나온 자들은 남자들을 좇아다니네. 그들은 남남성에서 잘려 나온 반쪽들이라서 소년일 때는 남자들을 사랑하고 함께 결합하기를 좋아하네. 이들은 소년들과 청년들 중에서 가장 훌륭한 자들이라 할 수 있네. [192a] 그들은 본성적으로 가장 용감한 자들이기 때문일세. 어떤 사람들은 그들이 파렴치(anaischyntous)하다고 말하지만 틀린 말일세. 그들이 이런 일을 하는 것은 대담하고 용감하고 남자다워서이고 자신들과 비슷한 것을 좋아하기 때문이네. [...]

[193a1] 이전에 내가 말했던 듯이 우리는 하나였었네. 그러나 지금은 우리의

죄 때문에 제우스에 의해 나눠졌다네. 마치 라케다이몬인들에 의해 아르카디아인들이 나눠졌던 것처럼 말일세. 만일 우리가 신들에게 공손하게 굴지 않으면, 다시 나눠져서 마치 묘석에 부조로 묘사된 인물들과 같이 코 중심으로 잘려 반쪽 주사위처럼 돌아다니게 될 걸세. 그래서 모든 사람은 신들을 공경하도록 서로 독려해야 하네. [193b] 에로스는 우리의 인도자이자 지도자로 에로스와 함께 어떤 것은 피해가고 어떤 것은 실현할 수 있네. 누구도 에로스와 대립해서는 일할 수 없네. 신들의 미움을 받는 것이 에로스와 대립하는 것이라네. 만약 우리가 에로스의 친구가 되고 화해를 한다면, 지금은 단지 소수의 사람들에게만 생기는 일, 즉 사랑하는 사람을 찾아서 만나게 될 걸세. [193c] 내가 파우사니아스와 아가톤을 가리킨다고 생각하여 에뤽시마코스가 단지 웃긴 이야기로 여기지 않길 바라네. 그들이 이러한 유형의 소수의 사람에 속하며 둘 다 남성의 반쪽들일 수도 있네. 하지만 난 모든 남자들과 모든 여자들에 대해 말하고 있다네. 인간은 각자 자신이 사랑하는 사람을 찾아 자신의 원래의 본성을 회복한다면 행복하게 될 걸세. 만약 이것이 가장 좋은 것이라면 현재로는 그것에 가장 가까운 것이 가장 좋은 것일세. [193d] 그것은 자신과 본성적으로 잘 맞는 사랑하는 사람을 찾는 것이라네. 만약 우리가 이러한 일을 맡은 신을 칭송하려 한다면 바로 에로스를 칭송하는 것일세. 현재로는 에로스가 우리에게 일어날 수 있는 가장 좋은 것이네. 그는 우리에게 본성적으로 가까운 것을 향해 우리를 이끌고 있네. 나아가 미래에도 가장 큰 희망을 우리에게 준다네. 만약 우리가 신들을 공경한다면, 에로스는 우리의 원래 본성을 회복시키고 우리를 치유해주며, 우리를 축복받고 행복하게 만들 것일세.

2

우정의 종류

아리스토텔레스의『니코마코스 윤리학』, 강상진 외 옮김, (길, 2011).

[1155b] 우리가 다루는 문제들은 예를 들어 모든 사람들 사이에서 우정이 성립하는가? 못된 사람은 친구가 될 수 없는가? 우정의 종류는 하나인가, 아니면 그 이상인가? 등이다. 사랑할만한 것이 무엇인지 이해하게 되면 이러한 문제들에 관해서는 아마 분명해질 것이다. 모든 것이 사랑받는 것이 아니라 사랑할만한 것이 사랑받는 것처럼 보이기 때문이다. 그런데 사랑할만한 것은 좋은 것이나 즐거운 것, 혹은 유익한 것이다. 유익한 것은 바로 그것을 통해 어떤 좋음이나 즐거움이 생겨나는 것인 듯하다. 사람들은 좋음을 사랑하는 것인가, 아니면 그들에게 좋아 보이는 것을 사랑하는 것인가? 경우에 따라서는 양자가 다르기도 하니 말이다. 즐거움에 관련해서도 마찬가지이다. 각자는 자신에게 좋은 것을 사랑하는 듯 보이며 -비록 단적으로 좋은 것이 사랑할만한 것이기 하지만- 각자에게 좋은 것이 각자에게 사랑할만한 것인 듯하다. 각자는 진정 자신에게 좋은 것이 아니라 그렇게 보이는 것을 사랑하니까. 그렇지만 [이러한 구별이] 어떤 차이를 가져오지는 않을 것이다. 사랑할만한 것은 그렇게 보이는 것이 될

테니까.

[사람들이 사랑을 할 때] 원인이 되는 세 가지가 있지만 무생물에 대한 애호는 우정이라고 하지 않는다. 무생물에게는 [상대에게] 호응하는 사랑이나 상대방이 잘되기를 바라는 마음이 없기 때문이다. 그런데 사람들은 친구가 잘되기를 바랄 때는 친구를 위해서 그러는 것이라고 한다. 그런데 이렇게 잘되기를 바라는데도 상대편에게는 동일한 [바람]이 생기지 않는 경우, 우리는 그러한 바람을 가진 사람을 선의를 가진 사람이라 부른다. 사람들은 우정을 쌍방 간에 성립하는 선의라고 하기 때문이다. 그런데 혹시 "[서로의 선의를] 모르지 않는"이라는 조건을 덧붙여야 하지 않을까? 많은 사람들은 자신들이 한 번도 본 적이 없는 사람들에 대해서도 그들이 훌륭하며 유익한 자라고 생각해 선의를 갖고 있으니까. 그리고 그들 중 누군가도 이와 동일한 선의를 가질지 모를 일이다. [1156a] 그렇다면 그들은 서로에게 선의를 가지고 있는 셈이 된다. 그러나 각자에게 어떤 태도를 가지고 있는지 모르고 있는 사람들을 누가 감히 친구라 부를 수 있단 말인가? 따라서 [친구들은] 위에서 언급했던 것들 중 어느 하나를 이유로 서로에 대해 선의를 갖고 있으며 상대방이 잘되기를 바라고 또 동시에 [그러한 사실을] 서로 모르지 않아야 한다. [...]

[1169b] 사람이 친구를 필요로 하는지 그렇지 않은지에 관해서도 쟁론이 있다. 어떤 사람들은 지극히 복되고 자족적인 사람들에게는 친구가 전혀 필요하지 않다고 주장한다. 그들은 이미 좋음을 가지고 있으며, 자족적인 만큼 그 어떤 것도 추가적으로 필요로 하지 않는다는 것이다. 친구는 〔원래〕 자신과는 다른 타인으로서 본인 스스로는 할 수 없는 것을 제공해 주는 사람이니 말이다. 그래서 이런 시구가 있는 것이다.

신이 행복을 부여한다면 친구가 필요한 이유가 무엇인가?

그런데 모든 좋은 것을 행복한 사람에게 다 나누어 주면서 외적인 좋음 중 가장 큰 것으로 보이는 친구들을 주지 않는다는 것은 이상한 일로 보인다. 친구가 하는 일이 선행을 받는 것이 아니라 잘해 주는 것이라면, 또 선행을 베푸는 것이 좋은 사람과 탁월성이 하는 일이라면, 친구에게 잘해 주는 것이 이방인에게 잘해 주는 것보다 더 고귀한 일이며, 그러한 한 신실한 사람은 [자신의 선행을] 잘 받을 사람을 필요로 하게 될 것이다. 바로 이런 까닭에 좋은 처지에 있을 때 친구가 더 필요한 것인지, 아니면 역경에 처해 있을 때 친구가 더 필요한 것인지에 대한 의문도 생겨난다. 역경에 처해 있는 사람은 자신에게 선행을 베풀어 줄 친구가 필요하고, 또 좋은 처지에 있는 사람은 자신이 잘해 줄 사람이 필요하기 때문이다.

또 아마 지극히 복된 사람을 외로운 사람으로 만드는 것도 이상한 일일 것이다. 홀로 지내면서 모든 좋은 것을 다 소유하라고 하면, 이것을 선택할 사람은 아무도 없을 테니까. 인간은 폴리스적이며 함께 살게끔 되어 있기 때문이다. 이것은 행복한 사람에게도 맞는 말이다. 행복한 사람은 본성적인 좋음을 다 가지고 있으니까. 그리고 그가 훌륭한 친구와 함께 있는 것이 이방인이나 우연히 만난 사람과 함께 시간을 보내는 것보다 더 좋을 것이라는 점은 분명하다. 따라서 행복한 사람에게도 친구들은 필요하다.

그렇다면 첫째 사람들이 주장하는 바는 무엇이며 어떤 점에서 진실을 말하고 있는 것인가? 대중들은 유익한 사람을 친구로 간주한다는 것인가? 지극히 복된 사람은 좋은 것들을 가지고 있기 때문에 그러한 유익한 친구들을 전혀 필요로 하지 않을 것이다. 즐거움을 이유로 찾는 친구들도 전혀 필요하지 않거나 잠시 동안만 필요할 것이다. (그의 삶은 즐겁기 때문에 외부로부터 오는 그 어떤 즐거움도 필요로 하지 않는다.) '그러한' 친구들을 필요로 하지 않는 탓에 친구들을 필요로 하지 않는 것처럼 보이는 것이다.

그런데 이것은 분명 사실이 아니다. 처음에 이야기된 것처럼 행복은 일종의 활동인데 활동은 생겨나는 것이지, 어떤 소유물처럼 속하는 것이 아님이 분명하기 때문이다. 만일 행복하다는 것이 삶과 활동 속에서 성립하고, 처음에 이야기한 것과 같이 좋은 사람의 활동이 신실하며, 그래서 그 자체로 즐거운 것이라면, 또 자기에게 고유한 것도 즐거운 것에 속한다면, 그런데 우리들은 자신들을 볼 때보다 가까운 사람들을 볼 때 더 잘 볼 수 있고, 우리들의 고유한 행위들보다 저들의 행위들을 더 잘 볼 수 있다면, [1170a] 또 친구로서 신실한 사람들의 행위가 좋은 사람들에게 즐거움을 준다면, * (이 행위들은 본성상 즐거운 두 가지 속성을 다 가지고 있으니까) 지극히 복된 사람은 이러한 친구들을 필요로 할 것이다. 지극히 복된 사람이 훌륭한 행위들과 자신에게 고유한 행위들을 관조할 것을 선택하는 한, 또 친구이면서 좋은 사람의 행위들이 바로 그런 행위들인 한 말이다.

또, 사람들은 행복한 사람이 즐겁게 사는 것은 당연하다고 생각한다. 외톨이로 사는 삶은 힘겹다. 혼자서는 연속적으로 활동하기 쉽지 않은데 반해, 다른 사람과 함께라면, 또 타인과의 관계 속에서라면 쉽기 때문이다.[다른 사람과 함께라면] 그 자체로 즐거운 활동은 더 연속적이 될 것이다. 이것이 지극히 복된 사람에게 있어 당연히 그래야 할 모습이다. 신실한 사람은 그가 신실한 한 탁월성에 따른 행위들을 보며 기뻐하고, 악덕으로부터 나온 행위들을 역겨워할 것이기 때문이다. 마치 음악가가 아름다운 선율에 즐거워하고 열등한 선율에 괴로워하듯이. 또 테오그니스도 말한 바와 같이 좋은 사람들과 함께 사는 것으로부터 탁월성을 연마할 수도 있을 것이다.

그런데 사태를 더욱 자연학적으로 고찰하는 사람들에게 신실한 친구는 신실한 사람들이 본성상(physei) 선택할 만한 것으로 보인다. 본성상 좋은 것은 신실한 사람에게 좋은 것이고 그 자체로 즐거운 것이라고 이야기되기 때문이다. 동물에게 있어서 삶은 지각(aisthēsis) 능력으로 정의되며, 인간의 경우에는 지각, 혹은 사유(noēsis) 능력으로 정의된다. 그런데 능력(dynamis)은 〔그것의 발현으로서의〕 활동(energeia)으로 돌아가게 마련이며, 일차적인 것은 활동에서 성립한다. 그래서 삶은 일차적인 의미에서 지각함 혹은 사유함인 것으로 보인다.

그런데 산다는 것은 그 자체로서 좋고 즐거운 것에 속한다. 왜냐하면 그것도 규정된 것이고, 규정된 것은 좋음의 본성에 속하기 때문이다. 그런데 본성상 좋은 것은 훌륭한 사람에게도 좋다. 이것이 바로 산다는 것이 모든 사람에게 즐거운 것으로 보이는 이유이다. (여기서 못된 삶이나 부패한 삶, 혹은 고통 속의 삶을 생각해야 할 이유는 없다. 그러한 삶들은 그것에 속하는 것들처럼 규정될 수 없는 것이기 때문이다. 이어지는 고통에 관한 논의에서 이 점은 보다 분명해질 것이다.) 그런데 〔다음과 같은 사실들이 타당하다면 왜 친구가 본성상 선택할 만한 것인지 알게 될 것이다.〕

산다는 것 자체가 좋고 즐거운 것이라면(모두가 그것을 추구한다는 사실, 누구보다도 훌륭하고 지극히 복된 사람들이 삶을 추구한다는 사실에 비추어 그런 것 같다. 이들에게 삶은 가장 선택할 만한 것이며, 이들의 삶이 지극하고도 지극히 복된 삶이니까), 또 보는 사람은 자기가 보고 있음을, 듣는 사람은 자기가 듣고 있음을, 걷는 사람은 자신이 걷고 있음을 지각하고, 마찬가지로 다른 경우에 있어서도 우리가 활동하고 있다는 것에 대한 지각이 존재해서, 우리가 지각하고 있음을 지각하고 우리가 사유하고 있음을 사유한다면, 그런데 우리가 지각하고 있음을, 혹은 사유하고 있음을 지각하는 것이 우리가 존재한다는 것을 지각하는 것이라면 (왜냐하면 존재한다는 것은 지각한다는 것 혹은 사유한다는 것이니까), [1170b] * 또 살아 있음을 지각하는 것이 그 자체로 즐거운 일에 속한다면(삶은 본성상 좋은 것이고, 좋음이 자기 자신에게 속한다는 것을 지각하는 일은 그 자체 즐거운 것이니까), 산다는 것은 선택할 만한 것, 특히 다른 누구보다도 좋은 사람들이 선택할 만한 것이다. 왜냐하면 그들에게 존재가 좋고 즐겁기 때문이다. (그들은 그 자체로 좋은 것을 친구와 더불어 지각하면서 [즉 서로의 존재를 지각하면서] 즐거워하니까.)

그런데 신실한 사람은 친구를 자기 자신처럼 대하므로—친구는 또 다른 자기이니까— [만약 위의 사실들이 타당하다면] 각자에게 자신의 존재가 선택할 만한 것이듯 친구의 존재도 선택할 만한 것, 혹은 거의 그럴 만한 것이다. 존재한다는 것이 선택할 만한 것이 되는 것은 자신이 좋은 사람임을 지각하기 때문이다. 그러한 지각은 그 자체로 즐거운 것이다. 따라서 친구가 존재한다는 것을 [친구와] 더불어 지각하는 일이 필요한데, 이것은 함께 살며 서로 말과 생각을 나누는 일을 통해 성립한다. 인간에게 있어서 함께 산다는 것은 가축의 경우처럼 같은 공간을 배정받았다는 뜻이 아니라, 이러한 것 [즉 서로 말과 생각을 나누는 것]을 의미하는 것으로 보이기 때문이다.

그러므로 지극히 복된 사람에게 존재는 본성상 좋고 즐거운 것이기 때문에 그 자체로 선택할 만한 것이며, 친구의 존재도 거의 똑같이 선택할 만한 것이라면, 친구 또한 선택할 만한 것들 중 하나일 것이다. 지극히 복된 사람에게 선택할 만한 것은 마땅히 그에게 속해야 한다. 그렇지 않으면 바로 이점에서 부족하게 될 것이다. 따라서 행복하고자 하는 사람에게는 신실한 친구가 필요하다. [...]

[1171a] 친구들은 좋은 처지에 있을 때 더 필요한가, 아니면 곤경에 처했을 때 더 필요한가? 두 경우 모두 친구를 찾게 되는 것은 사실이다. 곤경에 처한 사람들도 도움을 필요로 하며, 좋은 처지에 있는 사람들도 함께 삶을 누릴 사람들과 그들이 잘해 줄 사람들을 필요로 한다. 그들은 좋은 일을 하고자 하니까. 친애는 곤경에 처했을 때 더 필요한 것이 사실이지만, 좋은 처지에 있을 때 더 고귀하다. 전자의 경우에는 곤경 때문에 유익을 주는 사람이 있어야 하고, 후자의

경우에는 좋은 처지에 있는 터라 훌륭한 사람들을 찾게 되는데, 훌륭한 사람들에게 잘해주고 이들과 함께 지내는 것이 더 선택할만한 것이기 때문이다.

사실 친구가 곁에 있다는 것 자체가 좋은 처지에 있을 때나 곤경에 처한 때나 모두 즐거운 일이다. 고통을 겪는 사람들은 친구들과 함께 괴로움을 나눌 때 위안을 받는다. 이런 까닭에 이것이 무거운 짐을 함께 지기 때문인지, 아니면 친구들이 곁에 있는 것이 즐겁고 누군가 함께 괴로워해 준다는 것에 대한 생각이 고통을 작게 하는 것인지에 대한 의문을 제기할 수 있을 것이다. 그러나 이러한 이유 때문에 위안을 받는지, 아니면 다른 이유 때문에 위안을 받는지에 대해서는 따지지 않기로 하자. 어떻든 지금 이야기한 것은 실제로 일어나는 일인 듯하다. 친구가 곁에 있다는 것은 이러한 것들이 섞인 것으로 보인다. 친구들을 보는 것 자체가 즐거운 일인데, [1171b] *특히 역경에 처한 사람에게는 더 그렇다. [친구를 보는 것 자체가] 괴로워하지 않도록 도움을 주는 것이니, 친구는 친구에게 눈길을 주고 말을 건넴으로써 —그런 재능이 있다면—위로를 주는 사람이기 때문이다. 친구의 성품을 알고 있고, 또 무엇이 그를 즐겁게, 혹은 괴롭게 하는지를 알고 있으니까.

그러나 자신의 역경으로 고통스러워하는 친구를 지각하는 것은 괴로운 일이다. 모든 사람은 자신 때문에 친구들이 괴로워지는 것을 원치 않으니까. 그래서 사나이다운 본성을 가진 사람들은 친구들이 자신들과 함께 괴로워하지 않도록 주의한다. 또 [타인의] 고통에 대해 지나치게 무감각하지 않는 한, 친구들에게 [자기로 인한] 고통이 생기도록 그저 참아내지는 않을 것이다. 일반적으로 말해서 그런 사람들 자신은 탄식하는 사람이 아니기 때문에 함께 탄식하는 친구들을 받아들이지 않는다. 반면에 여자들이나 여자 같은 남자들은 함께 탄식하는 사람들을 친구로서, 그리고 함께 괴로워하는 사람으로서 사랑한다. 그러나 모든 일에 있어서 더 나은 사람을 모방해야 한다는 것은 분명하다.

3

결혼의 철학

미셸 푸코의 『성의 역사 III: 자기에의 배려』, 이영목 옮김, (나남출판, 2004).

[보편적 관계] 결혼을 해야 하는가 하지 말아야 하는가 하는 문제는 삶의 방식들에 관한 성찰 속에서 오랫동안 토론의 대상이 되어 왔다. 결혼의 유리한 점들과 불편한 점들, 합법적 아내를 갖고 그녀 덕택에 영예로운 자손을 갖게 된다는 유익함, 역으로 아내를 부양하고, 아이들을 보살피고, 그들이 필요로 하는 것을 조달하고, 때로는 그들의 병이나 죽음에 직면해야 한다는 염려와 곤란, 이러한 것들이 때로는 진지하고 때로는 빈정거리는 듯하지만, 어쨌든 항상 되풀이되는 토론의 변함없는 주제였다. 고대에서 그러한 문제들은 이후로도 오랜 반향을 일으켰다. 에픽테토스와 알렉산드리아의 클레멘스, 루키아노스로 생각되는 《사랑》의 저자, 또는 논문 《에이 가메테온》(Ei gamēteon) 의 리바니오스 등은 몇 세기를 지나면서도 거의 새로워지지 않은 이 논쟁을 되풀이했다. 에피쿠로스학파 사람들과 견유학파 사람들은 원칙적으로 결혼에 반대했다. 반대로 스토아학파 사람들은 처음부터 결혼에 분명히 호의적이었던 것 같다. 어쨌든 결혼하는 것이 좋다는 주장은 스토아주의에 널리 퍼져 있었고 스토아주의의

개인적·사회적 도덕에 전적으로 특징적인 것이 되었던 것으로 보인다.

그러나 도덕의 역사에 있어서 스토아학파가 차지하는 중요성은 결혼이 지닌 불편함에도 불구하고 단지 그것이 지닌 이점들 때문에 결혼을 선호하지는 않았다는 데 있다. 무소니우스나 에픽테토스나 히에로클레스에게 있어서, 결혼한다는 것은 "더 나은 것"의 문제가 아니라 하나의 의무이다. 결혼 관계는 보편적 규칙에 속한다. 그 일반적 원칙은 두 유형의 성찰에 근거한다. 먼저 결혼해야 한다는 책무는 스토아학파 사람들에게는, 결혼은 자연이 원하는 것이며 인간 존재는 자연적인 동시에 이성적이므로, 인간은 누구에게나 동일한 충동에 의하여 결혼으로 인도된다는 원칙의 직접적 귀결이다. 그러나 그 책무는 또한 인간 존재가 스스로를 공동체의 성원이자 인류의 일부로서 인정하는 한 피해서는 안 될 임무와 의무들의 총체 속에 요소의 자격으로 포함되어 있다. 즉, 결혼은 개별 존재가 그를 통해 모든 사람들에 대하여 가치를 지니게 되는 의무들 중 하나이다.

에픽테토스와 에피쿠로스학파에 속하는 어떤 사람과의 토론은 결혼이 자연에 부합하여 살기를 원하는 모든 인간 존재에게 보편적 의무로, 주위의 사람들과 인류 전체에 유용한 삶을 살고자 하는 개인에게 임무로서 인식되고 있음을 명확히 보여준다. 에픽테토스가 Ⅲ권 『대화』 7에서 반박하는 에피쿠로스학파 사람은 유력자, 즉 공직을 수행하는 "도시 감찰관"이지만 자신의 철학적 원칙들에 충실하여 결혼을 거부하는 사람이다. 에픽테토스는 세 가지 논거를 들어 그것에 반박한다.

첫 번째 논거는 결혼의 직접적인 유용성과, 결혼의 포기를 보편화하는 것의 불가능성에 의거하고 있다. 만일 모든 사람이 결혼하기를 거부한다면 "무슨 일이 일어나겠는가? 시민들은 어디서 생겨나겠는가? 누가 그들을 키우겠는가? 누가 장정들을 감독하겠는가? 누가 체육장장(體育場長)이 되겠는가? 게다가, 그들의 교육은 어떻게 되겠는가?" 두 번째 논거는, 그 누구도 결혼을 회피해서는 안 되며, 정치 생활, 종교, 가정생활에 수반되는 의무들과 함께 결혼도 사회적 책무들의 일부를 이루어야 한다는 것과 관계된 것인데, "시민으로서 자신의 역할을 수행하는 것, 결혼하는 것, 아이들을 갖는 것, 신을 경배하는 것, 부모를 돌보는 것"이 바로 그러한 사회적 책무들이다. 끝으로 세 번째 논거는 이성이 복종할 것을 명령한 행위의 자연성에 의거한다. "자연에 부합되는 행위에서 우리의 열기를 북돋우고, 우리를 자제하기 위해서는 사제나 하녀처럼 쾌락을 그 의무들에 복속시켜야 한다."

지금까지 살펴보았듯이 결혼을 해야 한다는 원칙은 결혼의 이익과 불편함을 비교하는 문제에서 분리되어, 자연에 부합하고 만인에게 유용하기 때문에 보편성을 띠게 되는 삶을 선택하라는 요구로 모두에게 표현된다. 결혼은 인간을 자연적 존재이자 인류의 성원으로서 자기 자신과 결합하도록 한다. 에픽테토스는 문제의 에피쿠로스학파 대화자와 작별하려는 순간에 그에게 다음과 같이 말한다. 제우스가 명령한 것을 하지 않으면, "당신은 벌과 손실을 입게 될 것입니다. —어떤 손실이냐구요? — 당신의 의무를 행하지 않았다는 바로 그 손실이지요. 당신은 당신 안에 있는 신실하고, 위엄 있고, 절도 있는 사람을 망치게 될 것입니다. 그보다 더 중요한 손실을 찾으려고 하진 마십시오."

어쨌든 결혼에 있어서나 스토아학파 사람들이 바람직한 것들, 즉 프로에구메나(proēgoumena)로 분류한 다른 모든 행동들에 있어서나 상황은 마찬가지이다. 결혼이 의무적이 아닌 상황들이 생겨날 수 있다. 그것이 "결혼하는 것은 바람직하다. 그러므로 다른 어떤 상황도 그것에 대립되지 않는다면 결혼은 우리에게 지상명령이다"라는 히에로클레스의 말이 뜻하는 바다. 스토아학파와 에피쿠로스학파의 차이점이 드러나는 것은 바로 이러한 결혼해야 할 의무와 상황 간의 관계에서이다. 후자의 경우에 상황이 그 결합 형태를 바람직하게 만들 수 없다면 그 누구도 결혼해야 할 의무가 없다. 그러나 전자의 경우에는 특수한 상황들만이 원칙적으로는 피할 수 없는 책무인 결혼을 보류할 수 있다.

그러한 상황들 중에는 오랫동안 토론의 대상이 되었던 것이 하나 있는데, 그것은 철학적 삶의 선택이다. 철학자의 결혼이 고전시기 이래로 토론의 주제였다는 사실은 다른 삶의 형태들과 비교할 때 그러한 유형의 삶이 갖는 이질성이나 또는 철학자의 목표(자기 영혼의 배려, 정념의 정복, 정신의 평온의 추구)와 전통적으로 결혼 생활의 동요나 혼란들이라고 묘사되는 것 사이의 양립불가능성에 그 이유가 있는 것 같다. 간단히 말해서 철학적 삶의 독특한 양식과 결혼의 의무적인 요구들을 화해시키기가 어려워 보였던 것이다. 그러나 두 중요한 텍스트가 문제를 해결하는 데 있어서 뿐만 아니라, 문제의 여건들을 제기하는 데에도 전적으로 다른 방식을 보여준다.

무소니우스가 더 오래된 텍스트의 저자이다. 그는 거기서 결혼 생활과 철학적 삶 사이의 실제적 양립불가능성의 문제를 뒤집고, 그것에 대신하여 양자 사이의 본질적 의속관계를 단언한다. 철학자가 되기를 원하는 사람은 결혼해야 한다. 왜냐하면 철학자의 첫 번째 역할은 자연에 자신을 일치시키고 자연에서 유래하는 모든 의무들을 수행하면서 살 수 있도록 하는 것이기 때문이다. 그는 자연에 비추어 인간 존재에 적합한 것을 "스승이자 안내자"로 삼는다. 그러나 그는 그 누구보다도 더 그렇게 되어야 한다. 왜냐하면 철학자의 역할은 단지 이성에 따라 사는 것에 그치지 않으며, 철학자란 다른 모든 사람에게 그 이성적인 삶의 본보기이자 그런 삶으로 인도하는 스승이 되어야 하기 때문이다. 철학자가 그가 충고하고 인도하는 이들보다 열등할 수는 없는 일이다. 만일 그가 결혼을 회피한다면 그는 이성에 복종하고 자연을 따르면서 자신과 타인에 대한 염려 때문에 결혼 생활을 하는 다른 모든 사람들보다 열등한 모습을 보이는 것이리라. 결혼 생활은 철학과 양립할 수 없기는커녕, 철학에 두 배의 책무를 부여한다. 그것은 자기 자신에 대해서는 보편적으로 유효한 삶의 형태를 부여할 의무이며, 타인들에 대해서는 삶의 모범을 보일 필요성이다.

사람들은 위의 분석에 에픽테토스가 견유주의자의 이상적 초상을 묘사할 때 제시하는 분석을 대립시키고자 할지도 모른다. 그는 이상적 견유주의자란 철학하는 것을 직업으로 삼고, 무대에 올라 인간들을 불러 모아서 그들의 삶의 방식을 질책하는 공공의 교육자, 진리의 전령, 제우스가 인간에게 보낸 사자가 되어야 한다고 주장한다. 에픽테토스의 묘사에 따르면 견유주의자는 "의복도 보금자리도 집도", "노예나 조국도", "재산도" 가질 수 없을 것이다. 그에게는 "아내도 아이들도" 물론 없다. "단지 땅과 하늘과 낡은 외투 한 벌"이 있을 뿐이다. 게다가 결혼과 그 불편함에 대해, 에픽테토스는 너무나 친숙한 정경을 그려 보인다. 진부한 말로 이루어진 그 묘사는 사람들이 그토록 오랫동안 "결혼 생활의 귀찮음"—영혼을 교란시키고 명상을 방해하는— 이라고 일컬었던 것과 일치한다. 결혼하면 사람들은 "사사로운 의무들"에 붙잡히게 된다. 냄비에 물을 끓여야 하고, 아이들을 학교에 데리고 가야 하고, 장인을 모셔야 하고, 아내에게 양털, 기름, 침대, 물 컵을 마련해 주어야 하는 것이다. 얼핏 보기에 여기서 문제가 되는 것은 현자를 귀찮게 하고, 그가 자기 자신에게 전념하는 것을 방해하는 책무들의 긴 목록에 불과하다. 그러나 에픽테토스에 의하면 이상적인 견유주의자가 결혼을 포기해야 하는 이유는 자신의 배려를 자기 자신에게, 오로지 자기 자신에게만 쏟고자 하는 의도 때문은 아니다. 오히려 반대로 사람들에게 관심을 갖고 그들을 감독하고 그들의 "후원자"가 되는 것을 사명으로 삼고자 하기 때문이며, 의사처럼 "순회 왕진을 하고" "모든 사람들을 진맥해야" 하기 때문이다. 가정의 책무들에 (에픽테토스가 묘사하는 바의 빈한한 살림살이라 할지라도, 아니 어쩌면 그런 경우에 특히) 사로잡히면 그는 인류 전체에 관계된 일에 종사할 여유를 가질 수 없을 것이다. 모든 개인적 관계를 포기해야 되는 것은 그가 철학자로서 인류와 관계를 맺고 있기 때문이다. 그는 가족이 없다. 왜냐하면 그의 가족은 바로 인류이기 때문이다. 그는 아이들이 없다. 왜냐하면, 어떤 점에서 보면 그는 모든 남자들과 모든 여자들을 낳았기 때문이다. 따라서 견유주의자가 개개의 가정에 전념할 수 없는 까닭은 바로 보편적 가족을 떠맡고 있기 때문이라는 점을 잘 납득해야 한다.

그러나 에픽테토스는 그에 만족하지 않는다. 그 양립불가능성에 그는 하나의 한계를 정하는데, 그것은 그가 세계의 실제 "국면"이라 부르는 현재 상황의 한계이다. 만일 우리가 실제로 현자들의 국가에 산다면, 신에 의해 파견되고 자신의 모든 것을 떨쳐 버리고 다른 사람들에게 진리를 각성시키려고 일어서는 사람들이 필요치 않을 것이다. 모든 사람들이 철학자일 것이며 견유주의자와 그의 고된 직업은 무용할 것이다. 다른 한편으로 결혼은 그러한 상황에서라면 오늘날의 인류의 현재 형태에서와 같은 종류의 난점들은 제기하지 않을 것이다. 철학자는 자기 아내, 장인, 아이들에게서 자기와 똑같은, 자기처럼 길러진 사람들을 볼 수 있을 것이고, 결혼 관계는 현자를 바로 자기 자신인 타자와 대면시킬 것이다. 그러므로 전투적인 철학자에게 있어서의 결혼의 포기는 본질적 강요에 관계되는 것은 아니고 단지 상황적 필요성에 속하는 것이며, 또한 철학자의 독신 생활은 모든 사람들이 그들의 본질적 본성에 부합하는 삶을 살 수 있게 되면 사라져 버릴 것이라는 점을 고려해야 한다.

제국 시대의 철학자들이 부부 관계의 정서적 차원을 발명한 것은 분명 아니며, 마찬가지로 그들이 사생활, 가정생활, 시민생활에서 그러한 관계가 가지는 유용성들을 제거한 것도 아니다. 그러나 그들은 그 관계와 그것이 부부 간에 유대를 수립하는 방식에 하나의 형식과 특별한 성질들을 부여하려 한다.

아리스토텔레스는 부부관계를 중요시했으며 강조했다. 그러나 그가 인간들을 서로 결합시키는 관계들을 분석할 때 특권을 부여했던 것은 다름 아닌 혈연 관계로 보인다. 그에 의하면 어떤 관계도 부모와 자식 간의 관계보다 강하지 않다. 부모들은 자식들에게서 자기 자신의 일부를 보는 것이다. 무소니우스가 "철학의 장애물로서의 결혼"이라는 논문에서 제안하는 위계는 다르다. 무소니우스는 인간들 사이에 수립될 수 있는 모든 공동체들 중에서도 결혼 공동체를 가장 고귀하고, 가장 중요하고, 가장 존경할만한 것으로 지적한다. 그 힘에 있어서 그것은 친구를 친구에, 형제를 형제에, 자식을 부모에 결합시키는 힘보다 더 강하다. 그것은 더구나 —— 이것이 결정적인 점인데 —— 부모들을 그들의 자손에게 연결시키는 끈보다도 강하다. 어떤 아버지, 어머니도, 자신의 배우자에게 기울이는 것보다도 더 큰 애정을 자식에게 기울일 수 없다고 무소니우스는 쓰고 있다. 그 예로서 그는 아드메토스를 든다. 과연 그를 위해 죽은 사람은 누구인가? 그것은 그의 늙은 부모들이 아니라 젊은 그의 아내 알케스티스였던 것이다.

이처럼 다른 어떤 것보다 더 근본적이고 긴밀한 것으로 생각되는 부부의 유대는 온갖 삶의 양식을 규정짓는 역할을 한다. 결혼 생활은 상보성의 형태를 띤, 과업과 행동들의 분배로 특징지워졌다. 남자는 여자가 수행할 수 없는 일을 해야 했고, 여자는 그 나름대로 남편의 소관이 아닌 일들을 수행했다. 서로 다른 그 활동들과 생활양식들에 통일성을 부여했던 것은 당연히 가정의 번영이라는 동일한 목표였다. 고유한 역할들의 그러한 조정은 기혼자들에게 부과된 삶의 계율들로부터 사라지지 않는다. 히에로클레스는 그의 《가정관리술》에서, 크세노폰에게서 발견할 수 있는 것과 동일한 규칙들을 언급한다. 그러나 집과 재화와 가산에 관련된 행동들의 그러한 배분 뒤에서 우리는 삶의 공유와 공동생활의 요구가 확고해지는 것을 본다. 결혼의 기술은 부부에게 있어서 단순히 두 파트너가 인정하고 그 안에서 결합되는 하나의 목적을 위해 각자 나름대로 행동하는, 이성에 기초한 방법에 불과한 것은 아니다. 그것은 함께 살고 하나가 되는 방법이다. 결혼은 두 배우자가 각각 자신의 삶을 둘의 삶으로 살고 함께 공통된 하나의 삶을 이루는 어떤 행동 양식을 요구한다.

공통된 삶의 양식은 먼저 함께 사는 어떤 기술에 의해 특정지워진다. 일을 위하여 남자는 집 밖에 있어야 하고 반면에 아내는 가정에 머물러 있어야 한다. 그러나 훌륭한 부부는 다시 곧 만나기를, 그리하여 가능한 한 최소한만 서로 떨어져 있기를 바랄 것이다. 상대방의 존재, 마주보는 것, 나란히 하는 삶은 단지 의무로서 뿐만 아니라, 부부를 결합시키는 유대감의 특징적 갈망으로 나타난다. 물론 각자 자신의 역할을 가질 수는 있지만, 서로가 없이 지낼 수는 없을 것이다. 무소니우스는 훌륭한 결혼에서 부부들이 느끼는 함께 있으려는 욕구를 강조한다. 그는 심지어 서로 떨어지기가 힘든 것을 그 부부의 독특한 애정을 잴 수 있는 척도로 삼는다. 아내에 대한 남편의, 남편에 대한 아내의 부재만큼이나 참기 어려운 부재는 없으며, 슬픔을 줄이고 기쁨을 키우고 불운을 극복하는 데 있어서 그 어떠한 것도 그러한 힘을 가지지 못한다고 그는 말한다. 상대방의 존재는 결혼 생활의 핵심을 이룬다. 플리니우스가 부재중인 그의 아내에게 그가 그녀를 찾아 헤매는 데 보낸 낮과 밤들을, 그리고 그녀가 마치 옆에 있는 것처럼 느끼기 위해서 그녀의 얼굴을 떠올리는 데 보낸 낮과 밤들을 묘사하는 장면을 우리는 상기할 수 있다.

함께 사는 기술은 또한 말하는 기술이다. 물론 크세노폰의 《가정관리술》도 일종의 부부 간의 교환의 모델을 서술하고 있다. 남편은 무엇보다도 인도하고 충고를 하고 교훈을 주고 아내가 가정의 여주인으로서의 최종적인 역할을 하도록 이끌어야 한다. 반면 아내는 자기가 모르는 것들에 관해서는 질문하고, 자기가 할 수 있었던 것에 대해서는 보고해야 한다. 이후의 텍스트들은 부부 간의 대화가 지닌 다른 양식과 다른 목적들을 시사한다. 히에로클레스에 따르면,

남편과 아내는 각각 상대방에게 자신이 한 일을 이야기해야 한다. 아내는 남편에게 집에서 일어난 일을 말할 것이지만, 또한 그에게 밖에서 일어난 일에 대해 물어 봐야 할 것이다. 플리니우스는 칼푸르니아가 그의 공적인 활동의 경과를 항상 알고 있으며, 그녀가 그를 격려하고 그의 성공을 기뻐하기를 바란다. 이는 로마의 큰 가문에서는 오래 전통이었다. 그러나 그는 그녀를 직접 자기 일에 참가시키며, 역으로 그녀는 남편에 대한 애정으로 문학에 취미를 가지게 된다. 그는 그녀를 자신의 문학적 업적들의 증인이자 심판관으로 삼는다. 그녀는 그의 작품들을 읽고, 연설들을 듣고, 그녀가 들을 수 있는 찬사들을 기쁘게 받아들인다. 이처럼, 플리니우스가 바라는 것은 상호적 애정, "콩코르디아"(concordia)가 영속적이고, 날이 갈수록 더 강해지는 것이다.

이로부터 결혼생활은 둘이서 하나의 새로운 단일체를 구성하는 기술이기도 하다는 생각이 나온다. 우리는 가정에서 남자와 여자가 각각의 책임을 행사할 수 있도록 자연이 그들에게 부여한 상이한 특질들을 크세노폰이 어떻게 구분했는지, 또한 아리스토텔레스가 어떻게 여자에게는 항상 열등한 채로 남아있고 그녀의 종속을 정당화하는 덕성들을 완성으로까지 밀고 나갈 수 있는 가능성을 남자에게 인정했는지 기억한다. 반대로 스토아학파 사람들은 양성에, 동일한 적성들은 아닐지라도, 적어도 덕성에의 동등한 능력을 인정한다. 훌륭한 결혼은 무소니우스에 의하면 "호모노이아"(homonoia)에 기초한다. 그러나 그 말은 단지 두 파트너 간의 사고의 유사성만을 의미하는 것은 아니며, 오히려 합리적으로 살아가는 방식, 도덕적 태도, 그리고 덕성에 있어서의 동일성과 관계된 것이다. 부부가 결혼 생활에서 이룩해야 할 것은 바로 진정한 윤리적 단일체이다. 그 단일체를 무소니우스는 하나의 골조 내에 두 조각이 조립된 결과로 기술한다. 하나의 굳건한 전체를 구성하려면 두 조각은 모두 완전히 곧아야 한다. 그러나 부부가 형성해야 하는 본질적 단일체를 특징짓기 위해서는 서로 일치된 조각들의 비유보다 훨씬 더 강력한 다른 비유의 도움을 필요로 하는 경우가 생기기도 한다. 물리학에서 스토아학파가 빌려온 한 개념에 따르면 그것은 전적인 융합, "디 홀론 크라시스"(di'hōlon krasis)의 비유이다.

안티파테르의 논문은 부부간의 애정을 다른 형태의 애정들에 대립시키기 위해 이미 이 모델을 원용한 바 있다. 그는 애정의 다른 형태들을, 섞어 놓았지만 다시 구분될 수 있는 알곡들처럼 그 원소들이 상호 독립적으로 남아있는 결합으로 묘사했다. "믹시스"(mixis)라는 용어는 이러한 병렬혼합의 유형을 지칭한다. 반대로 결혼은 술과 물 사이에서 관찰되는 것처럼 혼합을 통해 새로운 액체를 형성하는 전적인 융합의 차원에 속해야 한다. 이와 같은 결혼의 "혼합"과 동일한 개념은 플루타르코스에게서, 즉 그의 《부부의 계율》 중 34번째에서 재발견된다. 여기서 그 개념은 결혼의 세 가지 유형을 구분하고 위계화하는 데 사용된다. 그리하여 단지 침상의 쾌락들을 위해서만 체결된 결혼은 원소들이 각각 개별적으로 따로 떨어져 병렬되는 혼합의 범주에 속한다. 이해 타산적 이유들 때문에 체결된 결혼은 뼈대의 조각들의 결합처럼 원소들이 새롭고 굳건한 단일체를 이루긴 하지만 언제나 서로 분리될 수 있는 결합들과 같다. 전적인 융합 ― 아무 것도 파기할 수 없는 새로운 단일체의 형성을 보장하는 "혼합"― 에 관해 말하자면, 사랑에 의해 결합된 사랑의 결혼들만이 그것을 실현할 수 있다.

4

사랑의 기술

에리히 프롬의 『사랑의 기술』, 황문수 옮김 (문예출판사, 1980).

1. 사랑은 기술인가?

사랑은 기술인가? 기술이라면 사랑에는 지식과 노력이 요구된다. 혹은 사랑은 우연한 기회에 경험하게 되는, 다시 말하면 행운만 있으면 누구나 '겪게 되는' 즐거운 감정인가? 이 작은 책은 사랑은 기술이라고 하는 견해를 전제로 하고 있지만, 대부분의 현대인들은 물론 사랑은 즐거운 감정이라고 믿고 있다. 그렇다고 해서 현대인이 사랑을 중요하게 여기지 않는다는 뜻은 아니다. 현대인들은 사랑을 갈망하고 행복한 사랑의 이야기, 불행한 사랑의 이야기를 펼쳐 놓는 무수한 영화를 구경하고 사랑을 노래한 시시한 수백 가지 노래에 귀를 기울이고 있다. 그러나 사랑에 대해서 배워야 할 것이 있다고 생각하는 사람은 거의 없다.

이 특별한 태도는 몇 가지 전제에 기초를 두고 있으며 이 전제는 단독으로 또는 결합되어서 이 태도를 뒷받침해 준다. 우선 대부분의 사람들은 사랑의 문제를 '사랑하는', 곧 사랑할 줄 아는 능력의 문제가 아니라 오히려 '사랑받는' 문제로 생각한다. 그들에게는 사랑의 문제는 어떻게 하면 사랑받을 수 있는가, 어떻게 하면 사랑스러워지는가 하는 문제이다. 그들이 이 목적을 추구하는 몇 가지 방법이 있다. 남자들이 특히 애용하는 방법은 성공해서 자신의 지위의 사회적 한계가 허용하는 한, 권력을 장악하고 돈을 모으는 것이다. 특히 여성이 애용하는 또 한 가지 방법은 몸을 가꾸고 옷치장을 하는 등 매력을 갖추는 것이다. 남녀가 공용하는 또 한 가지 매력 전술은 유쾌한 태도와 흥미 있는 대화술을 익히고 유능하고 겸손하고 둥글둥글 처신하는 것이다. 사랑스러워지는 여러 가지 방법은 성공하기 위해, 곧 '벗을 얻고 사람들에게 영향력을 갖기 위해' 사용하는 방법과 같다. 사실상, 우리 문화권의 대부분의 사람들이 사랑스럽다고 말하는 경우, 그 의미는 본질적으로는 인기와 성적 매력이 뒤섞여 있다는 것이다.

사랑에 대해서는 배울 필요가 없다는 태도의 배경이 되는 두 번째 전제는 사랑이 '능력'의 문제가 아니라 '대상'의 문제라는 가정이다. '사랑한다'는 것은 쉬운 일이고 사랑할—또는 사랑받을—올바른 대상의 발견이 어려울 뿐이라고 사람들은 생각한다. 이 태도에는 근대 사회의 발전에 바탕을 둔 몇 가지 이유가 있다. 한 가지 이유는 '사랑의 대상'의 선택에 대해서 20세기에 일어난 커다란 변화이다. 빅토리아 시대에는 많은 전통적 국가의 경우처럼 대체로 사랑은 다음에는 결혼으로 이어지게 될, 자발적이며 개인적인 경험은 아니었다. 반대로 결혼은 관습에 의해—쌍방의 가족에 의해, 또는 중매에 의해, 또는 중매인 같은 중개자의 도움 없이—계약되었다. 결혼은 사회적 고려를 기반으로 결정되었고, 사랑은 일단 결혼이 성립한 다음에는 전개되는 것으로 생각되었다. 낭만적 사랑이라는 개념이 서양에서 거의 보편화된 것은 최근 수세기 동안의 일이었다. 미국에서는 관습적 성격을 가진 고려가 완전히 없어지지는 않았지만, 대부분의 사람들은 '낭만적 사랑', 곧 다음에는 결혼으로 이어지게 될 사랑의 개인적 경험을 추구하고 있다. 사랑에 있어서의 이와 같은 새로운 자유 개념은 '능력'의 중요성과 대립되는 것으로서 '대상'의 중요성을 몹시 과장하지 않을 수 없었다.

현대 문화의 또 하나의 특징적 성격은 이러한 요소와 밀접히 관련되어 있다. 우리들의 모든 문화는 구매욕에, 또한 상호간 유리한 거래라는 관념에 기초를 두고 있다. 상점의 진열장을 들여다보며 느끼는 스릴과 살 수 있는 것이면 무엇이든지 현금 또는 월부로 사는 맛—이것이 현대인의 행복이다. 그는 (또는 그녀는) 사람들도 같은 방식으로 본다. 남자에게는 매력 있는 여자—여자에게는 매력 있는 남자—는 탐나는 경품이다. '매력'은 보통 인기 있고 인격 시장에서 잘 팔리고 있는 품질 좋고 멋진 포장을 의미한다. 사람들을 특히 매력 있게 하는 것은 육체적으로나 정신적으로나 그 시대의 유행에 달려 있다. 1920년대에는 술을 마시고 담배를 피우는, 튼튼하고 성적 매력이 있는 소녀가 매력적이었다. 오늘날의 유행은 오히려 가정적이고 얌전하기를 요구한다. 19세기 말과 20세기 초에는 매력적인 '포장'이 되려면 남자는 공격적이고 야심적이어야 했으나 오늘날은 사교적이고 관대해야 한다. 어쨌든 사랑하게 되었다는 느낌은 보통 자신의 교환 가능성의 범위 내에 있는 인간 상품에 대해서만 나타난다. 내가 거래를 하러 나갔다고 하자. 상대는 사회적 가치의 관점에서 보아 바람직해야 하며 동시에 상대자도 나의 명백한, 또는 숨겨진 재산과 능력을 고려한 다음 나를 바람직하다고 생각해야 한다. 이와 같은 자기 자신의 교환 가치의 한계를 고려하면서 서로 시장에서 살 수 있는 최상의 대상을 찾아냈다고 느낄 때에만 두 사람은 사랑에 빠질 수 있다. 부동산을 사는 경우 앞으로는 개발될지 모르지만 현재는 숨겨져 있는 가능성이 거래에서 대체로 중요한 역할을 한다. 시장 지향적이고 물질적 성공이 현저한 가치를 갖고 있는 문화권에서 인간의 애정 관계가 상품 및 노동 시장을 지배하는 것과 동일한 교환 형식에 따르더라도 놀랄 이유는 하나도 없다.

사랑에 대해서는 배울 필요가 없다는 가정에 이르게 하는 세 번째 오류는 사랑을 '하게 되는' 최초의 경험과 사랑하고 '있는' 지속적 상태, 혹은 좀 더 분명하게 말한다면 사랑에 '머물러' 있는 상태를 혼동하는 것이다. 우리들 모두와 마찬가지로 남남으로 지내 오던 두 사람이 갑자기 그들 사이의 벽을 허물어 버리고 밀접하게 느끼고 일체한다고 느낄 때, 이러한 합일의 순간은 생애에 있어서 가장 유쾌하고 가장 격앙된 경험의 하나이다. 특히 폐쇄적이고 동떨어져 있어서 사랑을 모르고 지내던 사람의 경우라면 특히 놀랍고 기적적인 경험이다. 갑자기 친밀해지는 이러한 기적은 성적 매력과 성적 결합에 의해 시작되는 경우에 대체로 더욱 촉진된다. 그러나 이러한 형태의 사랑은 본질적으로 오래 지속될 수 없다. 두 사람이 친숙해질수록 친밀감과 기적적인 면은 점점 줄어들어서, 마침내 적대감, 실망감, 상호간의 권태가 생기며 최초의 흥분의 잔재마저도 찾아보기 어렵게 된다. 그러나 처음에는 그들은 이러한 일을 알지 못한다. 사실상 그들은 강렬한 열중(熱中), 곧 서로 '미쳐 버리는' 것을 사랑의 열도(熱度)의 증거로 생각하지만, 이것은 기껏해야 그들이 서로 만나기 전에 얼마나 외로웠는가를 입증할 뿐이다.

이러한 태도—사랑보다 더 쉬운 일은 없다는 태도—는 반대의 경우에 대한 압도적 증거에도 불구하고 사랑에 대한 일반적 관념으로서 지속되고 있다. 사랑처럼 엄청난 희망과 기대 속에서 시작되었다가 반드시 실패로 끝나고 마는 활동이나 사업은 찾아보기 어려울 것이다. 만일 이것이 다른 활동의 경우라면 사람들은 열심히 실패의 원인을 가려내려고 하고 개선의 방법을 찾아내려고 할 것이다. 그렇지 않으면 그들은 이 활동을 포기할 것이다. 사랑의 경우, 포기는 불가능하므로, 사랑의 실패를 극복하는 적절한 방법은 오직 하나뿐인 것 같다. 곧 실패의 원인을 가려내고 사랑의 의미를 배우기 시작하는 것이다.

최초의 조치는 삶이 기술인 것과 마찬가지로 '사랑도 기술'이라는 것을 깨닫는 것이다. 어떻게 사랑해야 하는가를 배우고 싶다면 우리는 다른 기술, 예컨대 음악이나 그림이나 건축, 또는 의학이나 공학의 기술을 배우려고 할 때 거쳐야 하는 것과 동일한 과정을 거치지 않으면 안 된다. 어떤 기술을 배우는 경우에 반드시 거쳐야 하는 단계는 무엇인가? 편의상 기술 습득 과정을 둘로 나눌 수 있다. 첫째는 이론의 습득, 둘째는 실천의 습득이다. 만일 내가 의학 기술을 배우고자 한다면, 나는 먼저 인간의 신체와 여러 가지 질병에 대한 사실들을 알아야 한다. 내가 이러한 이론적 지식을 모두 배웠다 하더라도 나는 아직은 의학 기술에 숙달하지는 못한다. 상당한 실무를 거친 다음에야 비로소 나는 의학 기술에 숙달하게 되고 마침내 나의 이론적 지식의 결과와 실천의 기술이 합치될 것이다. 곧 나의 직관이 모든 기술 숙달의 본질이 될 것이다.

그러나 이론과 실천의 습득 이외에도 어떤 기술을 습득하는 데 필수적인 세 번째 요인이 있다. 곧 기술 숙달이 궁극적인 관심사로 되어야 한다. 이 말은 음악에도, 의학에도, 건축에도, 그리고 사랑에도 해당된다. 우리 문화권의 사람들은 사랑의 경우 명백히 실패하고 있음에도 불구하고 왜 사랑의 기술을 거의 배우려고 하지 않는가 하는 물음에 대한 대답도 아마 여기에서 찾아볼 수 있을 것이다. 사랑에 대한 뿌리 깊은 갈망에도 불구하고 사랑 이외의 거의 모든 일, 곧 성공, 위신, 돈, 권력이 사랑보다도 더 중요한 것으로 생각되고 있다. 우리들의 거의 모든 정력이 이러한 목적에 사용되고 거의 모든 사람들이 사랑의 기술을 배우려고 하지 않는다. 돈을 벌거나 특권을 얻는 데 필요한 것만이 배울 만한 가치가 있다면, '오직' 영혼에 유익할 뿐, 현대적 의미에서는 아무런 이익도 없는 사랑은 우리가 대부분의 정력을 기울일 필요가 없는 사치에 지나지 않는 것일까? 어쨌든 앞으로는 사랑의 기술을 앞의 구분에 따라 다루기로 한다. 곧 나는 우선 사랑의 이론을 검토하겠으며 이러한 검토는 이 책의 대부분을 차지하게 될 것이다. 그 다음에 나는 사랑의 실천을 검토할 것이다. 다른 분야의 경우와 마찬가지로 이 책에서도 실천에 대해서는 '할 말'이 별로 없긴 하지만.[...]

2. 사랑의 이론

사랑에 대한 어떠한 이론이든 인간론으로부터, 곧 인간 실존론으로부터 시작되어야 한다. 우리는 사랑, 또는 사랑과 비슷한 것을 동물에서도 발견하지만, 동물의 애착은 동물의 본능적 기구의 일부에 지나지 않는다. 그러나 인간의 경우엔 다만 이러한 본능적 기구의 잔재가 작용하고 있는 것을 볼 수 있을 뿐이다. 인간의 실존에 본질적인 것은 인간이 동물계로부터, 곧 본능적 적응의 세계로부터 벗어났고 자연을 초월해 있다는 —비록 인간은 자연을 결코 버리지 못하지만— 사실이다. 인간은 자연의 일부이다. 그러나 한번 자연과 결별하면 인간은 자연으로 되돌아가지 못한다. 일단 낙원 —자연과의 원래의 합일 상태— 으로부터 쫓겨나면, 인간이 다시 돌아가려고 노력해도, 불타는 칼을 가진 케루빔 천사가 길을 가로막는다. 인간은 철저하게 상실한 전인간적 조화 대신에, 이성을 발달시키고 새로운 조화, 곧 인간적 조화를 찾아내면서 오직 앞으로 나아갈 수 있을 뿐이다.

인간은 태어나자마자 개인으로서든, 인류로서든 결정되어 있는 본능처럼 결정되어 있는 상황으로부터 비결정적이고 불확실하며 개방적인 상황으로 쫓겨난다. 확실한 것은 과거뿐이고 미래에 대해서 확실하다고 할 수 있는 것은 오직 죽음뿐이다. 인간에게는 이성이 부여되었다. 인간은 '자기 자신을 아는 생명'이다. 인간은 자기 자신을, 동포를, 자신의 과거를, 자신의 미래의 가능성을 알고 있다. 분리되어 있는 실재로서의 자기 자신의 인식, 자신의 생명이 덧없이 짧으며 원하지 않았는데도 태어났고 원하지 않아도 죽게 되며, 자신이 사랑하던 사람들보다 먼저, 또는 그들이 자신보다 먼저 죽게 되리라는 사실의 인식, 자신의 고독과 자신의 분리와 자연 및 사회의 힘 앞에서의 자신의 무력함의 인식, —이러한 모든 인식은 분리되어 흩어져 있는 인간의 실존을 견딜 수 없는 감옥으로 만든다. 인간은 이 감옥으로부터 풀려나서 밖으로 나가 어떤 형태로든 다른 사람들과, 또한 외부 세계와 결합하지 않는 한 미쳐 버릴 것이다.

분리의 경험은 불안을 일으킨다. 분리는 정녕 모든 불안의 원천이다. 분리되어 있다는 것은 내가 인간적 힘을 사용할 능력을 상실한 채 단절되어 있다는 뜻이다. 그러므로 분리되어 있는 것은 무력하다는 것, 세계 —사물과 사람들— 를 적극적으로 파악하지 못한다는 것을 의미한다. 분리되어 있다는 것은 나의 반응 능력 이상으로 세계가 나를 침범할 수 있다는 것을 의미한다. 따라서 분리는 격렬한 불안의 원천이다. 게다가 분리는 수치심과 죄책감을 일으킨다. 분리 상태에서의 죄책감과 수치심의 경험은 성서의 아담과 이브의 이야기에 표현되어 있다. 아담과 이브는 '선과 악을 알게 하는 지혜의 열매'를 먹은 후에, 그들이 복종하지 않게 된 후에 (불복종할 수 있는 자유가 없으면 선악도 없다), 자연과의 원래의 동물적 조화로부터 벗어나 인간이 된 후에, 다시 말하면 인간 존재로서 탄생한 후에, 그들은 '발가벗고 있다'는 사실을 알고 부끄러워하게 되었다.

이와 같이 오래된 단순한 신화에도 19세기적인 시침이 떼는 도덕이 있는데, 이 이야기의 핵심이 성기가 보여서 당황스러워하는 데 있다고 생각해야 할 것인가? 결코 그렇지 않을 것이며, 이 이야기를 빅토리아 시대의 정신으로 이해한다면 우리는 다음과 같은 중요한 점을 간파하게 될 것이다. 곧 남자와 여자가 자기 자신과 서로를 알게 된 다음, 그들은 분리되어 있고, 그들이 서로 다른 성(性)에 속하는 것처럼 서로 차이가 있다는 것을 알게 된다. 그들은 서로 분리되어 있다는 것을 인정하면서도 아직 서로 사랑하는 것을 배우지 못했기 때문에 남남으로 남아 있다 (이것은 아담이 이브를 감싸기보다는 오히려 비난함으로써 자신을 지키려고 한 사실에 의해서도 매우 명백해진다). 인간은 분리된 채 사랑에 의해 다시 결합되지 못하고 있다는 사실의 인식—이것이 수치심의 원천이다. 동시에 이것은 죄책감과 불안의 원천이다. 그러므로 인간의 가장 절실한 욕구는 이러한 분리 상태를 극복해서 고독이라는 감옥을 떠나려는 욕구이다. 이 목적의 실현에 '절대적으로' 실패할 때 광기(狂氣)가 생긴다. 우리는 외부 세계로부터 철저하게 물러남으로써 분리감이 사라질 때에 완전한 고립의 공포를 극복할 수 있기 때문이다. 이때에는 인간이 분리되어 있던 외부 세계도 사라져 버린다.

인간—모든 시대, 모든 문화의—은 동일한 문제, 곧 어떻게 분리 상태를 극복하는가, 어떻게 결합하는가, 어떻게 자신의 개체적 생명을 초월해서 합일을 찾아내는가 하는 문제에 직면하고 있다. 동굴 속에 사는 원시인에게도, 양떼를 돌보는 유목민에게도, 이집트의 농부에게도, 페니키아의 상인에게도, 로마의 병사에게도, 중세의 수도사에게도, 일본의 '사무라이'에게도, 현대의 사무원이나 직공에게도 동일한 문제가 있다. 문제는 동일하다. 이 문제는 동일한 근원, 곧 인간의 상황, 인간의 실존의 조건으로부터 발생하기 때문이다.

그러나 대답은 여러 가지다. 이 문제는 동물숭배에 의해, 인간의 희생 또는 군사적 정복에 의해, 사치에의 탐닉에 의해, 금욕적인 단념에 의해, 강제 노동에 의해, 예술적 창조에 의해, 신의 사랑에 의해, 인간의 사랑에 의해 대답될 수 있다. 많은 대답-이 대답의 기록이 인간의 역사다-이 있지만 무수하지는 않다. 반대로 중심이 아니라 오히려 주변에 속하는 보잘 것 없는 차이를 무시한다면 제시된 대답의 수는 매우 한정되어 있고, 또한 이러한 대답은 여러 가지 문화권에서 살고 있는 인간에 의해서만 제시될 수 있다는 것을 우리는 발견한다. 종교와 철학의 역사는 이러한 대답의 역사이고, 이러한 대답이 한정되는 동시에 다양화되는 역사이다.

5

사랑과 책임

소포클레스의 『안티고네』, 천병희 옮김. 숲

[크레온] 너는 그러지 말라는 포고령이 내려졌음을 알고 있었느냐?

[안티고네] 알고 있었어요. 공지 사항인데 어찌 모를 리 있겠어요?

[크레온] 그런데도 너는 감히 포고령을 어겼단 말이더냐?

[안티고네] 내게 그런 포고령을 내린 것은 제우스가 아니었으며,
하계의 신들과 함께 사시는 정령의 여신께서도
사람들 사이에 그런 법을 세우지 않았으니까요.
나 또한 한낱 인간에 불과한 그대의 포고령이
신들의 변함없는 불문율들을 무시할 수
있을 만큼 강력하다고는 생각지 않았어요.
그 불문율들은 어제 오늘에 생긴 게 아니라
영원히 살아 있고, 어디서 왔는지 아무도 모르니까요.
나는 한 인간의 의지가 두려워 그 불문율들을
어김으로써 신들 앞에서 벌 받고 싶지 않았어요.
나는 언젠가는 죽을 것임을 잘 알고 있었어요.

어찌 모르겠어요? 그대의 포고령이 없었다 해도 말예요.
하지만 때가 되기도 전에 죽는다면, 나는 그것을
이득이라고 생각해요. 나처럼 수많은 불행 속에서
살아가는 사람이 어찌 죽음을 이득이라 생각지 않겠어요?
이런 운명을 맞는다는 것은 내게 전혀
고통스럽지 않아요. 내 어머니의 아들이 묻히지 못한
시신으로 밖에 누워 있도록 버려두었더라면 내게
고통이 되었을 거예요. 내게 이것은 전혀 고통스럽지 않아요.
지금 그대 눈에 내가 어리석어 보인다면, 나를
어리석다고 나무라는 자야말로 어리석은 자일 거예요.

[코로스장] 이 소녀는 자신이 성미 급한 아버지의 성미 급한 딸임을
보여주는구려. 불행 앞에 굽힐 줄 모르니 말이오.

[크레온] 잘 알아두어라. 지나치게 완고한 마음이
가장 쉬이 꺾인다는 것을. 불에 지나치게 달군
가장 단단한 쇠가 가장 쉬이 부러지거나
부서지는 것을 너는 보지 못하였느냐!
고집 센 말들도 짧은 고삐 하나로 길들인다는 것을
나는 잘 알고 있다. 누구든 이웃사람의 노예라면
제가 잘났다고 생각하는 것은 어울리지 않는 일이다.
이 계집은 공포된 포고령을 어겼을 때
반항에는 이미 이골이 날 대로 나 있었고,
설상가상으로 범행을 저지르고서 제 소행임을
자랑하며 우리를 비웃는 것은 두 번째 반항이오.
만일 이번 일에 그녀가 이기고 그 대가를 치르지

않는다면, 내가 아니라 그녀가 남자일 것이오.
그녀가 비록 내 누이의 딸이고, 우리 집에서
제우스의 보호를 받고 있는 그 누구보다 나와 가까운
인척이기는 하지만, 그녀와 그녀의 아우는
극형을 면치 못하리라. 그녀의 아우도 이번
장례 음모에 똑같이 가담했다고 나는 고발하오.
그녀의 아우를 불러오라. 나는 방금 그녀의 아우가
안에서 정신을 못 차리고 미쳐 날뛰는 것을 보았다.
사람이 어둠 속에서 옳지 못한 범행을 꾀하면,
그의 마음이 먼저 그가 도둑임을 드러내는 법이지.
하지만 나쁜 짓을 하다가 붙잡히자 나쁜 짓을
미화하려 드는 자도 나는 역시 미워하오.

[안티고네] 나를 잡아 죽이는 것보다 더 많은 것을 원하시나요?

[크레온] 아니, 나는 그것만 가지면 다 가지는 셈이니까.

[안티고네] 그럼 왜 지체하세요? 그대의 말씀들 가운데 나를
기쁘게 해주는 것은 아무것도 없고, 또 없을 거예요.
하지만 나로서는 친오라버니를 무덤에 묻어드리는 것보다
더 큰 영광을 어디서 얻을 수 있겠어요?
여기계신 분들도 모두 그것이 마음에 든다고 말할 거예요.
공포가 그분들의 입을 막지 않는다면 말예요.
왕권에는 여러 가지 혜택이 따르기 마련인데
마음대로 행동하고 말할 수 있는 것도 그중 하나지요.

[크레온] 테바이인들 가운데 너만이 그렇게 생각하고 있어.

[안티고네] 그대 앞에서 입을 다물고 있을 뿐 그들도 그렇게 보고 있어요.

[크레온] 너는 그들과 달리 생각하는 것이 부끄럽지도 않느냐?

[안티고네] 제 혈족을 존중하는 것은 결코 수치스런 일이 아니에요.

[크레온] 그자와 맞서 싸우다가 전사한 분도 네 혈족이 아니더냐?

[안티고네] 같은 어머니와 같은 아버지에게서 태어난 혈족이지요.

[크레온] 그렇다면 너는 왜 그자에게 호의를 베풀어 그분을 모욕하지?

[안티고네] 세상을 떠나신 분은 그렇다고 시인하지 않을 거예요.

[크레온] 네가 그 불경한 자를 그분과 똑같이 존중하는데도?

[안티고네] 세상을 떠나신 분은 그분의 노예가 아니라 아우예요.

[크레온] 그자는 이 나라를 유린하다가, 그분은 지키다가 전사했다.

[안티고네] 아무튼 하데스는 그런 의식을 요구해요.

[크레온] 그래도 착한 이에게 나쁜 자와 같은 몫이 주어져서는 안 되지.

[안티고네] 하계에서는 그것이 신성한 규칙인지 누가 알아요?

[크레온] 적은 죽어도 친구가 안 되는 법이지.

[안티고네] 나는 서로 미워하기 위해서가 아니라, 서로 사랑하려고 태어났어요.

[크레온] 사랑해야하겠다면 하계로 내려가 사자들을 사랑하려무나.
내가 살아 있는 한, 여인이 나를 지배하지는 못할 것이다.

(중략)

[크레온] 우리는 곧 예언자보다 더 확실히 알게 될 것이오.
내 아들아, 너는 설마 네 약혼녀에 대한 결정을 듣고
이 아비에게 화가 나서 오는 것은 아니겠지?

내가 어떻게 행동하든, 너는 내게 늘 호의적이겠지?

[하이몬] 아버지, 저는 아버지 자식이에요. 아버지께서 저를 위해
지혜롭게 규칙을 정해주시니 저는 거기에 따를 거예요.
저는 어떤 결혼도 아버지의 훌륭한 지도보다
제게 더 큰 이익이 되리라 생각지 않을 테니까요.

[크레온] 그래야지. 내 아들아. 너는 마음속에 명심해두어라.
매사를 아버지 뜻에 따라 따라야 한다고 말이다.
그래서 사람들은 집 안에 순종하는 자식들이
자라나게 해달라고 기도하는 것이지. 자식들이
아버지의 적에게는 악을 악으로 갚고, 아버지가 그러하듯,
아버지의 친구에게는 경의를 표하도록.
하지만 쓸모없는 자식들을 낳은 사람은 자신에게는
걱정거리 말고, 적들에게는 많은 웃음거리 말고
달리 무슨 씨를 뿌렸다고 생각하느냐?
그러니 내 아들아, 너는 향락에 끌려
한 여인 때문에 이성을 잃어서는 안 된다.
막상 한집에 살며 악녀와 잠자리를 같이하게 되면
품안에서 금세 식어버린다는 것을 알아두어라.
나쁜 친구보다 우리에게 더 큰 상처를 주는 것은
없을 테니까. 그러니 너는 그 소녀를 원수처럼 미워하고
그녀가 하데스의 집에서 남편을 구하도록
내버려두어라. 유독 그녀만이 온 도시에서 공공연히
내 명령을 어기다 잡혔는데, 그녀 때문에 나는 자신을
시민들 앞에서 거짓말쟁이로 만들고 싶지 않다.

아니, 나는 그녀를 죽일 것이다. 그녀더러 친족의
보호자이신 제우스께 호소하라. 그래! 내가 내 친척을
버릇없이 기른다면 밖에서도 버릇없는 짓을
참아야 할 것이다. 자기 가정도 제대로 다스리지 못하는
사람은 도시도 제대로 다스리지 못할 것이다.
누군가 월권하여 법을 짓밟고
자신의 통치자들에게 명령하려 든다면,
나는 결코 그런 자를 칭찬할 수 없다.
도시가 임명한 자가 명령하면 크고 작고,
옳고 그르고를 떠나 반드시 복종해야 한다.
장담하건대, 그런 사람이야말로 제대로 통치하고,
제대로 통치 받으려 할 것이며, 창의 폭풍 속에
서 있어도 물러서지 않고 믿음직하고 용감한 전우로서
꿋꿋하게 옆에 버티고 서 있을 것이다.
불복종보다 더 큰 악은 없다. 불복종은
도시를 파괴하고, 집들을 쑥대밭으로 만든다.
불복종은 또 동맹군의 전열을 무너뜨려
도망치게 한다. 하지만 번영을 누리는 사람들에게는
대개 복종이 안전을 보장해주지.
따라서 우리는 법질서를 옹호해야 하고,
결코 한낱 계집에게 져서는 안 된다. 꼭 져야 한다면
우리가 한낱 계집에게 졌다는 말을 듣느니
남자에게 지는 편이 더 나을 것이다.

[코로스장] 우리가 노망이 든 것이 아니라면,

그대는 현명한 말씀을 하신 것 같아요.

[하이몬] 아버지, 신들께서는 인간들에게 이성을 심어주시는데,
이성은 인간이 가진 것 중에 최고의 재산이지요.
저는 아버지 말씀이 옳지 않다고 말씀드릴 수도 없고,
또 말씀드릴 수 있기를 바라지도 않아요.
하지만 남들도 쓸 만한 생각을 할 수 있을 거예요.
저는 아버지의 아들인 만큼 남들이 말하고 행동하고
비난하는 것을 일일이 감시하는 것은 타고난 제 임무예요.
보통 시민들은 아버지의 눈초리에 주눅이 들어
아버지 면전에서는 귀에 거슬릴 말은 입 밖에 내지
못하니까요. 하지만 저는 그 소녀를 위해 이렇게
애통해하는 소리를 어둠속에서 들을 수 있어요.
"모든 여인들 중에서 가장 죄 없는 그녀가
가장 영광스런 행위 때문에 가장 비참하게 죽어야 하다니!
친오라비가 피비린내 나는 전투에서 쓰러졌을 때,
날고기를 먹는 개떼나 어떤 새가 먹어치우도록
묻히지 않은 채 내버려두지 않았으니,
그녀야말로 황금 같은 명예를 받아 마땅하지 않아?"
이런 소문이 어둠속을 은밀히 떠돌고 있어요.
아버지, 제게는 아버지의 성공보다 더 소중한 재물은
아무것도 없어요. 자식들에게 성공하는 아버지의 영광보다
더 자랑스러운 게 어디 있으며, 아버지들에게
성공하는 자식들보다 더 자랑스러운 게 어디 있겠어요?
하오니 앞으로는 아버지 말씀만 옳고 다른 것은 다

틀렸다는 한 가지 생각만 마음속에 품지 마세요.
누군가 자기가 현명하고, 언변과 조언에서 자기만 한
사람이 없다고 여긴다면, 그런 사람이야말로
막상 검증해보면 속이 비어 있음이 드러나지요.
현명한 사람이라 하더라도 많은 것을 배우고
때로는 양보할 줄 아는 것은 수치가 아니에요.
아시다시피, 겨울철 급류 가에서 굽힐 줄 아는 나무들은
그 가지들을 온전히 보존하지만,
반항하는 나무들은 뿌리째 넘어지고 말지요.
마찬가지로 돛의 아딧줄을 당기기만 하고
늦춰주지 않는 사람은 배와 함께 넘어져
용골을 타고 항해를 계속하게 될 거예요.
하오니 노여움을 푸시고 생각을 바꿔보세요.
저 같은 젊은이도 의견을 말씀드릴 수 있다면,
다 알고 태어나는 것이 단연코 최선이라고
저는 말씀드리겠어요. 하지만 그렇게 되기란
쉬운 일이 아니니까, 좋은 조언을 해주는
사람에게 배우는 것도 좋은 일이겠지요.

[코로스장] 왕이시여, 그의 말이 적절하다면 그대는 그에게 배워야 하오.
도련님도 아버지에게 배우시오. 두 분 말씀이 다 옳으니까요.

[크레온] 내가 이 나이에 이런 애송이한테
사리를 배워야 한단 말이오?

[하이몬] 옳지 않은 것은 배우지 마세요. 제가 아직

젊다면 제 나이가 아니라 제 행위를 보세요.

[크레온] 그 행위란 반역자들을 존중하는 것이냐?

[하이몬] 저는 범법자들을 존중하라고 권하지는 않아요.

[크레온] 그녀가 범법자가 아니란 말이냐?

[하이몬] 테바이 백성들이 하나같이 그렇지 않다고 말하고 있어요.

[크레온] 내가 어떻게 통치해야 하는지 백성들이 지시해야 하나?

[하이몬] 거 보세요. 이제는 아버지께서 애송이처럼 말씀하시네요.

[크레온] 이 나라를 내가 아닌 남의 뜻에 따라 다스려야 한다고?

[하이몬] 한 사람만의 국가는 국가가 아니지요.

[크레온] 국가를 통치하는 자가 곧 국가의 임자가 아니란 말이냐?

[하이몬] 사막에서라면 멋있게 독재하실 수 있겠지요.

[크레온] (코로스장에게) 보아하니, 이 애는 여자들 편인 것 같소이다.

[하이몬] 아버지께서 여자시라면, 제가 염려하는 것은 아버지시니까요.

[크레온] 이 천하에 고약한 녀석! 아버지와 시비하려 들다니.

[하이몬] 제가 보기에, 아버지의 행동이 잘못되고 부당하기 때문이죠.

[크레온] 내 자신의 통치권을 존중하는 것도 잘못된 것이냐?

[하이몬] 존중하신다고요? 신들의 명예를 짓밟으시면서?

[크레온] 못난 녀석! 한낱 계집에게 굴복하다니!

[하이몬] 하지만 제가 치욕에 굴복하는 것은 보지 못하실 거예요.

[크레온] 아무튼 네 말은 모두 그 계집을 위한 것이다.

[하이몬] 아버지와 저와 지하의 신들을 위한 것이기도 하고요.

[크레온] 그녀가 살아 있는 동안에는, 너는 절대로 그녀와 결혼 못해.

[하이몬] 그러면 그녀는 죽게 되고, 죽으면서 누군가를 데려가겠지요.

[크레온] 뻔뻔스럽게 이젠 위협까지 하는 게냐?

[하이몬] 어리석은 결심에 항의하는 것도 위협인가요?

[크레온] 정신 나간 주제에 나를 가르치려 들다니! 후회하게 되리라.

[하이몬] 제 아버지만 아니셨다면, 정신 나간 분이라고 했을 거예요.

[크레온] 계집년의 노예인 주제에 감언이설로 나를 속이려 들지 마라.

[하이몬] 말씀을 하시기만 할 뿐 대답은 듣지 않으시겠다는 건가요?

[크레온] 그래? 그렇다면 올림포스 산에 걸고 맹세하겠으니,
알아두어라. 네가 나를 조롱한 것을 후회하게 해주겠다.
그 가증스런 것을 끌어내 오라. 그녀가 지금 당장
약혼자의 면전에서 죽임을 당하도록 말이다.

[하이몬] 천만에. 그녀는 결코 제 곁에서 죽지 않아요.
그런 일은 꿈도 꾸지 마세요. 아버지께서는 다시는
저를 보지 못하실 거예요. 친구들 중에서 아버지를
견뎌낼 수 있는 자들 앞에서나 날뛰세요.

핵심 개념

① 에로스(eros)
② 필리아(philia)
③ 아가페(agape)
④ 소년애(pederasty)
⑤ 자기배려(The Care of the Self)
⑥ 결혼
⑦ 실존(existence)
⑧ 기술(art)
⑨ 불문율
⑩ 불복종

기본 문제

(1) 플라톤의 『향연』에서 아리스토파네스는 사랑의 기원을 설명하면서 동성애를 본성적이라 볼 수 있는 설명을 하고 있다. 고대 그리스의 동성애의 특징을 살펴보고 현대 사회의 동성애의 특징과 양상과 비교한 후 상호이해를 위한 바람직한 방향에 대해 논의하시오.

(2) 아리스토텔레스는 필리아의 대상들을 즐거움, 유용성, 탁월성으로 분석하고 있다. 현대사회에 나타나는 다양한 종류의 필리아를 조사 및 분석하여, 현대인들에게 바람직한 필리아는 무엇인지를 논의하시오.

(3) 미셸 푸코는 고대 그리스와 헬레니즘 시대의 문헌들을 분석하여 자기 함양과 자기 배려의 기술로서 성에 대한 독특한 분석을 제시하고 있다. 이와

관련해 헬레니즘 시대의 스토아학파와 에피쿠로스학파의 결혼과 독신에 대한 논쟁에 관해 논의하시오.

(4) 에리히 프롬이 현대인의 통념을 비판하며 사랑이 기술이라 주장한 이유를 설명하고, 현대인의 사랑에 관한 현상적 특징들을 분석하여 근본적으로 진정한 사랑을 하기 위한 필수적 요소들이 무엇인지 제시하시오.

(5) 소포클레스의 비극에서 안티고네는 크레온 왕이 국법에 의해 오빠 폴뤼네이케스의 장례식을 치르지 못하게 하자 죽음을 무릅쓰고 간소하게 장례식을 치른다. 안티고네가 당시 자연법에 의거하여 불복종하는 행위가 갖는 정당성과 크레온 왕이 국가법에 의거하여 처벌하려는 행동이 갖는 정당성을 비교하여 논의해보시오.

심화 문제

현대사회에서 결혼과 관련하여 새로운 용어들이 많이 등장하고 있다. 기존에 사용하던 미혼, 기혼, 이혼이라는 용어 외에도 결혼제도와 관련하여 졸혼, 비혼 등 다양한 형태의 삶의 방식과 성담론들이 제기되고 있다. 특히 미혼이 결혼을 기준으로 아직 하지 않은 상태를 표현하는 것과 달리 '비혼'은 결혼의 필연성에 대해 의문을 제기하고 억압이나 통제로서의 결혼에 대해 새로운 인식을 제시하고 있다. 현대인들의 사랑의 특징과 결혼제도의 변화양상에 대해 논의를 해 보자.

더 읽어볼 책

(1) 에우리피데스 지음, 천병희 옮김, 『에우피데스 비극 전집』, 숲, 2009.

(2) 오비디우스 지음, 천병희 옮김, 『변신이야기』, 숲, 2017.

(3) 셰익스피어 지음, 권오숙 옮김, 『오셀로』, 열린책들, 2011

(4) 괴테 지음, 김재혁 옮김, 『젊은 베르테르의 슬픔』, 펭귄클래식코리아, 2008.

(5) 프로이트 지음, 김정일 옮김, 『성욕에 관한 세 편의 에세이』, 열린책들, 2004.

(6) 러셀 지음, 김영철 옮김, 『결혼과 도덕에 관한 10가지 철학적 성찰』, 자작나무, 1997.

(7) 주희 지음, 임헌규 옮김, 『인설』, 책세상, 2003.

(8) 묵자 지음, 윤무학 옮김, 『묵자』1,2, 길, 2012.

제4장 환대와 관용

우리와 그들을 경계 짓는 것이 필요한가

- 들어가는 말

제4장 환대와 관용

들어가는 말

20세기를 설명하는 키워드로 산업사회, 자본주의, 전쟁과 혁명을 거론할 수 있다면 그 저변에 흐르는 요건은 이데올로기다. 반면 21세기를 설명하는 키워드는 자유, 평등, 행복, 삶의 질, 교류, 세계 등 보다 개인적 가치들이며, 그 저변에 흐르는 요건은 문명(文明)이다. 왜냐하면 이념과 전쟁, 갈등, 대립으로 진행되었던 이전 세기의 불편함을 평화와 공존이라는 보다 안정적이고 질서정연함으로 대체하기를 기대했기 때문이다.

그럼에도 불구하고 여전히 세계는 전쟁과 테러의 위협에 노출되어 있고, 그 확장으로 인해 삶의 안전에 불안함을 노정하고 있다. 최근 일련의 시민혁명을 통해 자유와 해방이라는 가치를 성취한 것으로 기대되었던 중동 지역의 불안정한 정세로 인해 난민의 발생과 유입이라는 결과가 오히려 유럽의 안정성과 통합성에 균열을 가져오고 있는 현실을 바라보면, 그 저변에 흐르는 문명의 요소가 오히려 독선과 배타성을 노골적으로 드러내는 계기를 마련한 것으로 오해할 정도다. 그 대표적인 사례는 어느 공동체에서도 심화되고 있으며 사회적 병리현상으로 진단받는 나와 다른 타인의 차이(difference)에 대한 혐오(aversion)와 차별(discrimination)이다. 특히 일자리와 복지를 둘러싼 세대 간 갈등, 내국인과 외국인 간 갈등, 정규직과 비정규직 간 갈등, 계층 간 갈등은 경제적 지표와 기회제공을 통해 상쇄될 여지를 안고 있지만, 타자(他者)에 대한 혐오와 경멸, 비난과 공격은 단지 현실의 지표만을 개선해서 수정될 수 없는 가치의 문제이기도 하다. 이 중에서도 다문화적 요소를 지닌 타자에 대한 혐오와 공격성은 차이에 대한 인정과 관용을 요구하는 수준을 넘어서서 위험수준에 도달한 상황이다.

그렇다면 현재 우리의 문제로 눈을 돌려 '우리는 어디에 있고 어디로 가고 있는 것일까?'라고 자문할 필요가 있다. 그럴 경우 현재 대한민국의 역사방향에 대해 자신할 수 없는 부정적인 현상들이 두드러진다. 예를 들면 사회적 양극화를 가져온 경제 불평등, 청년실업, 복지를 둘러싼 세대 간 갈등, 정부의 도덕적 해이와 무책임, 다문화 사회로 진입하면서 돌출되는 제노포비아 현상, 사회전반에 드리운 분열증적 현상과 각종 강력 범죄의 발생 등은 기존의 '우리는 누구인가'라는 정체성(identity)에 근본적인 도전을 던지는 문제이자, 우리 자신의 발전방향성에 대한 낙관적 전망을 불확실하게 하는 요인으로 작용하고 있다. 그럼에도 불구하고 현재 대한민국은 차이와 차별, 혐오와 관용의 경계를 명확히 할 수 있는 철학의 빈곤과 담론의 과잉이라는 모순된 상황에 놓여 있다. 이로 인해 한국의 담론체계에서 개념 규정조차 제대로 정립하지 못하고 모호하게 방치한 채 동화나 차별이 아닌 있는 그대로의 인정(認定)으로 정책이 전환되어야 할 것을 주장하는 등 현실과 부합하지 못하고 있다.

본 장에서 소개하는 저자들과 텍스트들은 오랜 기간 자유, 권리, 차별, 혐오, 관용 등의 문제들을 천착하고 이에 대한 정치철학적 대안을 제시한 것들이다. 먼저 마이클 왈쩌(Michael Walzer)의 『자유주의를 넘어서』의 원제는〈자유주의를 넘어서: 자유주의의 한계와 그 보완의 과제>다. 왈쩌는 공동체주의가 합리적 개인을 전제로 자율성을 강조하는 자유주의의 대척점에 놓인 것이 아니라 자유주의를 시정하기 위한 것이라는 입장을 견지하는데, 왈쩌 자신이 합리적 개인보다 다양한 공동체들, 즉 문화공동체, 종교공동체, 정치공동체 등이 고유한 내재적 원리에 따라 작동하기 때문에 공동체 각각의 다원성이 우선 존중되어야 한다는 입장이다. 특히 왈쩌는 자유주의적 자율성이 개인들이 원하는 지위를 선택하거나 추구할 수 있도록 해주며, 평등한 개인들로 구성된 자유롭고 개방적인 사회를 창출함으로써 사슬을 혁파하겠다고 약속했지만 거짓약속에 불과하다고 지적한다. 왜냐하면 현실적으로 존재하는 모든 공동체는 비자발적 연합체로의 실존특징을 지니고 있으며, 자유와 평등을 위해 투쟁하는 것 역시 비자발적 공동체의 피조물이기 때문이다. 그렇게 보면 공동체의 다양성과 다원성을 강조하는 왈쩌의 논의는 다문화주의로 귀결될 수밖에 없으며 문화적 다원주의의 불가피성을 관용해야 한다는 결론으로 전개된다. 즉 관용을 차이의 인정이라는 소극적 행위로서가 아니라, 권리의 인정이라는 적극적 행위로 규정해야 한다는 것이다. 이를 위해 왈쩌는 인정과 승인, 차이의 정치로 명명된 정치방식이 오래된 불평등을 해결하기 위해 타협한 산물이지만, 불평등의 근원 자체가 문화와 공동체에 뿌리박고 있기 때문에 그 해결이야말로 공동체적 방식에 의해서만 이루어질 수 있다고 지적한다. 이 때 소수 집단에 대한 존중과 관용, 지원에 따른 대가가 전체주의적 통합의 강요가 아니라 자유주의적 관용에 따른 타협에 의해 도출되어야 한다는 것이다. 바로 이 점에서 자유민주주의 국가 내에서 이루어지는 인정과 승인, 차이의 정치는 권리의 인정을 위해서 민주정치 과정에의 적극적 참여라는 책무의 교육을 필요로 한다.

안토니오 네그리와 마이클 하트의 『제국』(*Empire*, 2000)은 하버드대학의 하트와 이탈리아 좌파 지식인인 네그리가 공저해서 21세기 새로운 세기(世紀)를 다룬 담론 중 가장 논쟁적이고 세계적 베스트셀러가 되었던 문제작이다. 네그리와 하트의 분석은 21세기가 20세기말 신자유주의의 등장과 함께 전지구화에 따른 노동과 자본의 세계적 이동과 기존 국민국가의 국경선을 경계로 했던 정체성의 구별이 국경을 초월한 초국적 기업의 활동과 삶의 양식이 혼융된 잡종(hybrid)의 탄생이라는 특징으로 구별된다는 것이다. 이들은 21세기 전지구적 작동원리를 탈영토화 된 전지구적 지배구조를 의미하는 '제국'으로 규정하고 제국이 19세기 제국과 제국주의의 속성과 달리, 그 정체를 분명히 드러냄으로써 비판과 타도의 대상이 되었던 과거의 경험을 바탕으로 내밀하고 전지구적 네트워크를 통해 배후에서 지구적 통합을 공고히 하는 지배권력임을 밝히고 있다. 제국의 출현을 말할 수 있는 근거는 전지구적 상호연계성이 증대하고 국경을 넘어서 동시다발적이고 쌍방향적인 영향 하에 더 이상 국민국가의 경계와 주권이 문제해결의 가장 권위 있는 주체가 될 수 없으며, 국민국가 내부의 문제조차 단독으로 결정하거나 해결하는 것이 아닌 탈영토화의 현상이 심화됨으로써 새로운 지배논리와 구조가 탄생하게 되었기 때문이다. 그 최종 산물이 바로 세계를 통치하는 새로운 주권형태로서 제국이라는 것이다.

제국은 과거처럼 특정 국가의 독점적 지위와 헤게모니를 드러내는 것이 아니라, 분산된 네트워크의 형태를 취하기 때문에 내외의 경계가 분명하지 않고 보다 개방적이고 유연한 통제 네트워크와 시스템으로 구성된 사회질서를 창출한다. 이러한 체제는 지식, 정보, 소통, 관계 등이 새로운 생산수단으로의 지위를 차지하고 정보노동력과 금융자본의 위력이 강화될 수밖에 없는 특징을 지닌다. 그러나 과연 이러한 분석이 21세기의 현실을 그대로 전망하는 것일까? 이에 대한 비판의 기조는 현재 자본주의 국가들이 여전히 국민국가의 경계를 유지한 채 강력한 제국주의적 지배를 행사하고 있다는 사실에 초점을 맞춘다. 즉 제국은 네그리가 전망하듯이 비제국적 특징이 아니라 제국주의의 연장과 완성을 의미할 뿐이며 탈영토화 되는 세계질서 역시 국민국가 체제의 공고화와 동반될 것이라는 주장이다. 여기에서는 네그리와 하트의 '제국' 개념에 대한 소개와 함께 이것이 보다 지구적 민주주의와 보편적 자유 및 평등을 전망할 수 있는지의 여부를 타진할 예정이다.

웬디 브라운(Wendy Brown)의 『관용: 다문화제국의 새로운 통치전략』은 원제가

Regulating Aversion: Tolerance in the Age of Identity and Empire(2006)로, 실질적 의미는 〈혐오관리: 정체성과 제국의 시대에서 관용〉으로 이해될 수 있다. 즉 관용의 덕목이 혐오(aversion)를 통제하고 관리할 수 있는 안정적 기제로 채택된 현재의 추세를 천착하고 관용 담론의 부활에 담긴 정치적 함의를 제시하려는 것이다. 브라운은 관용의 실천을 옹호하거나 반대하려는 의도가 아니라, 20세기 후반부터 관용의 덕목이 정치적, 이념적 입장을 초월하여 모두에게 칭송받는 공통의 가치이자 선(善)으로 부상하게 된 배경과 관용 담론이 생산하는 정치적 효과에 주목하고 있다. 여기에서 소개하는 관용에 대한 브라운의 시선은 관용에 내포된 독특한 타자 관리방식에 주목하고 있으며, 이로부터 관용을 동화와 배제라는 기존 관념과 엄격하게 구분한다. 겉으로 정의를 표방하는 관용은 특정 대상을 편입하는 방식으로 관리하는 동시에 계속해서 이들에게 외부인의 자리 또는 잠재적 위협의 자리를 할당함으로써 타자로의 정체성을 유지한다는 것이다. 바로 이 점에서 브라운은 푸코를 인용하여 관용의 대상이 타자로 자연스럽게 고정되는 과정을 설명하는데, 관용의 대상이 되는 자들이 자신들의 행위와 믿음이 다르기 때문에 혐오의 대상이 되며 그 저변에 인종·종족·섹슈얼리티가 놓여 있는 것으로 본질화된다고 지적한다. 현대의 관용 담론은 차이를 본질화하고 인종·종족·섹슈얼리티라고 불리는 차이들을 생산해 온 역사와 권력의 작동을 은폐하고 침묵함으로써 문화적으로 생산된 차이를 태생적이고 본성적인 것으로 간주하여 이 차이를 불평등과 지배의 장소로 파악할 수 없도록 만든다는 것이다.

한나 아렌트(Hannah Arendt)의 『인간의 조건』(*The Human Condition*, 1958)은 아렌트의 최초 정치철학서로 알려져 있다. 아렌트를 이해하기 위한 선행조건들은 여성, 유태인, 정치철학자라는 당대 소수자(minority)의 요소들이다. 아렌트 자신은 유태계 독일인으로, 그의 부모 역시 성공한 중산층 유태인으로서 계몽된 인물들이었기에 자녀교육에 열성을 쏟았던 배경 하에서 성장했다. 아렌트의 초기 의식세계는 여성으로서, 유태인으로서의 강렬한 정체성을 지니고 있었고, 대학에 진학해서 마르틴 하이데거의 영향과 밀애, 그리고 하이델베르크 대학으로 옮긴 뒤 칼 야스퍼스의 지도하에 1928년 ≪아우구스티누스에 나타난 사랑 개념≫으로 박사학위를 취득할 한 뒤에는 유태인으로의 정체성이 더 강화되었다. 1933년 파리 망명에서는 발터 벤야민, 베르톨트 브레히트, 슈테판 츠바이크 등과 교유하고 시온주의 활동에 참여한 후, 1941년 미국 망명과 이후 1963년 시카고 대학 교수가 되었으며, 1975년 『인간의 조건』에서 제기한 세 가지 문제인 사유, 의지, 판단의 정신적 활동에 대한 집필 중 심장마비로 타계했다.

『인간의 조건』에서 아렌트는 고대 그리스의 고전적 합리주의 전통을 계승하여 인간다운 삶이란 곧 정치적 삶을 통해 구현되는 것으로 규정한다. 아렌트는 인간은 조건에 제약을 받는 존재(conditioned beings)라고 규정한다. 이로 인해 인간은 사멸성을 지닌 존재에 불과하지만, '말'을 매개로 역사적 사건에 의미를 부여하고 이를 기억으로 후세에 전달함으로써 불멸성을 확보한다는 것이다. 따라서 인간의 정치행위는 바로 인간의 불멸성과 밀접히 연결되어 있으며, 인간의 삶이 정치적 삶을 통해 구현되는 한, 인간정신의 부재(不在)는 정치적 삶으로서 인간의 삶 자체를 파괴할 수 있다는 사실을 경고한다. 그것은 『예루살렘의 아이히만』(*Eichmann in Jerusalem*, 1963)에서 통찰했듯이 '사유하지 않는'(thoughtless) 삶이 근본악(根本惡)이라는 사실을 밝혀준다. 여기에서는 인간의 삶이 '용서하는 힘'에 의해 그 차별성을 드러낼 수 있다는 아렌트의 논지에 초점을 맞추려고 한다.

『상군서』는 전국시대 상앙(商鞅, B.C. 390?~B.C. 338)의 저작이다. 『상군서』는 총 26편목이 전해져 오는데 <형약(刑約)>, <어도(御盜)>는 편목만 전해져 올 뿐 원문이 망실되었기에 총 24편목의 내용으로 구성되어 있다. 상앙이라는 인물과 『상군서』라는 저작은 한국에서 대중적으로 잘 알려지지 않은 상황인데, 제자백가 중 하나로 법가(法家)를 말할 때, 상앙은 고대 중국에서 법치를 주장하고 이에 근거해서 최초의 통일 제국인 진(秦)나라의 초석을 닦은 경세가 정도로 평가되고 있다. 그 이유 중 하나는 과거 한국의 정치적 사고를 지배했던 주자 성리학의 패권을 고려할 때, 수많은 유가 경전에 대한 일반적인 이해와 대조적으로 가혹한 엄형주의와 기계적 법 만능주의에 기초해서 부도덕한 패정(覇政)을 뒷받침했던 불순한 정치교의라는 법가에 대한 오해가 진 제국의 초석을 닦은 상앙에 대해 협소한 이해를 가져온 것으로도 추론할 수 있다.

『상군서』는 그 논리 구조에 따라 크게 세 가지 범주로 구성되어 있다. 하나는 왜 현재의 역사 단계에서 법치가 요구되고 정당한 대안인지를 논리적으로 뒷받침하기 위한 출발점으로 역사와 인간에 대한 성찰이고, 다른 하나는 법치의 법과 군주를 중심으로 한 내용과 실질의 개념화이며, 마지막으로 법치 실행의 최종적인 목표가 무엇을 지향하는지를 제시하는 것이다. 여기에서 소개하는 <경법(更法)>, <내민(徠民)>편은 궈모뤄(郭沫若)가 상앙의 저작이 아니라고 단언하는 부분인데, 그 내용의 진위여부와 관계없이 부국강병을 위한 법가들의 기획이 얼마나 개방적이고 대담했는지를 보여주는 하나의 단서로 채택될 수 있을 것이다. 따라서 『상군서』의 편제상 <경법(更法)>이 처음으로 설정된 이유가 변법의 필연성을 강조하기 위한 것이라면, 편제상 <정분(定分)>이 마지막으로 설정된 이유 역시 상앙 자신이 기대한 최종적 모습이 무엇인지를 웅변한다. 그것은 법치 역시 인의의 실현이 가능한 질서의 수립을 그 이상상(vision)으로 하는 유가적 정명(正名)과 동일한 것임을 시사한다. 결국 상앙의 법치론은 군주·신민 간 의무의 준수, 특히 각자의 역할에 충실할 경우, 공적 이익과 사적 이익의 충족이 이루어진다는 정치교의로 완결된다.

1

인정받고 싶은 욕망-자유와 구속 사이

마이클 왈쩌의『자유주의를 넘어서』, 김용환 외 옮김, (철학과현실사, 2001).

I.

내가 아는 사람들은 끊임없이 다양한 결사체를 형성하고 있으며, 또한 자신들이 원하는 대로 온갖 종류의 목적을 위해, 온갖 유형의 다른 사람들과 공동체를 형성할 수 있는 자유를 매우 높이 평가한다. 이런 태도는 분명 옳다. 즉 결사의 자유는 자유주의 사회 및 민주정치의 핵심적 가치이자 기본 요건이다. 그러나 이 가치를 일반화하여, 이론적으로든 실천적으로든 모든 공동체가 자발적인 세계, 즉 오로지 자유롭게 형성된 사회적 연합체들로만 구성되는 하나의 사회적 연합을 창출하고자 하는 시도는 잘못이다. 어떤 종류의 제약도 없이 자신들의 연고를 맺고 끊는 자율적 개인이라는 이상적인 그림은 악성 유토피아의 사례이다. 사회학자들이 볼 때 이런 그림은 일고의 가치도 없으며, 정치학자들이나 도덕철학자들의 관점에서 보더라도 이런 그림은 회의주의만을 부추길 뿐이다. 매우 다양한 종류의 연고가 없다면 어떤 인간 사회도 살아남을 수 없을 것이다. 그러나 서로 다른 종류의 다양한 연고가 자유를 주창하는 이들에게 어떻게 정당화될 수 있겠는가? 자유란 우리 스스로 과거에도 선택하지 않았으며 바로 지금 이 순간 역시 선택하지 않는 모든 굴레를 혁파할 것을 요구하는 것이 아닌가? 비자발적 공동체들, 이들이 산출하는 제반 정서, 나아가 이런 공동체들이 설파하는 가치관들은 자유주의 사회라는 바로 그 관념에 대한 위협이 아니겠는가?

나는 자유란 비자발적인 제반 굴레를 혁파할 수 있는 가능성 그 이상은 조금도 요구하지는 않는다는 점, 나아가 이런 혁파가 항상 좋은 것은 아니라는 점, 그리고 항상 우리가 이런 혁파를 용이하도록 해야 할 필요는 없다는 점에 대해 논하고자 한다. 다수의 소중한 성원권이 자유롭게 시작되는 것은 아니며, 구속력 있는 많은 책무들이 오로지 자발적인 합의의 산물인 것도 아니다. 또한 다수의 유쾌한 감정들과 유익한 관념들이 선택된 것은 아니지만 우리 삶 안으로 들어온다. 우리는 이런 삶에 대해서, 그리고 우리가 뿌리를 두고 있는 다양한 공동의 삶에 대해서, 우리가 단순히 개인으로서 관여하고 있는 "사회적 고안물" 처럼 생각할 수도 있다. 그러나 우리는 이런 삶을 오로지 혼자만의 힘으로 만든 것처럼 생각할 수는 없다. 우리는 일군의 복합적인 제약사항 내에서 집단에 합류하고 공동체를 형성하며, 조직하고 또한 조직된다. 이런 모습은 다양한 형태로 나타난다. 그리고 적어도 그 중 일부는 소중할 뿐만 아니라 정당하다. 루소의 『사회계약론』 제 1 장의 유명한 구절을 새겨보자. "인간은 자유롭게 태어난다. 그러나 모든 곳에서 인간은 굴레에 갇혀 있다. … 어떻게 이런 변화가 나타났는가? 나로서는 잘 모르겠다. 이런 굴레가 어떻게 정당화될 수 있는가? 이 질문에 대해서는 내가 대답할 수 있다고 생각한다." 그러나 이 말은 그 첫 마디가 이미 잘못이다. 우리는 자유롭게 태어나는 것이 아니다.

또한 자유롭게 태어나는 것이 아니기 때문에, 우리는 평등하게 태어난 것도 아니다. (이 점은 더욱 명백할 것이다.) 자연 공동체는 불평등의 가장 직접적인 원인이다. 왜냐하면 이것은 사람들에게 족쇄를 채워 사회적 위계 구조의 (일련의) 특정한 지위에 고착시키기 때문이다. 자유주의의 자율성은 이렇게 약속된다. 즉, 개인들이 자신들이 원하는 지위를 선택 내지 추구하도록 해주면서 또한 그 결과 (더욱) 평등한 개인들로 구성된 자유롭고 개방적인 사회를 창출함으로써 이런 족쇄를 철폐하겠다고 약속한다. 그러나 이것은 거짓 약속이다. 다만 우리는, 현실적으로 존재하는 비자발적인 공동체들을 인정하고 이에 대한 모종의 조치를 취할 경우에만 사회적 위계 구조에 성공적으로 도전할 수 있을 뿐이다. 이를 부정하는 것은 어리석은 짓이며, 그 철폐란 불가능한 일이다. 비자발적인 공동체는 사회적 실존의 영속적 특징이며, 자유를 위해 투쟁하는 이들과 마찬가지로, 평등을 위해 투쟁하는 이들 역시 어쩔 수 없이 이런 비자발적 공동체의 피조물들이다.

II.

나는 다음 네 가지 종류의 비자발적인 제약 사항들을 살펴보고자 한다. 이 제약 사항들은 모두 우리 생애의 매우 초기에 성립되며, 이런 제약 사항 때문에 우리는 어쩔 수 없이 심지어 강압적으로 특정 종류의 공동체에 들어가게 된다. 또한 자유주의 사회라고 해서 없을 수가 없는 이런 제약 사항은 공동체를 떠날 수 있는 권리까지 제한한다. 사회학자들은 첫 번째 및 두 번째 제약 사항에 대해 주목해 왔다. 반면 정치학자들과 도덕철학자들은 세 번째 및 네 번째 제약 사항을 단일한 목록의 항목들로 간주하는 것이 유익하다.

(1) 첫 번째 제약 사항은 그 특성상 가족적이며 사회적인 것이다. 우리는 친족

집단, 민족이나 국가, 그리고 특정 사회계급의 구성원으로 태어난다. 또한 우리는 남성과 여성으로 구분된다. 그런데 (설령 우리가 우리의 인척들을 미워하고, 애국심을 감상적인 것으로 간주하고, 자신의 계급이나 성을 전혀 의식하지 않는다 할지라도) 이 네 가지 제약사항들이 어우러져 우리가 장차 살아가면서 함께 공동체를 이룰 사람들을 결정하게 된다. 또한 우리 대부분은 유아세례, 할례, 견진성사, 바르미츠바(유태인의 성인식: 역주) 등을 통해 어릴 때 이미 이런저런 종류의 종교적 성원권을 허락받게 된다. 이런 사례들은 제반 권리와 책임을 동반하는 구체적이면서도 비자발적인 동참이며, 이렇게 동참한 결과 어린이들이 권리와 책임을 따르라는 요구를 받게 된다는 점은 분명하다. 그러나 부모의 훈육 역시 가정 외부의 종교적·정치적 사회화 그리고 계급 및 성에 대한 일상적인 체험과 마찬가지로 훨씬 간접적으로 작동한다. 이런 것들은 특정한 성인들의 특정한 공동체들을 뒷받침하는 배경적 조건을 창출한다. 최근 몇 년간 가정의 실패에 관해 엄청나게 많은 글이 발표되고 있다. 그러나 사실 대부분의 부모들은 매우 성공적으로 자신들과 유사한 자녀들을 길러내고 있다. 그러나 이것은 불행하게도 그들 부모들의 실패를 드러내는 신호가 되기도 한다. 가령 하층 계급 부모들이 그들의 자녀들을 존경받는 주류 사회에 진입시키지 못하는 경우가 그럴 것이다. 그러나 대부분의 부모들은 자식들이 자신들의 계층에서 지나치게 멀리 벗어나지 않기를 바라며, 이런 경우 자식들을 자신들의 자식으로 인정할 수 있는 것이다. 그리고 거의 대부분의 부모는 이런 식으로 자녀를 기른다. 물론 그들은 자신들의 친구들로부터 얼마간 도움을 얻는다.

젊은이들은 가족적 연고나 사회적 환경으로부터 탈피하건, 성차별적인 사회의 제반 관습과 무관하게 살아갈 수도 있다. 그러나 이 때 그들 대부분은 감당하려고 하지 않던 대가를 치를 수밖에 없다. 바로 그렇기 때문에 부모의 연고는 그 자녀들이 장차 갖게 될 연고를 가장 잘 보여주는 것이다. 이 점은 정당에 대한 지지와 투표 행태 등과 관련해 정치학자들이 오래 전에 발견한 것이다. 미국 정치문화에서 "독립"에 대해 큰 가치를 부여하고 있음에도 불구하고, 이를테면 자녀들은 대체로 부모의 가르침을 따르고자 한다. 즉 부모가 민주당 당원(혹은 공화당 당원)일 때 자녀 역시 민주당 당원(혹은 공화당 당원)이 되기 쉬운 것과 마찬가지로, 부모들이 독립심이 강할 때 그 자녀들 역시 대체로 독립심이 강하다. 종교적인 선택의 경우, 짐작하건대, 부모의 종교를 통해 자녀의 종교를 추정하는 것은 더욱 신빙성이 있을 것이다. 사실 종교의 경우, "선택"이란 말은 아마 실질적인 의미가 없는 말일 것이다. 어릴 때 고수한 종교적 의례들이 결정적인 영향력을 발휘하며, 따라서 종교적 성원권은, 대부분의 사람들의 경우, 세습이라는 표현을 통해 가장 잘 서술될 수 있다. 복음으로 새로 태어나는 것을 성인세례와 같은 개신교 관행들이 이런 세습적 유형을 훼손하고자 하려는 의도에서 비롯된 것이라는 점은 명백하며, 또한 실제로도 이런 의도가 어느 정도 실현되고 있으며, 역사적으로 본다면 자발적인 공동체가 번성하는 데 기여해 왔다. 그러나 다시 태어난 기독교 신자 중 몇 퍼센트가 그 부모의 신체적·영적인 자녀인가(즉 영적으로 다시 태어난 자녀들인가)를 확인해보면 재미있는 결과가 나올 것이다.

사람들은 자신들의 정체성에 대해 이의를 제기하는 공동체보다는 이를 긍정하는 공동체에 동참하며, 그들의 정체성은 대부분 자신들의 부모 및 부모의 동료들로부터 받은 선물이다. 다시 말해, 개인들은 지난한 자아 형성과정에 스스로 몰입함으로써 (과거로부터 전수된: 역자 첨가) 정체성으로부터 벗어날 수 있다. 가령 (고대의 聖人傳에서 볼 수 있는 것처럼) 자신의 아버지가 섬기는 우상을 파괴한 성서의 아브라함처럼, 혹은 자신의 구원을 얻기 위해 처자식의 울음소리를 듣지 않으려고 손가락으로 귀를 막은 채 첫 자식으로부터 도망치는 기독교 순례자처럼(영국 개신교에 대한 고전인 번연(John Bunyan)의 『순례자의 행진』) 참으로 어려운 과정을 거쳐 과거의 정체성으로부터 벗어날 수 있다. 만일 이런 사람들이 없다면 사회적 변혁이란 상상조차 할 수 없을 것이다. 그러나 모든 사람이 이렇게 행동한다면, 아예 사회 자체를 상상조차 할 수 없을 것이다. 아브라함조차 자신의 사랑하는 아들 이삭에게는 이와 비슷한 반항을 하도록 허용하지는 않았다. 아버지와 달리 이삭은 야훼의 백성으로 태어났으며, (아버지와 비교해 볼 때) 야훼에 대한 경배심은 약했으나, 한없이 더 믿음직했다. 또한 번연은 독자들 때문에 어쩔 수 없이 (『순례자의 행진』 후속편에서는) 그 당시까지 전형적 형태의 여행에 기독교 신자의 처자식도 성자들의 공동체에 합류시킬 수밖에 없었다. 대부분의 부모들이 견지하고 있는 부모들의 세계에서 허용되는 유일한 일탈은, 적어도 근대사회에서는, 사회적 이동, 즉 기존의 계급 구조 내에서의 상향이동뿐이다. 그렇다 할지라도 대부분 자녀의 사회적 이동은 (상향이동이든 하향이동이든) 매우 완만하게 이루어진다. 지지하는 정당이나 종교적 신앙과 마찬가지로 계급적 지위 역시 몇 세대에 걸쳐 지속되는 경향이 있다. 그 부분적인 이유는 사회적 이동을 가로막는 외적 장애물들이 지속적으로 존재하기 때문인데, 그렇기 때문에 "기회의 평등"이라는 이름으로 우리는 이런 장애물이 철폐되기를 희망할 수 있으며, 이런 희망은 설득력을 갖는 것이다. 비록 종속의 구조가 종속 그 자체를 재생산하는 경향을 가지고 있다 할지라도, 종속의 구조에 대해 도전하고 이를 변형시키는 것 역시 가능하다. 그러나 사회적 이동을 가로막는 내적 장애물 역시 존재하는데, 이것은 어린이들이 계급 및 이웃과의 제반 유대를 포기하는 것을 기피한다는 점과 연관되어 있다. 따라서 어린이들의 성향은 이미 자신들에게 주어진 사회 및 문화 내에서 그들의 공동체적 삶을 펼치고자 한다는 점이다. 이런 성향은 설사 보편적인 것은 결코 아니라 할지라도 명백하면서 광범위하게 나타난다.

이런 종류의 주어진 배경적 조건과 상반되는 방식으로 형성된 공동체들이 자발적인 공동체로 서술될 수 있다. 그러나 우리는 이런 서술이 매우 부분적이며 불완전하다는 점을 인정해 둘 필요가 있다. 나의 목록에서 다음 항목을 살펴본

후에는, 이런 서술이 훨씬 더 불완전하게 보일 것이다.

(2) 두 번째 제약 사항은 공동체의 가용 형식들이 문화적으로 결정된다는 점이다. 공동체의 성원들이 서로서로를 선택할 수도 있을 것이다. 그러나 그들이 자신들의 공동체의 구조나 유형을 결정할 수 있는 경우는 매우 드물다. 결혼이 그 분명한 사례이다. 즉 두 배우자의 결혼이 두 사람 마음의 진정한 만남일 수는 있으나, 그 결혼의 의미가 이렇게 만난 두 사람 마음에 의해 결정되는 것은 아니다. 결혼은 문화적 관행이다. 즉 두 사람이 상대를 남편과 부인으로 인정하는 순간, 결혼이 함축하고 있는 제반 의미와 책임이 두 배우자에 의해 수락된다. 결혼하기 전에 두 사람이 한 여러 가지 합의와 계약은 결혼이라는 틀의 세부적인 부분에 대해서만 영향을 미칠 뿐이다. 마찬가지로 사람들은 클럽, 연맹, 조합, 정당을 결성할 수 있으며, 자유롭게 함께 모여 스스로 정관을 만들 수도 있다. 그러나 이런 공동체는 아마도 거리를 오가는 그들 동료 시민들의 공동체들과 상당히 흡사할 것이며, 정관들은 보통 표준적인 형식에 따라 작성된다.

문화적 위기 및 변혁기의 창조적 개인들이 종종 많은 시행착오를 거치며 공동체의 새로운 형식들을 고안해 낸다는 점은 분명하다. 그리고 구제도의 구조적 불평등에 대한 내부로부터의 비판과 변화는 가능하며, 또한 실제로도 종종 이루어지고 있다. 물론 이런 구조적 불평등들을 극복하기 위해서는 장구한 시간이 소요되며, 설사 그런 시간이 흐른 후에조차도 이러한 노력을 영도하는 결정적인 미래상이 완벽하게 실현될 가능성이 없을 수도 있다. (그리고 전혀 다른 방향으로 변화가 진행될 수도 있다.) 그러나 그 (변화의) 규범은 모방과 반복의 연속이라고 할 수 있다. 이런 연속성은 제 나름의 원칙에 따라 다양한 공동체들을 개혁하려는 노력들 때문에 주기적으로 중단되기도 한다. 원칙들은 훨씬 전에 이미 그 자체가 충성의 대상들인 것이다.

마찬가지로, 결사의 능력도 자유롭게 선택된다기보다는 동경되며 모방된다.

우리가 스스로 의사 결정과정을 거쳐 공동체를 가능하도록 할 수 있는 사회적·정치적 기교들(skill)을 배우는 것은 아니다. 조례나 원칙들과 마찬가지로, 이런 기교들 역시 문화적으로 주어진 것이다. 즉 이런 기교는 어떤 구체적인 노력도 하지 않은 채 이미 그것을 물려받은 일군의 부모와 연장자들에 의해 소유되고 전수된다. 나의 첫 번째 공동체는 8세의 어린이들로 구성된 "영원한 사총사"라는 명칭의 소규모 집단이었으며, 약 10개월 동안 계속되었다. 이를 통해 나는 다음 결사를 더 잘 준비할 수 있었다. 결사와 이를 가능하도록 하는 능력을 존중하는 문화에서, 해체(breakup)는 환멸이라기보다는 오히려 자극제가 된다.

그렇다면, 무엇인가 근본적인 것이 우리의 공동체 생활에 주어지는 것이다. 우리는 어떤 목적을 위해 만나서 공동의 이해관심을 발견하고, 일련의 논변에 어느 정도 동의하며, 조직을 결성한다. 우리의 조직은 다른 모든 조직들과 매우 흡사하며, 그리고 바로 이 점 때문에 우리가 무엇을 하고 있는가를 알 수 있는 것이다. 그렇기 때문에 우리가 만든 공동체가 기존 집단들에 편입되는 것이다. 물론 이때 기존 집단들은 우리의 공동체가 장차 자신들의 경쟁자가 될지 우군이 될지 여부를 재빠르게 파악하거나, 혹은 이도 저도 아니어서 우리의 공동체에 대해 아무런 관심도 두지 않기도 한다. 우리는 관습적인 기대치들을 깨닫게 되는데, 이런 기대치들은 시민사회로 들어가는 우리의 여권이다. 그러나 그렇지 않고 우리가 몰래 만나서, 위장을 한 채, 암호로 의사소통을 하며, 공적인 목적을 전혀 인정하지 않으면서 대체로 표준과는 무관하게 행동한다면, 우리는 불안과 의혹을 야기하게 된다. 아마 우리는 공동체가 전혀 아닐 것이며, 비밀집단이나 음모를 꾸미는 집단 혹은 더 나쁜 어떤 집단이 되고 말 것이다.

심지어 공동체를 결성하는 근본적으로 새로운 형식조차도 과거의 형식들을 모방하기 쉽다. 가령 동성애자들의 결혼 방식은 현대 핵가족을 모방하고 있다. 핵가족의 정착된 모형은, 이 모형에서 성을 구분하는 관습적인 제약 사항을 폐기할 수 있다면 매우 유용한 것으로 드러나게 된다. (그러나 이런 "폐기"가 얼마나 어려운가를 잊지 말라.) 이와 어느 정도 유사한 방식으로, 의회를 폐지하고자 하는 사회운동 역시 부지불식간에 정당과 유사한 조직이 되고 있다. 종파들 역시 그 자체가, 자신들은 차별성을 갖춘 교회라고 항상 주장하지만, 기성 교회와 유사한 조직으로 변모하고 있다. (이런 종파들이 실제로 차별성이 있는 경우도 종종 있다.) 이런 상황을 한번 상상해 보자. 즉 사람들이 지금까지와는 전혀 다를 뿐만 아니라 아주 이상한 방식으로 함께 모여, 확인 가능한 어떤 신호도 보내지 않으면서, 아주 자유로운 형식의 공동체를 구성하는 경우를 상상해 보자. 이런 사회는 심각한 불안과 끝없는 의심 때문에 도저히 지속될 수 없을 것이다. 또한 법률과는 아무 상관없이 오로지 두 배우자에 의해서 고안된 결혼을 상상해 보자. 어떤 종류의 표준적인 모형도 없고, 배우자를 결속시켜 주는 어떤 의식도 없으며 (이것은 오늘날 미국에서는 매우 흔한 일이다.) 시가나 처가의 부모 형제, 심지어 자녀들에 대해서조차 아무런 책임도 없는 결혼을 상상해 보자. 배우자들은 당연히 자유롭고 "평등"할 테지만, 그들이 "결혼"을 했다고 하기는 힘들 것이다. 이때 결혼이라는 관행의 핵심은 완전히 사라지고 말 것이다. 우리는 사회적 기대치와 개인적 책임들을 안정화하는 어떤 다른 관행을 고안할 수밖에 없을 것이다. 자유 선택은 오직 문화적 기반의 제반 한계 내에서만 작동할 수 있다.

(3) 자발적 공동체에 대한 세 번째 제약 사항은 그 성격상 정치적이다. 출생과 거주를 통해 우리는 정치 공동체의 구성원이 된다. 성원권은 시대와 장소에 따라 다른 의미를 지니며, 일부 개인들의 경우(가령 새로운 국가로 간 해외 이주민), 성원권은 심사숙고를 통해 선택하는 문제가 될 수도 있다. 그러나 이것이 대부분의 사람들에게 해당되는 것은 아니다. 자유주의적 동의 이론에 대한 표준적인 비판은, 정치적 생활에 대한 다음과 같은 참으로 소박한 사실에 기초하고 있다. 즉 이런 비판은 (참으로 불행한 경우가 아니라면) 우리가 시민으로 태어나며, 시민권에

동의하라는 초대를 받는 경우가 거의 없다는 사실에 기초하고 있는 것이다. 이런 비판에 대한 표준적인 대응은 (내가 25년 전 시민권과 의무에 대한 글에서 그렇게 했던 것처럼) 일종의 암묵적 동의 이론에 호소하는 것이다. 이런 대답을 뒷받침하는 훌륭한 논거들이 있으나, 이 점은 현재의 논의에서는 문제의 핵심을 건드리지 못하고 있다. 여기서 핵심이란 정치 공동체는 어떤 중요한 의미에서 일종의 노동조합(a union shop)이라는 점이다. 만일 당신이 여기 있다면, 그리고 당신이 여기에 계속해 머문다면, 당신은 그 기획 과정에 전혀 참여하지 않은 제반 제도와 질서에 편입되는 것이다.

경제 영역에 실제로 존재하는 조합들은 이와 동일한 방식으로 작동하며, 나에게는 유사한 방식으로 정당화되는 것처럼 보인다. 자치는, 정치 민주주의 형태를 취하건 산업 민주주의 형태를 취하건, 오직 모든 거주자/노동자가 시민일 때에만 가능하다. 그들은 투표할 것인지 말 것인지, 이런저런 정당이나 운동에 합류할 것인지 말 것인지, 정당의 간부회의나 당내의 계파를 결성할 것인지 말 것인지, 혹은 정치 활동을 전적으로 회피할 것인지를 결정할 수 있다. 그러나 만일 이렇게 할 수 있는 그들의 권리가 부정당한다면, 혹은 스스로 이런 권리를 부정한다면, 민주주의는 일부 사람들에 의한 나머지 사람들에 대한 지배로 대체된다. 여하튼 대부분의 시기에는 소수에 의한 다수의 지배가 있을 수 있을 것이다. 그러나 예컨대 시민 조직을 통한 투쟁, 대중동원, 급진적인 폭동, 선거 혁명 등 시민들의 적극적인 실천 가능성은 많은 기간 적어도 통치자에 대한 일정한 제약을 부과할 것이며, 이것은 또한 시민들이 특별한 조치를 취하지 않으면서도 자신을 보존할 수 있는 가능성이기도 한 것이다. (물론 경우에 따라서는 시민들이 특별한 조치를 취해야만 한다는 점도 분명하다.) 그러나 시민들이 할 수 없는 것이 한 가지 있다. 즉 시민들이 여기서 살거나 노동하면서 동시에 시민권의 제반 권리와 부담들(세금과 조합비)을 거부할 수는 없는 것이다.

가입을 강제하는 국가 혹은 조합에 대한 성원권은 새로운 종류의 선택과 결정을 할 수 있는 길을 연다. 이런 선택과 결정에는 적극적인 시민 혹은 조합 활동가가 될 것인가에 대한 결정도 포함된다. 강제적 성원권이 적극적인 활동(activism)의 선결 조건이 아닌 것은 명백하다. 왜냐하면 시민이 아닌 자들이나 조합이 없는 노동자들 역시 종종 정치적 참정권을 요구하거나 조합을 인정받기 위해 결사를 할 수 있기 때문이다. 그러나 여기서 명심할 점은, 참정권과 인정 확보 투쟁은 투사들이 오로지 자신들의 힘으로만 쟁취하고자 한다면 결코 쟁취할 수 없는 전투라는 점이다. 승리는 소극적인 사람들의 지지를 얻게 되며, 또한 그들에게 새로운 기회와 책임을 제공한다. 이런 소극적인 사람들을 두고 이렇게 제공된 새로운 기회와 책무에 대한 자원자라고 말하는 것은 설득력이 없다. 그러나 만일 그들이 이런 기회와 책무를 자원하기로 선택한다면, 이제 그들은 과거 활용할 수 있던 어떤 것보다도 더욱 광범위하게 효력을 발휘하는 제반 활동과 조직을 자발적으로 맡을 수 있다. 오직 이렇게 되었을 때만 완숙한 민주정치가 가능하며, 완숙한 민주정치를 가능하도록 하는 것은 모든 시민의 가입을 강제하는 성원권이다.

(4) 공동체에 대한 네 번째 제약 사항은 그 성격상 도덕적이며, 일부에서는 이런 제약 사항이 실제로는 전혀 제약이 되지 못한다고 생각할 것이다. 이 제한을 위반하는 자들은 단순히 훈계를 듣거나 비난을 받을 뿐이다. 만일 도덕이 사회화 과정의 한 특징이 아니라면, 혹은 도덕이 문화적 규범으로 성문화되지 않는다면, 혹은 도덕이 국가 공무원에 의해 법적으로 강제되지도 않는다면, 도덕은 현실에서 아무 영향력도 갖지 못하는 것처럼 보인다. 그러나 이것은 잘못이다. 도덕은 앞에서 제시한 세 가지 제약 사항 각각에 실제로 함축되어 있다. 다만 도덕은 이들과 분리되어 있는 것처럼 체험될 뿐이다. 개인들이 사회, 문화, 정치의 피조물로서뿐 아니라, 옳은 일을 하고자 하는 그야말로 순진한 개인으

로서 접하게 되는 것이 바로 이런 제약 사항이다. 개인들은 제약 사항의 내면적 소리를 듣는다. 즉 이런 제약 사항은 개인들에게 그들이 (아직까지) 선택하지 않았으며 따라서 하고자 하지도 않는 이런저런 일을 해야만 한다고 말한다. 여기서 나의 목적상 가장 중요한 점은 개인들이 공동체에 동참해야 하며, 사회적 정치적 투쟁에 참여해야 한다는 점, 혹은 이 공동체를 포기하거나 이 투쟁으로부터 물러나서는 안 된다는 점을 내면의 소리를 통해 개인들이 듣게 된다는 점(혹은 그들 스스로 이렇게 말한다는 점)이다.

도덕적 제약 사항은 종종 탈퇴에 대한 제약 사항이며, 가장 흥미로운 점은 특히 비자발적 공동체로부터의 탈퇴에 대한 제약 사항이라는 점이다. 고전적 사례는 이민갈 수 있는 권리에 대한 루소의 해명이다. 루소에 따르면, 공화국이 위험에 처하지 않았다면, 시민들은 언제든지 떠날 수 있다. 반면 곤경에 처해 있을 경우, 시민들은 남아서 자신의 동료 시민들을 도와야만 한다. (아마 억압받는 사회계급이나 소수인종 혹은 종교의 성원들에 대해서도 똑같은 논변이 적용될 수 있겠지만, 여기서는 정치적인 경우만을 다룰 것이다.) 이런 구속이 이전의 정치 참여에서 비롯되는 것은 아니다. 설사 그들이 공민회에 간 일도 투표 한번 한 적도 전혀 없을 정도로 정치에 전혀 무관심한 시민이라고 할지라도 책무를 지게 된다. 루소의 주장에는 아무런 제한도 없다. 이 주장은 또한 전적으로 설득력이 있다. 아마 나는 공화국이 한때 호황을 누린 덕분에, 혹은 동료 시민들의 활동으로부터, 혹은 공화국이 제공하는 교육을 통해, 시민이라는 훌륭한 명칭으로부터, 혹은 세계 내에서 안전한 거처를 가지고 있었다는 단순한 사실로부터 혜택을 받았을 것이다. 그리고 이제 내가 도망을 가서는 안 된다. 사실, 내가 가방을 꾸릴 때 늘어놓는 여러 가지 변명, 즉 내가 날조한 긴급한 이유들을 통해, 설령 내가 이 제약 사항을 존중하지는 않을지라도 이를 인정할 개연성은 매우 높다.

그러나 지금 현재 있는 곳에 단순히 그냥 남아 있는 것이 이런 경우 내가 해야 할 일의 전부가 아닐 수도 있다. 이와 관련해 유익한 사례를 유태인 종교법에서 찾아 볼 수 있다. 카할(kahal: 중세의 (준)자율적 공동체)의 구성원들은 도덕적·종교적 범죄에 저항할 의무를 지니고 있었다. 그들은 자유롭게 공동체를 떠나 자신들에게 더욱 편리한 관행을 가지고 있는 공동체를 찾아 나설 수 있었다. 그러나 이것은 현재 자신이 속한 그 공동체 내부에서 기존 관행에 대해 공개적으로 저항하고 변화시키고자 하는 노력을 하기 전에는 불가능했다. 내가 생각할 때, 이 사례는 현대 민주국가 시민들에게도 똑같이 적용된다. 만일 국가가 외부로부터 공격을 받는다면, 우리는 당연히 군인이 되어 적들에 맞서 싸워야 할 의무를 지니게 될 것이다. (이 점과 관련해 매우 난해한 논변들이 있다.) 만일 국가의 가치관이 내부로부터 공격을 받는다면, 그 가치관을 수호하고자 하는 당이나 운동 혹은 캠페인에 동참할 수밖에 없을 것이다. 엄격히 말해 이런 행동은, 만일 우리가 자유롭게 다른 방식으로 행동할 수 있는 한, 자발적인 행위들일 것이다. (떠나는 것이 하나의 선택지가 될 수 있는 한, 계속 남아 있는 것 역시 자발적인 행위이다.) 하지만 이렇게 행동할 때, 우리는 우리의 의무를 하고 있는 것이다. 우리의 행위는 "강요된 자유"에 대한 루소의 유명한 서술과 일치하지는 않는다. 심지어 우리는 도덕조차도 강요받지 않는다. "옳은 일을 하도록 강요하는" 상당한 정도의 사회적 압력이 있을 수도 있으나, 우리는 우리 자신이 양심에 따라 행동하는 것으로 생각하며, 이것은 자유로우면서 동시에 자유롭지 못한 행위 양식이다. 왜냐하면 우리가 양심에 따라 해야 하는 옳은 것을 결정하지도 않았으며 또한 선택하지도 않았기 때문이다. 또한 우리의 암묵적 합의(이곳에서 우리가 거주하고 있다는 사실, 나날의 사회적 활동에 우리가 참여하고 있다는 사실)가 이런 급진적인 귀결을 가질 수 있다는 점에 대해 우리가 충분히 알고 있지 못하기 때문이다. 단순히 다른 사람들과 함께 살고 있다는 점 바로 이것이 도덕적 연대성(engagement)인 것이다. 이것은 우리를 예기치 못한 방식으로 결속시킨다.

물론 이런 굴레를 혁파해야 할 때가 있다. 이 때 비자발적 공동체는 자발적 공동체와 다를 바가 전혀 없다. 경우에 따라서는 가령 몇 년 전 우리가 동참했던 집단에서 이탈하여 그 집단의 책임 있는 자리를 사임하고 우리의 동료 구성원들과 결별을 해야만 한다. 왜냐하면 그 집단이 우리가 헌신하고 있던 목적에 이제는 더 이상 기여하지 않거나 혹은 우리가 반대하는 목적에 기여하고 있기 때문이다. 이런 경우는 우리가 자발적으로 동참하지는 않았으나 처음부터 그 집단의 구성원이었던 집단에도 똑같이 적용된다. 그러나 이 때, 두 집단에 의존하고 있는 강도나 그 내부에서 가능한 한 저항하거나 항거할 수 있는 강도에는 차이가 있다. 나는 아마 비자발적인 공동체들의 경우 훨씬 강력한 책무들이 존재한다고 생각한다. 이것은 끔찍한 잘못을 저지르고 있는 배우자보다는 그런 잘못을 저지르고 있는 부모, 자녀 혹은 형제를 설득하기 위해 더 큰 인내심으로 더 오랫동안 이야기할 수밖에 없는 것과 똑같은 이치이다. 경우에 따라서 우리는 배우자와는 이혼을 할 수도 있다. 반면 부모나 자녀 혹은 형제들과 결별하는 것은 훨씬 어렵다.

2

은밀한 제국-그 슬로건으로서 잡종화

안토니오 네그리·마이클 하트의 『제국』, 윤수종 옮김, (이학사, 2003).

잡종적 구성

오늘날 등장하고 있는 제국은, 심지어 부정적인 "나쁜" 형태일지라도, 실제로 고대 폴리비우스 모델로 되돌아가는 것은 아니다. 현대의 배치는 탈근대적 용어로, 즉 근대적이고 자유주의적인 혼합된 구성 모델을 넘어선 진화로 더 잘 이해된다. 사법적 형식화의 틀, 입헌적인 보증 메커니즘, 그리고 균형 도식은 모두 근대적 지형에서 탈근대적 지형으로 넘어가는 이행 속에서 다음과 같은 두 가지 주요 축을 따라 변형된다.

변형의 첫 번째 축은 구성상의 혼합의 성격-독립 기구들이나 기능들의 혼합 mixtum이라는 고대적이면서 근대적인 모델로부터 현 상황에서의 통치[정부] 기능의 잡종화 과정으로의 이행-을 포함한다. 노동을 자본 아래 포섭하고 전지구적 사회를 제국 안에 포섭하는 실질적 포섭과정은 권력자들로 하여금 자신들의 관계를 규정해 왔던 공간적 척도 및 거리를 파괴하도록 강요하며, 그 권력

자들을 잡종적 형식들로 합친다. 공간적 관계의 이러한 돌연변이는 권력 실행 자체를 변형시킨다. 무엇보다도 탈근대적인 제국적 군주제는 세계 시장의 통일성에 대한 지배를 수반하며, 따라서 상품, 기술 그리고 노동력의 유통을 보증하기 위해-사실상 시장의 집합적 차원을 보증하기 위해 그러한 지배가 요구된다. 하지만 군주제 권력의 전지구화 과정들은, 군주제가 다른 권력 형식과 함께 작동시키는 일련의 잡종화hybridisation라는 측면에서 우리가 그 과정들을 고려할 때만 이해될 수 있을 것이다. 제국적 군주제는 분리되고 고립될 수 있는 장소에 위치하는 것이 아니다-그래서 우리의 탈근대적 제국에는 로마란 없다. 군주제적 기구는 그 자체로 다양한 형태를 띠면서 공간적으로 분산되어 있다. 이러한 잡종화 과정은 귀족제적 기능의 발달, 구체적으로 말하면 생산적 네트워크와 시장의 발달 및 정교화와 관련하여 훨씬 더 분명해진다. 사실 귀족제의 기능은 군주제의 기능과 뒤엉킨 채 합쳐지는 경향을 띤다. 탈근대적 귀족제의 경우에, 문제는 상품을 생산하고 소비하기 위한 중심부와 주변부 간의 수직적 도관導管을 창조하는 데 있을 뿐만 아니라, 생산자와 소비자라는 넓은 지평을 시장 안에 그리고 시장들 사이에 지속적으로 관련시키는 데 있다. 생산과 소비 간의 이러한 전면적 관계는 상품 생산이 네트워크 구조에 짜인 비물질적 서비스에 의해 압도적으로 규정되는 경향이 있을 때 더욱더 중요하게 된다. 여기에서 잡종화는 생산과 유통의 순환 형식이 지닌 중심적이며 조건적인 요소가 된다. 마지막으로, 제국의 민주주의적 기능은, 어떤 점에서는 자신의 관계를 변화시키고 새로운 세력 관계를 도입하는, 이러한 동일한 군주제적 잡종화와 귀족제적 잡종화 안에서 결정된다. 세 가지 수준 모두에서 사실상 별개로 구별된 채 남아 있던 기능들의 유기적 상호 작용이었지만 전에는 혼합물로 인식되었던 것이 이제 기능들 자체의 잡종화를 향하는 경향이 있다. 따라서 우리는 이러한 첫 번째 변형축을 혼합된 구성에서 잡종적 구성으로의 이행이라고 제시할 수 있을 것이다.

구성 이론의 대체와 구성 자체가 지닌 새로운 특성 둘 다를 드러내는 구성적 변형의 두 번째 축은, 현 국면에서 명령은 사회의 시간적 차원에 대해서, 따라서 주체성 차원에 대해서 더욱더 커다란 정도로 실행되어야만 한다는 사실에서 드러난다. 우리는 군주제적 계기가 상품 유통에 대한 통일화된 세계 통치로서 그리고 자신의 재생산 조건을 결정하는 집합적인 사회적 노동 조직의 메커니즘으로서 어떻게 기능하는지를 고려해야만 한다. 귀족제적 계기는 전통적인 화폐[통화] 수단을 통해서뿐만 아니라 사회적 행위자 자신들의 협동이 지닌 수단들과 동학을 통해서 훨씬 더, 생산과 유통의 초국적 접합에 대해 자신의 위계적인 명령과 자신의 질서화하는 기능들을 전개해야만 한다. 사회적 협동 과정은 귀족제적 기능으로서 입헌적으로 정식화되어야 한다. 마지막으로 비록 군주제적 기능과 귀족제적 기능 양자가 새로운 잡종적 구성의 주체적이고 생산적인 차원을 암시한다 할지라도, 이러한 변형의 핵심은 민주주의적 계기에 존재하며, 민주주의적 계기의 시간적 차원은 궁극적으로 대중과 관련해야 한다. 하지만 우리는 대중을 유연하고 변해가는 통제 장치에 잡아 두는 제국적인 민주주의 규정[과잉 결정]을 여기에서 다루고 있다는 것을 잊어서는 안 된다. 이곳이 바로 가장 중요한 질적 도약, 즉 통치의 훈육적 패러다임에서 통제적 패러다임으로의 도약을 인식해야만 하는 곳이다. 규칙[지배]은 생산적이고 협동하는 주체성들의 운동에 대해 직접 실행된다. 제도들은 이러한 운동의 리듬에 따라 지속적으로 형성되고 재규정된다. 그리고 권력의 지형학은 더 이상 공간적인 관계와 일차적으로 관계하지 않으며, 오히려 주체성들의 시간적 전위[대체] 속에 각인된다. 여기에서 우리는 우리의 주권 분석이 일찍이 밝혔던 권력의 무-장소를 다시 한번 발견한다. 무-장소는 제국의 잡종적 통제 기능이 실행되는 장소이다.

이러한 제국적 무-장소에서, 즉 구성 과정이 구축하는 잡종적 공간에서 우리는 주체적 움직임들이 지속적이고 억누를 수 없게끔 현존한다는 것을 여전히 발견한다. 우리의 문제 설정은 혼합된 구성의 문제 설정과 같은 어떤 것으로 여전히 남아 있지만, 이제 그것은 탈근대로의 이행 속에 포함된 상당히 강렬한 전위, 조율, 잡종화를 담고 있다. 여기에서, 구성constituent 과정을 항상 규정하는, 사회적인 것으로부터 정치적인 것 및 사법적인 것으로의 움직임이 형태를 취하기 시작한다. 여기에서, 입헌constitution 과정에서 형식적인 인정을 요구하는 사회 세력과 정치 세력 간의 호혜적인 관계가 등장하기 시작한다. 그리고 마지막으로 여기에서, 다양한 기능들(군주제, 귀족제, 민주주의)은 자신들을 구성하고 자신들의 구성 과정의 단편들을 포획하려는 주체성들이 지닌 힘을 가늠한다.

3

관용-그 빛에 드리운 그림자

웬디 브라운의 『관용: 다문화제국의 새로운 통치 전략』, 이승철 옮김, (갈무리, 2010).

관용은 그 대상이 되는 요소를 주인 안으로 편입시키는 동시에, 그 대상의 타자성(otherness)을 계속 유지시킨다는 점에서, 매우 독특한 타자성 관리 방식이다. 바로 이 점이 관용을 한편으로는 동화·흡수와, 다른 한편으로는 배제·부정과 구분시켜준다. 관용의 대상은, 전체 내부로 편입된 후에도 여전히 표지된(marked) 채 남아 있다. 관용의 대상은 주인과 완전히 하나가 되거나 주인 속으로 용해되지 않기 때문에, 이것이 가진 위협적이고 이질적인 특성은, 주인의 신체 내부에서 계속 유지된다. 만약 이러한 이질성이 완전히 사라진다면, 관용의 필요성 역시 사라질 것이다. 겉으로는 정의를 표방하는 관용은 이런 식으로 특정한 대상을 편입을 통해 관리하는 동시에, 계속해서 이들에게 외부인의 자리를, 더 나아가 정치체나 사회체에 대한 잠재적인 위협의 자리를 할당하는 행위이다. 따라서 오늘날 다문화주의의 관용에 대한 호소에는, 단순한 "행복한 차이의 공동체"에 대한 추구 이상의 것이 존재하며, 우리는 이러한 다문화주의의 구상 내부에 존재하는 규범과 적대를 좀 더 면밀히 살펴볼 필요가 있다. 이러한 작업을 통해서야 비로소 우리는, 사회 내에서 어떠한 것이 가치 있다고 평가되고 어떠한 것이 이러한 가치에 대한 위협으로 간주되는지, 오늘날 항구적인 이질성과 증오가 어떤 식으로 상상되고 있는지, 그리고 이 이질성과 증오가 어떻게 다루어지고 있는지에 대해 질문해 볼 수 있을 것이다.

관용의 차이에 대한 적대를 해결하는 것이 아니라 단지 그것을 관리할 뿐인 한, 관용은 각종 심리적 문제의 원인이 된다. 관용이 무엇에든 적용되는 이데올로기이자 통치의 요소가 된 오늘날, 이 심리적 문제는 그 어느 때보다도 명백한 사회적 효과를 가진다. 오늘날 관용의 대상이라 여겨지는 이들은 주변적 대상으로 표지됨과 함께, 시민과 비(非)시민 혹은 인간과 비(非)인간을 구분하는 경계에 자리 잡게 된다. 이와는 반대로, 관용을 실천하도록 종용받는 이들은, 시민 윤리와 평화, 진보의 이름하에, 적개심과 분노를 억눌러야만 한다. 심리학적으로, 전자는 배제를 통해 발생하는 원한(resentment)과 자기-비하를 낳으며, 후자는 강자의 위치를 부인함으로써 발생하는 원한과 억압된 공격성을 낳는다. 우리는 이러한 원한들의 온상인 관용을, 자유주의적 다문화주의의 불안정한 심리구조에 대한 단순한 대응물이 아니라, 오히려 이를 생산해내는 원인으로 보아야 한다. 하지만 관용의 이러한 어두운 면은, 관용을 둘러싼 정식화-즉 개인과 사회의 윤리적 미덕이자 평화를 위한 시민의 실천이라는 정식화-에 의해 감춰지곤 한다.

관용은 주체를 생산하고 표지할 뿐 아니라, 관용 이외 다른 대안들의 범위와 활용 가능성까지 결정한다. 예컨대, 우리는 어떻게 해 볼 도리가 없거나 아무런 상관이 없는 존재에 대해서는, 관용을 말하지는 않는다. 또한 대체로 관용은 배제나 격리, 억압과 금지와 같은 타자성을 다루는 여러 상이한 행위들 속에서 **선택된** 대안이다. 따라서 관용은 어떤 조건 때문에 배제와 억압 등의 방법을 사용할 수 없어서 할 수 없이 무언가를 참아야 하는 상황이나, 혹은 싫어하는 사람이나 행동을 억지로 참는 것 외에는 어떤 선택의 여지도 없는 상황에는 어울리지 않는다. (이럴 경우, '종속'이나 '억압'이 더 적절한 표현일 것이다.) 관용은 사실 주인의 안락을 어느 정도 양보하는 하나의 타협안이지만, 이같이 그 속에는 기본적으로 선택과 역량의 의미가 담겨져 있으며, 강제와 수동성은 관용과 상충된다.

따라서 관용에는 두 종류의 경계선 긋기와 하나의 자격 부여 행위가 포함되어 있다. 관용은 먼저 어떤 문제가 관용이 필요한 문제인가라는 유관성의 범위와 이 범위 내에서 어떠한 부분까지 수용이 가능한가라는 도덕적 범위를 구획한다. 자격 부여 행위는 이 경계선 내부에서 어떠한 행위가 관용되기 위한 조건들을 구체화하는 것이다. 예컨대, 몇몇 사람들은 낙태가 도덕적으로 잘못된 행위라고 생각하지만, 이러한 도덕적 문제가 개인 차원의 문제라고 믿기 때문에 낙태의 조건부 합법화를 관용한다. 하지만 이들 역시 "임신 후반기에 행하는 낙태"는 관용의 범위를 벗어났다고 생각할지 모른다. 또 어떤 이들은 낙태는 살인이며 이러한 살인을 막는 것이 윤리적 행위라고 믿어서, 어떠한 경우의 낙태도 관용하지 않은 채, 낙태가 시술되는 곳을 찾아가 항의 시위를 벌일지도 모른다. 이러한 입장들 속에서, 우리는 개인의 문제와 사회의 문제 간의 경계를 확정 짓는 경계선 긋기 행위와, 어떤 종류의 낙태가 관용할 만한 것으로 인정되는가를 결정하는 자격 부여의 행위를 동시에 발견할 수 있다.

계보학

물론 자유주의적 관용의 기원이라고 할 만한 여러 원칙들이 등장한 시기는, 르네상스 시기보다는 종교개혁 시기라고 할 수 있다. 이 시기 관용에 대한 관심의 정도는, 그 국가의 주된 종교가 무엇인지, 절대 왕정의 힘이 어떠했는지, 문제가 되었던 종파는 무엇이었는지에 따라, 국가별로 그리고 시기별로 차이가 있다. 예컨대 프랑스에서 프로테스탄트가 야기한 문제는, 영국 스튜어트 왕가하의 청교도나 가톨릭교도의 문제와는 달랐다. 또한 1640년대 분파들의 반란에 직면해서 영국의 장로회가 취한 불관용의 태도는, 1685년 〈낭트 칙령〉의 폐지 이후 벌어진 프랑스에서의 종교 탄압과는 또 다른 형태를 띠었다.

이 시기 관용에 대한 저작을 남긴 이들은 상당수에 이르는데, 스피노자(Baruch Spinoza), 존 밀턴(John Milton), 고트홀드 에프라임 레싱(Gotthold Ephraim Lessing), 삐에르 발(Pierre Bayle), 로저 윌리암스(Roger Williams) 그리고 존 굿윈(John Goodwin) 등을 대표적인 사상가로 꼽을 수 있다. 그러나 종교개혁 이후 가장 대중적으로 관용의 원리를 정식화한 사람은, 다름 아닌 존 로크였다. 로크는 1689년 영국의 왕위 계승자를 둘러싸고 종교 간의 논쟁이 한창 벌어지던 당시, 『관용에 관한 편지』를 익명으로 출판하였다. (이 편지가 로크의 네덜란드 망명 생활 중에 쓰여졌다는 사실 역시 눈여겨보아야 한다. 당시 네덜란드는 스페인의 지배 이후 거의 한 세기 동안 종교 갈등을 겪은 경험을 가지고 있었으며, 프랑스 내에서 탄압받던 프로테스탄트들의 망명지이기도 하였다.) 이 『편지』에서 로크는 단지 관용을 호소하는데 그치지 않고, 정치사회와 종교적 삶을 구분할 것을 주장하였다. 로크에 따르면, "이 두 사회를 섞으려고 하는 자는 하늘과 땅처럼 가장 멀리 떨어져 있는 것 두 가지를 뒤섞으려고 하는 것이다."(403) 로크는 이 두 사회 간의 차이를 강조하는데, 그에 따르면, 종교는 사후 세계를 위한 것이자 영혼의 구원과 관련된 것인 반면에, 정치 사회는 현세의 삶을 위한 것이고 세속적 재산, 즉 "생명, 자유, 신체적 건강, 무병 그리고 토지, 돈, 가구 등과 같은 외적인 것들의 소유"(393)와 관련되어 있다.

이와 같이 종교와 정치를 분리함으로써, 로크는 종교적 믿음을 개인화하고, 그것을 공통의 문제가 아닌 개인의 문제로 만드는 데 성공한다. 로크는 다음과 같이 선언한다. "그러므로 자기 영혼을 돌보는 일은 각자에게 달려 있으며, 각자에게 맡겨져야 한다."(405) 이러한 선언은, 장차 근대성의 상징이 될 개인적이고 사적인 신앙인의 출현을 알리는 것이다. 확실히 이러한 종교의 개인화는, 종교적 진리의 영향력을 감소시키고, 믿음에 주관적인 성격을 부여하여 종교적 관용의 기본틀을 구축하였다. 동시에 로크의 정식화는 근대적 관용원리에 존재하는 역설의 등장을 의미하는 것이기도 하다. 이 역설은 믿음이나 신념처럼 개인에게 있어서는 무엇보다 소중한 것들이, 이제 공공의 삶으로부터 분리될 뿐 아니라 더 이상 공유된 진리의 위치도 차지하지 못한다는 것이다. 공동체 내의 다양한 믿음들은, 이제 그 믿음이 어떤 공적 중요성도 없음이 인정되는 경우에 한해서만, 관용의 대상이 될 수 있다. 즉, 개인의 사적인 믿음이 현재의 정치·사회·경제적 삶의 구조와 별다른 관련이 없는 한에서만, 그리고 기존의 인식론적인 권위에 대해 도전하지 않는 경우에 한해서만, 믿음은 관용의 대상이 될 수 있는 것이다.

...(중 략)...

종교적·윤리적 진리와 믿음을 제약하자는 로크의 급진적 주장은, 당대의 어떤 종파의 입장과도 부합하지 않는 것이었다. 당시 널리 퍼져 있던 종교적 확신과 교조주의의 분위기로 볼 때, 로크의 주장은 당시에는 누구도 완전히 만족시키지 못하는 평화안이었다. 따라서 관용은 처음에는 어떤 도덕적 확신의 결과가 아니라, 해결 불가능해 보이는 사태를 타개하기 위한 실용적 해결책으로 받아들여졌다. 그런데 우리는 근대 관용의 계보학에서 또 하나의 중요한 계기가 되었던 미국의 건립에 대해 논하면서, 이러한 역사적 사실을 간과하곤 한다. 사실 오늘날 미국의 설립과 관용을 병치시키는 것은 흔한 일이다. 예컨대, 사람들은 청교도들이 불관용적인 구세계에서 탈출해, 아메리카에서 관용에 기반한 새로운 질서를 세웠다고 이야기한다. 하지만 사실 뉴잉글랜드에 세워진 새로운 정착촌은, 매우 교조적인 종교 공동체였다. 그들은 개인의 양심을 중요한 원칙으로 삼긴 했지만, 오늘날의 어떤 종교보다도 더 열심히 종교적·도덕적 진리를 추구하는 데 열중하였다. 이러한 기원은, 처음에는 종교에 대한 관용에서 출발하여, 나중에는 상이한 생각과 발언에 대한 관용으로 발전해 나간 미국적 관용 전통의 핵심에, 하나의 역설이 존재함을 보여준다.-즉, 관용은 절대적 원리들의 충돌에 대처할 필요성 때문에 등장한 원리이며, 그런 의미에서 일종의 반(反)원리라는(antiprinciple)라는 역설이다. 이 당시 다른 종파의 광적인 믿음을 관용하는 것은, 일차적으로 자신의 광적인 믿음을 관용받기 위해 필요한 행위였으며, 따라서 이러한 관용에는 수많은 제약이 존재했다. 『주홍글씨』의 주인공 헤스터 프린에게 가해진 공동체의 폭력에서 보듯이, 초창기 관용은 공동체 내부에 적용되는 가치였다기보다는 공동체 간에 적용되는 가치였다고 보는 게 맞을 것이다.

관용의 대상들: 믿음, 진리, 정체성

또한 관용 담론은 강력한 국지적 진리를 생산하고 집단적이고 공적인 진리를 빈껍데기로 만드는 데 일조함으로써, 도덕적 진리에 대한 상대주의를 부추기게 된다. 역설적이게도, 관용 담론은 도덕적 진리를 인간 존재의 가장 중요하고 심오한 요소로 제시하는 동시에, 그러한 진리가 단지 개인적인 차원에 한정되어 영유되어야 한다고 주장한다. 우리의 영혼을 구원하는 일은 너무나 중요하기 때문에 이는 공적인 성격을 가질 수 없는 사적이고 개인적인 일이라는 것, 이러한 역설이 로크식 관용론의 핵심이다.

…(중 략)…

이같이 우리와는 "다른" 사람들을 관용해야 한다는 주장은, 푸코가 묘사한 주체 형성의 전체화(totalizing) 효과를 강화한다. "관용하라"는 가르침에는, 개인의 주체성을 (《관용박물관》의 안내원의 표현을 빌자면, "우리와는 다르게 행동하고 다른 믿음"을 가진) 집단 정체성의 산물로 환원시킴으로써, 관용의 대상이 되는 이들의 "타자성"을 과장하고 물화하는 과정이 포함된다. 다시 말해 관용의 대상이 되는 이들은, 그들의 행위와 믿음이 다르기 때문에 혐오의 대상이 되며, 이 행위와 믿음의 요체에는 인종·종족·섹슈얼리티가 놓여 있는 것으로 본질화 된다. 푸코의 설명이 보여주듯이, 근대의 주체 형성에 있어 "성적 선호"나 인종 같은 범주는 "다른" 믿음과 행동을 낳는 본질로 간주되며, 이는 관용이 해결책으로 제시될 수밖에 없는 내재적이고 영구적인 조건을 낳는다. 이제 인종과 성적 선호라는 개념 자체가 차이를 본질화한 산물이며, 관용 담론이 이러한 차이를 재기입 한다는 사실은 은폐된다. 즉, 관용 자체가 인종화와 성적 정체성을 재생산하는 데 일조한다는 사실은 망각되는 것이다. 더 나아가 오늘날 관용은 이러한 주변화된 집단들의 "행위와 믿음"에 기존 관용 담론에서 종교가 차지했던 지위를 부여함으로써, 관용하는 주체를 –그것이 국가이건 비표지 된 헤게모니 정체성이건 간에- 중립적이고 세속적인 주체로 재구성한다. 결과적으로 관용 담론은 관용 대상이 가진 차이를 규범적이고 세속적이며 중립적인 것과 대립시키고 물화함으로써, 이미 주변적인 이들을 한층 더 주변화 시킬 뿐더러 모든 타자성을 관용의 대상이 되는 이들의 몫으로 떠넘긴다.

이러한 방식으로, 현대적 관용은 불평등과 계층화를 줄이기는커녕 강화시키는 규범적 담론으로 작동하며, 이는 근대 초기 관용에 담겨 있던 종교적 색채를 후기 근대적 주체의 정체성 형성에 덧씌움으로써 더욱 강화된다. 종교와 연결

됐던 관용 담론이 오늘날 귀속적 정체성에 적용됨으로써, 다음과 같은 효과가 발생한다. 첫째, 이는 푸코가 이야기한 본질화 된 정체성의 규제적 효과를 강화시킨다. 둘째, 이는 "차이"를 종속이나 불평등과 무관한 것으로 구성하는 이데올로기적 효과를 가진다. 셋째, 이는 지배적인 비표지 된(unmarked) 정체성의 헤게모니를 강화한다. 더 나아가, 앞으로 3장과 5장에서 자세히 살펴보겠지만, 관용은 그 대상이 되는 이들에게 공적 영역에서 그들의 "차이"를 드러내지 말 것을 요구한다. 관용의 대상이 되는 이들은, 사적이고 탈정치화 된 방식으로 자신들의 "차이"를 드러내는 한에서만, 즉 이를 정치적 주장으로 연결시키지 않는 한에서만, 관용 가능한 대상이 된다. 관용 대상에 대한 이러한 요구는, 정치화된 정체성이면 추구하기 마련인 인식론적·정치적 입장과 충돌할 뿐 아니라, "차이"를 구성하는 사회적 권력에 대해서는 침묵하고, 비표지 된 문화·종족·인종·섹슈얼리티의 헤게모니를 강화하는 효과를 낳는다. 이러한 일련의 과정을 통해, 계층화되고 불평등한 사회 질서 속에서 추상적이고 보편적인 정치적 권리와 원칙이 작동하는 전형적인 방식이 되풀이 되는 것이다.

게다가 앞서 대리보충으로서의 관용에 대해 논의하면서 잠깐 살펴봤듯이, 관용의 이러한 변화 배경에는, 보편주의의 중요한 균열, 푸코가 설명한 근대적 주체 형성에 의해 야기되는 균열이 존재한다. 즉, **의견**이나 **믿음**에 대한 관용에서 **인격체**(person)에 대한 관용으로의 변화는, 보편적 주체에서 (섹슈얼리티, 종족성 등을 담지한) 특수한(particular) 주체로의 역사적 이행과 상응하는 것처럼 보인다. 과거 보편적 주체가 내밀한 사색 등을 통해 특수한 믿음이나 가치관에 도달했다면, 오늘날 특수한 주체는 자신의 정체성에 따라 상이한 믿음과 가치관을 가지며, **심지어 이러한 특수한 믿음과 가치관이 주체 그 자체에 의해 포기될 때에도, 차이는 여전히 주체 안에 기입된다**. 이러한 변화 속에서, 공적 질서를 유지하는 선에서 사적인 믿음을 승인하려던 관용의 애초의 목적은 완전히 전도되어, 이

제 관용은 공통적인 것 내부에 본질화 된 타자성을 각인시키는 하나의 방법이 되었다.

이로써 우리는 현대의 관용 담론이 가진 교활한 측면을 발견하게 된다. 관용은, 예컨대 "제도화된 인종주의" 같은 불평등의 문제를 "상이한 행위와 믿음"의 문제로 전환시킴으로써, 관용해야 할 차이 자체를 생산해내는 불평등과 지배 문화의 작동을 은폐한다. 관용은 차이를 본질화하고 섹슈얼리티·인종·종족의 문제를 물신화함으로써, 섹슈얼리티·종족·인종이라고 **불리는** 차이들을 **생산**해 온 역사와 권력에 대해서는 침묵한다. 또한 관용은 문화적으로 생산된 차이를 태생적이고 본성적인 것으로 간주함으로써, 이 차이를 불평등과 지배의 장소로 파악할 수 없도록 만든다.

이는 오늘날 관용의 전도사들이 사용하는 "차이"에 대한 수사들을 검토하면 좀 더 명확히 이해할 수 있다. 이러한 수사들 속에서 계급의 문제는 거의 항상 부재하며, 젠더는 기묘하게 뒤틀린 형태로 가끔 언급될 뿐이다. 아마도 이는, 계급이 자유주의 담론 속에서 내재적 본성이나 신체적 특성에 의해 결정된다고 보기 힘든 대표적인 사회적 정체성이기 때문일 것이다. (비록 부르주아 담론에는 어느 정도 계급을 자연화하려는 요소가 존재하지만 말이다.) 자유주의 담론 속에서, 계급은 태생적인 것이 아니라 생산된 차이로 간주되어 왔으며, 이러한 입장은 지난 세기 동안 계급이동이라는 이데올로기에 의해 더욱 강화되어 왔다. 계급이 내재적 본질이나 속성이 아니라면, 이는 개인을 정의하는 결정적 요소도 아니고 일단의 행동을 생산하는 요소도 아니기 때문에, 당연히 관용의 대상이 되지도 않는다.(정확히 이와는 반대의 이유로 인종·종족·민족성·섹슈얼리티는, 관용에 의해 조정되어야 할 차이로 여겨진다.)

4

용서하는 힘

한나 아렌트의 『인간의 조건』, 이진우 옮김, (한길사, 1996).

노동하는 동물이 영원히 되풀이되는 삶의 과정의 감옥에서 해방되고, 노동과 소비의 필연성 속에 영원히 속박되어 있는 상태에서 벗어날 수 있는 것은 오직 인간이 자신의 다른 능력, 즉 만들고 제작하고 생산하는 제작인의 능력을 동원할 때 가능하다는 사실을 우리는 이미 알고 있다. 제작인은 도구 생산자로서 노동의 수고와 고통을 덜어줄 뿐만 아니라 지속되는 세계를 건립한다. 노동에 의해 유지되는 삶을 구제하는 것은 세계성이다. 그런데 이 세계성 자체는 제작에 의해 유지된다. 더욱이 우리는 제작인으로서의 인간이 무의미성의 곤경과 '모든 가치의 평가절하,' 목적과 수단의 범주로 규정되는 세계에 타당한 기준을 발견하는 것이 불가능하다는 사실로부터 구제될 수 있는 길은, 제작이 사용물품을 생산하듯이 유의미한 이야기를 산출하는 행위와 말의 상호연관적 능력을 통해서라는 것을 잘 알고 있다. 사유가 가지는 곤란함도, 그것이 우리가 지금 고찰하고 있는 문제의 범위를 벗어나지 않는다면, 이들 예에 속해야 할 것이다. 왜냐하면 사유 역시 사유 활동 자체가 야기하는 곤경에서 '사유 자체'를 구제할 수 없기 때문이다. 이들 각각의 경우에 인간을 구제하는 것, 즉 노동의 동물로서의 인간, 제작인으로서의 인간, 사유자로서의 인간을 구제하는 것은 전혀 다른 종류의 능력이며, 그것은 인간의 외부에 존재하는 것이 아니라 각각 활동의 외부에 존재한다. 노동하는 동물에게 자신이 세계를 인식하고 세계에 거주하는 존재라는 사실은 기적으로 보인다. 마찬가지로 제작인의 관점에서 의미가 이 세계에 자리잡고 있다는 사실은 기적이자 신의 계시와 비슷하다.

행위와 행위자의 곤경의 경우, 사정은 완전히 다르다. 여기서 행위가 출발시키는 과정의 환원불가능성과 예측 불가능성은 다른 고차적인 능력으로 치료될 수 있는 것이 아니다. 오히려 그것의 치료능력은 행위 자체가 가지는 잠재력 중의 하나이다. 자신이 무엇을 행했는가를 알지 못하고, 알 수 있다 할지라도 행한 것을 되돌릴 수 없는 무능력인 환원불가능성의 곤경으로부터 벗어나게 하는 것은 용서하는 능력이다. 미래의 불확실성인 예측불가능성의 치유책은 약속을 하고 또 그 약속을 지키는 인간의 능력에 내재해 있다. 이 두 능력 가운데 하나인 용서하는 능력이, 다모클레스의 검처럼 모든 새로운 세대에 걸쳐 그것의 '죄' 값을 치러야 하는, 과거의 행위를 구제한다는 점에서 이 두 능력은 동질적이다. 그리고 약속을 지키는 능력은 미래라는 불확실성의 바다에 안전한 섬을 세우게 한다. 이 섬이 없다면 인간 사이의 관계에서 지속성은 물론이고 연속성조차 갖지 못한다.

용서를 받음으로써 우리가 행한 일의 결과로부터 해방되지 못한다면 행위하는 능력은 결코 회복할 수 없는 하나의 유일한 행위로 끝날 것이다. 우리는 영원히 그 결과의 희생자로 머물 것이다. 이것은 마치 마술사의 제자가 주문을 푸는 마술의 공식을 알지 못하는 것과 같다. 약속을 이행하지 않는다면 우리는 결코 자신의 정체성을 유지할 수 없다. 우리는 각자의 외로운 마음의 의심과 모순에 사로잡혀, 그 마음의 어둠 속에서 방향을 잃고 방황해야 할 운명에 처해 있을 것이다. 이 빛은 약속을 하고 지키는 사람의 동일성을 보장해주는 타인의 현존을 통해서 빛난다. 따라서 이 두 능력은 타인의 현존과 행위를 의미하는 다원성에 의존한다. 왜냐하면 어느 누구도 스스로를 용서하거나 자신에게만 행한 약속에 구속되어 있다고 생각할 수 없기 때문이다. 고독과 고립 속에서 행하는 약속과 용서는 실재성을 갖지 못하며 단지 자기 앞에서 행하는 역할에 지나지 않을 따름이다.

용서와 약속의 능력은 다원성이라는 인간조건과 밀접하게 일치하기 때문에, 그 각각은 플라톤의 지배 개념에 내재하는 '도덕'의 기준들로부터 완전히 대립적인 정치적 지도원리를 확립한다. 플라톤의 지배권은 그 정당성을 자기 지배에 두고 있는데, 그 지도원리를-이것은 동시에 타인에 대한 지배를 정당화하고 제한하는 원리인데-나와 나 자신 사이에 확립한 관계로부터 이끌어낸다. 그래서 타인과 맺는 관계의 잘못과 옳음은 자신에 대한 태도가 결정하며, 결국 공론영역은 정신, 영혼, 육체라는 개인의 능력 사이의 올바른 질서인 '대문자의 인간'의 형상으로 이해된다. 다른 한편으로 용서하고 약속하는 능력에서 추론된 도덕률은 어느 누구도 자신과 할 수 없는 경험, 전적으로 타인의 현존에만 기초하는 경험에 의존한다. 그리고 자신을 지배하는 방식으로 타인을 지배할 것이다-용서받고 약속이 이행되는 것을 경험하는 양식과 정도가 자신을 용서하고 자신에게만 한 약속을 지키는 양식과 정도를 규정한다.

행위과정에 내재하는 거대한 힘과 복원력을 치료하는 것은 다원성의 조건에서만 가능하기 때문에, 이 능력을 인간사 이외의 영역에서 사용하는 것은 매우 위험하다. 근대의 자연과학과 기술은 이제 자연과정을 관찰하여 원료를 추출하거나 그 과정을 모방하는 데 만족하지 않고 실제로 자연과정에 작용을 가함으로써, 이미 행해진 것을 복구할 어떤 치료책도 발견할 수 없는 자연의 영역에까지 환원불가능성과 인간의 예측불가능성을 옮겨놓고 있는 듯하다. 마찬가지로 생산의 양식으로 그리고 수단과 목적의 범주 내에서 행위하는 것은 행위에만 내재하는 자기 치료 가능성을 박탈할 수 있는 위험성을 가진다. 따라서 이제 우리는 모든 제작에 필수적인 폭력의 수단을 가지고 '행해야' 할 뿐만 아니라 성공하지 못한 대상을 복구하듯이 파괴를 수단으로 하여 자신이 행한 것을 복구시켜야 한다. 이러한 시도에서 가장 명백하게 나타나는 것은 인간 권력의 위대성이다. 이 권력의 원천은 행위하는 능력이며, 행위에 내재하는 치료능력을 상실하면 이 권력은 필연적으로 과잉권력이 되어, 인간 자신이 아니라 인간이 삶을 영위하는 데 필수적인 제 조건들을 파괴한다.

인간사의 영역에서 용서의 역할을 발견한 사람은 나사렛 예수이다. 그가 종교적 맥락에서 그것을 발견하고 종교적 언어로 명료화했다는 사실이, 엄격히 세속적 의미에서 그것을 진지하게 취급할 필요가 없다는 이유가 될 수 없다. 매우 선택적이고 명료한 개념화 과정에서 신뢰할 만한 다양한 경험들을 배제하는 것은 우리 정치사상의 전통의 본질에 속한다(여기서는 해명하지 못할 여러 이유들 때문에 그러하다). 이런 제외된 경험들 중에 극히 기본적 본성의 경험도 있다고 해서 놀랄 필요는 없다. 나사렛 예수의 가르침의 어떤 측면들은 기독교의 종교적 메시지와 관련이 있다기보다는, 이스라엘의 공적 권위에 도전하는 데 열중했던 그의 동료들과의 작고 친밀한 공동체의 경험으로부터 유래한 것이다. 예수의 가르침은 종교적 본질을 가진다는 이유로 무시되어 왔지만 확실히 전통이 제외한 경험에 속한다. 용서는 행위가 초래하는 필수불가결한 상처를 치유하는 데 필수적인 것이라는 의식의 맹아적 흔적을, 우리는 피정복자를 용서하는 로마인의 원리에서 발견할 수 있으며-그리스인들은 전혀 알지 못한 지혜이다-로마에서 유래하는 특별 사면권, 오늘날에도 사형의 경우 거의 모든 서구 국가의 통치자의 특권에 속하는 이 권리에서도 엿볼 수 있다.

현재의 맥락에서 중요한 것은 예수가 '서기관과 바리새인'에 대항하여 첫째, 신만이 용서하는 힘을 가진다는 것은 사실이 아니며 둘째, 인간이 아닌 신이 인간을 통해서 용서한다 할지라도 이 힘은 신으로부터 오는 것이 아니라, 반대로 인간이 신에게 용서받을 수 있다고 희망할 수 있기 이전에 인간 자신이 이 힘을 서로에게 사용해야 한다고 주장했다는 것이다. 예수의 표현은 훨씬 급진적이다. 복음서는 인간은 신이 용서해주기 때문에 자신도 '신과 같이' 남을 용서하는 것이 아니라 '진심으로 남을 용서할 때만' 신도 '그와 같이' 인간을 용서해준다고 가르치고 있다. 용서의 의무를 주장하는 이유는 "자신들이 행하는 것을 인간은 알지 못하기 때문이다." 그러나 이 용서는 극단적인 범죄나 의도적인 악에는 적용되지 않는다. 왜냐하면, 만약 적용 가능하다면, "하루에 일곱 번을 그리고 다시 일곱 번의 죄를 범하고 나는 회개합니다라고 당신에게 말하면 그를 용서하시오"라는 가르침이 불필요하게 될 것이기 때문이다. 범죄와 자의적 악은 드물며 아마도 선의 행위보다 드물 것이다. 예수에 따르면, 이것은 하느님이 마지막 심판의 날에 판단하실 것이며-이 심판은 지상의 삶에는 아무런 역할도 하지 못한다-마지막 심판의 특징은 용서가 아니라 공정한 응보(*apodounai*)이다. 그러나 인간은 매일 죄를 범할 수 있으며, 관계의 그물망에서 새로운 관계를 만들려고 하는 한, 항상 '죄'를 짓기 마련이다. 따라서 죄는 항상 용서하여 잊는 것을 필요로 한다. 인간이 알지 못하고 행한 것으로부터 부단히 인간을 해방시켜야만 인간의 삶은 계속 가능할 수 있다. 인간이 행한 것으로부터 서로를 해방시켜줌으로써만 인간은 자유로운 주체로 남을 수 있다. 그리고 자기의 마음을 변화시켜 다시 시작하겠다는 부단한 의지를 통해서만 인간은 새로운 것을 시작할 수 있는 위대한 힘을 부여받을 수 있다.

이런 측면에서 용서는 보복의 정반대이다. 보복은 죄에 대항하는 반동의 형식으로 이루어진다. 여기서는 처음 잘못된 행위의 결과에서 끝이 나지 않는다. 모든 사람은 과정에 묶이게 되어 모든 행위에 내재하는 연쇄적인 반동을 허용하게 되며 그것은 무한한 과정이 된다. 보복은 잘못에 대한 자연스럽고 자동적인 반동이고 행위과정의 환원불가능성 때문에 예상할 수 있고 예측할 수 있지만, 이와는 대조적으로 용서의 행위는 결코 예견할 수 없다. 용서는 예기치 않은 형식으로 일어나는 유일한 반동이다. 그래서 반동일지라도 행위의 본래적 성격을 가진다. 달리 말하면, 용서는 단순한 반동이 아니라, 반동을 유발시키는 행위에 의해 제한받지 않고 새롭게 그리고 갑자기 일어난다. 따라서 용서하는 자와 용서받는 자 모두를 그 행위의 결과로부터 자유롭게 해준다. 예수의 용서의 가르침에 포함된 자유는 보복으로부터의 자유이다. 보복은 가해자와 피해자 모두를, 결코 끝이 나지 않는 행위과정의 잔인한 자동운동 안에 가둔다.

용서의 정반대는 아니지만 용서 외에 달리 선택가능한 것은 처벌이다. 처벌과 용서는 간섭하지 않는다면 무한히 계속될 어떤 것을 끝내려고 시도한다는 점에서 공통점을 가진다. 그러므로 인간사에서 매우 의미 있는 구조적 요소는 인간은 처벌할 수 없는 것을 용서할 수 없으며, 용서받을 수 없는 것을 처벌할 수 없다는 사실이다. 이것은 칸트 이래로 우리가 '근본악'이라 부르는 죄이지만, 이 죄의 본질에 대해서는 우리조차도, 즉 공적 무대에 드물게 분출된 그것을 경험한 우리조차도 거의 알지 못한다. 우리가 아는 것은 우리는 그러한 죄들을 처벌할 수도 용서할 수도 없으며 따라서 그것들은 인간사의 영역과 인간 힘의 가능성을 초월한다는 사실이다. 근본악들이 나타나는 어디에서나 인간사의 영역과 인간 힘의 가능성 모두는 파괴된다. 행위 자체가 인간에게서 모든 힘을 앗아가는 곳에서 우리는 예수와 더불어 다음과 같은 말을 되풀이할 수 있을 뿐이다. "연자맷돌을 목에 걸고 바다에 빠져죽는 것이 차라리 그에게는 더 나을 것이다."

파괴와 생산이 서로 관련된 만큼이나 밀접하게 용서와 행위가 연관이 있다는 가장 그럴듯한 논증은, 행해진 것을 원상태로 돌리는 것은 행위 자체와 동일한 계시적 성격을 보여준다는 용서의 한 측면으로부터 도출된다. 용서함과 이로 인해 확립되는 관계는 항상 (반드시 개별적이거나 사적이지는 않지만) 인격적 사건이다. 여기서 행한 것을 용서하는 것은 그것을 행한 자를 위해서이다. 이러한 사태를 예수도 분명하게 인식했다("그녀의 죄가 많을지라도 용서받을 것이다. 왜냐하면 그녀는 많은 사랑을 베풀었기 때문이다. 그러나 사랑을 베풀지 않는 자는 그만큼 용서받지 못하리라"). 그리고 이것이 사랑만이 용서하는 힘을 가진다는 통상적인 확신의 이유이다. 사랑은 인생사에서 매우 드물게 일어난다 할지라도 참으로 동일하지 않은 자기 계시의 힘을 가지며 동일하지 않은 명료성으로 '누구'를 개시한다. 왜냐하면 사랑은 사랑하는 자가 '무엇'인가에 대해 전혀 관심을 갖지 않으며 그의 자질과 부족, 업적과 실패, 그리고 실수에도 관심을 갖지 않는다. 사랑은 그 열정 때문에 우리를 타인과 결합시키거나 분리하는 중간영역을 파괴한다. 사랑이 지속되는 한, 연인들 사이에 끼어들 수 있는 유일한 중간영역은 사랑의 산물인 자식이다. 사랑하는 자를 현재 결합시키고 그들이 공동적으로 관계하는 중간영역인 자식은 그들을 또한 분리시키기도 한다는 점에서 세계의 대변자이기도 하다. 자식은 사랑하는 자들이 존재하는 세계에 하나의 새로운 세계를 삽입했다는 것을 의미한다. 자식을 통해서 사랑하는 자는 마치 그들의 사랑으로 인해 떠났던 세계에 다시 복귀하는 듯하다. 새로운 세계성, 즉 정사의 가능한 결과이자 유일하게 가능한 행복한 종말인 이 새로운 세계성은 어떤 의미에서는 사랑의 종말이다. 사랑은 사랑하는 자들을 새로이 사로잡거나 또는 함께할 수 있는 다른 양식으로 변형되어야만 한다. 사랑은 본질상 무세계적이다. 드물기 때문이 아니라 바로 이 무세계성 때문에 사랑은 정치와 무관할 뿐만 아니라 반정치적이며, 아마 반정치적인 모든 인간 힘 중에서 가장 강력할 것이다.

그러므로 사람은 누군가를 '있는 그대로' 완전히 받아들이고 그가 무엇을 하든 간에 항상 기꺼이 용서하는 까닭에 사랑만이 용서의 힘을 가진다면 -기독교가 주장하듯이-용서는 우리가 고려할 수 없는 것이 된다. 그러나 매우 좁은 영역에서 사랑이 관계한다면 인간사의 넓은 영역에는 존경이 관계한다. 아리스토텔레스의 정치적 우애(*philia politike*)와 비슷하게 존경은 일종의 우정이며 친밀성과 밀접성을 갖지 않는다. 존경은 세계의 공간 사이에 설정한 거리로부터 누군가를 존중하는 것이다. 이 존경은 우리가 감탄하는 자질이나 매우 높게 평가하는 업적과는 무관하다. 그래서 근대에서 존경의 상실 또는 우리가 감탄하거나 우러러보는 곳에만 존경할 의무가 있다는 확신은 공적인 삶과 사회적 삶의 탈인격화를 가속화하는 분명한 징후이다. 어쨌든 존경은 사람에게만 관련되는 것이기에, 사람을 위해서 그가 행한 것을 용서하도록 촉구하기에는 매우 충분한 것이다. 그러나 행위와 말로 자신을 드러내는 바로 그 사람이 용서의 주체라는 사실은, 어느 누구도 자기 자신을 용서할 수 없는 가장 근본적인 이유가 된다. 여기서 말과 행위처럼 일반적으로 우리는 타인에 의존하며, 이 타인에게 차이성을 통해 현상하나 우리 자신은 자신의 차이성을 지각할 수 없다. 우리가 우리 자신 속에 갇혀서는 결코 자신의 실패나 잘못을 용서할 수 없다. 왜냐하면 용서는 누군가를 위한 용서인데 바로 그 누군가(즉 자기 자신)에 대한 경험을 우리는 갖지 못하기 때문이다.

5

개방과 수용

상앙의 『상군서』, 윤대식 옮김, (지식을 만드는 지식, 2018).

경법(更法)

① (진나라) 효공이 (나라를 다스릴) 계획을 의논했는데, 공손앙·감룡·두지 세 명의 대부가 군주를 모시고 세상사의 변화를 생각하고 법(령)의 근본을 바로잡는 일을 토의하며 백성을 부리는 방법을 찾았다.

② 효공이 말했다. "선군을 계승해서 자리에 즉위해 사직을 잊지 못하는 것이 군주의 도리이고 법령을 만들어 시행하고 백성에게 힘써 주장하는 것이 신하가 행할 일이오. 지금 나는 법을 바꾸어 다스리고 예를 고쳐 백성을 교화하고 싶은데 천하가 나를 두고 무어라고 말할지 걱정이오."

③ 공손앙이 말했다. "신이 듣건대 '행동을 의심하면 이루는 것이 없고 일을 의심하면 공적이 없다'고 합니다. 군주께서 법을 바꾸려는 생각을 빨리 정하셨으면 반드시 천하의 의견을 고려하지 마십시오. 또한 대체로 높은 뜻을 지닌 사람의 행동이란 것은 진실로 세상에 비웃음을 당합니다. 유독 지

혜로운 생각을 가진 자는 반드시 백성에게 폄훼받습니다. 이런 말이 있습니다. '어리석은 자는 이미 이루어진 일에 어둡고 지혜로운 자는 싹이 트지 않은 일도 본다. 백성은 더불어서 그 시작을 생각할 수 없고 그 성공을 더불어 즐길 수만 있다'고 합니다. 곽언(진 헌공의 신하)의 법에서 말하기를 '지극한 덕을 논의하는 자는 세속과 조화하지 않으며 큰 공을 이루는 자는 백성과 모의하지 않는다'라고 했습니다. 법이라는 것은 백성을 사랑하기 위한 것이고 예라는 것은 일을 편히 하기 위한 것입니다. 그렇기 때문에 성인은 진실로 나라를 강하게 할 수 있으면 그 옛것을 본받지 않고 진실로 백성을 이롭게 할 수 있으면 그 예를 따르지 않습니다."

④ 효공이 말했다. "좋은 말이오."

⑤ 감룡이 말했다. "그렇지 않습니다. 신이 듣건대 '성인은 백성을 바꾸어 가르치지 않고 지혜로운 자는 법을 바꾸어 다스리지 않는다'고 했습니다. 백성(의 본성)으로 인해 가르치는 자는 수고하지 않아도 성공하고 법에 의거해서 다스리는 자는 관리들이 (법을) 익혀야 백성이 편안합니다. 지금 만약 법을 바꾸고 진나라의 옛것을 따르지 않으며 예를 고쳐 백성을 가르치면 신은 천하가 군주를 무어라 말할지 두려우니 충분히 살피시기 바랍니다."

⑥ 공손앙이 말했다. "그대가 말하는 바는 세속에서 하는 말입니다. 대체로 보통의 사람들은 옛 풍습에 편안해하고 배운 자는 들은 바에 빠져 버립니다. 이 두 부류는 관직에 거처하고 법을 지키는 자들이지 법 밖(의 일)을 같이 논할 바가 아닌 자들입니다. 삼대는 예가 같지 않았어도 왕 노릇 했고 오패는 법이 같지 않았어도 패자가 되었습니다. 그러므로 지혜로운 자는 법을 만들고 어리석은 자는 제압당하는 것이며 현명한 자는 예를 고치지만 미련한 자는 구속됩니다. 예에 구속된 사람은 같이 일을 말할 수 없고 법에 제압당한 사람은 같이 변화를 논할 수 없으니 군주께서는 의심하지

마십시오."

⑦ 두지가 말했다. "신이 듣건대 '이익이 백 배가 되지 않으면 법을 바꾸지 않으며 공적이 열 배가 되지 않으면 기물을 바꾸지 않는다'고 했습니다. 신은 '옛것을 본받으면 지나침이 없고 예를 따르면 사특함이 없다'고 들었습니다. 군주께서는 그 점을 도모하십시오."

내민(徠民)

① 오늘날 진(秦)나라의 토지는 사방 1000리인 것이 다섯 개나 되는데도 곡식이 나는 토지는 10분의 2도 차지하지를 못하고 전답의 수가 백만을 채우지 못하며 그 크고 작은 연못과 계곡과 이름난 산과 큰 강의 재화와 보물이 또한 다 사용되지 못하니 이것이야말로 사람과 토지가 균형을 이루지 못하는 것이다. 진나라와 더불어 이웃한 나라는 삼진(三晉 : 한, 위, 조)이다. (이들 중) 군대를 이용하고자 하는 나라는 한나라와 위나라다. 저 나라들은 땅이 좁고 백성은 많으며 그 거처는 조잡하면서도 여러 사람들이 함께 거처하며 곡식생산이 적어 장사치들은 이자를 받는다. 백성이 위로는 자신의 이름을 알리지 못하고 아래로는 전답과 택지가 없으니 간사한 일에 의지하고 장사를 하면서 머물러 살고 있다. 그래서 산의 남쪽 양지와 북쪽 음지에 땅을 파서 거처하는 자가 절반이 넘는다. 이것은 그 토지가 그 백성을 살게 할 수 없다는 것이고 비슷하게 진나라 백성도 그 토지를 충실히 (이용)하지 못하는 잘못이 있다. 백성의 성정을 생각해 보면 바라는 것은 전답과 택지인데 (삼)진에 없는 것은 확실하고 진나라에 남아도는 것도 확실하다. 이와 같은데도 백성이 서쪽으로 가지 않는 것은 진나라 병사들이 근심과 역경

에 처해있고 백성은 고되어서다.

② 신(상앙)이 가만히 생각해 보니 왕의 관리들은 총명한데도 잘못된 견해를 가졌으니 이것이 (나라가) 약화된 이유이다. 삼진의 백성을 뺏어 오지 못하는 것은 작위를 아까워하고 부역을 면제해 주는 것을 중히 여겨서다. 그 말로는 '삼진이 약화된 원인은 그 백성이 쾌락에 힘쓰고 부역을 면제받고 작위 받는 것을 가벼이 여기기 때문이고 진나라가 강성해진 원인은 그 백성이 힘써 수고하고 부역을 면제받고 작위 받는 것을 중히 여겨서다. 오늘날 작위를 많이 받고 오랫동안 부역을 면제받으니 이것은 진나라가 강성해진 원인을 버리고 삼진이 약해진 원인을 삼았기 때문'이라고 한다. 이것은 왕의 관리가 작위를 중히 여기고 부역을 면제받는 것을 좋아해서 하는 말이다. 그러나 신(상앙)이 가만히 생각해 보니 그렇지 않다. 대저 백성을 고생스럽게 하고 군대를 강하게 하는 이유는 장차 적을 공격해 성공을 거두고 싶어서다. 병법에 일컫기를 '적군이 약해지면 (우리) 군대가 강해진다'고 한다. 이 말은 우리가 공격하는 데 (힘을) 잃지 않으면 적군이 방어하는 데 (힘을) 잃는다는 것이다. 오늘날 삼진은 진나라를 이기지 못한 지가 4세대가 흘렀다. 위나라 양왕 이래로 야전에서 이기지 못하고 성을 수비하면 반드시 빼앗기고 크고 작은 전투에서 삼진이 진나라에 패한 것은 헤아릴 수가 없다. 이와 같은데도 굴복하지 않는 이유는 진나라가 그 땅을 얻을 수는 있어도 그 백성을 뺏을 수 없어서다.

③ 오늘날 왕께서 은혜를 발휘하고 밝혀서 제후들에게 있던 선비들이 의로운 나라로 돌아오면 지금의 부역을 3세대 동안 면제해 주고 군대의 일을 알지 못하게 해야 한다. 진나라의 사방 국경 안은 높은 산과 경사진 땅, 언덕과 저지대 습지이니 (세금을) 10년간 걷어 들이지 않도록 법률로 분명하게 정해 놓으면 농사짓는 사내 백만 명을 먹일 수 있다. 지난번 신(상앙)이 올린 말

씀은 '백성의 성정을 생각해 보면 바라는 것은 전답과 택지다. (삼)진에 없는 것은 확실하고 진나라에 남아도는 것도 확실하다. 이와 같은데도 백성이 서쪽으로 가지 않는 것은 진나라 병사들이 근심과 역경에 처해 있고 백성이 고되어서다'라는 것이었다. 지금 그 전답과 택지를 이롭게 해 주고 3세대 동안 부역을 면제해 주는 것은 반드시 그 바라는 바를 허락해 주고 그 싫어하는 바를 시키지 않는 것이다. 그렇게 하면 산동(6국)의 백성이 서쪽(진나라)으로 가지 않는 자가 없을 것이다. 이 또한 솔직하게 말씀드리는 것이다. (만약 왕께서) 그렇게 하지 않으면 (왕께서는) 텅 빈 광활한 토지를 꽉 채워야 하고 천연 자원을 개발해야 하는데, 그러면 백만 명의 사내가 근본(농사)에 종사하고 그 이익은 많지만 어떻게 (왕께서 군대가) 공격에 실패하는 것을 미리 방지할 수 있겠는가?

④ 무릇 진나라가 걱정하는 바는 군대를 일으켜 (다른 나라를) 정벌하면 국가가 가난해지고 편안히 거처하면서 농사지으면 적군도 휴식을 취할 수 있다는 것이다. 이것이 왕께서 두 가지를 모두 성공할 수 없는 이유다. 그러므로 4세대 동안 전쟁에서 승리했어도 천하가 굴복하지 않고 있다. 지금 원래 진나라 백성은 적군을 공략하고 새롭게 들어온 백성에게는 근본인 농사에 힘쓰게 하면 군대가 비록 밖에서 백날을 머물러도 국경 안에서는 잠시라도 농번기를 잃어버리지 않으니 이것은 부유함과 강성함 두 가지를 성공하는 효험이다. 신(상앙)이 말하는 군대를 일으키는 일은 국내 백성을 전부 선발하라는 것이 아니라 나라 안에서 군졸과 전차와 말을 공급할 수 있는지를 논의해서 원래 진나라 사람들은 군대에 가고 새로 들어온 백성에게 말먹이를 공급하라는 것이다. 천하에 굴복하지 않는 나라가 있다면 왕께서는 이런 방법으로 봄에는 그(들의) 농지를 포위하고 여름에는 그(들의) 식량을 (탈취해서) 먹고 가을에는 (그들이) 베어 낸 곡식을 취하고 겨울에는 (그들

이) 쌓아 놓은 곡식을 파악해야 한다. 큰 무력으로 그 근본(농업)을 흔들고 덕으로 교화해 그 후사를 편안히 해야 한다. 왕께서 이렇게 행하시면 10년 이내에 제후국들에서 장차 (진나라와) 다른 백성이 없을 것이니 왕께서는 어찌 작위를 아끼고 부역 면제를 중히 여기시는가?

핵심개념

① 자유
② 비자발적 공동체(involuntary association)
③ 제국
④ 잡종적 구성(hybrid constitution)
⑤ 차이
⑥ 관용
⑦ 용서하는 힘
⑧ 부강(富强)의 계책

기본문제

(1) 만약 한국에서 태어난 외국인의 자녀들 역시 자신의 태생적 정체성을 벗어날 수 없다고 한다면, 부모의 모국과 자신이 자란 한국의 운동경기에서 부모의 모국을 응원할 수도 있다. 이러한 상황에서 외국인의 자녀의 한국인 친구들은 어떤 태도를 취해야 하는 것일지 토의해보자.

(2) 한국 내 특정 문화권의 이주 노동자 집단의 수가 증가하여 대략 25만 여명에 이르렀다고 가정해보자. 선거구 획정 기준에 따르는 인구수를 가지고 있다는 사실에 착안하자면, 이들도 한국인에 준하는 교육의 기회와 정치과정 참여를 통한 분배를 요구할 수 있을지 토의해보자.

(3) 소설과 영화인 〈완득이〉 또는 〈황해〉와 같은 작품들은 한국인들이 일상에서 직면하고 있는 '그들'에 대한 일종의 문제의식을 던져주는 것일 수도 있다. 외부인이면서 동시에 내부인이라는 접점에 놓인 그들에 대해 어떻게 바라보고 대해야 균형을 유지할 수 있을지 토의해보자.

(4) 타자에 대한 혐오와 경멸이라는 측면에서 남녀 성별 간 타자에 대한 혐오와 공격성은 위험수준에 도달한 상황이다. 현재 온라인상으로 남녀 모두 상호 비난과 공격을 하고 있는 상황은 도대체 언제부터 어디에서 비롯되었던 것인지를 살펴보자.

(5) 상앙이 꿈꾸었던 순수한 법에 의한 지배는 모두에게 열려 있는 공간과 기회를 제공해야 하는 것이 선결조건으로 제시되어 있다. 그리고 국가는 내외의 모든 이질적인 요소를 포섭하는 관용과 함께 이를 아우를 수 있는 일률적인 기준으로 법에 의한 통치를 유지해야 한다고 강조한다. 만약 법에 의한 지배의 순수성이 보장될 수만 있다면, 외부에서 유입된 이민자들 역시 내부의 규범에 얼마든지 동화될 수 있다는 전망이 가능하고, 이에 따라 외부의 이질적인 구성원에 대한 내부구성원의 배타적 태도 역시 법으로 엄격히 통제해야 하는 것일까?

심화문제

『삼국유사』의 단군신화를 보면, '단일민족'의 정체성과 응집성을 위한 기제로 신화의 서사구조가 이용되고 있다. 그렇다면 우리의 정체성 역시 그 기원부터 외부인의 유입과 토착세력의 혼종이 이루어진 다문화적 요소를 태생적으로 안고 있다는 논리가 성립될 수 있다. 순혈주의에 기초한 고유성을 지니고 있다는 것과 다양하고 다원적인 요소에 기초한 보편성을 지니고 있다는 것 중 어느 것으로 우리의 정체성을 설명하는 것이 보다 합리적일지 두 가지 입장으로 나뉘어 토의해보자.

더 읽어볼 책

(1) 마이클 왈쩌 지음, 송재우 옮김, 『관용에 대하여』, 미토, 2004.
(2) 윌 킴리카 지음, 장동진 책임번역, 황민혁·송경호·변영환 공동번역, 『다문화주의 시민권』, 동명사, 2010.
(3) 베네딕트 앤더슨 지음, 윤형숙 옮김, 『상상의 공동체』, 나남, 2003.
(4) 에른스트 카시러 지음, 심철민 옮김, 『상징 신화 문화』, 아카넷, 2012.
(5) 고트홀트 레싱 지음, 윤도중 옮김, 『현자 나탄』, 지식을만드는지식, 2011.
(6) 시몬 드 보부아르 지음, 조홍식 옮김, 『제2의 성』, 을유문화사, 2016.

(7) 엘리자베스 영-브루엘 지음, 홍원표 옮김, 『한나 아렌트 전기』, 인간사랑, 2007.

(8) 순자 지음, 최대림 해역, 『순자』, 홍신문화사, 1991.

제5장 폭력과 평화
타인은 나의 지옥인가

제5장 폭력과 평화

들어가는 말

흔히 '폭력'은 인간의 '가장 오랜 동반자'로 여겨진다. 또한 인류의 역사는 폭력의 역사로 여겨지기도 한다. 이런 시각에서 '폭력'에 해당하는 'violence'라는 불어 또는 영어 단어와 불어로 '삶'에 해당하는 'vie'의 어원이 같다는 사실은 의미심장하다. 물론 그 관계가 항상 평탄했던 것만은 아니다. 많은 경우 폭력은 '악(惡)'으로 여겨졌으며, 그런 만큼 인류는 폭력에 대해 끊임없이 전쟁을 선포해 왔다. 지금 이 순간에도 인류는 폭력과의 전쟁을 한창 치르고 있는 중이다. 따라서 폭력에 '인류의 공적(公敵) 1호'라는 불명예스러운 꼬리표가 붙은 것은 당연해 보인다. 하지만 문제를 복잡하게 만드는 것은, 폭력이 다른 폭력을 극복하는 유력한 수단 중 하나라는 점이다. 곧 폭력의 '순기능'을 옹호하는 자들도 있다.

'폭력과 평화'라는 제목이 붙은 이 장에서는 이 주제와 관련해서 폭력의 '기원' 문제와 폭력 '현상'의 하나로서 식민지 문제, 폭력 없는 상태를 의미하는 평화의 문제에 주목하고자 한다. 폭력의 기원 문제와 관련해서는 르네 지라르(René Girard)의 『낭만적 거짓과 소설적 진실』과 장 폴 사르트르(Jean-Paul Sartre)의 『존재와 무』의 일부를 발췌했고, 폭력 현상의 하나로서 식민지 문제와 관련해서는 알베르 카뮈(Albert Camus)의 『이방인』과 프란츠 파농(Frantz Fanon)의 『대지의 저주받은 자들』의 일부를 발췌했다. '평화' 문제에 대해서는 평화주의자로 널리 알려진 요한 갈퉁(Johan Galtung)의 『평화적인 수단을 통한 평화』의 일부를 발췌했다.

폭력 현상을 다루면서 제일 중요한 문제는 단연 '폭력'이 어디에서 기인하는가와 관련된 '기원'의 문제일 것이다. 폭력이 인간의 삶과 불가분의 관계를 맺고 있는 만큼 폭력의 종류는 다양하고 복잡하며, 따라서 그 기원에 대한 추적은 결코 쉬운 일이 아니다. 하지만 폭력의 기원에 대한 탐구는 폭력 자체의 이해를 위해서는 물론이거니와 특히 그 극복 문제와 관련하여 적지 않은 시사점을 줄 수 있을 것이다. 이 장에서는 폭력의 기원 문제와 관련하여 특히 인간의 욕망에서부터 출발해서 폭력 문제를 다루고 있는 두 명의 철학자에 주목해보고자 한다. 지라르와 사르트르가 그들이다.

『폭력과 성스러움』이라는 저서를 집필한 지라르는 어쩌면 전 세계적으로 가장 유명한 폭력 연구자라고 해도 과언이 아닐 것이다. 그는 이 저서에 앞서 출간된 『낭만적 거짓과 소설적 진실』에서 폭력의 기원 문제를 다루면서 '삼각형의 욕망(désir triangulaire)'을 제시한다. 그에 의하면 인간은 '욕망'의 '주체(sujet)'이고, 그런 자격으로 인간은 자연발생적으로 어떤 '대상(objet)'을 직접 겨냥한다. 하지만 지라르는 인간의 욕망이 이른바 '중개자(médiateur)'의 개입에 의해 간접화된다고 생각한다. 따라서 주체, 중개자, 대상 사이를 줄로 연결하면 하나의 삼각형이 그려지는데, 이 삼각형이 바로 '삼각형의 욕망'이다. 이를 통해 우리는 인간의 욕망이 갖는 '모방적' 특징을 알 수 있다. 하지만 문제는 주체와 중개자 사이의 '거리'가 가까워져 동일한 대상을 두고 서로 다투는 경우이다. 이 경우, 주체와 중개자 사이에 갈등이 발생할 수 있으며, 그로부터 폭력이 기인한다는 것이 지라르의 주장이다. 이렇게 발생한 폭력이 그 이후에 겪는 여정에 대해서는 『폭력과 성스러움』, 『희생양』 등을 반드시 꼼꼼하게 읽어야 할 필요가 있다.

폭력의 기원 문제와 관련하여 두 번째로 살펴볼 저서는 실존주의 철학자로 잘 알려진 사르트르의 『존재와 무』이다. 그는 이 저서에서 '나'와 '타자' 사이의 존재론적 관계에 주목한다. 그에 의하면 '나'와 쌍둥이처럼 이 세계에 우연히 출현하는 '타자'는 그의 '시선(視線)'을 통해 '나를 바라보는 자'로 규정된다. 그런데 이처럼 타자의 출현을 보증해주는 시선은 단지 그의 두 눈동자의 움직임이 아니다. 이와는 달리 시선은 그 끝에 와 닿는 모든 것을 객체로 사로잡아버리는, 곧 대상화시키는 '힘'으로 이해된다. 사르트르의 사유에서 모든 인간은 항상 주체의 자리에 있고자 한다. 따라서 '나'와 '타자'는 만나자마자 서로를 대상화시키려는 이른바 '시선 다툼'을 벌이게 된다. 그로부터 인간들 사이의 갈등과 투쟁, 곧 폭력이 기인한다는 것이 사르트르의 주장이다. 이와 같은 생각은 후일 『변증법적 이성비판』이라는 저서에서 집단, 희소성, 역사 등과 같은 요소들과 합해져 집단들 사이의 관계 역시 갈등, 투쟁, 폭력으로 점철된다는 주장으로 이어지고 있다.

다양하고 복잡한 폭력 현상 중 하나로 우리는 20세기 프랑스의 대표적 작가 중 한 명인 카뮈의 『이방인』에서 중심인물 뫼르소(Meursault)의 살해 장면에 주목하고자 한다. 대부분의 카뮈 연구자들은 『이방인』이 『시시포스 신화』에서 전개된 '부조리(absurdité)' 개념을 문학적으로 형상화시킨 작품이라는 점에 동의하고 있는 실정이다. 하지만 『이방인』은 식민자(뫼르소)가 피식민자(아랍인)를 뚜렷한 이유 없이 살해한 사건을 중심으로 읽힐 수도 있는 작품이기도 하다. 『오리엔탈리즘』과 『문화와 제국주의』의 저자 에드워드 사이드가 이와 같은 독법을 내세우는 대표적 연구자 중 한 명이다. 과연 뫼르소의 살인은 식민주의적 폭력에서 자유로운가? 그러니까 뫼르소가 '태양' 때문에 아랍인을 죽였다는 사실을 어떻게 이해해야 하는가?

『이방인』을 통해 제기될 수 있는 이런 물음과 관련하여 식민주의의 극복, 곧 탈식민화 과정에서 '폭력' 사용을 적극적으로 옹호하고 있는 파농의 『대지의 저주받은 자들』에 주목해보고자 한다. 이 저서에서 파농은 유럽인들의 식민주의에서 기인하는 '폭력'('기존(旣存)폭력'이다)에 대항하는 방법은 오직 다른 '폭력'('대항(對抗)폭력'이다)에 호소하는 것뿐이라는 사실을 강조하고 있다. "가장 후위의 것이 전위가 되고 가장 전위의 것이 후위가 되는 것"이라는 『성서』의 한 구절을 인용하면서 파농은 역사적 당위성을 띠고 있는 탈식민화는 '총체적 혁명'이어야 하며, 이 혁명을 성공시키고, 또 그 끝에 모든 피식민자들이 '새로운 인간들'로 탄생하기 위해서는 이들 모두가 '하나'로 뭉쳐 무장 투쟁을 할 수 밖에 없다는 논리를 펴고 있다.

갈등과 폭력을 또 다른 갈등과 폭력으로 해결하는 방식은 자칫 '악순환'에 빠질 수 있는 가능성이 크다. 이런 점을 염두에 두고 우리는 평화적 방법에 의한 갈등과 폭력을 해결하고자 하는 노르웨이 출신의 평화학자 요한 갈퉁의 『평화적인 수단에 의한 평화』에 주목하고자 한다. 그는 이 책에서 '평화'란 무엇인가, 인류에게 평화란 어떤 것인가를 직접 묻는 대신, 평화의 반대 개념인 '폭력'의 의미를 밝혀내는 작업에 집중하고 있다. 그 과정에서 그는 폭력을 크게 직접적(혹은 물리적) 폭력, 구조적 폭력, 문화적 폭력의 세 범주로 나누어 설명하는 한편, 평화는 다양성, 공생, 평등의 정신에 입각한 평화적 수단에 의해 추구되어야 한다는 강한 신념을 피력하고 있다. 세계평화연구소 창설, 세계평화학회 조직, 평화에 대한 60권 이상의 저술 집필, 세계 각지의 분쟁 지역을 찾아다니며 펼치는 평화 운동 등이 그가 추구하는 평화적 수단을 통한 평화의 모색과 밀접하게 관련되어 있다.

1

욕망과 갈등

르네 지라르의 『낭만적 거짓과 소설적 진실』, 김치수, 송의경 옮김, (한길사, 2002).

돈키호테(Don Quichotte)는 자기 개인의 가장 근본적인 특권을 아마디스를 위해 포기하였다. 그는 이제 자기 욕망의 대상을 선택하지 않는다. 그를 대신해서 욕망을 선택하는 것은 아마디스인 것이다. 아마디스의 제자가 된 돈키호테는 그에게 지시된 대상을 향하여, 또는 지시된 것처럼 보이는 대상을 향하여 덤벼들게 되는데, 이때 이 대상들은 기사도 전체의 모델(modèle)이라 하겠다. 우리는 이 모델을 욕망의 **중개자**(médiateur du désir)라고 부를 것이다. 기독교인으로서의 삶이 바로 예수 그리스도의 모방이라는 의미에서, 기사로서의 삶은 바로 아마디스의 **모방**(imitation)인 것이다.

대부분의 허구에 의한 작품들, 즉 소설에서 작중인물들은 돈키호테보다 더 소박하게 무엇인가를 욕망한다. 여기에는 중개자가 없다. 오직 주체(sujet)와 대상(objet)이 있을 뿐이다. 그런데 주인공의 열정을 불러일으킨 대상의 '본성(nature)'이 욕망을 설명하기에 충분하지 못할 때는 열정에 사로잡힌 주체로 관심을 바꾸게 된다. 그렇게 되어서 주체의 '심리'를 분석하게 되고 주체의 '자유'

에 호소하게 된다. 하지만 그래봐야 욕망은 언제나 자연발생적이다. 즉 그 욕망을 묘사하기 위해서는 주체와 대상을 이어주는 간단한 직선을 하나 그리기만 하면 된다.

그 직선은 돈키호테의 욕망에서도 나타난다. 그러나 이 직선은 본질적인 것이 아니다. 이 직선 위에 주체와 대상 쪽으로 동시에 선을 긋고 있는 중개자가 있다. 이 삼각관계를 표현하고 있는 공간적 비유는 분명히 삼각형이다. 이 경우 대상은 사건에 따라 매번 바뀌지만 삼각형은 그대로 남아 있다. 이발사의 대야나 페드로의 꼭두각시들이 풍차를 대신한다. 그러나 아마디스는 여전히 거기에 있다.

세르반테스(Cervantès)의 소설에서 돈키호테는 삼각형의 욕망(désir triangulaire)의 희생자 가운데 본보기이다. 그러나 그 혼자만이 희생자인 것은 아니다. 그 다음으로 가장 크게 당한 희생자는 그의 시종 산초 판사이다. 물론 산초 판사의 어떤 욕망들은 모방한 욕망이 아니다. 예를 들면 치즈 한 조각을 보았다거나 포도주 한 부대를 보았을 때 느낀 욕망은 모방한 욕망이 아니다. 그러나 산초는 자신의 위장을 채우는 욕망 이외에도 다른 야심을 품고 있다. 돈키호테를 자주 만나게 된 뒤로 그는 자기가 통치자가 될 '섬' 하나를 꿈꾸고, 자기 딸에게도 공작부인 칭호를 가지게 하고 싶어 한다. 이런 종류의 욕망들은 산초처럼 소박한 사람에게 자연발생적으로 일어난 것이 아니다. 그러한 욕망들을 그에게 암시해준 것은 바로 돈키호테인 것이다.

이 경우에 암시는 말로 한 것이지 글로 한 것이 아니다. 그러나 말로 하거나 글로 한 차이는 별로 중요하지 않다. 이 새로운 욕망들이 새로운 삼각형을 하나 형성하는데, 그 세 꼭짓점을 가공의 섬, 돈키호테, 산초가 각각 차지하게 된다. 돈키호테는 산초의 중개자이다. 삼각형의 욕망의 효과는 두 작중인물에게 동일하다. 중개자의 영향이 느껴지는 순간부터 현실감각은 사라지고 판단력은 마비된다.

이와 같은 중개자의 영향은 산초의 경우보다도 돈키호테의 경우에 훨씬 깊고 변하지 않는다. 그런데 낭만적인 독자들은 이 소설에서 **이상주의자**(idéaliste) 돈키호테와 **현실주의자**(réaliste) 산초 사이에 있는 대립관계밖에 보지 못하였다. 그러나 이러한 대립은 사실이지만 부차적인 것이다. 이 대립 때문에 두 인물들 사이의 유사성을 잊어서는 안 된다. 기사도의 열정은 **타인을 따르는 욕망**(un désir selon l'Autre)을 정의하게 되고, 그것은 **자신을 따르는 욕망**(le désir selon Soi)에 대립되며, 우리들 대부분은 자신을 따르는 욕망을 즐기는 것을 자랑으로 여긴다. 돈키호테와 산초는 그들의 욕망을 **타인**(l'Autre)에게서 빌려오는데, 이때 그 빌려오는 동작이 너무도 근본적이고 너무도 독창적이어서, 그들은 그 동작 자체를 **자기 자신**이고자 하는 의지(volonté d'être soi)와 완전히 혼동하게 된다.

아마디스가 우화적인 인물이라고 할지도 모르겠다. 하지만 그 우화(fable)의 저자가 돈키호테인 것은 아니다. 중개자는 상상의 인물이지만, 그렇다고 간접화(médiation)가 상상적인 것은 아니다. 주인공의 욕망 뒤에는 어떤 제삼자, 즉 아마디스의 창조자인 기사도 소설의 저자의 암시가 있는 것이다. 세르반테스의 작품인 『돈키호테』는 가장 건전한 정신의 소유자들이 서로에게 끼칠 수 있는 불길한 영향력에 관한 일종의 긴 간접화 현상이다. 돈키호테는 그의 기사도를 제외하고는 무슨 일에나 많은 지각능력을 가지고 이치를 따진다. 그가 좋아하는 작가들 역시 미친 사람들이 아니다. 즉 그 작가들은 그들의 허구인 소설을 진지하게 생각하지 않는다. 그런데 여기에 착각이 생긴다면, 그것은 명석한 두 의식의 기묘한 결합의 산물일 것이다. 인쇄기술의 발명 이후 점점 더 널리 퍼지고 있는 기사도 문학은 이와 비슷한 결합이 일어날 수 있는 기회를 엄청나게 증가시키고 있다.

플로베르(Flaubert)의 소설들에서도 타인을 따르는 욕망과 문학의 '종자의'

(séminale) 기능이 발견된다. 엠마 보봐리(Emma Bovary)는 낭만적인 여주인공들을 통하여 욕망을 품게 되고 따라서 그녀의 상상력은 바로 그 낭만적인 주인공들로 가득 차 있다. 그녀가 사춘기 시절에 읽었던 삼류소설들은 그녀 내부에 있는 모든 자연발생적인 성질을 파괴하였다. 이 보봐리즘(Bovarysme)의 정의에 관해서는 쥘 드 고티에(Jules de Gaultier)에게 물어야 한다. 고티에는 플로베르의 거의 모든 인물들에게서 이 보봐리즘을 발견한다. 즉 '똑같은 무지, 똑같은 변덕스러움, 개인적인 반응의 결여와 같은 것은 인물들로 하여금 내부에서 나온 자기암시(auto-suggestion) 대신 외부 환경의 암시에 따르도록 예정 짓는 듯하다.' 고티에는 또한 그의 유명한 에세이에서 다음과 같이 관찰하고 있다. 즉 플로베르의 주인공들은 스스로를 현재의 자신들과는 다른 사람으로 생각하려는 그들의 목표에 도달하기 위해서 '모델'을 하나 정하고, '그들이 그렇게 되기로 결정한 인물에게서 모방할 수 있는 모든 것, 모든 외부적인 것, 모든 외관, 즉 몸짓, 억양, 옷차림을 모방한다.'

외부적인 모습의 모방이 가장 두드러진다. 그러나 세르반테스와 플로베르의 인물들은 스스로가 자유롭게 선택한 모델들의 욕망을 모방하거나, 모방한다고 믿고 있다는 사실에 특히 주목하자. 스탕달(Stendhal)과 같은 세 번째 소설가도 역시 그의 주인공들의 인격 형성에서의 모방과 암시의 역할을 강조하고 있다. 마틸드 드 라 몰(Mathilde de la Mole)은 자신의 모델들을 그녀의 가족사 속에서 취한다. 쥘리엥 소렐(Julien Sorel)은 나폴레옹을 모방한다. 『세인트 헬레나의 회고록』과 『대군(大軍)의 보고서』는 기사도 소설들과 낭만적인 괴상한 언동을 대신한다. 파름(Parme)의 성주는 루이 14세를 모방한다. 아그드(Agde)의 젊은 사제는 거울 앞에서 강복식(降福式)을 연습한다. 그는 존경할 만한 늙은 성직자를 흉내내면서 자기가 그들과 충분하게 닮지 못할까봐 두려워한다.

...(중략)...

『적과 흑』(*Le Rouge et le Noir*)의 서두에는 마을의 읍장과 그 부인이 베리에르(Verrière) 마을에서 산책하는 장면이 나온다. 레날 씨는 축대 사이를 걸으면서 엄숙한 표정을 짓고 있지만 고민하고 있다. 그는 쥘리앵 소렐을 자기 두 아들의 가정교사로 만들고 싶은 욕망을 품고 있다. 하지만 그것은 자식들에 대한 염려 때문도 아니고 지식에 대한 사랑 때문도 아니다. 두 부부 사이의 대화가 그 욕망의 메커니즘을 곧 우리에게 드러내준다.

- 발르노 씨에게는 그의 아이들을 위한 가정교사가 없소.

- 그는 우리에게서 쥘리앵을 빼앗아갈 수도 있을 거예요.

발르노(Valenod)는 레날 씨 다음으로 베리에르에서 가장 부자이고 가장 영향력 있는 사람이다. 그래서 베리에르의 읍장은 소렐 영감과 함께 협상을 진행하는 동안 그의 눈앞에 떠오르는 그의 경쟁자의 모습을 내내 보고 있다. 그는 소렐 영감에게 매우 유리한 제안들을 하지만, 꾀 많은 농부 소렐 영감은 기발한 답변을 생각해낸다. "우리는 다른 데서 더 나은 자리를 찾을 수도 있는데요." 그러자 레날 씨는 발르노가 쥘리앵을 고용하려 한다고 확신하게 되었고, 그리하여 그의 욕망은 두 배로 증가하게 된다. 구매자가 지불할 마음이 있는 것보다 더 비싼 가격은, 그가 자신의 경쟁자에게 있다고 상상하는 욕망에 의해 매겨진다. 그러니까 이 상상적인 욕망의 모방현상이 일어난 것이다. 더구나 모방 중에서도 빈틈없이 꼼꼼한 모방이다. 왜냐하면 복사된 욕망에서 모든 것은, 심지어 그 열성의 정도까지도, 모델로 간주된 욕망에 따라 결정되기 때문이다.

...(중략)...

어떤 허영심 많은 사람이 어떤 대상에 대한 욕망을 품기 위해서는, 그 대상이 명성이 높은 제삼자에 의해 이미 욕망되었다는 사실을 확인하기만 하면 된다. 여기서 중개자는 허영심이 만들어낸 한 **경쟁자**가 되는데, 허영심은 말하자면 경쟁자의 존재를 불러들인 다음 그 경쟁자의 실패를 요구하게 된다. 중개자와 욕망하는 주체 사이의 경쟁심은 돈키호테나 엠마 보바리의 욕망과는 근본적인 차이를 이루고 있다. 아마디스는 슬픔에 빠진 고아들을 보호하겠다고 돈키호테와 다툴 수도 없고, 그를 대신해서 거인들을 쳐부술 수도 없다. 반대로 발르노는 레날 씨에게서 가정교사를 빼앗아갈 수 있다. [...] 스탕달의 작품에 나타난 대부분의 욕망에서는 중개자 자신도 대상을 욕망하고 있거나, 또는 욕망할 수 있는 것이다. 욕망이 실재하는 것이든 추측된 것이든 간에 이 대상을 주체의 눈에 끝없이 욕망을 일으키는 것으로 보이게 만드는 것은 바로 중개자의 욕망이다. 간접화는 중개자의 욕망과 완전히 동일한 제2의 욕망을 태어나게 한다. 이것은 언제나 **경쟁관계**에 있는 두 욕망을 한꺼번에 다루게 된다는 것을 의미한다. 중개자는 장애물로서의 역할을 하거나 또는 하는 것처럼 보여야만 모델로서의 그의 역할을 할 수 있다.

...(중략)...

세르반테스의 소설에서 중개자는 도달할 수 없는 하늘나라의 왕좌에 앉아 있고, 그의 충직한 제자에게 자신의 태연자약함을 다소 전달해준다. 그러나 스탕달의 소설에서는 바로 이 중개자가 지상으로 내려왔다. 중개자와 주체 사이의 이 두 가지 유형의 관계를 명확히 구분한다는 것은, 스탕달의 인물들 가운데 가장 비열하게 허영심이 많은 자들과 돈키호테 같은 인물을 구분해주는 거대한 정신적인 편차를 깨닫는 일이다. 삼각형의 모양은, 그것이 이러한 구분을 가능하게 해줄 경우에만 그리고 이 편차를 한눈에 가늠할 수 있게 해줄 경우에만 우리의 관심을 지속적으로 끌 수 있다. 이 이중의 목표에 도달하려면, 삼각형에서 중개자를 욕망의 주체로부터 분리시키고 있는 **거리**를 다양하게 하기만 하면 된다.

분명히 이 거리는 세르반테스에게서 가장 크게 나타난다. 돈키호테와 그의 전설적인 아마디스 사이에는 어떠한 접촉도 있을 수 없다. 엠마 보봐리만 해도 파리에 있는 중개자와의 거리가 덜 떨어져 있는 셈이다. 왜냐하면 여행자들의 이야기, 각종 도서나 신문들이 수도 파리의 최신유행을 용빌(Yonville)까지 보급시키기 때문이다. 엠마 보봐리는 또 보비에사르(Vaubyessard) 집안에서 무도회가 열렸을 때 중개자와 더 접근하게 된다. 그녀는 신성불가침의 장소에 뚫고 들어가서 우상을 정면으로 바라본다. 그러나 이 접근은 일시적인 것이다. 엠마는 그녀의 '이상'(idéal)의 화신들이 욕망하는 대상을 결코 욕망할 수 없을 것이다. 그녀는 결코 이 이상의 화신들과 경쟁할 수 없을 것이고, 결코 파리로 떠날 수도 없을 것이다.

쥘리앵 소렐은 엠마가 할 수 없는 모든 것을 해낸다. 『적과 흑』의 서두에서 주인공과 그의 중개자 사이에 놓인 거리는 『보봐리 부인』에서 보다 덜하지 않다. 하지만 줄리앵은 바로 이 거리를 뛰어넘는다. 그는 자기 고장을 떠난다. 그리고 자존심이 강한 마틸드의 애인이 된다. 그는 신속하게 화려한 지위로 승격된다. 이처럼 중개자가 가까이 있음은 스탕달의 다른 주인공들의 경우에도 나타난다. 바로 이 인접성이 우리가 앞에서 살펴본 플로베르나 세르반테스의 세계와 스탕달의 세계를 근본적으로 구분시켜준다. 쥘리앵과 마틸드, 레날과 발르노, 뤼시앵 뤼벤(Lucien Luwen)과 낭시(Nancy)의 귀족들, 상팽(Sansfin)과 노르망디의 소지주(小地主)들 사이의 거리가 매우 가깝기 때문에 욕망의 경쟁이 가능한 것이다. 세르반테스와 플로베르의 소설들에서 중개자는 주인공의 세계 외부에 있었지만, 스탕달의 소설에서는 중개자가 주인공과 동일한 세계의 내부에 있다. 소설작품들은 따라서 두 가지 기본적인 범주로 집약되는 셈인데, 두 범주 안에서 부차적인 구분들은 무한히 가능하다. 중개자와 주체가 각각 그 중심을 차지하고 있는 가능성이라는 두 구형(球形)에서 둘 사이의 거리가 서로 접촉하지 않을 만큼 충분히 떨어져 있을 경우, 우리는 그것을 **외면적 간접화**(médiation externe)라고 부른다. 또한 그 두 구형이 서로 어느 정도 깊이 침범할 만큼 그 둘 사이의 거리가 상당히 좁혀져 있을 경우, 우리는 그것을 **내면적 간접화**(médiation interne)라고 부른다.

...(중략)...

대상을 향한 돌진(élan)은 근본을 파헤쳐보면 중개자를 향한 돌진이다. 그런데 내면적 간접화에서는 이 돌진이 중개자 자신에 의해 제지된다. 왜냐하면 이 중개자가 그 대상을 욕망하거나, 또는 소유할 수도 있기 때문이다. 자신의 모델에 매혹된 제자는, 그 모델이 제자에 맞서 설치한 기계적인 장애물에서, 제자에 대한 악의적인 의도의 증거를 필연적으로 보게 된다. 이 제자는 자신을 충실한 신하로 자처하는 것이 아니라 간접화의 관계들을 거부할 생각만 하고 있다. 그럼에도 이 관계들은 전보다 더욱 확고하다. 왜냐하면 중개자의 명백한 적대감이 그의 위력을 약화시키는 것이 아니라 오히려 증가시키기 때문이다. 그렇게 되면 주체는, 그의 모델이 스스로를 주체 자신보다 너무나 우월하다고 믿어서 자기를 제자로 받아들이지 못한다는 사실을 납득하게 된다. 따라서 주체는 모델에게서 갈등의 감정을 느끼게 되는데, 이때 갈등의 감정이란 가장 순종적인 존경심과 가장 강렬한 원한이라는 상반된 두 가지 감정의 결합으로 형성된 것이다. 이 감정을 증오(haine)라고 부르기로 하자.

우리에게 욕망을 암시하고 그것을 충족시키지 못하게 방해하는 존재만이 진짜로 증오의 대상이다. 증오하는 사람은 자신의 증오심이 감추고 있는 은밀한 감탄 때문에 처음에는 자기 자신을 증오한다. 이 격렬한 감탄을 다른 사람들에게 그리고 자기 자신에게도 감추기 위하여 그는 중개자에게서 단지 장애물만을 보려고 한다. 그렇게 해서 중개자의 부차적인 역할이 정면으로 나오게 되고, 경건하게 모방된 모델의 중요한 역할은 감춰진다.

2

시선과 투쟁

장 폴 사르트르의 『존재와 무』, 정소성 옮김, (동서문화사, 2009).

이쪽으로 다가오는 것이 보이는 저 여자, 거리를 지나가는 저 남자, 창 밑에서 노래하는 소리가 들리는 저 거지, 그들은 나에게 있어서 대상이다. 그것은 의문의 여지가 없다. 그러므로 나에 대한 타자의 현전의, 적어도 하나의 양상이 '대상성'이라는 것은 분명하다. 그러나 만일 이런 대상성의 관계가 타자와 나 자신의 근본적인 관계라면, 타자의 존재는 단순히 억측적인 것에 머문다. 그런데 내가 지금 듣고 있는 소리가 인간의 소리이고 축음기의 노랫소리가 아니라는 것은, 억측적일 뿐만 아니라 또한 '개연적'이다. 그리고 내가 지각하는 통행인이 한 인간이고 완벽하게 만들어진 로봇이 아니라는 것은 무한하게 '개연적'이다. 이것은 내가 타자를 대상으로서 파악하는 것은 개연성의 한계를 벗어나지 않고, 또 이 개연성 자체 때문에 본질적으로 타자의 근본적인 하나의 파악을 가리키는 것이며, 이 근본적인 파악에 있어서는 타자는 나에 대해 이미 대상으로 나타나는 것이 아니라, 오히려 '직접적인 현전(présence en personne)'으로서 나타날 것임을 뜻한다. 요컨대 타자가 개연적인 대상이고, 꿈같은 대상이 아니기 위해서는, 타자의 대상성은 내 손이 미치지 않는 곳에 있는 근원적인 하나의 고독을 가리키는 것이 아니라, 내가 그에 대해 가지고 있는 인식에 의한 것과는 다른 방법으로 타자가 나타날 때의, 근본적인 하나의 연관을 가리키는 것이 아니면 안 된다.

고전적 이론이 올바르게 고찰하고 있는 것처럼, 모든 인체는 그것이 지각될 때 무엇인가를 '가리킨다(renvoie à quelque chose[auf etwas verweist])'. 이 인체가 가리키는 것은 그 인체의 근거이고 보증이다. 그러나 고전적 이론의 오류는, 이런 지향이 하나의 분리된 존재, 즉 칸트가 말하는 감각의 배후에 본체가 존재하는 것과 마찬가지로, 지각될 수 있는 그 인체의 수많은 나타남의 배후에 있는 하나의 의식을 가리킨다고 생각하는 점에 있다. 이런 의식이 떨어져서 존재하든 존재하지 않든, 내가 보고 있는 이 얼굴이 가리키는 것은 이런 배후의 의식이 아니다. 내가 지각하는 개연적 대상의 '진리'를 이루는 것도 이런 배후의 의식이 아니다. 타인이 나에게 현전하는 것은 말하자면 쌍둥이의 나타남과 같은 것으로, 이런 쌍둥이 같은 나타남으로의 사실상의 지시, 요컨대 '타인과-함께인-한 쌍의-존재(être-en-couple-avec-l'autre)'를 향한 사실상의 지시는, 본디의 뜻에서의 인식—비록 그것이 직관과 비슷한, 뭐라 표현하기 어려운 애매한 형태를 가진 인식이라 하더라도—의 밖에서 주어진다. 다른 말로 하면, 사람들은 일반적으로 타자의 문제를 마치 타자가 나타날 때의 최초의 관계가 대상성인 것처럼, 즉 마치 타자가 맨 먼저—직접적으로든 간접적으로든—우리의 지각에 드러내 보여지고 있는 것처럼 다뤄져 왔다. 그러나 이 지각은 그 본성 자체로서 지각 자체보다는 다른 사물과 관련된 것이고, 또—마치 관념론에 있어서 탁자나 의자의 지각이 하는 식으로—같은 형식의 무한한 나타남의 계열을 가리키는 것도 아니며, 원칙상 나의 손이 미치지 않는 곳에 자리 잡은 하나의 고립된 본체[존재]를 지향하는 것도 아니므로, 이 지각의 본질은 나의 의식과 타자의 의식의 최초의 관계에 관련되어야 하는 것이며, 이 최초의 관계에 있어서 타자는 비록 나와 유대를 맺고 있는 것이기는 하지만, 주체로서 직접적으로 나에게 주어져 있어야 하는 것이다. 이 최초의 관계는 근본적인 관계이며 나의 '대타존재 (être-pour-autrui)'의 전형 자체이다.

그렇다 해도 어떤 신비로운 경험이나 말로 형용할 수 없는 것에 우리를 향하게 하는 것은, 여기서는 문제가 될 수 없을 것이다. 타자가 우리에게 나타나는 것은 일상의 현실에 있어서이며, 타자의 개연성은 일상적 현실과 관련되는 것이다. 따라서 문제는 명확해진다. 즉, 문제는 '타자에 대한 근원적 관계이며, 게다가 언제나 지적될 수 있는, 따라서 종교적 또는 신비로운 불가지(不可知)에 대한 모든 관계를 벗어나서 나에게 나타날 수 있는 하나의 관계가 일상적인 현실 속에 있을 수 있느냐' 하는 것이다. 이 문제를 알아내기 위해서는 나의 지각의 영역에서 일어나는 타자의 상투적인 나타남을 더욱더 깊이 검토해 보아야 할 것이다. 이 기본적인 관계와 관련되는 것은 이 지각인 이상, 지각은 적어도 그것이 관련되는 관계를 우리에게 발견시켜 줄 것이다. 나는 지금 어느 공원 안에 있다. 내게서 멀지 않은 곳에 잔디밭이 있고, 그 잔디밭을 따라서 의자들이 놓여 있다. 남자 하나가 의자 옆을 지나간다. 나는 이 남자를 본다. 나는 그를 하나의 대상으로, 동시에 한 인간으로 파악한다. 그것은 무엇을 의미하는가? 내가 이 대상을 가지고 '그는 한 인간'이라고 인정할 때 나는 무엇을 말하려는 것인가?

만일 내가 '그는 인형 이외에 아무것도 아니다'라고 생각해야 한다면, 나는 보통, 시간, 공간적인 '사물'을 통합하는 데 나에게 있어서 도움이 되는 온갖 범주를 그에게 적용하게 될 것이다. 다시 말하면 나는 그를 의자 옆, 잔디밭에서 2미터 20센티미터의 거리에 있는 것으로서, 땅 위에 어느 정도의 압력을 가하고 있다는 따위로 파악할 것이다. 다른 수많은 대상에 대한 그의 관계는 단순히 부가적인 관계일 것이다. 다시 말해, 나는 다른 대상들 사이의 관계를 별로 바꾸지 않고 그를 소멸시킬 수도 있을 것이다. 요컨대 어떤 새로운 관계도, '그에 의해' 나의 우주의 그런 사물들 사이에 나타나지는 않을 것이다. 이런 사물은 '나의 편에서 보면' 도구복합으로 통합되고 종합되어 있지만, '그의 편에서 보면' 무차별적인 관계의 다양성 속에 분해될 것이다. '이에 비해' 그를 '인간'으로서 지각하는 것은, 그와 의자의 부가적이지 않은 하나의 관계를 파악하는 것이고, 그것은 이 특권적인 대상의 주위에 나의 우주의 사물로 이루어져 있고 '거리를 가지지 않은' 하나의 조직이 만들어져 있는 것을 인정하는 일이다.

확실히 잔디밭은 그에게서 2미터 20센티미터의 거리에 있다. 그러나 잔디밭은 거리를 초월하며 동시에 거리를 포함하는 하나의 관계 속에 '잔디밭으로서' 또한 그와 연결되어 있다. 이 거리의 양 끝(그와 잔디밭)은 이제 무차별적이지도 않고, 교환이 가능하지도 않으며, 상호관계에 있어서 있는 것도 아니다. 오히려 이 거리는 일방적인 관계의 종합적 나타남으로써, 내가 보는 그 남자로부터 출발하여 잔디밭까지 전개된다. 여기서 문제되는 것은 부분을 갖지 않은 하나의 관계이고, 단번에 주어진 하나의 관계이며, 그 관계의 내부에는 '나의' 공간성이 아닌 하나의 공간성이 전개된다. 왜냐하면 여기서는 '나를 향한' 사물들의 하나의 통합이 문제가 아니라, 나에게서 달아나는 방향(orientation)이 문제이다. 물론 거리도 부분도 가지지 않은 이 관계는, 내가 찾고 있는 타자와 나 자신의 근원적인 관계는 결코 아니다. 먼저 이 관계는 단순히 그 남자와 세계의 사물들만이 관련될 뿐이다. 다음에, 이 관계는 여전히 인식의 대상이다. 나는 이 관계를 표현하기 위해, 이를테면 '그 남자는 잔디밭을 보고 있다'거나, '그 남자는 출입금지 표찰이 있는데도 잔디밭에 들어가려고 한다'고 말한다.

끝으로 이 관계는 단순한 개연성의 성격을 유지하고 있다. 즉 먼저 이 대상이 인간인 것은 '개연적인' 일이다. 다음에 그 객체가 하나의 인간인 것은 확실하다 하더라도 내가 그를 지각하고 있는 순간에 그가 잔디밭을 '보고 있다'는 것은 단순히 개연적인 것으로 머문다. 그는 자신의 주위를 뚜렷이 의식하지 않고, 어떤 시도(試圖)를 몽상하고 있을지도 모른다. 그는 맹인일 수도 있다 따위. 그렇다 해도 대상-인간과, 대상-잔디밭의, 이 새로운 관계는 하나의 특수한 성격을 띠고 있다. 맨 처음에 이 관계는 내가 인식할 수 있는 하나의 대상으로서, 그곳에, 세계 속에, 존재하고 있으므로, (사실 이 관계는 내가 '피에르는 힐끗 시계를 처다보았다' '잔느는 창문 밖을 내다보았다' 따위와 같은 식으로 표현하고 하나의 대상적 관계이다) 이 관계는 전면적으로 나에게 주어진다. 그러나 그것과 동시에 이 관계는 전면적으로 나에서 달아난다. 그 대상-인간이 이 관계의 기본항이 되는 한에서, 그리고 이 관계가 '그 대상-인간 쪽을 향하고 있는' 한에서, 이 관계는 나에게서 달아나고, 나는 나를 중심에 둘 수 없다. 이 제 1차적인 관계의 종합적 나타남을 통해 잔디밭과 그 남자 사이에 전개되는 거리는 내가—전형적인 외적 부정으로서—이 두 대상 사이에 세우는 거리에 대한 하나의 부정이다.

이런 거리는 나의 우주의 모든 사물 사이에 내가 파악하는 수많은 관계의 전적인 '붕괴'로 나타난다. 그리고 이 붕괴를 이루는 것은 내가 아니다. 이 붕괴는 내가 본디 사물들 사이에 세우고 있었던 거리를 통해 내가 헛되이 지향하는 하나의 관계로서 나에게 나타난다. 그것은 원칙상 나에게서 벗어나는 사물들의 하나의 배경, 그런 사물에 외부로부터 주어지는 하나의 배경으로서 나타난다. 그러므로 '나의' 우주의 대상들 사이에 이 우주를 붕괴시키는 하나의 요소가 나타나는 것은, 내가 나의 우주 속으로의 '한' 인간의 나타남이라고 부르는 것이다. '타자'란, 먼저 내가 나로부터의 어떤 거리에 있어서 동시에 대상으로서 파악하는 하나의 항(項)을 향한 사물들의 끊임없는 도피이며, 이 하나의 항은 자기 주위에 그 자신의 거리를 차례차례 전개하는 한에서 나에게서 벗어나는 것이다. 그러나 이 분해는 차츰 확대되어 간다. 만일 잔디밭과 타자 사이에 거리를 가지지 않고 거리를 만들어내는 하나의 관계가 존재한다면, 그 관계는 필연적으로 잔디밭 '한복판'의 대좌(臺座) 위에 있는 조각상과 타자 사이에도, 그리고 오솔길을 따라 늘어선 마로니에 가로수와 타자 사이에도 존재한다. 타자 주위에 모여 있는 것은 하나의 공간 전체이며, 이 공간은 '나의 공간으로(avec mon espace)' 만들어져 있다.

나는 나의 우주를 채우고 있는 모든 대상의 재편성에 입회하며, 이 재편성은 나에게서 벗어난다. 이 재편성은 거기서 정지하지는 않는다. 풀밭은 성질을 가진 사물이다. 타자에게 있어서 존재하는 것은 이 푸른 풀밭이다. 그런 뜻에서 대상의 성질 자체, 그 짙고 싱싱한 초록은 이 남자와의 직접적 관계에서 발견된다. 이 초록은 나에게서 얼굴을 돌려 타자에게 향한다. 나는 초록과 타자의 '관계'를 하나의 대상적인 관계로서 파악하지만, 나는 그 초록을 그것이 타자에게 나타나는 그대로 파악할 수는 없다. 그리하여 갑자기 하나의 대상이 나타나 나에게서 세계를 빼앗아갔다. 모든 것은 제자리에 있다. 모든 것은 지금도 나에게 있어서 존재한다. 그러나 모든 것은 하나의 눈에 보이지 않는 도피에 의해 관철되며, 하나의 새로운 대상을 향해 응고한다. 그러므로 세계 속으로의 타자의 나타남은 전우주의 응고된 활주에 대응한다. 그것은 내가 집행하는 세계의 집중에, 그와 동시에 속속들이 무너뜨려져 가는 세계의 분산에 대응한다.

그러나 '타자'는 또한 '나에게 있어서' 대상이다. 타자는 '나의' 거리에 속해 있다. 즉 그 남자는 그곳에, 나에게서 20걸음의 거리에 있다. 그는 '나에게' 등을 돌리고 있다. 그런 것으로서의 한에서, 그는 다시 잔디밭에서 2미터 20센티미터, 조각상에서 6미터 되는 곳에 있다. 그러므로 나의 우주의 붕괴는 이 우주 자체의 한계 안에 포함되어 있다. 여기서는 무(無)를 향한 세계의 도피나 그 자신 밖으로의 세계의 도피는 문제되지 않는다. 오히려 나의 우주는 그 존재의 한복판에서 배수구멍이 뚫려 그 구멍으로 나의 세계가 끊임없이 흘러나가는 것처럼 보인다. 우주 · 흘러나감 · 배수공, 그 밖의 모든 것이 다시 회복되고, 다시 파악되어, 대상으로 응고된다. 이런 모든 것은 비록 사실상 우주의 전체적 붕괴가 문제된다 하더라도, 세계의 하나의 부분적인 구조로서 '나에게 있어서' 그곳에 존재한다. 또한 이런 붕괴는 더 좁은 한계 안에 가둬두는 것이 나에게 가능한 경우도 때때로 있다. 예를 들면 여기 산책을 하면서 책을 읽는 남자가 있다. 그가 가져오는 우주의 붕괴는 완전히 잠재적이다. 그는 귀를 가지고도 듣지 못한다. 그의 눈은 책밖에 아무 것도 보지 못한다. 그의 책과 그 사이에 나는 전에 이 산책객과 풀밭을 연결시켰던 관계와 같은 유형의, 거리를 가지지 않은 부정할 수 없는 하나의 관계를 파악한다. 그러나 이번에는 형태는 그 자체 속에 폐쇄되어 있다. 즉 나는 파악해야 할 하나의 충만한 대상을 가진 것이다. 세계 한복판 에서 나는 내가 '차가운 돌'이나 '가는 비(雨)라고 말할 때처럼 '책을 읽고 있는 남자'라고 말할 수 있다.

...(중략)...

요컨대, 내가 세계 속에서 타자를 '개연적으로, 하나의 인간으로 있는 것으로' 파악할 때, 나의 이 파악이 가리키는 것은 '타자에 의해 보이고 있다'는 나의 끊임없는 가능성이며, '나에 의해 보이고 있는 그 대상을 대신하는 것이, 나를 보고 있는 한 사람의 주관에 있어서 언제라도 가능하다'는 끊임없는 가능성이다. '타자에 의해 보이고 있는 것(être-vu-par-autrui)'은 '타자를 보고 있는 것(voir-autrui)'의 '진리'이다. 그러므로 타자라는 관념은 어떤 경우에도 내가 생각할 수조차 없는 세계 밖에 있는, 고독한 하나의 의식을 지향하는 것일 수는 없을 것이다. 즉 인간은 세계와의 관련에 있어서, 그리고 나 자신과의 관련에 있어서 정의된다. 인간은 우주의 하나의 내적인 유출, 하나의 내출혈(hémorragie interne)을 일으키는 대상이다. 또 인간은 주관이지만, 이 주관은 대상화를 향하는 나 자신의 이런 도피 속에서, 나에게 나타난다. 그러나 나 자신과 타자의 근원적인 관계는 단순히 나의 우주 속에서의 한 객체의 구체적인 현전을 거쳐서 지향되는 하나의 부재하는 진리인 것은 아니다. 이 근원적 관계는 또한 내가 순간마다 경험하는, 하나의 구체적이고 일상적인 관계이기도 하다. 즉 어떤 순간에도 타자는 '나에게 시선을 향하고 있다.' 그러므로 타자에 대한 모든 이론의 기초가 되어야 하는 이 근본적인 연관을, 구체적인 사례를 근거로 기술하려고 시도하는 것은, 우리에게 어려운 일이 아니다. 만일 타자가 원리적으로, '나에게 시선을 향하고 있는 자(celui qui me regarde)'라면 우리는 타자의 시선(regard d'autrui)의 의미를 밝힐 수 있을 것이다.

...(중략)...

그렇다면 타자란 도대체 무엇일까?

먼저, 타자는 내가 그 쪽을 향해 나의 주의를 돌리지 않는 존재이다. 타자는 나에게 시선을 보내고 있는 자이고, 내가 아직 시선을 돌리지 않은 자이다. 타자는 '드러내 보여지지 않는 것'으로서의 나를 나 자신에게 넘겨주지만, 그 자신은 자기를 드러내 보이지 않는 자이다. 타자는 그가 지향되고 있는 한에서가 아니라, 그가 나를 지향하고 있는 한에서, 나에 대해 현전적으로 있는 자이다. 타자는 나의 도피의 손이 미치지 않는 곳에 있는 구체적인 극(極)이고, 나의 모든 가능의 타유화의 극이며, 이 세계와 '똑같은' 세계이면서도 이 세계와 교통이 불가능한 하나의 다른 세계를 향한, 나의 세계 유출(流出)의 극이다. 그러나 타자는 이런 타유화 자체, 이런 유출 자체와 다를 수는 없을 것이다. 타자는 이런 타유화, 이런 유출의 의미이고 방향이다. 타자가 이 유출을 따라다니는 것은, '실재적' 또는 '범주적' 요소로서가 아니라 하나의 현전으로서이다. 게다가 이 현전은, 만일 내가 태도를 바꿔 그것을 더욱 '현재화'하려고 시도한다면, 응고되어 세계의 일부가 되지만, 내 쪽에서 그것을 깨닫지 못할 때는, 더할 나위 없이 현전적이고 절박한 것이다. 이를테면 만일 내가 전적으로 나의 부끄러움 속에 잠겨 있으면, 타자는 이 부끄러움을 지탱하며 전면적으로 이 부끄러움을 감싸는, 측량할 수 없고 눈으로 볼 수도 없는 현전이다. 그 경우에는, 타자는 나의 '드러내 보여지지 않는 존재'를 지탱하는 중심이다. 그렇다면 '다음에', '드러내 보여지지 않는 것'으로서의 나의 체험을 통해, '드러내 보여질 수 없는 것(non-révélable)'으로서의 타자에 대해, 무엇이 나타나는지를 살펴보기로 하자. 첫째로, 나의 대상성의 필요조건으로서 '타자의 시선은', 나에게 있어서의 모든 대상성의 파괴이다. 타자의 시선은 세계를 통해 나를 엄습한다. 타자의 시선은 단순히 나 자신에 변형을 가져올 뿐만 아니라, '세계에' 전면적인 변모를 가져온다. 나는 시선을 받고 있는 하나의 세계 속에서, 시선을 받고 있다. 특히 타자의 시선—그것은 '시선을 향하는 시선(regard-regardant)'이고, '시선을 받는 시선(regard-regardé)'이 아니다—은 대상에 대한 나의 거리를 부정하고 타자 자신의 거리를 전개시킨다. 타자의 이 시선은 세계에 거리를 오게 하는 것으로서, 거리를 가지지 않은 하나의 현전 속에 직접적으로 주어진다. 나는 후퇴한다. 나는 나의 세계에 대한 거리를 가지지 않은 나의 현전을 빼앗긴다. 그리고 나는 타자에 대한 하나의 거리를 할당받는다. 예를 들면 지금 나는 출입문에서 15걸음, 창문에서 6미터의 거리에 있다. 그러나 타자는 나를 찾으러 와서, 그로부터 일정한 거리에 나를 구성한다. 타자가 나를 그로부터 6미터 거리에 있는 것으로 구성하는 한, 타자는 거리를 가지지 않고 나에 대해 현전적으로 있지 않으면 안 된다. 그러므로 사물과 타자에 대한 나의 거리의 경험 자체에 있어서, 나는 나에 대한 타자의, 거리를 가지지 않은 현전을 체험한다. 누구든지, 때때로 자신을 부끄러움으로 가득 채운 타자의 시선의, 그 직접적이며, 태워버릴 듯이 각인시키는 현전을, 이 추상적인 기술 속에 인정할 것이다.

달리 말하면, 내가 '시선을 받고 있는 자'로서 나를 느끼고 있는 한에서, 타자의 초세계적인 하나의 현전이 이루어진다. 타자가 나에게 시선을 돌리는 것은, 그가 '나의' 세계 '한복판에' 있는 한에서가 아니라, 그가 그 모든 초월에 의해, 세계를 향해, 그리고 나를 향해 찾아오는 한에서이며, 그가 어떤 거리에 의해서도, 세계 속의 현실적이거나 관념적인 어떤 대상에 의해서도, 세계 속의 어떤 몸에 의해서도, 나에게서 분리되어 있는 것이 아니라, 타자라는 다만 그것만의 본성에 의해 나에게서 분리되어 있는 한에서이다. 그러므로 타자의 시선의 나타남은 '나의 세계' 속에서의 나타남도 아니고, '타자의 세계' 속에서의 나타남도 아니다. 요컨대 '세계 속에서의 나타남'이 아니다. 나와 타자를 잇는 관계는 세계 내부에서의 외면성의 관계가 될 수는 없다. 오히려 타자의 시선에 의해, 나는 세계의 하나의 '저편(un au-delà du monde)'이 존재한다는, 구체적인 체험을 가진다. 타자는 '나'의 초월이 아닌 하나의 초월로서 아무런 매개도 없이 나에 대해 현전적으로 있다. 그러나 이 현전은 상호적이지 않다. 내 쪽에서 타자에 대해 현전적이기 위해서는 세계의 모든 두께가 부족하다. 세계에 보편적으로 있으며 손에 잡히지 않는 초월, 그것은 내가 나의 '드러내 보여지지 않는 존재'로 있는 한에서 매개 없이 내 위에 놓여 있는 초월이며, 내가 이 시선에 의해 수많은 거리와 도구를 갖춘 하나의 완전한 세계 속에 침잠해 있는 한에서, 무한한 존재에 의해 나에게서 격리되어 있는 초월이다. 내가 우선 시선으로서 체험할 때의 타자의 시선은 그런 것이다.

그러나 또한 타자는 나의 모든 가능성을 응고시킴으로써, 내가 다른 한 인간의 자유에 있어서만 대상으로 있을 수 있다는 것을 나에게 드러내 보인다. 나는 나 자신에게 있어서는 대상이 될 수 없다. 왜냐하면 나는 내가 있는 그대로의 것이기 때문이다. 그런 표리를 향한 반성적인 노력은, 오직 자신의 밑천에만 달려 있으므로 결국 좌절로 끝나며, 나는 항상 나에 의해서 회복된다. 또 내가 그 이유는 모르면서, 자신은 하나의 대상적 존재로 있을 수도 있다고 소박하게 생각할 때도, 나는 바로 그것으로 인해 암암리에 타자의 존재를 전제하고 있다. 왜냐하면 하나의 주관에 대한 대상이 아니고서, 내가 어떻게 대상으로 있을 수 있단 말인가? 그러므로 타자는 먼저 나에게 있어서, '내가 누군가에게 있어서 대상으로 있을' 때의 그 누군가의 존재, 즉 '내가 누군가에 의해 나의 대상성을 얻을' 때의 그 누군가의 존재이다. 만일 내가 나의 특징의 하나를 대상적으로 생각해 보는 것만이라도 가능하다면, 타자는 이미 주어져 있다. 게다가 타자는 나의 우주의 존재로서가 아니라 순수한 주관으로서 주어져 있다. 그러므로 정의상 내가 '인정할' 수 없는 이 순수한 주관, 즉 내가 대상으로서 세울 수 없는 이 순수한 주관은, 내가 나를 대상으로서 파악하려고 시도할 때도, 항상 '거기에' 손이 닿지 않는 곳에 거리를 가지지 않고 존재하고 있다. 시선의 체험에 있어서 나는 드러내 보여지지 않는 대상존재로서의 나를 체험함으로써, 나는 직접적으로, 그리고 나의 존재와 함께 타자의 파악할 수 없는 주관성을 체험한다. 그것과 동시에 나는 타자의 무한한 자유를 체험한다. 왜냐하면 나의 가능들이 제한되고 응고되는 것은, 하나의 자유에 있어서, 하나의 자유에 의해서이며, 오로지 자유에 있어서, 오로지 자유에 의해서이기 때문이다. 어떤 물질적인 장애는 나의 가능성을 응고시킬 수 없을 것이다. 물질적인 장애는 나에게 있어서, 단순히 다른 가능성을 향해 나를 기투하는 기회가 될 뿐이다. 물질적인 장애는 나의 가능성에 하나의 '외부'를 부여할 수 없을 것이다. 비가 오기 때문에 집에 있는 것과, 외출을 금지당해서 집에 있는 것은 다르다. 앞의 경우에는, 나는 자신의 행위의 결과를 고려하여 집에 있도록 스스로 나를 결정한다. 나는 '비'라는 장애를, 나 자신을 향해 뛰어넘는다. 나는 그것을 하나의 용구로 만든다. 두 번째 경우에는 외출한다든가 집에 머문다든가 하는 나의 가능성 자체가 초월되어 응고된 가능성으로서 나에 대해 현전적이며, 하나의 자유가 나의 가능성을 예견하는 동시에 예방하고 있다.

3

식민주의적 살인

알베르 카뮈의 『이방인』, 김용석 옮김, (부북스, 2013).

태양은 거의 수직으로 모래 위로 쏟아져 내리고 있었고, 바다 위에 반사되는 그 빛은 견디기 어려울 지경이었다. 바닷가에는 더 이상 아무도 없었다. 언덕 끝을 따라 바다를 굽어보며 늘어선 작은 별장들 안에서는 접시와 식기 세트들의 덜그럭거리는 소리가 들리고 있었다. 땅에서 올라오는 돌의 연기 속에서는 숨조차 쉬기가 어려웠다. 처음에 레이몽과 마송은, 내가 알지 못하는 일과 사람들의 이야기를 했다. 그들이 오래 전부터 아는 사이라는 것과, 한때 그들은 동거한 일도 있었다는 사실을 나는 알았다. 우리는 물가 쪽으로 가서 바다를 끼고 걸었다. 때때로 잔물결이 길게 밀려와서 우리의 헝겊 신발을 적시곤 했다. 나는 맨머리 위로 내리찍는 태양 때문에 반쯤 몽롱해 있어서 아무 생각도 없었다.

그때 레이몽이 마송에게 뭐라고 말했으나 나는 잘 알아듣지 못했다. 그러나 동시에 나는 바닷가 저편 아주 멀리서, 푸른 작업복을 입은 아랍인 둘이 우리들 쪽으로 걸어오고 있는 것을 보았다. 내가 레이몽을 쳐다보았더니 그는 "그놈이야."라고 말했다. 우리들은 걸음을 계속했다. 마송은 그들이 어떻게 여기까지 우리를 따라올 수 있었을까, 라고 물었다. 나는 우리가 해수욕 가방을 가지고 버스를 타는 것을 그들이 보았던 것이라고 생각했으나, 아무 말도 하지 않았다.

아랍인들은 천천히 걸어오고 있었는데, 벌써 훨씬 거리가 가까워졌다. 우리는 걷는 속도를 바꾸지 않았지만 레이몽은 "마송, 싸움이 벌어지면 넌 둘째 녀석을 붙들어. 저 녀석은 내가 맡을게. 뫼르소, 넌 또 다른 놈이 오면 맡지."라고 말했다. 나는 "그래."라고 말했고, 마송은 두 손을 주머니 속에 넣었다. 지나칠 정도로 뜨겁게 단 모래가 이제 내게는 붉게 보였다. 우리는 일정한 걸음으로 아랍인들에게 걸어갔다. 그들과 우리 사이의 간격이 규칙적으로 줄어들었다. 몇 걸음 되지 않는 간격을 두고 서로 가까워졌을 때, 아랍인들이 멈춰 섰다. 마송과 나는 걸음을 늦추었다. 레이몽은 곧장 그가 맡은 녀석에게로 갔다. 나는 그가 뭐라고 했는지 못 들었으나, 상대가 머리로 받는 시늉을 했다. 그러자 레이몽이 먼저 한대 때려놓고 곧 마송을 불렀다. 마송은 미리 지목했던 녀석에게로 가서 힘껏 두 번 후려갈겼다. 아랍인은 얼굴을 바닥에 틀어박았고 물속에 퍼져버렸고, 그러고는 잠시 그대로 있었는데, 머리 주위에서 거품이 물 위로 부글거리고 있었다. 그러는 동안에 레이몽도 후려쳐서 상대의 얼굴은 피범벅이 되었다. 레이몽이 내 쪽으로 고개를 돌리고 "저 놈이 혼쭐나는 걸 봐둬."라고 말했다. 내가 그에게 "조심해, 그놈 칼을 가졌어!"라고 소리쳤다. 하지만 이미 레이몽은 팔에 상처가 났고 입도 베였다.

마송이 후닥닥 몸을 놀려 앞으로 뛰어들었다. 하지만 다른 아랍인이 일어나서 무기를 가진 녀석 뒤로 붙었다. 우리는 움직이지 못했다. 그들은 우리에게서 눈을 떼지 않은 채 단도로 위협을 하면서 천천히 뒷걸음을 쳤다. 충분한 거리가 생겼음을 알자 그들은 부리나케 달아나버렸고, 그동안 우리는 햇볕 아래 못 박힌 듯 우두커니 서 있었고, 레이몽은 피가 흐르는 팔을 움켜쥐고 있었다.

마송은 즉시 일요일마다 언덕 별장으로 와서 지내는 의사가 있다고 말했다.

레이몽은 곧장 가고 싶어 했다. 하지만 그가 말을 할 때마다 상처에서 피가 흘러 나와 입 안에 거품을 일으켰다. 우리는 그를 부축하여 가능한 한 빨리 별장으로 돌아왔다. 별장에서, 레이몽은 상처는 가벼우니까 의사에게 갈 수 있다고 말했다. 그는 마송과 함께 갔고, 나는 남아서 여자들에게 있었던 일을 설명해 주었다. 마송 부인은 울고 있었고, 마리는 창백하게 질려 있었다. 나는 그들에게 설명을 하는 게 귀찮았다. 난 결국 입을 다물었고, 바다를 보면서 담배를 피웠다.

한 시 반쯤 레이몽이 마송과 함께 돌아왔다. 그는 팔에는 붕대를 감고 입가에는 반창고를 붙이고 있었다. 의사는 그에게 대수롭지 않다고 하였으나, 레이몽은 매우 침울한 낯을 하고 있었다. 마송이 그를 웃기려고 애를 써봤다. 하지만 그는 여전히 말이 없었다. 그가 바닷가로 내려간다고 하기에 나는 그에게 어디로 가느냐고 물었다. 마송과 나도 그와 함께 가겠다고 했다. 그러자 그는 화를 내며 우리에게 욕을 했다. 마송은 그의 비위를 거스르지 말아야 한다고 말했다. 나는 그래도 그의 뒤를 따랐다.

우리는 오랫동안 해변을 걸었다. 태양은 이제 짓누르는 듯했다. 햇빛은 모래와 바다 위에 부서지고 있었다. 나는 레이몽이 가는 곳을 자신이 알고 있으리라는 생각이 들었지만, 아마도 그것은 틀린 인상이었는지도 몰랐다. 해변 끝까지 가서, 우리는 마침내 커다란 바위 뒤에 모래 속에서 흘러나오는 작은 샘에 도달했다. 그곳에서 우리는 그 두 아랍인들을 발견했다. 그들은 기름기가 밴 푸른 작업복을 입고 누워 있었다. 그들은 아주 평온한 표정이었고, 거의 흡족한 듯했다. 우리가 다가갔어도 전혀 표정의 변화가 없었다. 레이몽을 찌른 녀석도 아무 말 없이 그를 바라보고 있었다. 또 한 녀석은 작은 갈대피리를 불고 있었는데, 곁눈으로 우리를 바라보며 그 악기로 낼 수 있는 세 가지 소리를 끊임없이 되풀이하는 것이었다.

그러는 동안 그곳에는 졸졸 흐르는 샘물 소리와 피리의 세 가지 음정과 더불어 오직 태양과 이 침묵뿐이었다. 이윽고 레이몽이 주머니에 있는 손을 권총에 대었으나, 상대는 움직이지 않았고, 둘은 여전히 서로를 노려보고 있었다. 나는 피리를 불고 있는 녀석의 발가락들 사이가 몹시 벌어진 것을 보았다. 하지만 레이몽은 상대로부터 눈을 떼지 않고 "해치워버릴까?"라고 내게 물었다. 내가 안 된다고 하면 그는 저절로 흥분해서 기어코 쏘고야 말 것이라고 나는 생각했다. 그래서 나는 그에게 단지 "저 녀석은 아직 너에게 아무 말도 안 했어. 이대로 쏘아버린다는 건 비겁해."라고 말했다. 침묵과 무더운 열기 속에서, 여전히 물과 피리의 호젓한 소리가 들렸다. 이윽고 레이몽이 "그럼 저 녀석에게 욕을 해줘야겠군. 대답하면 쏘아버려야지."라고 말했다. 나는 "그래, 하지만 녀석이 칼을 뽑지 않으면 넌 총을 쏠 수 없어."라고 대답했다. 레이몽이 약간 흥분하기 시작했다. 다른 아랍인은 여전히 피리를 불고 있었고, 둘 다 레이몽의 동작 하나하나를 살피고 있었다. 내가 레이몽에게 말했다. "안 돼. 사나이 대 사나이로 상대하고, 권총은 내게 줘. 다른 녀석이 끼어들거나, 저 녀석이 칼을 뽑든지 하면, 내가 쏠게."

레이몽이 권총을 내게 주었을 때, 햇빛이 그 위로 미끄러졌다. 그렇지만 우리는 마치 모든 것이 우리 주위를 둘러막은 듯이 그대로 움직이지 않고 있었다. 우리는 눈길을 내려뜨리지 않고 서로 마주 노려보고 있었으며, 여기에서는 모든 것이 바다와 모래와 태양, 피리 소리와 물소리로 인해 더욱 두드러진 이중의 침묵 가운데 정지해 있었다. 그 순간 나는 권총을 쏠 수도 있고 쏘지 않을 수도 있다고 생각했다. 하지만 갑자기 아랍인들이 뒷걸음질 치더니 바위 뒤로 사라져버렸다. 그래서 레이몽과 나는 갔던 길을 되돌아왔다. 그는 기분이 좀 나아진 듯했고, 집으로 돌아갈 버스 이야기를 했다.

나는 그와 별장까지 함께 갔고, 레이몽이 나무 계단을 올라가는 동안, 나는 첫

계단 앞에 서서, 그 나무 계단을 올라가야 하며 다시 여자들과 대면해야 한다는 생각에 낙담한 채, 머리 위로 작열하는 태양을 맞고 있었다. 하지만 더위는 극심하여 하늘에서 쏟아지는 햇볕의 비를 맞으며 우두커니 서 있기도 괴로운 일이었다. 그러나 그곳에 그냥 머물러 있거나 어디로 가버리거나 결국 마찬가지였다. 잠시 후에 나는 다시 해변으로 발길을 돌렸고, 걷기 시작했다.

조금 전과 다름없이 모두가 붉게 이글거리고 있었다. 모래 위에서, 바다는 잔물결에 북받쳐 가쁜 숨결을 다하여 헐떡거리고 있었다. 나는 천천히 바위들을 향해 걸어갔고, 태양 아래서 이마가 부풀어 오르는 것을 느꼈다. 그 모든 열기가 나를 짓누르며 내가 앞으로 나아가는 것을 막고 있었다. 그리하여 얼굴 위에 엄청나게 무더운 바람이 와 닿을 때마다, 나는 이를 악물고, 바지 주머니 속의 주먹을 부르쥐고, 태양과 태양이 쏟아 부어 주는 짙은 취기를 견디어 이기려고 전력을 다하여 몸을 버텼다. 모래나 흰 조개껍질이나 유리조각에서 빛이 칼날처럼 반짝거릴 때마다 턱이 움찔했다. 나는 오랫동안 걸었다.

나는 저 멀리 햇빛과 바다 먼지에 아른거리는 후광에 둘러싸인 거무스름한 바위덩어리를 바라보고 있었다. 나는 그 바위 뒤의 시원한 샘을 생각했다. 나는 그 샘물의 속삭임을 다시 듣고 싶었고, 태양과 수고와 여자들의 울먹임을 벗어나고 싶었고, 그리고 마침내 그늘과 휴식을 찾고 싶었다. 하지만 좀 더 가까이 갔을 때, 나는 레이몽과 상대했던 녀석이 다시 돌아와 있는 것을 보았다.

그는 혼자였다. 그는 등을 대고 누운 채, 두 손을 목 밑에 괴고 쉬고 있었는데, 얼굴은 바위 그늘 속에 몸은 태양 아래 있었다. 그의 푸른 작업복이 더위 속에서 김을 내고 있었다. 나는 조금 당황했다. 내게 그 사건은 이미 끝난 것이었고, 그 일은 생각지도 않고 그곳에 갔던 것이었다.

그는 나를 보자마자 몸을 조금 일으키더니, 주머니에 한 손을 넣었다. 나도 자연히 웃옷 속에 들어 있던 레이몽의 권총을 쥐었다. 그러자 그는 다시금 뒤로 물러섰지만, 주머니에서 손을 빼지는 않았다. 나는 그에게서 꽤 멀리 십여 미터쯤 떨어져 있었다. 나는 절반쯤 감은 그의 눈꺼풀 사이로 이따금 그의 시선이 새어 나오는 것을 간혹 짐작할 수 있었다. 그러나 대개는 그의 모습이, 타는 듯한 대기 속에서 나의 눈앞에 어른거리고 있었다. 파도 소리는 정오 때보다도 더욱 나른하고 더욱 가라앉았다. 여전히 같은 태양이었고, 여기까지 이어진 같은 모래 위에 같은 햇빛이었다. 벌써 두 시간 전부터 낮은 걸음을 멈추고, 두 시간 전부터 끓는 금속 같은 바닷가에 닻을 던졌던 것이다. 수평선 위로 조그만 증기선이 지나갔고, 내가 그것을 한쪽 눈 끝으로 검은 얼룩처럼 느낀 것은 아랍 사람으로부터 눈을 떼지 않고 있었기 때문이었다.

나는 발길을 돌리기만 하면 된다고 생각했고, 그러면 끝날 것이었다. 하지만 태양이 진동하는 해변 전체가 등 뒤에서 나를 떠밀고 있었다. 나는 샘을 향해 몇 걸음을 움직였다. 아랍인은 움직이지 않았다. 어쨌거나 그는 아직 내게서 꽤 멀리 떨어져 있었다. 아마도 그의 얼굴에 드리운 그늘 때문인지, 그는 웃고 있는 것처럼 보였다. 나는 기다렸다. 나는 뜨거운 햇볕에 뺨이 타는 듯했고, 땀방울이 눈썹에 맺히는 것을 느꼈다. 그것은 내가 엄마의 장례식을 치르던 그날과 똑같은 태양이었고 그날과 똑같이 특히 머리가 아팠고, 이마의 모든 핏대가 한꺼번에 다 피부 밑에서 지끈거렸다. 나는 그 햇볕의 뜨거움을 더 이상 견딜 수 없어서, 앞으로 움직였다. 나는 그것이 어리석은 짓이며, 한 걸음 몸을 옮겨 본댔자 태양으로부터 벗어날 수 없다는 것을 알고 있었다. 하지만 나는 한 걸음 단 한 걸음 앞으로 나아갔다. 그러자 이번에는 아랍인이 몸을 일으키지는 않고 칼을 뽑아서 태양 아래 서 있는 나에게 내밀었다. 햇빛이 칼 위에서 반사되었고, 번쩍거리는 긴 칼날이 되어 나의 이마를 찔렀다. 바로 같은 순간에 눈썹에 맺혔던 땀이 한꺼번에 눈꺼풀 위로 흘러내려 미지근하고 두꺼운 막이 되어 눈두덩을 덮었다. 이 눈물과 소금의 장막에 가리어서 내 두 눈이 보이지 않았다.

다만 이마 위에 울리는 태양의 심벌즈 소리와, 칼에서 여전히 내 앞으로 뻗어 나오는 눈부신 빛의 칼날을 느낄 수 있을 뿐이었다. 그 뜨거운 칼날은 속눈썹을 쑤시고, 아픈 두 눈을 파헤쳤다. 모든 것이 흔들렸던 것은 바로 그때였다. 바다가 깊고 뜨거운 숨을 토해냈다. 하늘 전체가 활짝 열려서 불을 비오듯 쏟아놓는 것만 같았다. 내 온 몸이 긴장했고, 손으로 권총을 힘 있게 쥐었다. 방아쇠가 당겨졌고, 나는 권총 자루의 매끈한 배를 만졌다. 그리고 거기서부터, 건조하면서도 귀를 찢는 듯한 그 소리 속에서, 모든 것이 시작되었다. 나는 땀과 태양을 흔들었다. 나는 내가 낮의 균형을, 내가 행복을 느끼고 있던 해변의 이례적인 침묵을 깨뜨렸다는 것을 깨달았다. 그러자 나는 움직이지 않는 그 몸에다 다시 네 발을 쏘았고, 총알들은 깊이 보이지도 않게 틀어박혔다. 그것은 마치 내가 불행의 문을 두드리는 네 번의 짧은 노크 소리와도 같았다.

4

탈식민화와 폭력

프란츠 파농의 『대지의 저주받은 자들』 중 "폭력에 관하여",
(『검은 피부, 하얀 가면』, 이석호 옮김, (아프리카, 아프리카사상신서 1, 2016.)

민족의 해방, 민족의 부활, 민족의 복권, 국민복리 중 어떤 하나를 목표로 정하던지 간에 혹은 어떤 참신한 표제 하나를 새로 도입하던지 간에 탈식민화 과정이란 멀고 험난한 노정일 수밖에 없다. 개인 간의 관계, 스포츠클럽의 새 명칭, 경찰서나 국립 및 사립은행의 경영진들 그리고 각테일 파티에 참석한 이런 저런 유형의 인간 군상들 등등 그 어떤 입장에서 보더라도 탈식민화가 의미하는 것은 간단하다. 한 특정 "인종"을 다른 "인종"으로 교체하는 것이다. 탈식민화는 지지부진한 교체과정도 필요로 하지 않는다. 그것은 총체적이고 완전하며 동시에 절대적인 대체를 의미하기 때문이다. 탈식민화 과정 중에 우리가 동등한 무게중심을 두고 중시해야 할 것들이 있다. 새로운 민족의 탄생, 새로운 국가의 창달 그리고 그 국가의 외교적 관계 및 정치, 경제적 경향성에 대한 강조가 그것이다.

그러나 무엇보다도 중요한 것은 탈식민화의 초기 과정을 특징짓는 일종의 진공상태, 그것을 얼마나 정확하게 읽어내는가이다. 그 이유는 그 진공상태가 생래적으로 식민지인들의 최소한의 요구를 반영하기 때문이다. 기실 탈식민화가 성공적인가 성공적이지 않은가의 증거는 기층민중들의 변화의지가 새로운 사회구조를 정초해 가는데 얼마나 반영되어 있는가에 달려 있다고 해도 과언이 아니다. 왜냐하면 그 변화의지 속에는 민중 일반의 욕망, 소망 그리고 욕구가 기투되어 있기 때문이다. 이 변화의지는 식민지인들의 삶과 의식 속에 원초적이고 자극적이며 격렬한 형태로 존재한다. 동시에 다른 "인종", 즉 식민주의자의 심상에도 공히 격렬한 경험 하나를 전달한다. 불안하고 불확실한 미래의 공포에 대한 경험을 말이다.

세계질서의 재편을 꿈꾸는 탈식민주의는 분명 완전한 무질서의 기획과 관련이 있다. 그렇다고 그것이 마술적 관행의 결과물이라거나 자연적 충격 혹은 어떤 내밀한 이해의 산물임을 의미하는 것은 아니다. 탈식민화는 익히 알다시피 역사적인 과정이다. 다시 말해 탈식민화는, 그 탈식민화 과정에 역사적인 형식과 내용을 부여하는 다양한 움직임 그것을 정확하게 포착해낼 수 있는 잣대를 우리가 보유하고 있지 못하는 한, 이해 가능한 것도 인지 가능한 것도 아니라는 말이다. 탈식민주의는 특성상 적대적인 두 힘의 대결을 의미한다. 원천적으로 식민지 환경 속에서 성장하고 성숙한 두 힘의 대결을 말이다. 그 두 힘의 첫 번째 조우는 폭력의 기록이었다. 그 두 힘의 공존, 즉 정착민에 의한 원주민의 착취는 빛나는 총검과 대포의 행렬에 의해 수행되었다. 정착민과 원주민은 원래 오랜 지우知友간이었다. 따라서 어쩌면 정착민의 진술이 옳았는지도 모른다. "나는 '원주민'을 잘 알지"라고 떠벌리던 그의 진술이 말이다. 왜냐하면 원주민을 최초로 존재케 한 것도 그였고, 그 원주민의 존재를 계속 존속케 한 것도 바로 그였기 때문이다. 정착민이 그의 사유재산의 일부일 뿐인 원주민의 존재를 가능케 한 것은 전적으로 식민주의 체제 덕택이다.

탈식민화 과정이 정적 속에서 진행된 경우는 거의 없다. 왜냐하면 탈식민화는 개개인에게 심대한 영향을 끼칠 뿐만 아니라 그 개개인의 삶을 근본적으로 바꾸어놓기 때문이다. 그것은 또한 소외된 관객을 찬란한 역사의 후광을 한 몸에 받는 무대의 주인공으로 바꾸어놓기도 한다. 새로운 인간들과 더불어 불거져 나온 흐름에 순응케 하고, 그 인간들이 가져온 새로운 언어 및 새로운 인류애에도 귀 기울이게 한다. 탈식민화는 진정 새로운 인간들이 만들어내는 순수한 창조물인 것이다. 그렇다고 그 창조물의 적실성이 어떤 초자연적인 힘에 의해 결정되는 것은 아니다. 탈식민화는 식민화 되었던 "사물"에게 자유를 수여함으로써 그 사물을 인간으로 바꾸는 하나의 과정일 뿐이다. 그러므로 탈식민화는 식민지 환경에 대한 심문을 수행한다. 탈식민화가 정확하게 무엇을 의미하는지는 다음과 같은 구절에 잘 드러난다. "가장 후위의 것이 전위가 되고 가장 전위의 것이 후위가 되는 것"이라는 구절에 말이다. 탈식민화는 바로 이 구절의 실천을 의미한다. 이것이 탈식민화의 성공 여부를 가늠하는 열쇠이다.

탈식민화의 원초적 진실은 그 진실로부터 우러나오는 빗발치는 총탄과 피 묻은 칼날을 환기시킨다. 왜냐하면 가장 후위의 것이 전위가 되는 과정은 적대하는 두 세력 간의 피비린내 나는 혈전을 치르고 난 이후에야 가능한 것이기 때문이다. 최 후위의 것을 최 전위에 배치하려는 의지뿐만 아니라 소위 잘 조직된 사회의 특징이랄 수 있는 절차라는 것을 급속도로 추월하려는 의지도 폭력의 국면만 잘 다스리면 훌륭한 성공작으로 둔갑할 수 있다.

애초부터 탈식민주의적 기획을 염두에 두지 않았던 이상 그 누구도 한 사회를 물구나무 세울 수는 없다. 아무리 그 사회가 원시적이라 할지라도 말이다. 다시 말해 탈식민화 와중에 시도 때도 없이 나타날 돌발적인 장애물들을 기꺼이 극복할 만큼 그 기획에 대한 심도 깊은 마음의 준비가 안 된 상태에서는 한 사회의 전복의지가 성공적일 수 없다는 말이다. 이 기획을 실천에 옮기거나 이 기획의 원동력이 되기로 결심을 한 원주민은 어느 때고 폭력을 사용할 준비가 되어 있다. 그것은 원주민의 입장에서 볼 때 다종다기한 금기들로 얽히고설킨 한 세계를 절대적인 폭력을 통하지 않고서는 심문할 수 있는 방법이 없기 때문이다.

식민주의 세계는 부분집합으로 이루어진 세계이다. 그 세계에서는 굳이 원주민의 존재와 유럽인의 존재 혹은 원주민의 학교와 유럽인의 학교를 구분할 필요가 없다. 남아프리카공화국의 아파르트헤이트 정책을 딱히 언급할 필요도 없을 것이다. 그러나 이 부분집합 체계를 조밀하게 검토해보면 일련의 폭력노선을 목격할 수 있다. 식민주의 세계와 그 세계의 질서체계 및 지리학적 토대에 대한 이러한 접근방식은 탈식민화 될 세계가 어떤 노선 위에서 재조직되어야 하는지를 제시해준다.

식민주의 세계는 양분화된 세계이다. 각자의 군대들과 경찰서들이 적대하고 있는 두 전위를 가득 채우고 있는 세계이다. 식민지에서는 경찰들과 군인들이 관료이자 합법적인 중개인이다. 그리고 그들은 정착민 혹은 그의 억압통치를 대변한다. 자본주의 사회에서는 교육체계 일반, 아버지에서 아들로 전수되는 도덕성의 반향구조, 오십여 년에 걸친 충직한 노역의 대가로 얻어진 정직한 노동자의 목에 걸린 빛나는 메달, 그리고 조화로운 관계와 선행이 수반하는 따뜻한 애정 등 기존 질서에 대한 이 모든 미학적 존중의 표현이 착취자들을 중심으로 통제의 의미가 한층 강화된 탄압과 억압으로 둔갑한다. 자본주의 사회에서는 다수의 도덕 교사, 지도층 인사 그리고 무소불위의 권력 호사가들이 피착취자들을 이 권력의 현장으로부터 분리시킨다. 한편 식민주의 국가에서는 경찰과 군인들이 그들의 즉각적인 물리적 현장개입을 통해 원주민들과의 접촉을 유지하고, 개머리판과 네이팜탄으로 그들에게 경고한다. 저항하지 말 것을 말이다. 여기에서 분명한 것은 정부를 대행하는 사람들을 통해서는 억압과 순도를 조금도 낮출 수 없다는 것이다. 더욱 심각한 것은 그 대행인들이 오히려 지배의 의지를 슬슬 흘리고 다닌다는 것이다. 게다가 이 모든 불순한 관행들을 양심의 가책 없이 당당하게 수행한다는 것이다. 왜냐하면 그들은 그들 스스로를 투명한 의식을 가진 평화유지군이라고 믿고 있기 때문이다. 그러나 그들은 분명 원주민들의 삶터와 의식 속으로 폭력을 견인해 온 주인공들이다.

원주민들이 살고 있는 공간과 정착민들이 살고 있는 공간은 상보적이지 않다. 그 두 공간은 서로가 서로를 밀어낸다. 그 두 공간은 또한 한 차원 높은 공간적 통합을 위해서도 복무하지 않는다. 아리스토텔레스의 논리학 법칙대로 그 둘은 충실히 상호배타성의 원칙을 따른다. 그 둘 사이에서는 어떤 조율도 가능해 보이지 않는다. 왜냐하면 두 가지 조건 중 하나가 충분조건이기 때문이다. 정착민의 공간은 돌과 무쇠로 지어진 휘황찬란한 공간이다. 아스팔트 거리와 그 거리를 굴러다니는 오물들을 눈에 띄지 않게, 알려지지 않게, 혹은 전혀 상상조차 할 수 없게 입 속에 꼭꼭 품은 알루미늄 쓰레기통들이 즐비하게 늘어서 있는 공간 말이다. 정착민들은 맨발을 결코 보이는 법이 없다. 원주민들이 다가가기 힘든 해변이 아닌 곳에서는 말이다. 그들의 두 발은 튼튼한 신발로 포장되어 있다. 그들이 살고 있는 도심의 거리가 먼지 하나 없이 깨끗하고 평평하며 홈이 파여 있거나 돌투성이가 아닌데도 말이다. 그들의 도심은 우람하고 잘 빠졌다. 배 속은 항상 기름진 것들로 출렁거린다. 이것이 바로 그들의 도심이고 백인들의 도심이며, 이방인들의 도심이다.

반면 식민지인들의 도심이나 흑인 주거지 혹은 메디나나 원주민 보호구역 같은 지역은 사악한 인간들이 득실거리는 곳으로 악명이 높다. 그들은 그곳에서 태어난다. 태어나는 장소와 방법은 문제가 되지 않는다. 그리고 그들은 그곳에서 죽어간다. 죽어가는 장소와 방법도 문제가 되지 않는다. 그곳은 공간적 여지가 없는 세계이다. 그곳의 인간들은 서로가 서로를 짓밟으며 살아간다. 이웃의 지붕 위에 자신의 집을 세우기도 한다. 원주민의 마을은 빵과 고기와 신발과 석탄과 전등의 절대량이 부족한 궁기의 공간이다. 허리가 휘어진 노역의 공간이고, 무릎을 꿇린 굴욕의 공간이며, 진창에 빠진 수렁의 공간이다. 검둥이들과 지저분한 아랍인들이 사는 공간인 것이다. 따라서 이들의 시선에는 탐욕과 시기와 소유욕이 가득 들어 차 있다. 가능하다면 자신의 부인네들과 함께 정착민의 식탁 앞에 앉아보고자 하는 혹은 정착민의 침대 위에 누워보고자 하는 소유욕으로 말이다. 식민지의 인간은 질투심도 많다. 이 점을 정착민들은 매우 잘 안다. 원주민과 시선이 충돌할 때마다 정착민들은 이 점을 씁쓸하게 재삼 확인한다. 그러고는 방어자세를 취하면서 이렇게 뇌까리곤 한다. "저 놈들이 우리 땅을 빼앗아가려 한다"고 말이다. 이 말은 사실이다. 왜냐하면 수백, 수만의 원주민 중에 정착민의 자리를 욕심내지 않는 원주민은 하나도 없기 때문이다.

그렇다. 이 세계는 부분집합으로 구성되어 있다. 둘로 나누어진 이 세계에는 완전히 다른 두 인종이 산다. 식민주의라는 문맥의 기원은 바로 이렇게 상이한 경제적 현실, 불평등, 무한한 생활방식의 차이 등에 기초해 인간의 실체를 유린하는 일과 관련되어 있다. 식민주의 문맥을 가까운 거리에서 바라보면 자명해지는 것이 있다. 한 세계의 구성이 어느 특정한 한 인종의 소속 여부와 더불어 시작된다는 점이다. 식민지에서는 그 어디서나 경제라는 하부구조가 이내 상부구조로 탈바꿈한다. 원인이 결과로 옷을 갈아입는 꼴이다. 부자만이 백인이 될 수 있고, 백인만이 부자가 될 수 있다. 식민주의 문제가 부상할 때마다 마르크스주의 분석이 판을 치는 이유도 그 때문이다. 전자본주의 사회의 특성을 포함해 마르크스가 설명해낸 모든 것이 이곳에서 재고되어야 할 필요가 있는 것도 물론 그 때문이다. 농노계급은 근본적으로 기사계급과 다르다. 그러나 이러한 신분의 차이를 합법화하기 위해서는 신성한 권력의 조력이 필요하다. 식민지에서는 이방인이 총과 기계에 기대어 자신의 지배를 정당화한다. 그러나 그의 성공적인 정착과 전유에도 불구하고 정착민은 이방인일 따름이다. 사실 통치계급을 변별화하는 것은 공장이나 부동산을 소유하는 행위가 아니다. 은행에 들어있는 돈도 아니다. 계급이야 어찌 되었든지 간에 "타자"인 원주민과는 다른 인종, 그것이 통치계급의 특권을 가름하는 유일무이한 기준이다.

식민지 원주민의 사회, 경제체계 복식체계 및 생활 외적 체계 등을 안팎에서 송두리째 앗아가버린 이방인의 폭력, 그 폭력과 동일한 폭력이 언젠가는 원주민들에게로 이양될 것이다. 원주민들이 자신의 역사를 인격화해가면서 금지된 지역으로의 입성을 마치는 날 말이다. 그러므로 식민세계의 해체는 식민지 민중 하나하나의 정신적 실천과 관련되어 있다고 보아도 무방하다. 각자의 전위가 무너지고 나면 두 지역 간에 대화의 노선이 구축될 것이라는 피상적인 믿음은 식민세계의 해체적 실천과 거리가 멀다. 식민세계의 해체란 진정 한 영역의 해산, 그 영역의 장사지냄 그리고 그 영역의 축출 그 이상도 그 이하도 아니기 때문이다.

식민세계에 대한 원주민의 도전은 한 관점에 대한 합리적 처신과는 거리가 멀다. 그것은 그 도전이 보편에 대한 정중한 존중이라기보다는 원주민 자신의 고유한 생각을 절대의 차원에서 수용해버리는 시큼털털한 긍정이기 때문이다. 식민세계는 이원적인 세계이다. 군과 경찰력을 동원해 원주민의 공간을 물리적으로 원천 봉쇄하는 것만으로는 양이 차지 않는 정착민들은, 식민주의적 착취의 전제주의적 특성을 드러내기라도 하는 듯, 원주민들을 일종의 악의 원형으로 간주하기 시작한다. 원주민 사회는 단순히 가치가 부재한 사회로 묘사되지 않는다. 왜냐하면 원주민 사회에는 이제 가치가 존재하지 않는다든가 혹은 한 술 더 떠서 원래 그곳에는 가치라는 게 존재하지 않았다든가라는 정도의 담론을 가지고는 식민주의자들의 욕망이 채워지지 않기 때문이다. 따라서 그들은 원주민을 비도덕적인 존재로 매도하기 시작한다. 혹은 가치의 부재 정도가 아닌 가치의 부정 차원에서 그 원주민을 재단하기 시작한다. 이쯤 되면 원주민이 가치의 적 또는 절대악의 화신으로 재현되는 데 전혀 문제가 없게 된다. 원주민은 이제 자신의 주변에 존재하는 모든 가치를 파괴하는 사악한 힘으로, 진-선-미의 형식을 와해하는 타파주의자로, 무의식이나 통제 불가능한 맹목적 힘 혹은 마력의 발전소로 여겨지게 된다. 따라서 메이어 씨는 프랑스 국민의회에서 이렇게 연설할 수 있었다. 프랑스 정부가 알제리인들을 프랑스 국민으로 받아들이는 조치를 취해서는 안 된다고 말이다. 그것은 몸을 파는 행위와 똑같다고 말이다. 사실 모든 가치는 식민주의자들이 원주민을 식민화시키는 과정에서 변질되고 오염된 것이다. 식민통치 기간 중에 수행된 식민지 민중들의 관습 , 전통 그리고 특히 신화에 대한 통제를 보면, 그들의 정신세계 및 제도적 가치 등이 얼마나 조직적으로 피폐화되고 박약화 되었는지를 목격할 수 있다. 때문에 식민지인들은 질병의 예방 차원에서 디디티DDT살충제를 사용할 수밖에 없는 것이다. 기독교가 이교도 및 배교적 본능 그리고 아직 태어나지도 않은 악의 원형을 대상으로 전쟁을 수행하면서 밀교의 후퇴와 복음의 전진을 동일한 선상에서 즐겼던 수위만큼 말이다. 사실 복음주의의 승리의 관건은 무엇보다도 식민지 민중의 심상 깊숙이 이식시켜 놓았던 외래적 영향과 깊은 관련이 있다. 나는 지금 기독교에 대해서 이야기하고 있다. 놀랄 필요는 없다. 식민지의 교회는 기실 백인의 교회이자 이방인의 교회이기 때문이다. 이방인의 교회는 원주민들을 신의 정의에로 초대하는 것이 아니라 백인의 정의, 지배자의 정의, 그리고 통치자의 정의에로 초대한다. 초대를 받는 이는 많지만 정작 선택되는 이는 거의 없다.

이러한 이원론은 종종 하나의 논리적 귀결을 이끌어낸다. 원주민을 비인간화하는 논리적 귀결을 말이다. 원주민을 동물 취급하게 하는 논리적 귀결을 말이다. 사실 정착민들이 원주민을 대상으로 사용하는 용어는 동물적인 용어에 가깝다. 원주민의 몸동작을 파충류에 비교한다든지, 원주민들의 주거지를 지저분하고 냄새나는 돼지우리에 비교한다든지, 원주민의 성생활을 동물들의 그것에 비교한다든지 등등 그 예는 수도 헤아릴 수 없을 만큼 다양하다. 다시 말해 원주민에 대한 과학적인 기술이 필요할 때마다 그들은 동물학사전을 뒤적거린다는 것이다. 유럽인들은 웬만해선 그림 같은 묘사를 선호하지 않는다. 그러나 원주민은 잘 안다. 유럽인들이 원주민인 자신들을 바라볼 때 그들이 마음속에 어떤 생각들을 떠올리는 지를 말이다. 그 엄청난 수의 생생한 자료, 그 엄청난 수의 신경질적인 무리들, 그 엄청난 수의 인간성을 상실한 얼굴들, 그 엄청난 수의 티끌보다 못한 무기력한 육신들 시작도 끝도 없는 무리들, 천의 고아 같은 아이들이 뙤약볕 아래 큰 대자로 자빠진 게으름들, 그 흐물흐물한 식물성의 인생들, 바로 이것들이 식민주의자들의 사전을 가득 채우고 있는 이미지들이다. 드골 장군도 프랑수아 모리악도 "이 누런 인종" 및 검은 인종 갈색 인종들을 묘사할 때 이러한 이미지에서 벗어나지 못했다. 원주민은 이것이 모략임을 잘 안다. 그들의 삶이 이방인의 눈 속에서 동물의 우화로 변신할 때 그들이 자조의 웃음을 감추지 못하는 이유도 그 때문이다. 왜냐하면 그들은 잘 알고 있기 때문이다. 그들이 동물이 아님을 말이다. 원주민 그들은 그들 자신이 인간적 가치를 정확하게 간파하고 있을 때라야만 승리의 칼날을 갈기 시작할 수 있다.

원주민 그들은 그들 자신이 역사의 닻줄을 내리면서 정착민의 노여움을 이끌어낼 때 서구적 독자성과 풍요로움을 자신에게로 견인해낼 수 있다. 또한 문화적 절차를 통해 건강한 정신을 구축해가는 인간임을 증명해 낼 수 있다. 서구적 가치는 매번 원주민을 뭔가 형태화되고 박제화된 인간으로 묘사했다. 원주민의 이성이 호소력을 발휘하는 탈식민주의 시기가 이러한 서구적 가치의 오독을 교정하는 절호의 기회인 것이다. 원주민에겐 이제 명확한 가치가 수여되었다. 탈식민주의가 그것이다. 탈식민주의는 퇴행이 아니다. 따라서 원주민은 정당하고 견고하며 숭엄한 탈식민주의의 질적 특성에 신뢰를 투사해야 한다. 대부분의 원주민은 서구문화에 대한 이야기만 나와도 칼을 꺼낸다. 혹은 최소한 칼을 꺼낼 자세를 취한다. 왜냐하면 원주민은 백인들이 자랑하는 그 절대의 가치가 폭력에 기초하고 있음을 잘 알고 있기 때문이다. 또한 원주민의 생활방식이나 사유체계보다 더 우수하다고 자랑하는 백인들의 이 가치체계가 호전성에 기초하고 있음을 잘 알고 있기 때문이다. 따라서 원주민은 그의 눈앞에서 백인들의 가치체계에 대한 이야기가 나오기만 하면 넉살 좋게 조롱의 웃음을 흘리곤 한다. 일종의 복수인 셈이다. 식민주의적 상황에서는 정착민들만이 원주민에게로의 일방적인 접근 및 강요의 작업을 수행할 수 있었다. 원주민은 백인 가치의 우수성을 그저 공개적으로 수용하거나 묵묵히 받아들일 수밖에 없었다. 그러나 탈식민주의 시기는 식민지 민중들이 백인의 가치를 농단하고 모욕하며 그 거룩한 가치 위에 구토를 할 수 있는 시기인 것이다.

5

폭력과 평화

요한 갈퉁의 『평화적 수단에 의한 평화』, 김종일 외 4인 옮김, (들녘, 2000).

이와 같이 평화와 폭력은 인간의 생활뿐만 아니라 모든 종류의 생물체에서 총체적으로 보여져야 한다. 국가 간의 폭력은 중요하다. 그러나 성별 간, 세대 간의 폭력은 더욱 중요하다. 그리고 인간 내면의 폭력, 즉 감정의 억압과 같은 정신 내부의 폭력과 암과 같은 신체 내부의 폭력도 중요하다. [...] 갈등은 우리 눈으로 직접 보게 되는 불화라고 할 수 있는 직접적 폭력보다 훨씬 범위가 크다. 폭력은 사회 구조 속에 달라붙어 있기도 하고, 폭력을 정당화시키는 문화 속에 스며들어 있기도 하다. 어떤 집단들 사이의 갈등을 변형시키기 위해서는 새로운 관계 구축 이상의 노력이 필요하며, 집단들은 갈등이 영원히 재생산되지 않도록 변화되어야 한다. 대부분의 집단 간 갈등에는 집단 내적인 측면이 존재한다.

...(중략)...

평화를 창조하는 것은 폭력을 줄이는 것(치료)과 폭력을 피하는 것(예방)과 분명히 관련이 있다. 폭력은 해치거나 다치게 하는 것을 뜻한다. 해를 당하거나 다치는 것을 경험할 수 있는 어떠한 사물이 있다고 가정한다면, 그것은 생명을 지니고 있는 것과 동일시하는 불교의 전통에 따를 수 있다. 생명은 몸과 마음에 가해지는 폭력을 겪을 수 있는데, 이는 각각 육체적 폭력과 정신적 폭력을 가리킨다. 그러나 생명은 몸과 마음에 찾아오는 기쁨의 축복을 경험할 수 있다. 일부에서는 그러한 경험에 대해 '적극적 평화'라는 용어를 사용할 수 있을 것이다.

지금까지 우리는 피해자의 처지에서 폭력을 보아왔다. 만약 폭력의 이러한 결과를 의도한 행위자 또는 가해자가 존재한다면, 우리는 직접적인 폭력에 대해서 얘기할 수 있고, 그렇지 않다면 간접적 폭력 또는 구조적 폭력에 대해 얘기할 수 있을 것이다. 비참한 것도 고통의 한 형태이므로, 어딘가에 폭력이 존재한다. 이에 따라 우리는 간접적 폭력이 구조적 폭력이라는 입장을 취할 수 있게 된다. 간접적 폭력은 사회 구조 자체에서 일어난다. 즉 사람들 사이에서, 사람들의 집단인 사회 간에, 사회들의 집단인 동맹이나 지역 간에 발생하는, 그리고 인간의 내면에 성격 구조로부터 생기는 간접적이고 정신적인, 또는 의도되지 않은 폭력이 존재한다.

외적으로 일어나는 구조적 폭력의 두 가지 주요한 형태는 정치와 경제에서 잘 알려진 억압과 착취이다. 이 두 가지 형태의 폭력은 몸과 마음에 작용하지만, 반드시 의도된 것은 아니다. 그러나 희생자들에게는 의도된 것이 아니라는 게 큰 위안이 되지 못한다.

이러한 모든 것의 이면에는 문화적 폭력이 존재한다. 모두 상징적인 것으로 종교와 사상, 언어와 예술, 과학과 법, 대중 매체와 교육의 내부에 존재하는 것이다. 이러한 문화적 폭력의 기능은 매우 간단한데, 직접적 폭력과 구조적 폭력을 정당화하는 것이다. 실로 우리는 문화에서의 폭력, 정치에서의 폭력, 그리고 직접적 폭력을 다루고 있다. 우리는 폭력보다 넓고 나아가 평화보다도 넓은 개념이 필요하다. 힘이 바로 그러한 개념이다. 문화적 힘은 무엇이 옳고 그른지 설득하는 것으로, 경제적 힘은 보상이라는 당근 정책으로, 군사적 힘 또는 일반적으로 무력은 '그렇게 하지 않으면' 어떻게 하겠다는 식의 채찍 정책으로, 그리고 정치적 힘은 정책 결정을 통해서 행위자를 움직이는 것이다.

이와 같이 힘에는 문화적 · 경제적 · 군사적 · 정치적 힘이라는 네 가지 형태가 있다. 이들은 잘 알려진 말이지만 여기저기 아무렇게나 쓰여지는 말은 아니다. 그들은 힘의 네 가지 영역과 네 가지 형태의 폭력을 상징하며, 네 가지 형태의 평화를 함축한다. 그들이 구체적으로 어떻게 나타나는지 알아보기에 앞서 힘의 네 가지 영역 사이의 관계에 대하여 간단히 얘기해보자.

그들은 모두 서로에게 영향을 미치기 때문에 열 두 개의 화살표를 그려볼 수 있다. 그러나 이게 맞을지라도 방향이 정해진 것은 아니기 때문에 쉬운 일이 아니다. 그래서 다른 사실을 덧붙여야 한다. 힘 또는 권력 체제에 대해 일반적인 논란이 일고 있는데, 직접적 폭력의 단일 행위는 정치적 결정과 경제적 거래의 구조로부터 일어나고 있으며, 또한 정치적 결정과 경제적 거래는 서로에게 영향을 미친다는 점이다. 그러나 그 아래에는 어떤 구조와 행위들은 정당화하고, 다른 것들은 불법화하는 문화가 잠복해있다.

오직 군사적 힘만을 고려하는 '현실주의적' 가정은 매우 비현실적이다. 그러나 바른 정치 구조에서의 자유주의적 신념과 바른 경제 구조에서의 마르크스주의적 신념도 더 낫지는 않다. 이들 모두 중요한데 특히 문화가 더 중요하다. 그러나 문화주의 자체만으로는 불충분하다. 필자의 입장은 절충적이지만, 인과 관계를 따져볼 때 문화로부터 정치와 경제를 통해 군사 방면으로 영향을 미치는 것이 반대 방향으로 영향을 미치는 것보다 일반적이라는 입장이다. 이와 같이 폭력은 주로 문화적 폭력으로부터 구조적 폭력을 경유하여 직접적 폭력으로 번지는 것이다.

...(중략)...

'문화적 폭력'으로 문화의 단면들은 종교와 이데올로기, 언어와 예술, 경험과학과 형식과학(논리학, 수학)들로 예시될 수 있는 우리 존재의 상징적 영역으로서, 직접적 또는 구조적 폭력을 정당화하거나 합법화하는 데 이용될 수 있는 것들이기도 하다. 별, 십자가, 초승달, 국기, 국가, 군사 퍼레이드, 어디나 걸려있는 지도자의 초상화, 선동적인 연설과 포스터 등을 연상해볼 수 있다. 그렇지만 이런 사례들은 뒤에서 언급하기로 하고 분석부터 시작해보자. 위에서 언급한 특징들은 '문화의 단면들'이지 문화의 전반은 아니다. 잠재적인 살인자를 고무시키면서 '살인은 자아실현이다!'고 외치는 것은 언어가 그런 생각들을 표현할 수 있다는 얘기이지 언어가 꼭 그런 폭력이라는 것을 증명하는 것은 아니다. 전체적인 문화를 폭력으로 범주화시킬 수는 없다. 그리고 바로 이것이 'C 문화는 폭력적이다'와 같은 문화적 정형보다 'C 문화의 A라는 단면은 문화적 폭력의 한 예다'라는 표현을 선호하게 되는 한 가지 이유이다. [...] 만약 폭력의 반대가 평화, 즉 평화 연구의 주제라면, 문화적 폭력의 반대는 직접적인 평화와 구조적인 평화를 정당화하고 합법화하는 데 봉사하는 문화의 단면들을 의미하는 '문화적 평화'가 될 것이다. 만약 이러한 종류의 단면들이 하나의 문화에서 다양하게 발견된다면, 우리는 그것을 '평화 문화'라고 부를 수 있을 것이다. 평화 연구 그리고 일반적으로 평화 운동의 한 가지 주된 사명은 비록 그 문화를 제도화하고 의무화하려는 유혹 때문에 문제가 있기는 하지만, 그것을 어디에서나 내면화할 수 있다는 희망을 가지고 평화 문화에 대해 끊임없이 탐색하는 것이다. 만일 하나의 문화를 강요하게 된다면 그것은 이미 직접적인 폭력이 된다.

문화적 폭력은 직접적 · 구조적 폭력을 올바른 것으로서 또는 적어도 잘못된 것은 아닌 것으로서 보이게 하거나 심지어 느껴지게 만든다. 정치학이 두 가지 문제, 즉 권력의 사용과 권력 사용의 합법화에 대한 것이듯 폭력 연구도 폭력의 사용과 그 사용의 합법화라는 두 가지 문제에 대한 것이다. 그 심리학적 메커니즘은 내면화이다. 문화적 폭력에 대한 연구는 직접적인 폭력의 행위와 구조적 폭력의 사실이 합법화되고, 따라서 사회에 수용되는 방식을 강조한다. 문화적 폭력이 작동하는 한 가지 방식은 한 행위의 도덕적 색채를 붉고 잘못된 것으로부터 푸르고 올바른 것으로 또는 적어도 노랗고 수용 가능한 것으로 변화시키는 것이다. 그러한 한 가지 예로 '조국을 위한 살인은 올바르고, 자신을 위한 살인은 잘못된 것이다'라는 말을 들 수 있다. 또 다른 방식으로는 현실을 불명료하게 만듦으로써 우리가 폭력적인 행위나 사실을 보지 못하게 하거나, 적어도 폭력적인 것으로는 보지 않게 하는 것이다.

...(중략)...

앞서의 설명들과 더불어 '폭력'은 [...] 직접적 · 구조적 폭력을 지배적 범주들 또는 초유형(super-type)들로서 이용하게 된다. 이젠 '문화적 폭력'이 세 번째 초유형으로서 첨가될 수 있으며, 하나의 이미지로서 (사악한) 폭력의 삼각형(violence triangle)의 세 번째 꼭짓점에 놓일 수 있다. 이 삼각형이 '직접적 폭력'과 '구조적 폭력'을 하향하여 서 있을 때, 여기서 떠오르는 이미지는 문화적 폭력이 그 둘을 정당화한다는 것이다. '직접적 폭력'을 밑으로 한 그 삼각형을 거꾸로 세우면 직접적 폭력에 대한 구조적 원천과 문화적 원천이라는 이미지가 얻어진다. 물론 삼각형은 늘 삼각형일 뿐이지만, 그 위치에 따라 생성된 이미지는 상이할 뿐 아니라 여섯 개의 꼭짓점들(위치에 따라 각기 아래를 향하게 되는 세 점과 위를 향하게 되는 세 점)도 상당히 상이한 줄거리들을 불러일으키는데, 이 모든 것은 이야기할 만한 가치가 있는 것들이다.

그 대칭성에도 불구하고 세 가지 폭력의 개념들의 시간적 관계에는 기본적인 차이점이 존재한다. 즉 직접적 폭력은 하나의 사건(event)이고, 구조적 폭력은 오르내림이 있는 하나의 과정(process)이며, 문화적 폭력은 오랜 기간 동안 본질적으로 같은 것으로 남아 있으면서 기본적인 문화의 점진적인 변화를 초래하는 하나의 불변형체(invariant)이자, '영구불변의 것(permanent)'이다. 역사학에 있어 프랑스의 아날(Annales)학파가 사용하는 용어로 표현해보자면, 사건서술(événementielle), 경제국면(conjoncturelle), 장기 지속(la longue durée)이다. 이 세 가지 형태의 폭력은 각기 상이한 시간에 시작되는데, 지진이론에서 하나의 사건으로 간주되는 지진과 하나의 과정으로 간주되는 지각판들의 움직임 그리고 보다 영구적인 하나의 조건으로 간주되는 단층선간에 드러나는 차이와 어느 정도 유사하다.

이로부터 매우 다양한 가설들을 만들어내는 하나의 패러다임으로서 유용하게 쓰이는 폭력의 현상학에 대한 폭력의 지층(violence strata) 이미지(삼각형의 이미지를 보완하는)를 얻을 수 있다. 밑바닥에는 시간을 관통하는 문화적 폭력의 끊임없는 흐름이 있으며, 그것은 또한 다른 두 개가 그 자양분을 이끌어낼 수 있는 토대(substratum)이기도 하다. 그 다음 층에 구조적 폭력의 규칙적인 반복운동이 위치한다. 거기에선 의식의 형성을 방지하는 침투—분할과, 착취와 억압에 대항하는 조직화를 방지하는 분열—주변화 등과 더불어 착취의 양식들이 만들어졌다가 소진되고 사라진다. 그리고 최상층에는 육안과 맨발의 경험주의에도 빤히 보이는, 인류가 상호간에 일반적으로 다른 형태의 생명과 자연에 대해 잔인하게 행사한 직접적 폭력의 전반적인 기록을 가진 직접적 폭력의 지층이 있다.

일반적으로 문화적 폭력으로부터 구조적 폭력을 거쳐 직접적인 폭력으로 향하는 인과적 흐름은 확인이 가능하다. 문화는 우리를 착취나 억압을 정상적이고 자연스러운 것으로 보도록, 또는 그것들을(특히 착취를) 전혀 보지 못하도록 전도하고 가르치고 훈계하며 충동질하고 무디게 한다. 그러면 구조적인 폭력인 강철 새장(iron cage)에서 벗어나기 위해 직접적인 폭력을 이용하려는 노력과 그 새장을 그대로 유지하기 위해 보복적 폭력을 사용하려는 노력이 폭발하게 된다. 보통의 경우 일상적인 범죄행위는 부분적으로는 '벗어나기 위한' 부를 재분배하고 공평하게 얻어내기 위해서나 복수하기 위한 사회적 약자의 노력('블루칼라의 범죄') 또는 값어치 있는 것을 위해 구조를 착취하면서 사회적 강자로 남아 있거나 또는 되고자 하는 누군가의 노력('화이트칼라의 범죄')이다. 직접적 폭력이나 구조적 폭력 모두 필요의 결손(needs-deficit)을 만들어낸다. 이것이 갑작스럽게 발생할 때 우리는 외상(trauma)에 대해 말할 수 있다. 필요의 결손이 단체나 집단에서 발생할 때, 그것은 집단적인 잠재의식에 침전될 수 있고, 또 주요한 역사적 과정들과 사건들을 위한 천연자원이 될 수 있는 집단적 외상(collective trauma)이 된다. 그 밑에 놓인 가정은 단순한 것으로서, 즉 '폭력은 폭력을 낳는다'는 것이다. 폭력은 필요한 것을 박탈하는 것(needs-deprivation)으로 심각한 것이다. 왜냐하면 하나의 반작용으로 직접적인 폭력이 나타날 수 있기 때문이다. 하지만 이것이 유일한 반작용은 아니다. 더 이상 희망이 없다는 느낌이나 스스로를 향한 공격성 같이 내부적으로 나타나거나 또는 냉담이나 외면처럼 외부적으로 나타나는 박탈 · 좌절 증후군도 생겨날 수 있다. 필요한 것에 대한 박탈이 대규모로 발생할 때, 이에 대한 반작용으로서 끓어오르고 폭력적인 사회와 얼어붙고 냉담한 사회 간의 선택이 주어진다면 사회적 강자는 후자를 선호하는 경향이 있다. 그들은 '분쟁, 무정부상태'보다는 '통제가능성(governability)'을 선호한다. 그들은 '안전성'을 사랑하는 것이다. 사실상 지배 엘리트들이 제멋대로 행사하는 문화적 폭력의 주된 형태는 유리온실 안에서 안주하지 않고 강철 새장에서 벗어나기 위해 최초로 돌을 던진 구조적 폭력의 희생자에게 '침략자'라고 낙인을 찍음으로써 비난하는 것이다. 구조적 폭력의 범주는 그런 문화적 폭력을 투명하게 만들 수 있어야 한다. 그러나 폭력의 지층 이미지는 폭력의 삼각형에서 인과적 사슬만을 정의하지 않는다. 삼각형에는 여섯 가지의 모든 방향으로의 연계와 인과적 흐름이 있고, 세 개의 꼭짓점 모두 어떤 지점에서라도 시작될 수 있도록 연결시켜주는 사이클이 있다. 이것이 바로, 때때로 삼각형이 3층으로 된 지층모델보다 더 나은 이미지일 수 있는가에 대한 훌륭한 이유이다. 아프리카인들이 생포되어 노예로 부려지기 위해 강제로 대서양을 건너는 과정에서 수백만 명이 아프리카에서, 배 위에서, 그리고 아메리카에서 살해되었다. 수세기에 걸친 이 같은 대규모의 직접적인 폭력은 주인이자 사회적 강자로서의 백인들과 노예이자 사회적 약자로서의 흑인들과 더불어 대규모의 구조적 폭력으로 확산되거나 침전되었고, 어디서나 볼 수 있는 인종주의적 이념과 함께 대규모의 문화적 폭력을 생산하고 또 재생산하였다. 얼마의 시간이 지난 후, 직접적인 폭력은 잊혀지고 노예제도도 잊혀졌지만 대학 교과서에나 적합하게 사용될 수 있도록 단지 두 개의 표식만 두드러지게 되었는데, 바로 대규모 구조적 폭력을 나타내는 '차별(discrimination)'과 대규모 문화적 폭력을 나타내는 '편견(prejudice)'이다. 이것은 언어를 순화시켜 표현한 것으로서 그 자체가 문화적인 폭력이기도 하다.

...(중략)...

폭력은 직접적-구조적-문화적 폭력의 삼각형에 있어 어떤 꼭짓점에서도 시작될 수 있고, 다른 꼭짓점으로 쉽사리 전달된다. 제도화된 폭력적 구조와 내면화된 폭력적 문화와 더불어 직접적 폭력은 또한 장기간에 걸친 복수전처럼 제도화되고, 반복되고, 의식화(儀式化)되려는 경향이 있다. 그렇다면 폭력에 대한 이러한 삼각형적 증후군은, 마음속에서 문화적 평화가 다양한 상대들 간의 공생적이고 동등한 관계와 더불어 구조적 평화를 낳고, 그리고 협력의 활동과 우정, 그리고 사랑과 더불어 직접적 평화를 낳는 평화의 신드롬과 대비되어야 한다. 그것은 사악한 삼각형이라기보다는 고결한 삼각형이며 또한 자기 강화적이다. 이 고결한 삼각형은 동시에 세 군데의 꼭짓점에 대한 작업에 의해 획득될 수 있을 것이며, 어떤 하나에서의 기본적인 변화가 자동적으로 다른 두 군데서의 변화를 유발할 것이라고는 가정되지 않는다.

그러나 이렇게 문화를 포함시키는 것은 평화 연구에 대한 의제를 상당히 확장시키지 않는가? 물론 그것은 아니다. 예를 들면, 왜 평화 연구가 건강 연구(의학)보다 협소해야만 하는가? 평화는 건강보다 더 쉽고 덜 복잡하지 않은가? 그리고 생명에 대한 연구인 생물학, 물체에 관한 연구인 물리학, 물체의 구성에 대한 화학, 추상적 형태에 대한 연구인 수학 등은 어떤가? 이 모든 것들은 상당한 정도로 광대하다. 왜 평화 연구가 이들보다 더 커서는 안 된다는 것인가? 왜 그 결과에 있어 끔찍할 정도로 중요한, 그리고 호기심이 강한 마음에 그렇게도 매력적인 이 분야에 경계선을 그어야 하는가? 만약 문화가 폭력과 평화에 관련된 것이라면, 그리고 확실히 그렇다면, 단지 교조적 마음만이 직접적 · 구조적 폭력의 수많은 측면에 대해 헌신하는 수많은 연구들만큼이나 통찰력 있고 집요한 이 연구를 탐구로부터 배제시킬 것이다. 새로운 유일한 것은 그 분야가 인문학, 사상사, 철학, 신학 같은 새로운 관할 영역을 열었다는 것이다. 즉 평화를 위한 탐구를 연결하는 새로운 분야에 대한 초대이며 이 분야에서 기존의 연구자들을 재정비하는 초대인 것이다. 그렇게 함으로써 아마도 평화 연구는 심지어 여전히 학문적 추구의 전당에서 명백히 빠져있는 주요한 과학적 사업, 즉 인간의 문화에 대한 연구인 '문화학(culturology)'의 토대를 닦는 데 어느 정도 공헌할 수도 있을 것이다. 오늘날 이 분야는 철학, 사상사, 신학의 부분으로 채우면서 '보다 고상한' 문명에 대한 '인문학'과 '보다 저급한' 문명에 대한 '문화인류학'으로 나누어져 있다. '구조적 폭력'이 사회과학의 전 스펙트럼에 관여하는 것처럼 '문화적 폭력'과 같은 개념들도 모든 것에 관여한다. 평화 연구는 배워야 할 것도, 취해야 할 것도, 받아들여야 할 것도 많다. 아마도 우리는 머지않아 다양성, 공생, 그리고 평등의 정신 속에서 다소나마 공헌하게 될 것이다.

핵심개념

① 폭력
② 대항폭력(counter-violence)
③ 모방적 욕망(mimetic desire)
④ 삼각형의 욕망(désir triangulaire)
⑤ 문화적 폭력
⑥ 타자
⑦ 시선
⑧ 식민주의
⑨ 탈식민주의
⑩ 평화학

기본문제

(1) '폭력'의 기원 문제와 관련하여 '욕망' 개념을 중심으로 지라르와 사르트르의 주장을 살펴보았다. 이들에 의하면 폭력이 인간의 본성에 내재되어 있는 것은 아닌 것으로 이해된다. 과연 폭력은 인간의 본성에 내재적인지 아니면 외재적인지 생각해보자.

(2) '폭력'을 의사소통을 실현하는 하나의 수단인 '언어'로 보는 유력한 견해가 있다. 기존폭력으로 인해 더 이상 인간다운 삶을 영위하는 것이 불가능한 상황에서 "나도 살아 있다", "나도 살 권리가 있다"는 것을 주장하기 위해 호소하는 폭력이 그 좋은 예이다. '언어'로서의 '폭력'이 갖는 의미를 생각해보자.

(3) 마르크스는 '폭력'을 역사의 '산파(産婆)'로 보았다. 곧 역사를 낳고 움직이게끔 하는 원동력으로서의 폭력의 의미가 그것이다. 폭력이 '악'으로 여겨지는 경우가 많지만 다른 폭력을 극복하고 제압하는 효율적인 수단으로 여겨지기도 한다. 이를 염두에 두고 폭력의 순기능과 역기능에 대해서 생각해보자.

(4) '목적'과 '수단'의 관계를 염두에 두고, 미래에 실현될 유토피아의 건설(목적)을 위해 현재에 자행되는 폭력(수단)이 정당화될 수 있는지에 대해 구체적인 예를 들어 생각해보자.

심화문제

인간이 인간다운 삶을 영위하는 것을 방해하는 폭력에 대한 저항 수단 중 하나로 이른바 '비폭력(non-violence)'을 주장하고 또 이를 실천에 옮긴 자들도 없지 않다. 간디 수상, 킹 목사 등이 그들이다. 이런 사실을 고려하여 '비폭력'과 '폭력', '비폭력'과 특히 갈퉁이 제시하고 있는 '평화적 수단에 의한 평화' 사이의 관계에 대해 생각해보자.

더 읽어볼 책

(1) 김현 지음, 『르네 지라르 혹은 폭력의 구조』, 나남, 나남신서 38, 1987.

(2) 김모세 지음, 『르네 지라르: 욕망, 폭력, 구원의 인류학』, 살림, 2008.

(3) 정일권, 『르네 지라르와 현대 사상가들의 대화: 미메시스 이론, 후기구조주의 그리고 해체주의 철학』, 동연, 2017.

(4) 변광배 지음, 『시선과 타자』, 살림, 살림지식총서 97, 2004.

(5) 에드워드 사이드 지음, 박홍규 옮김, 『문화와 제국주의』, 문예출판사, 2005.

(6) 박종성 지음, 『탈식민주의에 대한 성찰 - 푸코, 파농, 사이드, 바바, 스피박』, 살림, 살림지식총서 248, 2006.

(7) 고부응 외 지음, 『탈식민주의 - 이론과 쟁점』, 문학과지성사, 2003.

(8) 카멜 다우드 지음, 조현실 옮김, 『뫼르소, 살인사건』, 문예출판사, 2017.

(9) 최상용 지음, 『평화의 정치사상』, 나남출판, 2006.

제6장 전통과 현대
마른 나무에서 새 줄기가 나오는가

• **들어가는 말**

1. 전통의 창조: 에릭 홉스봄의 『만들어진 전통』
2. 서구 문명의 그림자: 다니엘 디포의 『로빈슨 크루소』
3. 근대 페미니즘의 탄생: 메리 울스턴크래프트의 『여성의 권리 옹호』
4. 주체적 개화와 중용: 유길준의 『서유견문』
5. 전통의 재발견: 야나기 무네요시의 『공예의 길』, 「미술과 공예」

제6장 전통과 현대

들어가는 말

전통은 오랜 시간을 거쳐 전해오는 사상, 관습, 행동 등의 양식을 의미함과 동시에 집단 공동체가 가지는 내부의 동질성과 정체성 회복을 위한 유효한 수단으로서 인식되고 있다. 무엇보다 과거와 현재를 이어오면서 인간의 삶의 방식을 구체적으로 규정해 왔다는 점에서 전통은 인간 사회를 이해하는 데 반드시 고려되어야 하는 사회·문화적 요소라고 할 수 있다. 그러나 그 사회에서 형성된 전통이 어떤 집단이든 간에 영구적으로 그 영향력을 발휘하는 것은 아니다. 전통은 다양한 외부적 요인에 의해 끊임없이 도전받으며 때로는 붕괴되기도 하면서 인류의 역동적 역사와 그 흐름을 함께 한다. 인간의 역사를 되돌아보면 전쟁이나 자연재해 등 직접적으로 삶을 위협하는 요인들과 외부로부터의 학문이나 사상 등의 유입은 점진적으로 전통에 균열을 발생시켜왔다. 즉, 새로운 가치관을 탄생시키는 다양한 원인들로 인해 전통은 사라졌다가 재생되기를 반복해 왔던 것이다.

우리의 삶 가운데 전통과 현대는 다양한 방식으로 관련을 맺고 있다. 전통적인 것과 현대적인 것이 서로 대립하기도 하고, 때로는 전통적인 것이 현대적인 것과 조화를 맺어 더 풍부한 삶을 이루기도 한다. 그러한 가운데 전통이란 무엇인지, 전통은 과연 지켜야만 하는 것인지, 아니면 버려야 하는 것인지에 대한 근본적인 물음이 제기되곤 한다. 이 장에서는 그러한 이해를 돕고자 전통의 정의, 전통적 가치와 현대적 가치 사이의 갈등, 전통적 여성상의 해방, 주체적 개화사상, 전통의 재발견 등에 관한 다양한 입장의 텍스트들을 구성하였다.

첫 번째 글은, 전통이란 무엇이며, 어떻게 만들어졌는가에 대한 물음과 관련하여 에릭 홉스봄이 쓴 『만들어진 전통』의 서장 일부이다. 에릭 홉스봄(Eric Hobsbawm, 1917-2012)은 케임브리지 대학에서 역사학을 전공한 마르크스주의 역사학자로서, 영국 외에도 유럽 및 아프리카 대륙 등을 대상으로 18세기에서 20세기에 이르는 폭넓은 시기의 역사를 연구했다. 대표작으로는 역사에 관한 3부작 『혁명의 시대』, 『자본의 시대』, 『제국의 시대』가 있다. 그는 동료 역사학자들과 함께 집필한 『만들어진 전통』을 통해 전통이라는 것이 실제로는 역사와 동떨어져 있으며, 근대의 특정 시기에 발명된 것들이라는 전통의 허구성에 대해 역사적 자료를 들어 입증하고 있다. 전통이란 본래 존재하던 것으로 아주 자연스러운 것이라고 믿었던 신념들에 대해, 실제로 많은 경우에 전통은 특별한 의도로 인해 '만들어진 것'이라고 이야기한다. 근대 민족과 그것에 수반되는 일체의 부속물들은 아주 먼 고대성에 뿌리를 두고 있기 때문에 더 이상 정의할 필요가 없는 '자연스러운' 것으로 받아들여졌다는 것이다. 그러나 근대 민족이라는 개념 자체가 의도적으로 구성된 것이고, 그렇기 때문에 거기에는 발명된 요소를 포함하지 않을 수 없다. 홉스봄은 19세기 말에서 20세기 초에 새로운 국경일이나 상징물들이 대량으로 만들어지는 '전통의 창조'가 유럽에서 집중적으로 일어났다는 사실에 주목하면서 '만들어진' 전통의 유형을 다음의 세 가지로 파악한다. 첫째는 공동체들의 사회통합이나 소속감을 구축하기 위해 상징화하는 것들이고, 둘째는 제도, 지위, 권위 관계를 구축하거나 정당화하는 것들이며, 셋째는 그 주요 목표가 사회화나 신념, 가치체계, 행위 규범을 주입하는 데 있는 것들이다. 서로 중첩되는 이 세 가지 유형 중에, 첫째 유형이 우세하고, 둘째, 셋째 유형의 전통들은 확실히 고안되었다는 것이다. 이런 점에서 이 텍스트는 우리가 지금까지 상식적으로 이해해온 '전통'에 대해 새롭게 반문하며 다시 한 번 그 의미를 생각하게 해 준다. 다만 주의할 점은 우리가 전통이라고 말한 것 '모두'가 이 작품에서 말하는 것처럼 '만들어진 것'은 아니며, 또한 '만들어진 것'이라고 해서 반드시 부정적인 의미만을 갖는 것도 아니라는 점을 덧붙여둔다.

두 번째 글은, 서구 사회의 근대화와 더불어 세계의 고전이자 정전(正典)으로 불리는 다니엘 디포(Daniel Defoe, 1660-1731)의 『로빈손 크루소(Robinson Crusoe)』(1719)이다. 『요크의 선원 로빈슨 크루소의 생애와 그의 신기하고 놀라운 모험』이라는 긴 제목을 가진 이 작품은 스코틀랜드 선원 알렉산더 셀커크(Alexandre Selkirk)라는 사람이 남태평양에서 표류하다 후안 페르난데스라는 섬에서 4년 4개월 동안 혼자 살았다는 실화에 기초한다. 『로빈슨 크루소』에서는 동명의 주인공이 카리브해에서 폭풍우를 만나 일행을 모두 잃고 무인도에 표류해 1659년 9월 30일로부터 28년 2개월을 홀로 살아간 이야기를 그리고 있다. 두렵고 폭력적으로 보이던 야성의 자연과 맞서면서 그것을 길들여 가는 백인의 위대한 힘과 정신력을 보여 주는 근대인의 생존기로서 흥미와 재미를 더한다. 그러나 이 소설은 인간의 존재론적 고독과 생존의 본능들을 보여줌과 동시에, 한편으로는 서구 중심의 개척정신과 대영제국의 지배 이데올로기가 그대로 반영되어 있는 점 등의 문제들을 내포하고 있다. 본 교재에서는 로빈슨이 야만인을 구출하여 '프라이데이'라는 이름을 지어주고, 그를 지배하며 교육시켜가는 부분을 발췌하였다. 이러한 점에 주목한 20세기 후반 프랑스를 대표하는 작가 중 한 명인 미셸 투르니에는 『방드르디, 태평양의 끝』(1967)을 통해 250여 년 전에 쓰인 『로빈슨 크루소』를 디포와는 전혀 다른 관점에서 다시 쓰고 있다. 투르니에는 디포의 원작에서 발견되는 '이항대립', 즉 자연에 대한 문명의 우위, 아프리카 대륙에 대한 서구 대륙의 우위, 흑인에 대한 백인의 우위 등을 문제삼고 있다. 『방드르디, 태평양의 끝』에서는 로빈슨이 방드르디를 구한 뒤 그와 생활하기 시작하면서 방드르디와 '주인-노예'의 관계를 맺는 부분이, 전개되다가 뒷부분에서는 섬 폭발 이후 방드르디와의 관계가 '동지', '형제'로 변해가는 모습을 볼 수 있다. 투르니에의 이와 같은 작업은 결국 문학의 '전통'을 '현대'에 혁신적으로 되살린 하나의 구체적인 예라고 할 수 있다. 이미 서구 사회에서 '정전'으로 자리 잡고 있는 『로빈슨 크루소』와 이를 해체하면서 전통적 권위를 허물고 있는 투르니에의 『방드르디, 태평양의 끝』을 비교하여 함께 읽어보면 좋을 것이다.

세 번째 글은, 근대 페미니즘의 탄생에 가장 영향력 있는 문헌 중 하나로 손꼽히는 영국의 여권 운동가이자 급진주의 정치사상가인 메리 울스턴크래프트(Mary Wollstonecraft, 1759-1797)의 『여성의 권리 옹호(A Vindication of the Rights of Woman)』(1792)에서 발췌하였다. 울스턴크래프트가 살았던 18세기 후반에는 당대의 계몽주의 사상가들에 의해 인간의 이성에 기반한 자유, 평등에 대한 요구가 높아졌음에도 불구하고, 여성에 대해서는 순결과 아름다움, 순종 등이 권고되는 등 여전히 남성의 부속물로 여겨지곤 하였다. 특히 그녀는 본 책을 통하여 루소(Jean-Jacques Rousseau, 1712-1778)가 저작 『에밀(Émile, ou De l'éducation)』(1762)에서 여성은 남성을 즐겁게 하기 위해 태어난 존재이므로 남성에 대한 순종과 존경이라는 자연의 의무에 충실해야 한다고 언급한 것에 대하여 강하게 비판하였다. 무엇보다도 남성과 여성의 차이는 자연이 부여한 것이 아니라 남성 지배적인 불평등의 사회구조에서 비롯된 것이며, 여성 또한 이성을 가진 존재이므로 여성에게도 교육의 기회를 제공해야 한다고 주장했다. 그녀의 외침에는 여성의 지위개선을 위한 구체적 방안의 미흡함과 차별에 대한 문제를 사회운동으로 확산시키지 못한 한계점이 보이지만, 한편으로 당시의 남성 편향적인 계몽주의 사상가들의 모순점을 계몽사상의 언어를 통해 분명하게 드러냈다는 점에서 주목할 만하다. 전통적인 가부장적 사회 속에서 억압받으며 희생을 강요당한 여성들을 대변하여 일어났던 초기 페미니즘의 이론을 살펴보며, 많은 시간이 흐른 오늘날의 여성문제는 어떻게 달라졌는지 함께 생각해봐도 좋을 것이다.

네 번째 글은, 한국 최초의 서양 문물 계몽서로 불리는 유길준(兪吉濬, 1856-1914)의 『서유견문(西遊見聞)』(1895)이다. 유길준은 조선인 최초로 일본과 미국에서 유학한 경험을 바탕으로 저술활동을 하였고, 이를 통해 서양의 근대 문명을 국내에 본격적으로 소개하고자 하였다. 『서유견문』은 총 20편으로 구성되었는데, 그 중 많은 부분이 일본 개화기의 계몽사상가인 후쿠자와 유키치(福澤諭吉)가 쓴 『서양사정(西洋事情)』(1866)을 인용하고 있으며, 그 밖에도 미국의 국제법학자 헨리 휘튼(Henry Wheaton)의 『만국공법』(1836), 영국의 경제학자 헨리 포셋(Henry Fawcett)의 『부국책』(1863), 미국 법학자이자 조선 외교고문이었던 오웬 데니(O. N. Denny)의 『청한론』(1888) 등을 참고하였다. 그러나 단순히 서양의 제도와 문물만을 소개한 것에 그치지 않고, 한국 최초로 국한문 혼용체를 사용하여 국민계몽을 목표로 하였으며, 그 주된 내용은 조선의 자주적이고도 주체적인 개화였다. 특히, 제14편의 '개화의 등급'에서는 개화란 무엇이며, 어떠한 방식으로 무엇을 개화할 것인가가 구체적으로 기술되어 있어 읽어볼 가치가 높다. 전통의 장점을 살리고 단점은 서구의 장점을 도입하여 보완하면서 전통과 근대의 중용적 입장을 지키고자 하는 유길준의 개화사상을 살펴볼 수 있다.

다섯 번째 글은, 야나기 무네요시가 쓴 『공예의 길』과 「미술과 공예」로서, 서구 문화의 가치에 밀려난 전통에 대해 새롭게 다시 돌아볼 것을 이야기한다. 야나기 무네요시(柳宗悅, 1889-1961)는 일본 민예운동의 아버지라 불리는 종교 철학자이자 사상가이다. 민예운동이란 '민중적 공예'의 의미로서, 야나기는 조선 백자와의 만남을 통해 서구의 근대적 예술관으로부터 민예론으로 전환하면서 동양 전통미술의 미적 가치를 새롭게 발견하게 된다. 본 교재에서는 야나기가 주장하는 공예론에 대하여 살펴본다. 공예론은 당시 서구의 미술에 의해 밀려나있던 공예에 대하여 실생활의 소용과 전통에 충실한 민중의 미적 가치를 지닌 것으로의 새로운 발견이다. 그는 모든 미술이 지향하는 개성의 표현이 절대적 가치로 인정받는 미술의 문화풍토에 대해 의문을 던진다. 동시에 근대의 대표적 부산물인 미술에게만 미의 문제를 맡겨버리는 현실 비판과 함께 대다수의 민중이 그러한 미의 문제에서 제외되는 것에 이의를 제기하고 있다. 즉, 공예를 통해 민중이 모두 함께 미의 세계에서 살아가는 길을 발견하고자 했던 것이다.

1

전통의 창조

에릭 홉스봄의 『만들어진 전통』, 박지향 외 옮김, (휴머니스트, 2004).

서장: 전통들을 발명해내기

'만들어진 전통'이라는 용어는 광범위하지만 그렇다고 부정확한 의미로 사용되는 것은 아니다. 이 용어에는 실제로 발명되고 구성되어 공식적으로 제도화된 '전통들'은 물론이요, 그 기원을 쉽게 거슬러 올라가기는 어렵지만 어쨌든 추정은 가능한 시기-대략 수년 사이-에 등장해 급속하게 확립된 '전통들'이 모두 포함된다. 가령, 영국 왕실의 크리스마스 방송(1932)이 첫 번째 종류에 속하는 전통이라면, 영국 축구연맹 배 쟁탈 결승전(Cup Final)의 관행들은 두 번째에 속하는 사례다. 물론 이 모두가 영속적이지 않으리라는 것은 뻔한 사실이다. 그러나 여기서 우리가 일차적으로 관심을 두는 대목은, 그것들의 향후 생존 여부가 아니라 그것들이 어떻게 출현하고 확립되었는지에 관한 것이다.

'만들어진 전통'은 명시적이든 암묵적이든 통상 공인된 규칙에 의해 지배될 뿐만 아니라 특정한 의례나 상징적 성격을 갖는 일련의 관행들을 뜻하는 것으로 간주되는데, 그것들은 특정한 가치와 행위 규준을 반복적으로 주입함으로써 자동적으로 과거와의 연속성을 내포한다. 기실 그런 관행들은 가능하다면 언제나 역사적으로 기념하기에 알맞은 과거와의 연속성을 확립하려고 든다. 그런 사례는 영국 국회의사당을 개축하는 과정에서도 드러난다. 즉, 19세기에 이를 개축하면서 의도적으로 고딕 양식을 택했고, 2차 대전 이후 의회실도 예전과 똑같은 기본 설계 위에 개축하기로 결정한 것이다.

새로운 전통이 스며드는 역사적으로 기념할 만한 과거가 시간의 안개를 더듬어 올라갈 만큼 응당 장구한 것일 필요는 없다. 정의(定義)상 과거와 단절하는 혁명이나 '진보적 운동들'에도 어김없이, 가령 1789년과 같은 특정한 해에 끝나버리기는 하지만, 제 나름의 의미 있는 과거가 있게 마련이다. 그럼에도 이렇게 역사적으로 기념할 만한 과거에 준거하는 한, '만들어진' 전통의 특수성은 대체로 과거와의 연속성을 인위적으로 내세우려 든다는 데에 있다. 요컨대 전통은 새로운 상황에 대한 반응인데, 여기서 역설적이게도 예전 상황들에 준거하는 형식을 띠거나, 아니면 거의 강제적인 반복을 통해 제 나름의 과거를 구성한다. 따라서 지난 두 세기를 연구하는 역사가들이 '전통의 발명'을 그렇게도 흥미로워하는 까닭 역시, 근대세계 안의 지속적인 변화 및 혁신과, 사회적 삶의 몇몇 부분만큼은 고정불변의 것으로 구조화하려는 시도 사이의 대립에 있는 것이다.

그런 의미에서 '전통'을 이른바 '전통적' 사회들을 지배하는 '관습(custom)'과 명백히 구별해야만 한다. 발명된 것까지를 포함하는 '전통들'의 목표와 특징은 공히 그 불변성에 있다.

전통들이 준거하는 과거는, 실재하는 것이든 발명된 것이든 늘 반복되어 고착된 (보통 공식화된) 관행들을 수반하게 마련이다. 반면, 전통적 사회에서 '관습'은 추진기 역할을 하는 모터와 속도 조절 역할을 하는 플라이휠이라는 이중적 기능을 갖는다. 무슨 말인가 하면, 관습은 비록 사람들의 눈에 기존의 선례(先例)와 양립 가능할 뿐만 아니라 아예 동일시될 필요가 있다는 점에서 실질적으로 제한을 받기는 하지만, 어느 한도 내의 혁신과 변화까지 배제하는 것은 아니라는 말이다. 관습이 하는 일은 선례와 사회적 연속성 그리고 역사에 표출된 자연법에 비추어 바람직하다고 간주된 어떤 변화(혹은 혁신에 대한 저항)를 승인하는 것이다. 농민운동을 연구하는 사람이라면, 촌락이 '까마득한 과거의 관습이 정한 바에 따라' 공동지나 공동권을 요구하는 것이 종종 역사적인 사실에 기초한 게 아니라 단지 영주나 다른 촌락들에 맞선 특정 촌락의 지속적인 투쟁 속에 내재하는 세력 균형을 보여줄 뿐이라는 점을 알 것이다. 또한 영국의 노동 운동을 연구하는 사람이라면, '직종의 관습' 내지 직장의 관습이 고대적인 전통을 대표하는 게 아니라 노동자들이 실제로 확립한 일체의 권리를 대표하는 것임을 알 것이다. 그리고 그런 권리가 제아무리 최근에 확립된 것이라 해도, 노동자들은 그것이 과거로부터 영속 되어 내려 온 것이라고 가정함으로써 권리를 확대하거나 방어하려 든다는 사실을 알 것이다. 무릇 '관습'은 사회적 삶이 제아무리 '전통적'이라고 해도 고정불변일 수는 없다는 단순한 이유 때문에라도, 도무지 고정불변의 것으로 남을 수 없다. 관습법이나 보통법에는 실질적인 유연성과 선례에 대한 형식적인 집착이 동시에 결부되어 있는 것이다. 우리가 사용하는 의미에서 '전통'과 '관습'의 차이도 바로 여기서 잘 드러난다. '관습'은 법관들이 하는 일이다. 그 반면에 '전통'(여기서는 만들어진 전통)은 법관들의 실질적인 행위를 감싸고 있는 것들, 이를 테면 머리장식이나 법복, 기타 공식적인 장식과 의례화된 관행들이다. '관습'이 쇠퇴하면 관습과 상습적으로 뒤얽혀 있는 '전통'도 불가피하게 변화하게 마련이다.

'관습'과 '전통'의 차이에 비해 중요성이 떨어지기는 하지만 구별해 두어야 할 두 번째 차이가 있다. 즉, 우리가 사용하는 의미의 '전통'과, 그 자체 어떤 중요한 의례나 상징적 기능도 없고 설령 있다 해도 부수적인 의미만 있을 뿐인 인습(convention)이나 관례(routine)의 차이가 바로 그것이다. 어떤 사회적 관행은 반복적으로 수행될 필요가 있는 한, 그 편의성과 효율성 때문에라도 일련의 인습과 관례를 발전시키는 경향이 있다. 심지어는 신참자들에게 그런 관행을 부여하기 위해 인습과 관례를 사실상 혹은 법률상 공식화하기까지 한다.

이러한 원리는 오랫동안 친숙했던 관행만큼이나 전례 없는 관행(항공 조종사의 작업과 같은)에도 똑같이 적용된다. 산업혁명 이래 사회는 자연히 예전보다 훨씬 더 자주 새로운 인습망과 관례망을 발명하고 제도화하고 발전시켜야만 했다. 그런 인습과 관례의 망이 훌륭하게 작동해 습관이나 자동적인 일, 심지어 반사동작으로까지 변모하게 되면, 인습이나 관례는 일종의 고정불변의 것이 되어 부득이하게 다른 관행이 필요해질 때 뜻밖의 변칙적 불확실성에 대처할 능력을 저해할지도 모른다. 그런 점이 바로 일상화(routinization)나 관료화(bureaucratization)의 잘 알려진 맹점이다. 이는 '하던 대로 하는 게 제일'이라는 공식이 통용되는 하급 부서의 수준에서 특히 그러하다.

그런 인습망과 관례망은 '만들어진 전통들'이 아니다. 왜냐하면 그 기능과 거기서 유래하는 정당화 양식이 이데올로기적이라기보다는 기술적인 성격을 띠기 때문이다(마르크스식 용어로 말하자면 '상부구조'보다는 '토대'에 속한다). 그것들은 특정한 실무 작업이 용이하도록 고안되고 변화하는 실무적 필요를 충족시키게끔 수정되거나 폐기되는데, 그런 과정에서 어떤 관행도 시간이 흐르면 어쩔 수 없이 노정하게 되는 무기력과 거기에 더해 그런 관행에 집착하는 사람들이 드러내는 혁신에 대한 정서적 저항에 속수무책일 수밖에 없다.

공인된 게임의 '규칙'이나 그런 규칙 안에서 벌어지는 사회적 상호작용의 패턴 내지 기타 실용적인 이유로 확립된 규준에도 이와 똑같은 것이 적용된다. 그리고 그것들이 '전통'과 결부되어 존재하는 곳에서 그 차이를 분명하게 관찰할 수 있다. 가령, 말을 탈 때 딱딱한 모자를 쓰는 데에는 오토바이 운전자가 안전모를 쓰는 것이나 병사들이 철모를 쓰는 것과 마찬가지로 실용적인 이유가 있다. 반면에 여우 사냥용 분홍색 상의에 특정 유형의 딱딱한 모자를 갖추는 데에는 완전히 다른 종류의 이유가 있다. 그렇지 않다면, 여우 사냥꾼의 '전통적' 의복을 바꾸는 것은 쉬울 일일 테다. 마치 군대에서 다른 모양의 철모가 더 안전하다고 생각되면 언제든지 그것을 채택하듯이 말이다.

사실 '전통'과 실용적인 인습 및 관례는 길항관계에 있다고 말할 수 있겠다. 가령, 자유주의적 성향의 유태인들은 고대 헤브루인들이 순전히 위생상의 이유로 돼지고지를 금했다고 주장함으로써 음식 금지 조항을 실용적인 견지에서 정당화하는데, 바로 여기서 '전통'은 예의 약점을 노출한다. 거꾸로 어떤 대상과 관행들은 실용적으로 활용하는 것에서 자유로워질 때에야 비로소 상징과 의례로 온전히 활용할 수 있게 된다. 정말이지 기병장교 제복의 박차(拍車)는 말이 없을 때에야 '전통'으로서 중요하게 되고, 민간 복장의 근위장교의 우산은 빳빳하게 섭힌 채로 휴대되지(즉, 우산으로서 쓸모가 없지) 않는다면 의미를 잃게 되며, 법조인의 가발은 다른 사람들이 그런 식의 가발을 쓰지 않을 때에야 비로소 근대적인 의미를 얻게 되는 법이다.

전통을 발명해낸다는 것은, 한마디로 무엇이냐 하면, 여기서 가정하듯이 과거에 준거함을 특징으로 하면서 다만 반복되는 것만으로도 공식화되고 의례화되는 과정이라고 해야 할 것이다. 사실을 말하자면, 역사가들은 그런 의례적·상징적 복합체들이 창출되는 실질적인 과정을 적절하게 연구해 오지 못했다. 그런 것들 중 많은 것이 여전히 그늘에 가려져 있다. 전통이 발명되는 과정은 아마도 '전통'이 한 명의 주창자에 의해 의도적으로 발명되고 구성되었던 곳, 예컨대 베이든-파월(Baden-Powell)이 만들어낸 보이스카우트의 경우에서 가장 분명하게 드러난다. 공식적으로 제도화되고 기획된 기념식들에서도 그런 과정을 쉽게 추적해 볼 수 있을 텐데, 왜냐하면 나치의 상징주의 건축물과 뉘른베르크 당 집회의 경우에서처럼 대체로 그런 과정을 증언하는 자료가 많이 남아 있기 때문이다. 반면에, 사적 집단들 사이에서 혹은 다소 비공식적으로 진화된 곳(여기서 그런 과정은 관료적인 방식으로 기록되는 경향이 덜하다)에서 그런 과정을 추적하기란 여간 어려운 게 아니다. 여기서의 곤란은 자료상의 어려움일 뿐만 아니라 기술상의 어려움이기도 하다. 물론, 역사적으로 유명한 바르부르크(Aby Warburg, 1866~1929)식의 학문 분과뿐만 아니라 문장학(紋章學) 및 전례학(典禮學)처럼 상징주의와 의례를 전문적으로 연구하는 극도로 비의적(秘儀的)인 분과에도 자문을 구해 볼 수는 있지만 말이다. 불행히도 산업시대를 연구하는 역사가들 일반은 그런 것들에 친숙하지 않다.

...(중략)...

이 권두언을 마치기 전에 산업혁명 이후에 만들어진 전통들과 관련해 몇 가지 일반적인 소견을 제시해 보고자 한다.

만들어진 전통들에는 서로 중첩되는 세 가지 유형이 있는 것 같다. 첫째, 특정한 집단들, 실재하는 것이든 인위적인 것이든 공동체들의 사회 통합이나 소속감을 구축하거나 상징화하는 것들이다. 둘째, 제도, 지위, 권위관계를 구축하거나 정당화하는 것들이다. 셋째, 그 주요 목표가 사회화나 혹은 신념, 가치체계, 행위규범을 주는 데 있는 것들이다. 여기서 둘째, 셋째 유형의 전통들은 확실히 고안된 것이다(영국령 인도에서 권위에의 복종을 상징하는 것들처럼). 그 반면에 가설이기는 하지만, 세 유형들 중 첫째 유형이 우세했고, 따라서 그 밖의 다른 기능들은 모두 특정한 '공동체' 그리고(혹은) 그 공동체를 대표하고 표현하며 상징하는 제도들 -가령 '민족'처럼- 과의 일체감에 내재해 있거나, 적어도 그런 일체감에서 흘러나온 것으로 간주할 수 있다.

여기서 하나의 난점은 그런 대규모 사회적 실체들이 실은 '공동 사회(Gemeinschaften)'이기는커녕 공인된 관등체제도 아니었다는 점에서 비롯된다. 사회적 유동성과 엄연한 계급 갈등의 현실 그리고 우세한 이데올로기로 말미암아 공동체를 하나로 묶어주는 전통과 공식 위계(가령, 군대)들 내부의 현격한 불평등을 두루 적용하기가 어려웠다. 이런 사실은 셋째 유형의 전통에는 크게 영향을 주지 않았는데, 왜냐하면 일반적인 사회화를 통해 민족의 구성원이자 왕정의 신민인 모든 시민에게 동일한 가치들이 주입되었고, 다양한 사회 집단들(다른 학생들과 구별되는 사립학교 학생들과 같은) 사이에서 기능적으로 특정한 여러 사회화 방식들이 보통 서로 충돌하지 않았기 때문이다. 다른 한편, 만들어진 전통들은 실제로 지위를 계약의 세계로, 우월한 자와 열등한 자를 법적으로 동등한 자들의 세계로 밀어 넣기도 했는데, 여기서 중요한 것은 그런 과정이 노골적으로 전개되지는 않았다는 점이다. 영국 대관식의 의례양식을 교체하는 경우에서도 확인되듯이, 만들어진 전통들은 사실상 불평등한 사회조직에 대한 공식적인 상징적 동의를 통해 은밀하게 도입될 수 있었다. 전통을 발명하는 과정에서는 열등자들 사이에 복종심을 주입하는 방법보다는 엘리트들의 집단적 우월감을 고취하는 방법 - 특히 이들이 혈통이나 업적을 통해 그런 우월감을 갖지 못한 사람들로부터 충원되어야만 했을 때 - 이 더 일반적으로 사용된 듯하다. 즉, 특정한 사람들이 다른 사람들보다 더 서로 간에 동등하다고 느끼게끔 된 것이다. 이는 독일에서 특징적이었던 군국주의적·관료주의적 형태(서로 결투를 벌이곤 하던 대학생 단체들에서처럼)일 수도 있었고, 아니면 영국 사립학교들의 탈군사화된 '법 없이도 살 신사'의 모델일 수도 있었지만, 어쨌든 엘리트들을 전(前)부르주아적 지배집단이나 권위에 동화시킴으로써 가능했을 것이다. 그것도 아니라면 엘리트들의 '단체정신(esprit de corps)'과 자신감 그리고 리더십은 아마도 고위 관료집단의 통합력을 드러내는 더욱 비의적인 '전통들' (프랑스나 혹은 식민지의 백인들 사이에서처럼)을 통해 발전할 수도 있었을 것이다.

…(중략)…

여기서 우리는 한 가지 미심쩍기는 하지만 충분히 이해할 수 있는 역설에 현혹되어서는 안 된다. 근대 민족과 그것에 수반되는 일체의 부속물들은 일반적으로 새로움의 정반대, 즉 아주 먼 고대성에 뿌리를 두고 있으며, 구성된 것의 정반대, 즉 너무도 자명해서 더 이상 정의할 필요도 없는 '자연적인' 인간 공동체라고 간주된다. 그러나 역사 내적이든 역사 외적이든, '프랑스'와 '프랑스인'이라는 근대적 개념에 묻혀 있는 연속성이 무엇이든 간에 -누구도 이 점을 부정하려 들지는 않을 것이다- 바로 이 개념들 자체가 구성되거나 '발명된' 요소를 포함하지 않을 수 없다. 그리고 근대 '민족'을 주관적으로 구성하는 것 대부분이 그런 구성물들로 이루어져 있을 뿐만 아니라 일반적으로 최근에 만들어진 적합한 상징이나 혹은 알맞게 재단된 담론('민족사'와 같은)과 관련되어 있는 까닭에 민족적 현상은 '전통의 발명'에 대한 진지한 관심 없이는 결코 적절하게 조사될 수 없는 것이다.

결국, 전통의 발명에 대한 연구는 학제적이다. 그것은 역사가와 사회인류학자 그리고 기타 인문학 종사자들을 한데 묶어줄 뿐만 아니라, 그런 협력 없이는 적절하게 탐색될 수 없는 연구 영역이다. 본서는 주로 역사가의 연구 성과들을 묶어낸다. 다른 이들도 이런 작업이 나름대로 쓸모 있는 것임을 알아주기 바랄 뿐이다.

2

서구 문명의 그림자

다니엘 디포의 『로빈슨 크루소』, 이경화 옮김.

내가 구해준 이 야만인은 수려하고 잘생긴 사내였다. 곧고 강한 팔다리에 몸집이 지나치게 크지 않아 나무랄 데 없이 균형이 잘 잡혀 있었다. 큰 키에, 매끈한 몸을 지녔으며 나이는 스물여섯쯤 돼보였다. 사납거나 험해 보이지 않는 매우 선한 표정을 지녔지만, 그의 얼굴은 어딘가 아주 남자다운 데가 있었다. 그럼에도 특히 웃을 때의 그의 표정엔 유럽인 못지않은 상냥함과 부드러움이 넘쳤다. 검고 긴 머리카락은 양털처럼 곱슬거리지 않았고, 높고 큰 이마에 생기가 가득 찬 눈은 예리하게 반짝였다. 피부는 그리 새카맣지 않은 짙은 황갈색이었는데, 브라질인이나 버지니아인, 그 밖의 아메리카 원주민들처럼 추하고 역겹게 누르스름한 황갈색은 아니었다. 말로 형언하기는 힘들지만 그 안에 뭔가 아주 기분 좋은 느낌이 배어 있는 밝은 회갈색 톤 올리브색이 섞인 황갈색이었다. 둥글고 통통한 얼굴에, 자그마한 코는 흑인들처럼 납작하지 않았다. 입 모양도 아주 보기 좋았는데, 얇은 입술에 건강하고 가지런한 이가 상아처럼 희었다.

깊이 잠들지 못하고 삼십 분 가량 깜박 졸고 난 그는 잠에서 깨어나자 동굴 밖으로 나와 내가 있는 곳으로 왔다. 나는 바로 옆 울타리에 가둬둔 산양의 젖을 짜고 있었다. 나를 알아보자 그는 바로 달려와 땅바닥에 엎드려 겸양과 감사의 뜻을 담은 온갖 표시로 자신의 마음을 보여주려고 여러 가지 괴상한 몸짓들을 해댔다. 그러다 결국에는 내 발치에 자신의 머리를 납작하게 대고 지난번처럼 나의 다른 한 쪽 발을 자기 머리 위에 올려놓았다. 그 후에도 그는 굴복, 예속, 복종을 뜻하는 갖은 몸짓을 동원해 자신이 살아있는 동안 내게 복종할 것임을 표현했다. 나는 그의 뜻을 여러모로 알아차렸기에, 내가 그를 매우 흡족해함을 알려주었다. 얼마 지나지 않아 나는 그에게 말을 걸기 시작했고, 그에게도 말하는 법을 가르치기 시작했다. 맨 먼저 나는 그에게 자신의 이름이 프라이데이라는 것을 알려줬다. 금요일은 내가 그의 목숨을 구해준 날이었고, 그를 그렇게 부르는 것도 바로 그 날을 기념하기 위해서였다. 나는 또 그에게 '주인님'과, '예' '아니오'란 말도 가르치고 그 의미도 알려줬다. 흙 단지에 산양 젖을 담아주며 그가 보는 앞에서 마셔 보인 후 양젖에 빵을 적셔 먹는 것을 보여주었다. 그리고 따라 해보라며 빵을 한 조각 건넸다. 그는 곧장 따라했고 아주 맛이 좋다는 내색을 했다.

그날 밤은 밤새도록 그와 함께 있었다. 날이 밝자마자 나는 그에게 따라오라고 손짓하며 옷을 주겠다는 시늉을 했다. 그는 완전히 벌거벗은 상태여서인지 무척 반가운 표정이었다. 그가 두 사람을 파묻은 장소를 지날 때였다. 그는 정확하게 그 장소를 손가락으로 가리키며 그들을 다시 찾아내기 위해 자신이 만들어둔 표시를 보여주었다. 그는 내게 그들을 다시 파내어 먹어 치우자는 뜻을 몸짓으로 표현했다. 그 순간 나는 아주 성난 표정을 지어보이고, 그것이 얼마나 혐오스러우며 생각만 해도 역겨운 일인 지를 역력히 표현했다. 나는 그에게 즉시 그곳을 떠나자고 손짓 했고 그는 내 말에 순순히 복종했다. 나는 곧바로 그의 적들이 떠났는지 살피기 위해 그를 산꼭대기로 데리고 올라갔다. 망원경을 꺼내 둘러보니 그들이 있었던 장소는 분명히 보였지만 사람이나 배는 모두 자취를 감추고 사라진 상태였다. 그들이 가고 없는 것은 분명했다. 자신들의 동료 두 사람을 전혀 찾아보지도 않은 채 내버려두고 떠난 것이다.

그러나 나는 이 정도로 만족할 순 없었다. 이젠 용기도 더 생긴데다 호기심도 자연스레 커진 상태라 시종인 프라이데이를 데리고 갔다. 프라이데이의 한 손에는 칼을, 등에는 활과 화살을(활 솜씨가 좋다는 사실을 알았기에), 나머지 한 손에는 총 한 자루를 쥐여 주고, 나 역시 총 두 자루를 매고 야만인들이 있던 장소로 함께 진격했다. 나는 이제 그들에 대해 좀 더 정확한 정보를 얻어야겠다는 생각이 들었다. 그러나 막상 도착해보니 현장의 처참한 광경을 보고 공포에 사로잡혀 그만 피가 얼어붙고 심장이 내려앉았다. 실로 끔찍한 장면이었다. 프라이데이는 아무렇지도 않았겠지만 적어도 나에게는 그랬다. 그 곳은 사람의 뼈로 뒤덮여 있었고 땅바닥은 핏물로 붉게 물들어 있었을 뿐 아니라, 짓이겨지고 그을린 채 먹다 남은 살점들이 여기저기 널브러져 있었다. 더 말할 나위도 없이 적들을 격파한 후 이 곳에서 벌어졌을 승리의 향연이 고스란히 흔적으로 남은 셈이다. 내가 목격한 것은 두개골 세 개, 손 다섯 개, 서너 조각의 다리와 발뼈들이었고 그 밖의 다른 신체 부위들도 허다했다.

프라이데이는 이 만찬의 먹이로 네 명의 포로들이 끌려왔고 그 중 세 명이 먹혔으며, 손가락으로 자신을 가리키며 네 번째가 바로 자신이었다는 사실을 알려줬다. 야만인들과 그들의 차기 추장 사이에 큰 전투가 있었고, 차기 추장의 부하들 가운데 한 사람이 자신이었으며, 많은 수가 포로로 붙잡혔다고 했다. 그들이 이곳으로 데려온 포로들에게 저지른 참담한 짓으로 짐작건대 잡혀온 이들은 포획자들의 잔칫상 위에 먹잇감 신세가 되어 여러 곳으로 옮겨졌으리라. 나는 프라이데이에게 두개골과 뼈, 살 조각이며 남아 있는 인간의 잔해를 전부 모으라고 지시하고 그것들을 한 무더기로 모아서 그 위에 불을 크게 피워 완전히 재가 될 때까지 태워버리게 했다.

나는 프라이데이가 아직도 인육을 먹고 싶어 하는 식인 습성이 여전하다는 것을 알게 되었다. 하지만 그가 그런 생각을 한다는 자체를 알아채거나 조금이라도 그런 낌새가 보이기만 해도 내가 질색하며 극도의 혐오감을 표시하자 그는 감히 그런 기미를 보일 엄두를 내지 못했다. 그가 그런 짓을 하는 날에는 내가 무슨 수를 써서라도 자신을 죽여 버리고 말 것이라는 사실을 충분히 깨닫게 해주었기 때문이다.

뒤처리를 마친 후 우리는 은신처로 돌아왔다. 그 곳에서 나는 내 시종인 프라이데이를 위해 무언가를 해주고 싶어졌다. 맨 먼저 나는 그에게 리넨으로 만든 바지를 한 벌 내주었다. 그 속옷은 전에 말했던 난파선에서 찾은 가엾은 포수의 상자에서 꺼내온 것이었는데 약간의 수선을 거치니 그에게 아주 잘 맞았다. 그즈음 내 재봉 실력은 그럭저럭 견딜만한 수준으로 나아진 상태였던 터라, 나는 솜씨를 발휘해 그에게 최대한 보기 좋게 산양가죽으로 조끼도 한 벌 만들어 주었다. 또 산토끼 가죽으로 만든 아주 편하고 꽤 멋들어진 모자도 한 개 내주었다. 이렇게 해서 이제 그는 꽤 잘 차려입게 되었고, 거의 자신의 주인만큼이나 멋진 차림새를 갖춘 것에 대해 스스로 만족스러워 했다. 처음에는 그가 이런 옷차림에 어색해한 것은 사실이다. 바지를 입는 것이 그에겐 매우 낯선 일이어서 조끼 소매가 그의 어깨와 겨드랑이를 스치며 쓸어댔다. 하지만 그가 아프다고 불평했던 부분을 몇 군데 손봐주며 옷을 몸에 점점 길들이다보니 마침내 아주 편하고 익숙해지게 되었다.

...(중략)...

그는 감정을 폭발시키거나 언짢아하거나 다른 속셈을 품거나 하는 법도 없이 완벽하게 시키는 일에 열중했다. 그는 마치 아이가 아버지를 대하는 듯한 애정으로 나를 따랐다. 감히 단언컨대 그는 나를 구하기 위해서라면 그 어떤 경우에라도 자신의 생명을 기꺼이 희생하고도 남을 사람이었다. 그가 여러 차례 내게 이런 맹세를 했기에 점차 이에 대한 의심이 사라졌고, 마침내 그로 인해 내 안전이 위협받을 지도 모른다는 경계는 할 필요가 없음을 확신하게 되었다.

프라이데이의 이 같은 품성들을 지켜보면서, 그토록 많은 피조물들(야만인들)에게 최선의 영혼의 능력을 허락하지 않으신 것이 하느님의 섭리이자 당신의 피조물들을 다스리시는 그 분 나름의 합당한 방식이심에도 불구하고, 우리 문명인들에게 주신 것과 동일한 능력, 동일한 이성, 동일한 애정, 동일한 친절이나 의무감 같은 감정, 잘못된 것에 대한 동일한 격노, 동일한 감사·성실·충성 같은 관념들, 또 선을 행하고 하느님이 우리에게 주신 선을 받아들일 수 있는 그 모든 능력들을 야만인들에게도 부여하셨다는 사실에 놀라움을 금하지 않을 수 없었다. 더불어, 하느님께서 이러한 능력들을 행할 수 있는 기회를 야만인들에게 기꺼이 주실 때마다 그들이 부여받은 능력들을 바르게 쓸 준비가 되어 있다는, 아니 실은 우리보다 훨씬 더 잘 준비되어 있다는 생각이 들었다. 그에 비하면 위대한 가르침의 등불인 성령의 인도하심과 하느님 말씀에 깃든 지식을 이해한 덕분에 우리(문명인)들은 이런 현명한 능력을 부여받았음에도 불구하고 이 능력들을 얼마나 형편없이 사용하고 있는가? 이 가엾은 야만인(프라이데이)을 통해 미루어 짐작건대 어쩌면 우리보다 이 능력들을 훨씬 더 잘 쓸 수 있을 지도 모르는 수백만 명의 무수한 영혼들(야만인)에게 왜 하느님께서는 동일한 구원의 지식을 주시지 않고 감추시는 것인지, 이런 저런 상념이 들 때마다 나는 가끔씩 매우 울적해졌다.

나는 때로 이 문제에 지나치게 골몰한 나머지 하느님의 주권을 침해하는 생각까지 하기도 했는데, 이를테면 정의라는 것이 누군가에게는 모습을 숨기고 또 다른 누군가에게는 모습을 드러내면서 양쪽으로부터 동등한 의무를 기대하는 것은 너무도 변덕스러운 사물의 본성이라고 책망하는 것 같은 따위이다. 하지만 나는 그런 생각들을 내려놓고 다음과 같이 결론지었다. 첫째, 우리가 어떤 진리의 빛과 율법으로 이들을 단죄해야 할지 모른다는 것이다. 하느님은 그 본성상 필연적으로 한없이 거룩하고 정의로우신 분이기에 그럴 리는 없겠지만, 설령 이 야만인들이 모두 하느님을 떠나도록 선고받았다 할지라도 그것은 성서의 말씀대로 그들 스스로에게 법이 되어준 그 빛을 거슬러 죄를 지었기 때문이며, (비록 그 근거가 우리에게 밝혀져 있지 않다 할지라도) 그들의 양심이 옳다고 간주하는 규칙에 위배되는 것이기 때문이다. 둘째로 우리는 모두 옹기장이의 손 안에 든 진흙 같은 존재이며 그 어떤 그릇도 옹기장이에게 "왜 우리를 이렇게 만들었소?"라고 물을 수는 없는 것이다.

이야기를 다시 나의 새로운 시종에게 돌리자면, 나는 그가 몹시 마음에 들어서 그를 쓸모 있고 능숙하며 뭔가 도움이 되는 사람으로 만드는 데 보탬이 될 만 한 것은 무엇이든 가르쳐 보기로 마음먹었다. 하지만 무엇보다 우선 그가 말을 할 수 있고 또 내 말을 이해할 수 있게 가르치는 것이 급선무였다. 그는 이제껏 내가 본 중에서 가장 영리한 학생이었는데, 무척이나 쾌활했고 한시도 공부를 게을리하지 않았다. 게다가 조금이라도 내 말을 이해하거나 그가 한 말을 내가 알아듣기라도 하면 너무나 기뻐하곤 했기 때문에 그에게 말을 거는 일은 정말로 즐거웠다. 이제는 섬 생활이 무척 편해져서 속으로는 야만인들이 더 많아지더라도 그저 안전하게 지낼 수만 있다면 좋겠다는 생각이 들기 시작했다. 내가 지내는 거처에서 결코 쫓겨나지만 않는다면 아무래도 괜찮다는 마음까지 들었다.

내 성채로 돌아온 지 이삼일이 지난 후, 나는 프라이데이가 그 끔찍한 식습관과 식인종의 미각에서 벗어날 수 있도록 그에게 다른 고기 맛을 알게 해줘야겠다고 생각했다. 그래서 어느 날 아침 그를 숲으로 데리고 들어갔다. 원래는 내 가축 중 어린 새끼 한 마리를 잡아서 집으로 가져와 손질할 작정이었다. 하지만 도중에 암컷 산양 한 마리가 어린 새끼 두 마리를 거느리고 그늘에 누워 있는 모습이 보였다. 나는 프라이데이를 붙잡고 "잠깐만, 그대로 있어"라고 말하며 움직이지 말라는 신호를 보냈다. 나는 즉시 총을 겨누어 새끼 산양 한 마리를 잡았다. 가엾은 프라이데이는 자신의 적인 야만인들을 내가 죽이는 광경을 멀리서 본 적은 있었지만 실제로 어떻게 죽였는지는 알지 못했고 상상조차 할 수 없었기 때문에 한 눈에 봐도 깜짝 놀란 채 충격을 받아 오들오들 떨고 있었다. 그는 너무도 놀란 나머지 금방이라도 쓰러질 것 같아 보였다. 내가 새끼 산양을 총으로 쏘아 죽였다는 사실을 모르는 그는 자기가 다친 것은 아닌지 보려고 조끼를 걷어 올렸다.

나는 이내 그가 내가 자기를 죽이려는 것으로 생각했음을 깨달았다. 그가 내 앞에 무릎을 꿇고 내 무릎을 감싸 안은 채 내가 알아들을 수 없는 말들을 마구 지껄였기 때문이다. 나는 그 말들이 자기를 죽이지 말아달라고 애원하는 소리란 걸 쉽게 짐작할 수 있었다. 나는 절대로 그를 해칠 생각이 없다는 것을 납득시킬 방법을 바로 찾아냈다. 나는 웃으며 그를 일으켜 세우고, 내가 죽인 산양 새끼를 손짓으로 가리키며 가서 가져오라고 일렀다. 그는 내가 시키는 대로 뛰어갔다. 내가 어떻게 산양 새끼를 죽였는지 그가 궁금해 하며 살펴보는 사이 나는 총을 다시 장전했다. 잠시 후에 나는 매처럼 보이는 커다란 새 한 마리가 사정거리 안의 나무 위에 앉아있는 것을 보았다. 프라이데이에게 지금부터 내가 하려는 것을 조금이라도 이해시키기 위해, 나는 그를 다시 가까이 불러들여 손가락으로 새를 가리켰다. 내가 매라고 생각했던 그 새는 실은 앵무새였다. 나는 손가락으로 앵무새를 먼저 가리키고 난 후 총을 가리키고, 저것을 쏘아 떨어뜨릴 것이라는 뜻으로 앵무새 아래 있는 땅바닥을 가리키면서 새를 쏴 죽이겠다는 뜻을 그에게 납득시키려 했다. 방아쇠를 당길 때 그에게 쳐다보도록 명령했고, 그는 곧바로 앵무새가 땅에 떨어지는 것을 보았다. 그러나 그토록 알아듣게 설명했음에도 불구하고 그는 또 다시 공포에 질려 서 있었다. 그는 내가 총에 탄환을 장전하는 모습을 전혀 보지 못했기 때문에 더욱 놀랐다는 것을 깨달았다. 그는 총이라는 물건 안에 사람이든 맹수든 날짐승이든, 가까이 있든 혹은 멀리 있든 무엇이든지 다 죽일 수 있는 무엇인가가, 즉 죽음과 파괴를 부르는 어떤 불가사의한 힘이 담겨있음에 틀림없다고 생각한 것이다. 이 광경이 그에게 불러일으킨 충격은 한참동안 떨쳐내기 힘들 만큼 강렬한 것이었다. 만약 내가 그대로 내버려 두었더라면 그는 분명 나와 내 총을 신처럼 숭배했을 것이다. 그 후로도 며칠 동안 그는 총 자체를 만지려고도 하지 않았지만, 혼자 있을 적에는 총에게 말을 걸고 총이 마치 그에게 대답이라도 해주는 것처럼 대화하곤 했다. 훗날 얘기를 들어보니 그것은 죽이지 말아달라는 일종의 발원이었다고 한다.

프라이데이의 충격이 어느 정도 가라앉자 나는 내가 쏴 맞춰 떨어진 새를 뛰어가서 주워오도록 지시했다. 그는 곧장 달려갔지만 한참 동안을 돌아오지 않았다. 앵무새가 완전히 죽은 상태가 아니었던 탓에 나무 아래로 떨어진 뒤에도 상당히 멀리까지 퍼덕거리며 달아났기 때문이다. 그래도 그는 기어이 앵무새를 찾아내서 가져왔다. 나는 그가 총에 대해 무지하다는 것을 이미 알게 된 이상, 유리한 입장을 계속 유지하기 위해 총알을 다시 장전하는 모습은 그에게 보여 주지 않았다. 총을 장전한 후에 무슨 표적이든지 보이기만 하면 쏘려고 벼르고 있었지만 더 이상 아무것도 나타나지 않았다. 그래서 나는 새끼 산양을 들고 집으로 돌아와 그 날 저녁에 바로 가죽을 벗기고 가능한 한 살코기를 잘 발라냈다. 마침 고기 요리에 안성맞춤인 냄비를 갖고 있었던 터라 고기를 적당히 넣고 푹 삶아서 아주 맛있는 고깃국을 만들었다. 나부터 우선 조금 먹다가 내 시종에게도 나눠주었다. 그는 무척이나 기쁜 표정으로 아주 맛있게 먹었다. 다만 그가 가장 이해할 수 없어 하는 것은 내가 국에 소금을 쳐서 먹는 점이었다. 그는 소금이 별로 먹을 만하지 않다는 의사 표시를 했다. 소금을 조금 집어 입에 넣고서는 구역질하는 동작을 하다가 퉤퉤 침을 뱉는 시늉을 하고서 깨끗한 물로 입을 헹궈냈다. 반대로 나는 소금을 치지 않은 고기를 입에 조금 넣고 그가 한 동작 그대로 보여줬다. 이번에는 소금이 없으니까 맛이 없어서 침을 뱉는다는 시늉을 해보인 것이었다. 하지만 그 정도 동작으로 그를 설득하는 것은 어림도 없었으리라. 그는 고기든 국물이든 간에 절대로 소금을 치려하지 않았다. 적어도 꽤 오랫동안 그런 상태가 계속된 후에야 그는 그나마 아주 조금씩 음식에 소금을 넣어 먹기 시작했다.

이렇게 푹 삶은 고기와 국물을 배불리 먹인 후, 다음 날에는 그에게 새끼 산양 고기를 실컷 구워 먹일 작정이었다. 나는 줄에 매단 고기를 불에 구웠다. 영국에서 많이 본 대로 불 양쪽에 기둥 두 개를 세우고 그 두 기둥을 가로지르는 막대를 걸쳐 놓고 교차되는 부분을 묶어 고정한 후 줄을 매달아 고기 덩어리를 계속 돌리며 구울 수 있는 방식이었다. 이것을 본 프라이데이는 매우 감탄했는데 더 감동적인 것은 그 다음이었다. 막상 고기 맛을 보게 된 순간, 맛이 기가 막히게 좋다는 것을 갖은 수단을 동원해 어찌나 열심히 온몸으로 표현하던지, 그가 말하려는 뜻을 모르려야 모를 수가 없었다. 그리고 마침내 그는 더 이상 인간의 고기는 먹지 않겠노라는 말을 한껏 애쓰며 내게 전하려했다. 그 이야기를 들으니 참으로 기뻤다.

3

근대 페미니즘의 탄생

메리 울스턴크래프트의 『여성의 권리 옹호』, 문수현 옮김, (책세상, 2011).

제2장 성별 특성에 대한 지배적인 견해를 논함

남성의 독재에 대해 설명하고 변명하기 위한 독창적인 논의들이 많이 제시되어왔다. 미덕을 갖추는 데 있어 남녀가 각각 매우 상이한 성격을 얻기를 목표로 해야 한다는 것을 증명하기 위해서, 혹은, 보다 명쾌히 말하자면, 여성들에게는 미덕이라는 이름에 실제로 값하는 무언가를 획득하기에 충분한 정신의 힘을 갖는 것이 허용되지 않는다는 것을 증명하기 위해서 말이다. 그러나 여성들에게 영혼을 갖는 것이 허락된다면, 신의 섭리에 따라 지정된 하나의 길을 따라서 인간은 미덕 혹은 행복으로 인도될 것이다.

여성들이 하루살이 무리가 아닐진대 왜 순수라는 특수한 이름하에 무지에 사로잡혀 있어야 하는가? 남성들이 우리의 무모한 열정과 비굴한 사악함에 대해서는 날카롭게 빈정대지 않으면서, 우리 여성의 어리석은 짓들과 변덕에 대해서 불평하는 것에는 이유가 있다. 그것은 무지의 자연스러운 결과인 것이다! 의지할 것이라고는 편견밖에 없는 정신은 언제나 불안정할 것이고, 그 〔정신의〕

흐름은 그 힘을 깨뜨릴 어떠한 장애물도 없을 때 파괴적인 분노와 더불어 흘러 넘치게 될 것이다. 여성들은 적절하게도 교활함이라고 이름 붙여진, 인간의 약점에 대한 약간의 지식, 기질적 부드러움, 표면적인 복종을 익히고, 어리석은 종류의 예절을 용의주도하게 지킬 줄만 알면 그로써 남성의 보호를 얻게 될 것이며, 그들이 아름답다면 나머지 모든 것들은 적어도 그들 생애의 20년 동안은 불필요하다고 어린 시절부터 들어왔고 그들 어머니들의 선례를 통해 배웠다.

...(중략)...

개인 교육이라는 말의 의미가 정확하게 정의되지는 않았으나, 내가 보기에 개인 교육이란, 서서히 이어들의 감각들을 예민하게 하고, 기질을 형성하며, 열정이 끓어오르기 시작할 때 그것을 통제하고, 몸이 성숙해지기 전에 지성이 작동할 수 있도록 함으로써, 생각하고 추론하는 것을 배우는 중요한 과업을 성인이 되어서야 비로소 시작하는 것이 아니라 지속하기만 하면 되도록, 한 아이에게 관심을 기울이는 것이다.

어떠한 오해도 예방하고자 한마디 덧붙이자면, 나는 사교육이 몇몇 낙천적인 저자들이 그것에 부여한 것과 같은 기적을 일으킬 수 있다고 믿지 않는다. 남성들과 여성들은 많은 부분, 그들이 살고 있는 사회의 예의범절과 입장에 의거해서 교육받아야 한다. 어느 시대에나 그 앞에 있는 모든 것을 휩쓸어버리는, 말하자면, 그 세기에 하나의 가족과 같은 특성을 부여하는 여론의 흐름이 있어왔다. 그래서 사회가 다르게 구성되기 전에는, 교육에 많은 것을 기대해서는 안 된다는 추론이 정당할 것이다. 그러나 환경이 능력에 어떠한 영향을 미치든, 모든 존재는 그 자신의 이성을 활용함으로써 덕을 갖춘 존재가 될 수 있다고 단언하는 것만으로 지금으로선 충분하다. 하나의 존재만 전적으로 사악한 성향들을 지닌 채 창조되었다면, 무엇이 우리를 무신론에서 구제할 수 있을 것인가? 혹은 우리가 신을 경배한다면, 그 신은 악마는 아닌가?

결국, 내가 보기에, 가장 완벽한 교육은 육체를 강화하고 정서를 함양하기에 가장 적합하도록 지성을 훈련시키는 것이다. 혹은 다른 말로 하자면, 개인으로 하여금 지신을 독립적이게 해주는 미덕의 습관들을 체득할 수 있게 하는 것이다. 사실, 스스로 이성을 활용함으로써 미덕을 갖추지 않은 어떤 존재를 덕망 있다고 부르는 것은 어리석은 짓이다. 이것이야말로 남성들과 관련한 루소의 견해이다. 나는 이를 여성들에게로 확대하여, 여성들이 자신의 본분으로부터 끌어내려지게 된 것은 헛된 세련됨으로 인해서이지, 남성적인 특질들을 획득하고자 노력했기 때문이 아니리는 것을 자신 있게 단언할 수 있다. 게다가 여성들이 받은 왕 같은 존중은 매우 취하게 하는 것이어서, 시대의 예의범절이 바뀌어 보다 이성적인 원칙들에 토대하게 되기 전에는, 여성들이 자신을 낮춤으로써 획득한 비합법적인 권력이 저주라는 것을 그들에게 납득시키는 것, 그리고 순박한 애정이 주는 평온한 만족을 얻기 원한다면 자연과 평등으로 회귀해야 한다는 것을 그들에게 납득시키는 것은 불가능할지도 모른다. 그러나 우리는 그러한 시대를-아마도, 왕과 귀족들이 이성에 의해 계몽되어, 유치한 상태보다는 인간의 진정한 존엄을 선호하면서 자신들에게 세습되어온 천박하고도 과시적인 요소들을 버리게 될 때까지-기다려야만 한다. 그리고 그때에도 만일 여성들이 아름다움의 전제적인 권력을 포기하지 않는다면 그들은 스스로가 남성들보다 열등한 지성을 가졌다는 것을 증명하게 될 것이다.

나는 거만하다고 비난받을지도 모른다. 그럼에도 나는 여전히 내가 굳게 믿고 있는 바, 루소부터 그레고리 박사Dr. John Gregory에 이르기까지, 여성의 교육과 태도라는 주제로 저술해온 모든 작가들이 여성들에게, 그들이 그렇게 하지 않았을 경우에 여성들이 가졌을 성격보다 훨씬 더 인위적이고 나약한 성격을 부여하는 데 기여했고, 결과적으로 여성들을 사회에서 더 효용성 없는 구성원들로 만들었다는 것을 선언해야만 한다. 이러한 신념을 보다 더 삼가는 자세로 표현하는 편이 나았을지도 모른다. 하지만 그랬다면 그것은 허식의 푸념이지 내 감정들에 대한 충실한 표현이 아니었을 것이며, 내가 경험과 성찰을 통해 끌어낸 분명한 결론을 충실하게 표현하는 것이 아니었을 것이다. 논하고 있는 주제의 그와 같은 부분에 이를 때, 나는 방금 거론한 저지들의 작품들에서, 내가 특히 더 인정하지 않는 구절들을 인용할 것이다. 그러나 그보다 먼저, 인류 종족의 절반을 폄하하고, 또 여성들로 하여금 모든 견실한 미덕을 희생해가면서 남의 비위를 맞추게 하는 경향이 있는 책들의 전체적인 취지에 대해서까지도 반대한다는 것을 언급할 필요가 있겠다.

그러나 루소에 근거해서 추론해보자면, 만일 남성이 육체의 성숙에 도달할 때 그의 정신도 완전해진다면, 남성과 그의 아내를 하나로 만들기 위해서 그녀가 전적으로 그의 지성에 의존해야 한다는 것이 타당할지도 모른다, 또한 우아한 담쟁이 넝쿨이 그것을 지탱했던 떡갈나무를 고정시키면서, 힘과 아름다움이 똑같이 돋보이는 하나의 전체를 형성하는 것이 옳을지도 모른다. 그러나 안타깝게도, 남편들 역시 그들의 내조자와 마찬가지로 대부분 너무 크게 자란 아이들일 뿐이다. 아니, 젊은 시기의 방탕 덕택으로, 남성들이 외적으로 크게 자란 경우도 드물다. 그리고 만일 맹인이 맹인을 인도한다면, 그 결과를 우리에게 말해주기 위해서 천상으로부터 누군가 내려올 필요도 없다.

현재와 같이 부패한 사회적 조건에서, 여성들의 지성은 짓밟고 여성들의 감각은 예민하게 함으로써 여성들을 노예화하는 데 기여하는 이유들은 많다. 조용히, 다른 모든 것들보다 더 많은 해악을 끼치는 것은 질서에 대한 여성들의 경시일 것이다.

남성들이 유년기 이래 늘 규칙을 준수하는 것과 같이 정확성을 가지고 질서 있는 방식으로 모든 것을 행하는 것은, 일반적으로 말해, 무질서한 종류의 교육만을 받은 여성들이 좀처럼 유의하지 못하는 가장 중요한 교훈이다. 이와 같이 태만한, 일종의 어림짐작guess-work —결코 이성의 시험을 거치지 않은, 일종의 본능적 상식을 무작위로 사용하는 것을 지적하기에 이보다 적당한 말이 있겠는가—은 여성들이 사실을 일반화하는 것을 방해한다. 그렇게 여성들은 자신이 어제 한 일들을, 단순히 어제 그것을 했기 때문에 오늘도 한다.

유년기 때부터 지속된 지성에 대한 이와 같은 경멸은, 보통 추측되는 것보다 더 유해한 결과들을 가져온다. 강한 정신을 가진 여성들이 획득하는 협소한 지식조차도 다양한 조건들로 인해 남성의 지식보다 더 일관성 없는 종류의 것이기 때문이며, 또한 그 지식은 개별적으로 관찰된 것을 성찰해 일반화된 경험의 결과들과 비교함으로써 얻게 되는 것이기보다는 순전히 실제 생활에서의 관찰들을 통해서 얻게 되는 것이기 때문이다. 여성들이 의존적인 상황과 가정 내의 의무들 때문에 더욱 사회에 이끌리게 된 결과, 여성들의 배움은 오히려 잡아채듯 이루어진다. 그리고 배움이란 그들에게는 일반적으로 부차적인 것이기 때문에, 그들은 지적 능력에 활력을 주고 판단에 명석함을 주기에 필요한 만큼의 지속적인 열정을 가지고 하나의 분야를 추구하지 않는다. 현재와 같은 사회의 조건에서, 남성들이 신사의 성격을 유지하기 위해서는 약간의 지식이 요구된다. 따라서 소년들은 몇 년 동안의 수양을 감수해야 한다. 그러나 여성의 교육에 있어서, 지성의 수양은 언제나 어떤 육체적인 성취를 이루는 것보다 부차적이다. 그 결과 세련됨과 정숙에 대한 잘못된 관념들에 의해 기력이 약화되어서, 그 여성의 육체가 우아함과 아름다움-채 자라지 못하고 늘어진 사지로는 결코 보여줄 수 없는-을 획득하지 못하게 되더라도 말이다. 게다가 여성들은 유년기에 경쟁을 통해서 능력을 계발하지 못한다. 그리고 설령 그들이 천부적인 현명함을 가졌다고 하더라도, 그 현명함은 어떤 진지한 과학적 탐구도 해보지 않은 채, 너무나 재빨리 생활과 예의범절을 향하게 된다. 여성들은 생활과 예의범절들을 근본까지 규명하지 않은 채, 그 결과들과 변형들에 머무른다. 행위를 조절하는 복잡한 원칙들은 실상 단순한 원칙들의 나약한 대체물인 것이다.

교육이 여성들에게 이와 같은 나약함의 양상을 부여한다는 증거로서, 그녀들과 마찬가지로, 그들의 지성이 지식을 쌓거나 원칙으로 확고해지기 이전에 세상으로 보내진 군인 남성들의 예를 들어보자. 결과는 유사하다. 병사들은 대화의 혼란스러운 흐름으로부터 낚아챈 약간의 피상적인 지식을 획득하고, 지속적으로 사회와 뒤섞이는 가운데, 세상에서 지식이라 지칭되는 것을 획득한다. 그리고 이런 식으로 예절과 관습을 익힌 것이 빈번히 인간의 본질에 대한 지식으로 혼동되어왔다. 그러나 성찰과 경험을 비교함으로써 형성된 판단의 시험대를 결코 거치지 않은, 우연적인 관찰의 조잡한 열매가 그러한 가치가 있는가? 여성들뿐만 아니라 병사들도, 세심하고 정중하게 중요치 않은 미덕들을 행한다. 교육이 같았다면, 여성과 병사 간의 성별 차이는 어디에 있는가? 내가 뚜렷하게 인식할 수 있는 유일한 차이는, 병사들이 인생에서 좀 더 많은 것들을 볼 수 있는 자유의 이점을 누릴 수 있다는 것이다.

정치적인 논평을 하는 것은 내가 당면한 주제에서 벗어나는 일일 것이다. 그러나 내가 일련의 성찰을 하는 과정에서 어떤 정치적 논평에 자연스럽게 이르게 된다면, 그것을 조용히 지나치지 않을 셈이다.

상비군들은 결코 단호하고 강건한 남성들로 구성되지 않는다. 그들은 잘 훈련받은 기계들일지 모르지만, 그들 가운데 강한 감정의 영향 하에 있거나, 혹은 매우 원기 왕성한 능력들을 가진 남성들은 드물다. 그리고 이해의 깊이와 관련해서라면, 나는 깊이 있는 이해가 여성들 사이에서와 마찬가지로 군대에서도 드물게 발견된다는 것을 감히 단언하고자 한다. 같은 이유에서 말이다. 더 나아가 장교들은 특별히 자신의 육체에 주의를 기울인다는 것, 그리고 춤추기, 사람들이 꽉 들어찬 방들, 모험, 비웃음을 좋아한다는 것이 언급될지도 모른다. 여성처럼, 그들 필생의 사업은 남들의 관심이다. 그들은 남의 비위를 맞추도록 교육받았고, 그들은 오로지 남의 비위를 맞추기 위해서 산다. 그러나 그들은 성별로 인해 지위를 상실하지는 않는데, 그것은 그들이 여전히 여성들보다 우월하게 여겨지기 때문이다. 군인들의 우월성이 무엇이든, 내가 방금 언급한 것 이상을 발견하기란 매우 어렵지만 말이다.

그들 모두가 도덕에 앞서 허례허식을 익히고, 성찰을 통해 인간 본성의 거대하고 이상적인 윤곽을 알기 전에 인생에 대한 얄팍한 지식을 획득하는 것은 크나큰 불행이다. 그 결과는 자명하다. 그들은 저속한 본성에 만족하여 편견의 먹이가 되고, 자신들의 모든 견해를 대가 없이 취하면서 맹목적으로 권위에 의존한다. 그 결과, 그들이 어떠한 지각이라도 있다면, 그 지각은 균형을 잡고 예의범절에 관해서 판단하는 일종의 본능적인 눈짓과 같다. 그러나 그것으로는 어떤 논의들을 깊이 헤아리거나, 혹은 견해들을 분석할 수 없다.

이와 같은 견해를 여성들에게 적용해도 되지 않을까? 아니, 그러한 논의를 더 확대해도 좋을 것이다. 여성들과 병사들 모두 문명화된 생활에 자리한 부자연스러운 구분들에 의해서 유익한 지위로부터 내동댕이쳐졌기 때문이다. 부와 세습된 명예는 여성들을 숫자에 중요성을 부여하는 암호와 같은 존재로 만들어버렸다. 그리고 여성의 게으름은 여성에 대한 공대와 억압이 뒤섞인 사회를 만들었고 그로 인해 남성들은 자기 정부(情婦)에게는 노예처럼 굴면서 여동생들과 아내, 딸들에게는 왕처럼 군림하게 되었다. 이것은 사실 여성들을 졸병으로 묶어둘 뿐이다. 여성의 지성을 확대함으로써 여성의 정신을 강화하라, 그러면 맹목적인 복종은 종식될 것이다. 그러나 권력은 언제나 맹목적인 복종을 얻고자 하기 때문에 독재자들과 관능주의자들이 여성들을 어둠 속에 묶어두고자 노력하는 것이 당연하다. 독재자들은 노예를 원할 뿐이고, 관능주의자들은 장

난감을 원할 뿐이기 때문이다. 사실 관능주의자들은 가장 위험스러운 독재자들이었고, 제후가 신하들에게 속아왔듯이 여성들은 연인들에 속아왔다. 여성들과 제후들이 각각 자신의 연인들과 신하들 위에 군림하기를 꿈꿨음에도 불구하고 말이다.

나는 이제 주로 루소에 대해 말하려 하는데, 그의 저작 《에밀》에 등장하는 소피라는 인물은 비록 내게 심히 부자연스럽게 보인다 할지라도 의심할 여지 없이 매혹적인 존재이기 때문이다. 그러나 내가 공격하려는 것은 상부 구조가 아니라, 그녀의 성격의 토대이자 그녀의 교육의 근거가 된 원리이다. 내가 앞으로 언급할 이 유능한 작가 루소의 천재성을 열렬히 존경하기는 하지만, 언제나 분노가 존경을 대신하게 된다. 그리고 그의 관능적인 환상들을 읽을 때면, 능욕당한 미덕으로 인해 굳어지고 찌푸려진 표정이, 그의 감명 깊은 미문이 끌어내곤 히는 동의의 미소를 지워버린다. 그것을 쓴 이가 미덕에 대한 열정으로, 평화의 모든 쉬운 방식들을 내쫓고 우리를 거의 스파르타적인 훈련으로 되모는 그 남자가 맞는가? 그이가 열정의 유용한 투쟁, 좋은 기질의 승리, 그리고 빛나는 영혼을 스스로 실어 나르는 영웅적인 비상들을 그려내기를 기뻐하는 바로 그 남자인가? 어떻게 그렇게 강력한 정서들이 그의 작은 애인의 이름다운 발과 유혹적인 풍모를 묘사할 때는 그토록 약화되어버리는가? 그러나 나는 현재로서는 그 주제를 보류하고, 오만한 감각을 순간적으로 토로한 글을 심하게 비판하는 대신, 사회에 자비로운 눈길을 던졌던 사람은 누구나, 정서에 의해서 미화되지 않은, 혹은 지적 추구의 결합을 통해 강고해진 겸손하고 상호적인 사랑의 광경에 자주 만족했을 것이 틀림없다고 언급하는 데 그치겠다. 그날그날 가정에서 있었던 사소한 일들은 유쾌한 대화를 위한 내용을 제공하고, 순수한 애무는 정신을 많이 쏟거나 사고력을 한껏 활용하기를 요구하지 않는 종류의 일로 인한 수고로움을 완화시켜주었다. 그러나 이와 같은 온건한 행복은 존경보다는 애정을 자극하지 않았던가? 아이들이 놀 때나 동물들이 장난할 때 우리가 느끼는 것과 유사한 감정 말이다. 반면, 힘겨운 공적을 놓고 다투는 숭고한 투쟁을 생각할 때는 감탄이 우러나오고, 아울러 감정 대신 이성이 자리 잡은 그런 세계를 생각하게 된다.

따라서 여성들은 도덕적인 존재로 간주되거나, 아니면, 너무도 나약해서 남성들의 우월한 능력에 전적으로 복속해야 하는 존재로 간주된다.

이 문제를 검토해보자. 루소는, 여성이 한순간도 독립되어있다고 스스로 느껴서는 안 되며, 자신의 천성적인 교활함을 활용하지 않을까 하는 두려움에 사로잡혀 있어야만 한다고, 그리고 남성이 쉬고자 할 때는 언제나 보다 유혹적인 욕망의 대상이자 그의 보다 달콤한 동반자가 될 수 있도록 여성이, 요염한 노예가 되어야 한다고 단언한다. 그는 자신이 자연의 징후들로부터 끌어낸 것이라고 주장하는 논의들을 보다 확대한다. 그리고 모든 인간 미덕의 주춧돌인 진실과 인내는 어느 정도 제약을 받는 가운데 함양되어야 한다고 넌지시 언급하는데, 여성적 특성과 관련해 복종은 아주 가차없이 새겨져야만 하는 중대한 교훈이기 때문이라는 것이다.

얼마나 당찮은 말인가! 이 주제 전반에 걸쳐서 유포된 자만심과 관능성의 독기를 불어 없애버리기에 충분한 힘을 가진 탁월한 지성의 소유자는 도대체 언제 나타날 것인가! 설령 여성들이 자연적으로 남성들보다 열등하더라도, 그들의 미덕은, 정도는 달라도 질적으로는 같은 것이어야 한다. 그렇지 않으면 미덕은 상대적인 관념이 된다. 따라서 그들[여성들과 남성들]의 행위는 동일한 원칙들에 토대해야만 하고, 동일한 목적을 가져야만 한다.

여성들은 딸들, 아내들, 그리고 어머니들로서 남성과 연관돼 있기 때문에, 여성들의 도덕적인 성격은 이처럼 단순한 의무들을 완수하는 그들의 방식에 의해서 평가될지도 모른다. 그러나 목표, 그들의 노력의 위대한 목표는 그들 자신의 능력을 발휘하고 지각 있는 미덕의 위엄을 획득하는 것이 되어야만 한다. 여성들은 자신의 길을 즐겁게 가기 위해 노력할지도 모른다. 그러나 남성의 경우와 마찬가지로, 인생은 한 불멸의 영혼을 만족시킬 수 있는 지복(至福)을 내주지 않는다는 것을 결코 잊어서는 안 된다. 양성 모두가 추상적인 생각, 혹은 어렴풋한 관점 속에 깊이 매몰되어서, 자기 앞에 놓여 있는, 사실상 인생의 열매를 맺게 해주는 애정과 의무를 잊어야 한다는 말은 아니다. 오히려 나는, 애정과 의무가 참되고, 냉정한 견지에서 고려할 때 가장 큰 만족을 준다는 것을 충심으로 그들에게 권고할 것이다.

…(중략)…

내가 사물의 질서를 전도시키려 한다고 결론내리지 말라. 남성들은 육체의 구조상 여성보다 크나큰 미덕을 획득하도록 신의 섭리에 의해서 계획된 것처럼 보인다고 나는 이미 인정한 바 있다. 남성과 여성을 모두 통틀어 하는 말인데, 나는 성별에 따라 미덕이 다르다는 결론에 이르는 근거를 이해할 수 없다. 사실, 미덕이 단 하나의 영원한 기준이라면, 어떻게 그런 결론을 내릴 수 있겠는가? 따라서, 신이 존재한다고 말할 때처럼 강하게, 남녀 모두가 동일하고 명백한 목표를 가진다고 말해야 한다는 것이 당연한 논리적 추론이다.

그렇다면 당연히, 교활함이 지혜와, 그리고 사소한 돌봄이 위대한 노력과 대조되어서는 안 되며, 혹은 상냥함이라는 이름으로 덧칠된 무미건조한 부드러움이 높은 이상으로 고무된 꿋꿋함과 대조되어서는 안 된다.

…(중략)…

이성이 여성에게 분별력 있는 빛을 보내줄 때-나는 장광설을 동원할 생각은 없기 때문에 이런 식으로 말하는데-만일 여성들이 진정 합리적인 존재로 행동할 수 있다면, 그들을 노예처럼 대하지 말라. 혹은 여성들이 남성과 교유할 때, 그들을 남성의 이성에 종속된 짐승들처럼 대하지 말라. 그들의 정신을 함양하고, 그들에게 건전하고 숭고한 원칙의 틀을 부여하고, 그들로 하여금 신에게만 종속되어 있다고 느낌으로써 의식적인 존엄에 도달하게 하라. 여성들을 남성들을 더 잘 만족시키는 존재로 만들기 위해 윤리를 남성의 전유물로 만들어버리는 대신, 여성들에게도 남성들과 마찬가지로 운명의 필연성에 순응하도록 가르치라.

더 나아가, 여성들이 남성들과 동일한 정도의 정신의 힘, 인내, 그리고 꿋꿋함을 달성할 수 없다는 것이 경험적으로 증명된다면, 비록 그들이 같은 수준에 이르기 위해 분투하는 것은 헛되다 하더라도, 그들의 미덕의 종류는 남성과 같게 하라. 그러한 경우에라도 남성의 우월함은 지금 못지않게 분명할 것이다. 그리고 어떠한 수정도 허락하지 않는 단순한 원칙과 같이, 진실이란 양성 모두에게 공통적일 것이다. 아니, 현재와 같이 규정된 사회의 질서는 전도되지 않을 것이다. 그때 여성들은 이성이 여성들에게 부여한 지위만을 가지게 될 것이고, 여성들은 그것을 전복시키기는 고사하고, 심지어 균형을 맞추기 위해 술책을 꾸밀 필요도 없을 것이다.

이것은 유토피아적인 꿈이라고 불릴지도 모른다-내 영혼에 그 유토피아적인 꿈들을 아로새기고, 나의 미덕을 함양하기 위해 오로지 신에게만 의존하면 되도록 나에게 내 자신의 이성을 활용할 수 있을 만큼 강한 정신을 부여해준 신 덕택에, 나는 내 성을 노예화하는 잘못된 관념들을 직시하고 분노할 수 있었다.

나는 동료로서의 남성을 사랑한다. 그러나 그 개인의 이성이 나의 존경을 받아내지 못한다면, 그의 왕권이, 진정한 것이건 혹은 찬탈한 것이건 내게까지 미치지 못한다. 그리고 심지어 내가 그를 존경할 때조차도 그 존경은 한 남성에 대한 것이 아니라 그의 이성에 대한 것이다. 사실상, 책임 있는 존재라면, 이성을 활용함으로써 스스로 지신의 행동을 통제할 수 있어야만 한다. 이성이 아니라면 신의 보좌를 떠받치는 것이 무엇이겠는가?

여성들이 지금까지 격리되어 살아왔기 때문에, 이와 같이 명백한 진실들을 강조하는 것이 필요해 보인다. 그리고 그들은 인간이 지녀야 할 미덕들을 박탈당하는 반면에, 일시적으로 남성에 대해 독재 권력을 행사하는 것을 가능하게 하는 인위적인 아름다움으로 치장되어왔다. 사랑은 그들의 가슴속에서 그보다 고상한 모든 열정을 대신했고, 그들의 유일한 야심은 매력적인 여성이 되는 것이고, 존경을 받는 대신 감정을 자극하는 것이다. 이처럼 저열한 욕망은, 절대군주제 아래의 노예 상태와 같이, 인격의 주체성을 모두 파괴해버린다. 자유는 미덕의 어머니다. 여성들이 다른 것이 아닌 체질에 의해서 노예가 되어버리고, 자유의 신선한 공기를 마실 수 없게 된다면, 그들은 외래의 식물들처럼 항상 시들시들할 것이고, 자연의 아름다운 결점들로 간주되어야만 할 것이다.

언제나 여성과 관련하여 논의되었던 종속성이 남성에게도 역습을 가한다. 다수는 언제나 극소수에게 예속되어왔다. 인간의 탁월함에 대해서 거의 어떤 통찰력도 보이지 않았던 괴물들이 수천의 동료 피조물들에 대해서 독재를 행해왔다. 우월한 자질을 가진 남성들이 왜 그와 같은 타락에 굴복했는가? 대체적으로 보았을 때 왕들이 능력과 미덕에서 보통의 대중 남성들보다 열등했다고 보편적으로 인정되지 않는가? 그럼에도 불구하고 그들은 이성에 대한 모욕일 정도로 경외를 받아왔고, 현재도 여전히 그렇게 대우받고 있지 않은가? 중국이 살아 있는 사람을 신으로 받들어온 유일한 나라는 아니다. 남성들은 순간의 즐거움을 처벌받지 않고 즐기기 위해서 우월한 힘에 복종해왔다-여성들도 마찬가지였다. 따라서 남성의 타고난 권리를 비굴하게 포기하는 아첨꾼은 도덕적인 행위자가 아니라는 것이 증명되기 전에는, 여성은 언제나 종속 상태에 있어왔기 때문에 본질적으로 남성보다 열등하다는 것 역시 증명될 수 없다.

지금껏 잔혹한 힘이 세상을 지배해왔다. 또한 정치학이 맹아기에 있다는 것은, 인간의 차별을 확립하는 데 가장 유용한 지식을 제공하면서도 조금도 가책을 느끼지 않는 철학자들에게서 뚜렷하게 드러난다. 나는 건전한 정치로 자유가 확산될 때 여성을 포함한 인류는 보다 현명하고 덕망 있게 되리라는 분명한 추론을 세우는 것 이상으로 이러한 논의를 더 이상 확대하지는 않을 것이다.

4

주체적 개화와 중용

유길준의 『서유견문』, 허경진 옮김, (서해문집, 2004).

개화의 등급

1. 개화란 인간 세상의 천만 가지 사물이 지극히 선하고도 아름다운 경지에 이르는 것을 말한다. 그러므로 어떤 것이 개화된 경지라고 한정할 수는 없다. 사람들의 재주와 능력 정도에 따라 높거나 낮은 등급이 있지만, 국민들의 습속과 나라의 규모에 따라 그 차이가 생기기도 한다. 이는 개화하는 과정이 똑같지 않은 이유도 있지만 가장 중요한 것은 사람이 하느냐 하지 않느냐에 달려 있다. 오륜(五倫)의 행실을 독실하게 지켜서 사람된 도리를 안다면 이는 행실이 개화된 것이며, 국민들이 학문을 연구하여 만물의 이치를 밝힌다면 이는 학문이 개화된 것이다. 나라의 정치를 바르고도 크게 하여 국민들에게 태평한 즐거움이 있으면 이는 정치가 개화된 것이며, 법률을 공평히 하여 국민들에게 억울한 일이 없으면 법률이 개화된 것이다. 기계 다루는 제도를 편리하게 하여 국민들이 사용하기 편리하면 기계가 개화된 것이며, 물품을 정밀하게 만들어 국민들의 후생에 이바지하고 거칠거나 조잡함이 없으면 물품이 개화된 것이니, 이 여러

가지의 개화를 합한 뒤에야 개화를 다 갖추었다고 말할 수 있다.

고금을 통틀어 세계 어느 나라를 돌아보든지 간에 개화가 지극한 경지에까지 이른 나라는 없었다. 그러나 대강 그 등급을 구별해보면 세 가지에 지나지 않으니, 개화하는 나라, 반쯤 개화한 나라, 아직 개화하지 않은 나라다.

2. 개화한 자는 천만 가지 사물을 연구하고 경영하여, 날마다 새롭고 또 날마다 새로워지기를 기약한다. 이와 같이 하기 때문에 그 진취적인 기상이 웅장하여 사소한 게으름도 없고 또 사람을 접대할 때에도 말을 공손히 하고 몸가짐을 단정히 하여, 능한 자를 본받고 능치 못한 자를 불쌍하게 여긴다. 그러면서도 깔보는 기색을 보이지 않으며, 야비한 모습을 나타내지 않음으로써, 지위의 귀천이라든지 형세의 강약에 의해 인품을 구별하지는 않는다. 국민이 그 마음을 하나로 합하여 여러 가지의 개화를 함께 힘쓰는 자들이다.

3. 반쯤 개화한 자는 사물을 연구하지 않고 경영하지도 않으며 구차한 계획과 고식적인 의사로써 조금 성공한 경지에 안주하고, 장기적인 대책이 없는 자다. 그러면서도 또한 스스로 만족하게 여기는 마음은 있어서, 사람을 접대할 때에 능한 자에게 칭찬하는 일이 적고, 능치 못한 자는 깔본다. 지위의 귀천과 형세의 강약에 의해 아주 심하게 인품을 구별한다. 그러므로 국민이 저마다 자신의 영화와 욕심을 위해 애쓸 뿐이지, 여러 가지의 개화를 위해서 마음을 쓰지는 않는 자들이다.

4. 아직 개화하지 않은 자는 즉 야만스러운 종족이다. 천만 가지 사물에 규모와 제도가 없을 뿐만 아니라, 애당초 경영하지도 않는다. 능한 자가 어떠하고 능치 못한 자가 어떠한지 분별하지도 못하여, 거처와 음식에도 일정한 법도가 없다. 또 사람을 접대하는데 있어서도 기광과 예법이 없기 때문에, 천하에 가장 불쌍한 자들이다.

5. 이와 같이 등급을 나누어 논하였지만, 스스로 힘쓰기를 그치지 않으면 반

쯤 개화한 자와 아직 개화하지 않은 자라도 개화한 자의 문지방에 이를 수 있다. 속담에 '시작이 반이다'라고 했듯이, 스스로 힘쓰면 무엇인들 이루지 못하겠는가. 반쯤 개화한 자들의 나라에도 개화한 자가 있고, 아직 개화하지 않은 자들의 나라에도 개화한 자가 있다. 그러므로 개화한 자들의 나라에도 반쯤 개화한 자가 있으며, 아직 개화하지 않은 자도 있다.

국민들이 한꺼번에 개화하기는 아주 어려운 일이니. 사람의 도리를 지키며 사물의 이치를 연구한다면 이는 오랑캐 나라에 있더라도 개화한 자이지만, 인생의 도리를 지키지 않고 사물의 이치를 연구하지 않으면 개화한 나라에 있더라도 아직 개화하지 않은 자이다. 이와 같이 말하는 것은 한 사람의 경우를 보기로 든 것이지만, 한 나라의 경우를 논하더라도 마찬가지다. 그 국민 가운데 개화한 자가 많으면 개화한 나라고, 반쯤 개화한 자가 많으면 반쯤 개화한 나라며, 아직 개화하지 않은 자가 많으면 아직 개화하지 않은 나라다.

반쯤 개화한 자를 권하여 이를 행하게 하고 아직 개화하지 않은 자를 가르쳐서 깨닫게 해 주는 것이 개화한 자의 책임이고 직분이다. 가만히 생각해 보면 행실의 개화는 세계 만국을 통하여 동일한 규모로 천만 년 장구한 세월을 거치면서도 변하지 않았지만, 정치를 비롯한 여러 가지의 개화는 시대를 따라 변하였으며, 지방에 따라 달라졌다. 그러므로 옛날에는 합당하던 것이 이제는 맞지 않는 경우도 있으며, 저쪽에서는 좋던 것이 이쪽에서는 좋지 못한 경우도 있다. 그러니 고금의 형세를 참작하고 피차의 사정을 비교하여, 그 장점을 취하고 단점을 버리는 것이 개화하는 자의 큰길이다.

6. 개화하는 일을 주장하고 힘써 행하는 자는 개화의 주인이고, 개화하는 자를 부러워하여 배우기를 즐거워하고 가지기를 좋아하는 자는 개화의 손님이며, 개화하는 자를 두려워하고 미워하면서도 마지못하여 따르는 자는 개화의 노예다. 주인이 자리를 차지하지 못한다면 손님의 자리라도 차지해야지, 노예

의 대열에 서서는 안 된다. 손님이라는 이름을 얻으면 주인의 예우를 받을 수도 있고, 또 진취적인 용기를 분발하게 되면 주인의 한자리를 차지하여 손님이라는 이름과 자리를 벗어날 수도 있으며, 또 옛날의 주인을 손님으로 만들 수도 있다. 그러나 노예가 되면 언제나 남의 지휘에 따를 수밖에 없으므로 부끄러운 일이 적지 않을뿐더러, 조금이라도 실수하는 일이 있으면 그 토지와 국민도 보전할 수가 없어 개화한 자의 더부살이가 되기 쉬우니, 삼가 조심할 것 가운데 이보다 더한 것은 없다.

사람의 기질로서 논한다면 개화하는 일에 손님의 자리나 차지하는 것은 아주 부끄러운 짓이지만, 시세와 처지는 사람의 힘으로 어떻게 할 수가 없다. 뛰어난 지혜와 남다른 용단이 있다고 하더라도 벗어나기가 어렵고, 순순히 따라갈 수밖에 없다. 그러므로 외국이 새롭게 개화된 것을 처음 보는 자들이 처음에는 두려워하고 싫어하다가 어쩔 수 없이 개화하게 되니, 마지못하여 취하는 모습은 개화의 노예를 벗어날 수가 없다. 그러다가 견문이 넓어지고 지각이 고명해지면 비로소 개화의 손님이 되는 것이다. 이로 말미암아 힘써 노력하기를 쉬지 않으면 주인의 집에 들어가 살 수 있게 된다.

이제 세계 각국이 개화하던 초기의 형편을 살펴보자. 지혜로써 개화한 자는 규모가 온전하고 폐단이 없을 뿐만 아니라, 항상 주인의 형세를 유지하고 있다. 용단으로써 개화한 자는 완전한 법도가 적고 무수한 폐단이 생기므로, 차질을 빚는 일이 많았다. 그렇지만 이들도 오랜 세월이 지나면서 주인이나 손님의 자리를 차지하는 자들이 많아졌다. 위력으로써 개화한 자는 국민의 지식이 모자라는 것을 이용하여 억지로 행하는 일이 많기 때문에, 그 규모가 어떻다는 것은 말할 것도 없고, 폐단은 오히려 용단으로써 개화한 자에 비하여 적은 편이다. 그러나 정부가 위태하니, 나라 안에 커다란 적이 있는 것과 항상 같아서 가장 어려운 나라다. 만약 정부가 이와 같이 하지 않으면 국민들이 개화의 노예가 되어, 남의 지휘를 받지 않을 수 없게 된다. 그러므로 정부가 마지못하여 나라를 보전하려는 계책을 쓴 것이지만, 한마음으로 국민을 사랑하고 지키며 진취하는 기상이 웅장하므로, 이 나라도 또한 손님의 자리를 잃지는 않을 것이다. 그러다가 오랜 세월을 거치면서 국민들의 지식이 넓어지고 높아지면, 주인이라는 이름도 도모할 수 있게 된다.

만약 정부와 국민이 똑같이 무식하여 지혜로도 하지 않고, 용단으로도 하지 않으며, 위력으로도 하지 않아, 고쳐서 새롭게 하는(更張) 제도를 행하지 않고 떨쳐 일어나는 기력도 부족하여, 개화를 좋아하면서도 본받지 않고, 부러워하면서도 배우지 않으며, 두려워하면서도 깨닫지 못하면 남의 노예가 되어 개화하는 지휘에 복종할 수밖에 없다. 국민들이 마음을 같이하여 경계하고 삼갈 일이 바로 여기에 있다.

7. 개화는 실상의 개화와 허명의 개화로 분별된다. 실상의 개화는 사물의 이치와 근본을 깊이 연구하고 고증하여 그 나라의 처지와 시세에 합당케 하는 경우다. 허명의 개화는 사물에 대한 지식이 부족하면서도 남이 잘된 모습을 보면 부러워서 그러든지 두려워서 그러든지, 앞뒤를 헤아릴 지식도 없이 덮어놓고 시행하자고 주장하여, 돈은 적지 않게 쓰면서도 실용성은 그에 미치지 못하는 경우다. 외국과 처음으로 통한 자가 한 번씩은 허명의 개화를 겪지만, 오랜 세월이 지나면서 수없이 많은 경험을 얻게 되면 비로소 실상의 개화로 나아가게 된다. 그러므로 남의 장기를 취하려는 자는 결코 외국의 기계를 사들이거나 기술자를 고용하지 말고, 반드시 자기 나라 국민으로 하여금 그 재주를 배우도록 하여 그 사람이 그 일에 종사케 하는 것이 좋다.

사람의 재주는 끝이 없지만, 재물은 일정한 한도가 있다. 만약 자기 나라 국민이 그 재주를 익힌다면 당장 이로울 뿐만 아니라, 그 기술을 국내에 전파하여 그 효험이 후세에까지 미치게 될 것이다. 그러나 외국의 기계를 사들여왔을 경우에 그 기계가 못 쓰게 되면 기계가 다시는 없게 되며, 외국의 기술자를 고용하더라도 그 기술자가 떠나가면 기술자가 다시는 없게 된다. 어떤 기계와 어떤 기술자가 그 일을 다시 행하겠는가. 그 기계를 다시 사들이고 그 기술자를 다시 고용해야 하니, 참으로 어떻게 해야 한다면 우리 돈만 허비하게 된다. 이렇게 허비하는 돈이 어디서 나오겠는가. 결국은 국민들에게 그 피해가 돌아갈 뿐이다.

8. 아아, 개화하는 일은 남의 장기를 취하는 것에만 있는 것이 아니라, 자신의 훌륭하고 아름다운 것을 보전하는 데에도 있다. 남의 장기를 취하려는 생각도 결국은 자신의 훌륭하고 아름다운 것을 돕기 위한 것이기 때문에, 남의 재주를 취하더라도 실용적으로 이용하기만 하면 자기의 재주가 되는 것이다. 시세와 처지를 잘 헤아려서 이해와 경중을 판단한 뒤에, 앞뒤를 가려서 차례로 시행해야 한다.

그러나 지나친 자는 아무런 분별도 없이 외국의 것이라면 모두가 좋다고 생각하고, 자기 나라 것이라면 무엇이든지 좋지 않다고 생각한다. 심지어는 외국 모습을 칭찬하는 나머지 자기 나라를 업신여기는 폐단까지도 있다. 이들을 개화당(開化黨)이라고 하지만, 이들이 어찌 개화당이랴, 사실은 개화의 죄인이다.

한편 모자라는 자는 완고한 성품으로 사물을 분별치 못하여, 외국 사람이면 모두 오랑캐라 하고 외국 물건이면 모두 쓸데없는 물건이라 하며, 외국 문자는 천주학이라고 하여 가까이하지도 않는다. 자기 자신만이 천하 제일이라고 여기며, 심지어는 피해 사는 자까지도 있다. 이들을 수구당(守舊黨)이라고 하지만, 이들이 어찌 수구당이랴, 사실은 개화의 원수다.

성인 말씀에 "지나침과 모자람은 같다"라고 하셨지만, 개화하는 데에 있어서는 지나친 자의 폐해가 모자라는 자보다 더 심하다. 그 까닭은 다름이 아니다. 지나친 자는 자기 나라를 빨리 위태롭게 하고, 모자라는 자는 자기 나라를 더디게 위태롭게 하기 때문이다. 그러므로 반드시 중용을 지키는 자가 있어서 지나친 자를 조절하고 모자라는 자를 권면하여, 남의 장기를 취하고 자기의 훌륭한 것을 지켜서, 처지와 시세에 순응한 뒤에 나라를 보전하여 개화의 커다란 공을 거둬야 한다. 입에는 외국 담배를 물고, 가슴에는 외국 시계를 차며, 의자에 걸터앉아서 외국 풍속을 이야기하거나 외국말을 얼마쯤 지껄이는 자가 어찌 개화인이라고 할 수 있겠는가. 이는 개화의 죄인도 아니고, 개화의 원수도 아니다. 개화라는 헛바람에 날려서 마음속에 주견도 없는 한낱 개화의 병신이다.

9. 세대가 내려올수록 사람들이 개화하는 방법은 발전하고 있다. "후세 사람이 옛날 사람에게 미치지 못한다"라고 말하는 사람도 있지만, 이는 이치에 맞지 않는 말이다. 사람의 일은 끝이 없기 때문에 시대에 따라 변하는데, 후세 사람이 변화에 따르지 않고 옛날의 제도만 헛되게 지키면서 현실적인 일에 맞부딪치다가, 들어맞지 않으면 말하기를. "요즘 사람이 어찌 옛사람과 같으랴"라고 하지만, 이 말이 어찌 맞는 말이겠는가. 만약 사람의 기질과 국량이 세대마다 줄어든다면, 지금부터 몇 천 년이 지난 뒤에는 응당 사람들이 하던 일들이 모두 끊어질 것이다. 거기서 또 몇 천 년이 다시 지나면 사람의 도리도 없어질 것이다. 이는 이치에 닿지 않는 말이 분명하다.

사람의 지식은 세대를 거듭할수록 신기한 것과 심묘한 것들이 쌓여져 나온다. 이제 이러한 주장을 증명해 보자. 옛사람들은 육지를 오가면서 걷는 대신에 말이나 수레를 탔다. 천 리 먼 길을 열흘이나 보름의 여행으로 간신히 이를 수 있었다. 그러나 요즘 사람들은 빠른 화륜차 덕분에 반나절 품만 들이면 된다. 물길에서도 한 조각 나룻배로 만경창파에 떴다 가라앉았다 하여, 풍파가 험할 때에는 위태롭기 짝이 없었다. 그러나 요즘 사람들은 화륜선이 견고하여 만 리 풍랑도 평지처럼 편히 오간다. 옛사람들은 백 리 거리에 편지 한 장을 보내려면 오고 가는데 2, 3일은 허비했지만, 요즘 사람들은 전선이 심묘하여 천만 리 먼

곳이라도 순식간에 왕복하며, 가까이서 말하는 것이나 다름없게 되었다. 옛사람들은 각종 물품을 만들 때에도 사람의 힘을 들일 수밖에 없어 그 고생하는 모습이 가련했지만, 요즘 사람들은 편리한 화륜 기계 덕분에 하루에 만들어 내는 것이 수만 명의 노동과 맞먹게 되었다. 이러한 일들은 우리가 보고 들은 대로 옛사람들이 하지 못하던 것인데, 근세에 이르러 그 효용을 나타내게 된 것들이다.

10. 이처럼 신기하고 심묘한 이치는 옛날에 없었다가 요즘에야 비로소 생긴 것이 아니다. 천지간의 자연스러운 근본은 예나 이제나 차이가 없지만, 옛사람들은 그 이치를 다 밝혀 내지 못했고, 요즘 사람들은 깊이 연구하여 터득한 것이다. 이를 통해 본다면 요즘 사람의 재주와 학식이 옛사람보다 훨씬 나은 듯하지만, 실상은 옛사람이 처음 만들어 낸 것에다 윤색한 것일 뿐이다. 화륜선이 비록 신기하다고는 하지만 옛사람이 배 만들던 제도에서 벗어나지는 못했으며, 화륜차가 비록 기이하다고는 하지만 옛사람이 수레를 만들던 방법을 거치지 않았으면 이뤄지지 못했을 것이다. 이 밖에 어떤 사물이든지 모두 그러하다. 옛사람이 만들던 방법에서 벗어나 요즘 사람이 신규로 창안해 낼 수는 없다.

우리나라의 고려청자는 천하에 유명한 것이고, 이충무공의 거북선도 철갑선 가운데는 천하에서 가장 먼저 만든 것이다. 교서관(校書館)의 금속활자도 세계에서 가장 먼저 만들어 낸 것이다. 만약 우리나라 사람들이 깊이 연구하고 또 연구하여 편리한 방법을 경영하였더라면, 이 시대에 이르러 천만 가지 사물에 관한 세계 만국의 명예가 우리나라로 돌아왔을 것이다. 그러나 후배들이 앞 사람들의 옛 제도를 윤색치 못하였다.

5

전통의 재발견

야나기 무네요시의 『공예의 길』, 「미술과 공예」, 김경희 옮김.

공예의 길

미(美)는 하나이지만 미의 핵심에 이르는 길은 둘이 있다고 생각한다. 하나는 '미술(Fine Art)'이라 부르고, 다른 하나는 '공예(Craft)'라고 부른다. 하지만 오늘날까지 '미(美)'의 표준은 사실 미술에서만 논의되어져 왔다. 따라서 공예는 낮은 위치로 전락하고 그 의의는 완전히 버림을 받았다. 미학 책을 보라. 그것은 거의 완전히 미술 위에 세워진 미학이 아닌가. 공예는 'Die Unfreie Kunst'라는 이름이 붙여지고, 또한 'The Practical Art'로도 'The Applied Art'로도 불렸다. 여기서 '부자유'라든가, '실제'라든가, '응용'이라든가 하는 형용은 몇 단계나 격하된 의미임은 말할 것도 없다. 이와 같이 미는 실용에서 유리된 것인 까닭에 찬미되었다. 그러나 오늘날의 이러한 미학이 과연 미를 진실되게 본 것이었을까.

이러한 편견은 아마도 실로 미의 발전이 문예부흥기로부터 시작되었다고 보는 까닭일 것이다. 사람들은 그 현란함에 오랫동안 현혹되었다. 실제로 그 때부터 미술은 높이 인정을 받고 공예는 침체되기 시작했다. 그리하여 오로지 미술만이 미의 표준이 되었다. 게다가 그 무렵은 개인주의가 발흥하였던 시대이기 때문에 미도 역시 개인적인 것만이 최고의 자리에 올랐다. 문예부흥은 실로 개성의 자유 주장이었다. 이렇게 해서 오늘날까지도 미는 개성미라는 생각이 강하게 남는다.

개성미도 하나의 미임에는 틀림이 없다. 그러나 그것이 궁극적으로 만족할 만한 아름다움일까. 개인주의가 만족스럽지 못할 경우에도 미에 대한 그러한 견해가 영원할 것인가. 시선이 한 번 르네상스 이전으로 거슬러 올라갈 때, 미에 대한 가치판단에 큰 동요가 오지 않겠는가. 왜냐하면 저 경탄할 만한 고딕(Gothic) 시대에는 미가 어디까지나 실제와 어우러져 있기 때문이다. 그리하여 개성이 제멋대로 설치는 것을 볼 수가 없다. 거기에는 자유의 미에 대하여 질서의 미가 존재한다. 거기에는 올바른 전통이 지켜지고 있는 것이다. 회화나 조각은 이러한 의미에서 미술이라고 하기 보다는 공예(工藝)였다. 그것은 독립된 존재가 아니고 건축의 일부이기도 했다. 이와 마찬가지로 저 우수한 육조(六朝: 220~589)시대나 아스카 시대의 불교예술은 오히려 공예라고 불러야 하지 않을까. 용도를 떠나 미를 목적으로 한 개성적인 회화나 조각은 결코 아니다. 모든 미는 전통에서 나왔다.

오늘날 미술이라고 칭하는 것은 모두 '인간중심'(Homo-centric)의 소산이다. 그러나 공예는 그렇지 않다. 그래서 천대받았다. 그러나 그렇지 않기 때문에 찬미될 날도 오지 않겠는가. 공예는 이것에 비하면 '자연중심'(Natura-centric)의 소산이다. 마치 종교가 '신(神)중심'(Theo-centric)의 세계에 나타나는 것과 같은 것이다. 하지만 이러한 공예미는 근대의 미학에서 능히 해명될 수 있을까. 개성 중심의 관점에서, 공예의 미가 등한시되는 것도 무리는 아니다. 아니, 높은 수준의 공예는 미술적이지 않으면 안 된다고도 생각되었다. 그러나 이것이 공예에 대한 정당한 견해일까. 나는 그렇게 생각할 수가 없다.

만약 미술이 고상한 차원에서 유일한 미를 나타낸다면, 우리는 현실을 떠나야 한다. 미는 실용으로부터 떨어져 존재하는 것으로 생각되기 때문이다. 그러므로 민중을 버려야만 하는 것이다. 미란 오로지 천재(天才)만이 홀로 만들어내는 것이기 때문이다. 그리하여 자연을 거슬러야 한다. 개성의 승리에 미가 있다고 보기 때문이다. 그리고 질서의 세계를 저버려야만 한다. 자유가 보다 큰 미라고 보기 때문이다. 인지(認知)되는 것은 '자력미(自力美)'이다. '타력미(他力美)'와 같은 것은 근대의 미가 아니다. 근대에는 거의 생각할 수 없는 미이다.

그러나 미술적인 미만이 아름다움일까. 또 그러한 미가 궁극의 미일까. 현실에 부합함으로써 비로소 미의 복음(福音)이 있는 것은 아닐까. 민중에 미가 어우러짐으로써 비로소 아름다움의 사회가 가능한 것은 아닐까. 자연에 귀의해서만이 완전한 미가 있는 것은 아닐까. 질서에 준할 때에 바로 참 자유가 있는 것은 아닐까. 전통에 준할 때에야말로 편안한 미가 있는 것은 아닐까. 이러한 세계에 있을 때에 비로소 보다 순수한 아름다움이 실현될 수 있다고 말할 수는 없을까. 공예의 아름다움이란 이러한 미가 아니었을까. 만약 그렇다면 전부터 내려온 미의 표준에 하나의 전환기가 오는 것은 아닐까. 그리하여 천시되고 등한시되어 온 공예가 중대한 의의를 가져오게 될 것이다. 아니, 공예의 문제야말로 가까운 장래에 매우 중요한 학문적 대상이 될 것이다.

…(중략)…

공예는 자연이 주는 자재(資材)로부터 시작한다. 자재가 없으면 그 땅에 공예는 없다. 공예에는 제각기 고향이 있지 않은가. 서로 다른 종류나 변화나 그 맛은 각기 다른 고향에서 나는 것이다. 공예의 아름다움은 특히 지방색에 살아 있다. 그것은 어느 특수한 지방의 특수한 물자의 소산이다. 하나하나가 모두 천연 자연이 내려준 선물이다.

훌륭한 형태, 훌륭한 문양(紋樣) 그리고 훌륭한 색채를 눈여겨보라. 거기에 천연의 축복을 볼 수 없는 것이 있을까. 사람의 힘이 만든다고는 하지만, 거기에 더해지는 자연의 힘에 비하면, 참으로 작은 것에 지나지 않은가. 좋은 작품은 천연이 베풀어주는 물건에 살아 있다. 공예미는 재료미이다. 재료에 대한 무시는 미에 대한 무시이다.

인위적으로 정제된 재료가 자연의 재료보다 더 아름다움을 나타낸 경우가 있을까. 어딘가 연약하고 미가 부족한 것은 사람의 지혜에 대한 지나친 신뢰 때문이다. 그리고 오늘날 미가 비참할 정도로 침체된 것은 자연에 대한 무익한 반항에 기인한다. 그러나 자연에 반역의 화살을 향하는 자는, 머지않아 그 화살로써 자살할 때가 올 것이다. 올바른 미는 자연에 대한 신뢰의 표시이다. 마치 만사를 신에게 맡길 때, 마음의 평화가 약속되는 것과도 같은 것이다. 참으로 무슨 일을 이룰 수 있는 것은 단지 자연뿐이다. 자연에의 복종, 이것만이 자유를 획득하는 길이다.

어째서 수공(手工)이 우수한 것일까. 그것은 자연이 직접 작용하기 때문이다. 자칫하여 기계가 미를 손상시키게 되는 것은 자연의 힘을 죽이기 때문이다. 그 복잡한 기계도 수공에 비하면 얼마나 간단한 것인가. 그리고 저 단순한 손재주는 기계와 비교할 때 얼마나 복잡한 것인가. 기계로 만든 것이 열등해 보이는 것은 자연의 앞엔 그 힘이 아직도 작다는 증거이다. 좋은 공예는 자연의 영광을 노래하는 찬가이다.

그렇게 생각하면 공예의 미는 전통의 미이다. 전통을 지키지 않고서 민중에게 공예의 방향을 제시할 수 있었을까. 거기에서 볼 수 있는 모든 미는 그동안 쌓여 온 전통의 놀라운 업적이라고 하지 않을 수 없다. 시험 삼아 하나의 칠기를 상상해 보라. 그 배후에 계속 이어져 온 전통이 없었다면 저 경탄할 만한 기술이 있을 수 있었을까. 그 존재를 지탱해주는 것은 오로지 전통의 힘이다. 사람에게는 자유가 있다고 주장할지도 모른다. 그러나 우리에겐 전통을 파괴할 자유가 주어져 있는 것이 아니라, 전통을 살릴 자유만이 허락되어 있는 것이다. 자유를 반항으로 해석하는 것은 어리석은 경험에 지나지 않는다. 그것이 도리어 구속으로 끝나지 않은 경우가 얼마나 될까. 개성보다도 전통이 더욱 자유로운 기적을 보여주는 것이다. 우리들은 자기보다 더욱 위대한 것이 있다는 것을 믿어도 좋다. 그리하여 그러한 것으로의 귀의를 통해 비로소 참된 자기를 발견하게 된다는 것을 깨달아야 한다. 공예의 미는 이러한 진실을 똑똑히 가르쳐 준다.

미술과 공예

해마다 우리는 새봄을 맞이하지만 시간의 파도는 언제나 새로운 문제를 던져 준다. 우리가 게으름을 피우고 있어도 문제는 항상 우리들에게 다가온다. 좋은 1년이란 어떻게 이 문제를 파악하고 어떻게 그것을 진행시켰는가에 따라서 결정된다. 시대와 함께 다가오는 소재는 아주 많은데, 그 중의 하나로 나는 미술과 공예의 문제를 들고자 한다. 이 문제는 아직 확실하게 일반적으로 의식되지는 않는다. 그러나 나는 그것이 목전에 닥쳤다는 것을 예지하지 않을 수 없다. 시간이 우리들에게 제시하고 있는 제목은 이러하다.('시간'이라고 나는 말한다. 문제가 여기까지 오기에는 시대의 힘이 작동하고 있기 때문이다. 특히 사회의식이 강해진 현대가 스스로 만들어내는 문제에 지나지 않기 때문이다.)

우리는 이렇게 반문해도 된다. 오늘날 미술과 공예는 명확하게 둘로 나뉘어져 있는데, 그래도 되는 것인가. 특히 미술에서 공예를 부차적인 것으로 생각하는 종래의 견해를 그대로 이어받아도 되는 것인가. 바꾸어 말하면 미술은 고등한 것이라고, 한 마디로 우월한 위치를 자랑하고 있어도 되는가. 그리고 그런 확연한 구별이 과연 미의 표준을 높였는가. 특히 이런 현상에 의해서 조금이라도 '아름다움으로써 의(義)롭다고 할 왕국'을 실현하는 단서가 잡혔는가. 알기 쉽게 말하자면 세계는 아름다워졌는가. 그래서 인간의 미의식은 그것에 의해서 높아졌는가. 특히 미에 대한 직관력이 풍부해졌는가 하는 것이다.

또 이렇게 반성해도 된다. 실용성에서 유리된 미술은 어디서 그 존재 이유를 찾아내고 있는가. 특히 그 사회적 의의를 어디서 찾을 수 있는가. 인간 생활에 대한 미술의 경제 가치는 무엇인가. 지금껏 그랬듯이 그것을 속된 질문이라고 내동댕이쳐도 되는 것인가. 대중과는 인연이 없는 고가의 작품을 금전의 지배에 맡겨버려도 되는 것인가. 미를 보다 많은 일반인에게 제공하는 것은 불가능한가. 그러한 길은 없다고 해도 되는 것인가 하는 것이다.

또 다음과 같이 의심을 한다면 경솔하다고 할 것인가. 모든 미술이 지향하는 개성의 표현이 과연 그렇게도 귀중한 것인가. 그리고 그것이 과연 인류의 최고 이념인가. 그래서 초개성의 길은 어떤 불행을 약속하는가. 개성의 표출은 단순히 놀랄만한 이질적인 전람에 불과하지 않은가. 그것이 인류의 평화를 보증할 수 있는가. 우리는 개성의 영역에 미를 머물게 해도 되는가. 만일 그것으로 만족하지 못한다면 미술은 앞으로 어떤 조치를 취해야 하는가. 그리고 미가 개인과 상관없이 협력에 의한 길은 없는가 하는 것이다.

또 다음과 같이 의심해도 된다. 반드시 천재를 필요로 하는 미술에 미의 문제를 맡겨 버려도 되며, 대부분의 민중을 우둔한 상태로 묻어 버려도 되는 것인가. 미술과 민중의 운명을 그처럼 분리시켜도 되는가. 더 나아가 미술은 민중에게 과연 어떤 행복을 약속하는가. 소수의 비범한 자들의 소수의 작품들이 우리들의 이념에 일치하는가. 만민이 함께 미의 세계에서 살아가는 길은 정말로 없는가. 만일 있다면 그것은 거대한 발견이 아닐까. 그리고 그 행복은 미술이 우리들에게 약속할 수 없는 것이 아닌가 하는 것이다.

역사는 파도를 그리며 나아간다. 누구나 알고 있듯이 옛 시대에는 미술과 공예에 구분이 없었다. 양쪽 모두 실용에서 시작됐다는 뜻에서 한결같이 공예라고 부르는 것이 오히려 타당하다. 그 시절에는 순수한 회화라는 것은 없었으며, 대부분이 종교적인 필요에서 생겨났다. 그것은 숭배하는 데 없어서는 안 될 대상이었다. 거의 모든 것이 벽화였다는 점을 보더라도 그것이 오늘날 의미하는 회화가 아니었다는 것을 알 수 있다. 조각에서도 마찬가지다. 그것은 독자적인 것이 아니라 오히려 건축의 일부분이었다. 음악도 그러했다. 그것은 의식용으로 적합하게 되어 있다. 미술이 단지 보는 것으로 전람회에 종속되고 음악이 듣는 것으로 음악회에 소속되어 버린 것은 근대에서의 현상이다. 옛날에는 미의 세계는 공예였다. 항상 실용성에서 떠나지 않은 뜻에서 공예의 모습을 표현했다. 우리는 그 대표적인 것을 로마네스크나 고딕의 작품에서 찾아볼 수 있다. 그것은 하나의 전형적인 공예 시대라고 부를 수 있다. 그 시절은 'Art'라는 문자는 'Craft'를 뜻했던 것이다.

'미술'이라는 개념은 없고 '기술'을 의미했다.

그러나 여기서 역사는 하나의 회전을 나타냈다. 어떤 것은 융기했는데 어떤 것은 침몰했다는 것이다. 우리가 문예 부흥이라고 부르는 시기는 공예의 몰락을 말하고 미술의 융성을 나타내고 있다. 무명(無銘)의 세계는 사라지고 재명(在銘)의 세계가 번영하게 된다. 미가 비로소 개성의 이름으로 나타나게 되었던 것이다. 사람들은 그 전후를 흔히 '암흑'과 '광명'이라는 두 글자로 말하고 있다. 그리고 그 시대야말로 인류는 크게 비약했다고 규정해 버렸다. 그 타성은 매우 뿌리 깊은 경과를 드러냈다. 비범한 개성에 대한 숭배는 근대인의 기호라고도

하겠다. 천재주의는 부동의 주장이다.

우리는 이 타성이 이성 위에 세워진 학교에까지 미치고 있다는 것을 그대로 보아 넘길 수 없다. 역사라고 하면 결국은 위인의 역사인 것이 아닌가. 대중은 실로 희미한 그림자에 지나지 않는다. 우리는 미의 역사가 그저 미술사에 시종하고 있는 것을 볼 뿐이다. 공예의 부문을 다룰 때조차 그것을 미술적 가치에 두고 판단하고 있음에 지나지 않는다! 위대한 개성, 그 외에는 사가(史家)의 주의가 미치지 않고 있다. 어디의 누구의 작품이라는 명이 없는 경우는 사가가 자진해서 그 작품을 위해서 이름을 찾아내 주고 있다. 낙관(落款)이 없는 것은 얼마나 많은 역사가와 감상가들에게 불안과 실망을 안겨주었겠는가!

공평을 책임지고 가정(假定)을 피하는 철학 부문에서도 마찬가지이다. 여러분은 지난날 대학에서 미술로부터 출발하지 않는 미학을 들어 본 적이 있는가. 결코 없을 것이다. 모든 미학자 중에서 이런 태도에 의문을 가진 사람이 없다. 그래서 미술과 공예가 분리되지 않은 시대에 대해서는 거의 아무런 관심을 가지지 않는다. 바꾸어 말하면 공예는 미학에서 중요한 위치를 차지하고 있지 않다는 것이다. 이 세상에는 그 엄청나게 많은 미술론에 비해서 얼마나 공예론이 적은가.

그러나 역사는 파도를 그린다. 나는 이런 위치가 뒤집어질 날이 가깝다고 하는 것을 느낀다. 모든 충실한 미술가와 비평가는 당연히 앞에서 열거한 갖가지 의문을 자신에게 던져야 하기 때문이다. 나는 그것을 예언한다. 철벽같이 믿어오던 미술이 동요될 날이 가까워졌다. 그래서 오랫동안 학대받아온 공예가 새로운 의의로 되살아날 것이다. 그리고 머지않아 시끄러운 논쟁의 대상이 될 것이 틀림없다. 그리고 승리는 공예에게로 돌아 갈 것이다. 사회성으로나 경제성으로나, 그리고 미로서나 소용에 알맞은 공예가 부동의 의의를 차지하게 될 것이다. 그래서 그 천재보다도 대중이 더욱 미의 왕국 실현으로 향해서 힘찬 발걸음을 내디딜 것이다.

그리고 그것을 준비하기에 바쁜 날이 바로 가까이 다가올 것이 틀림없다. 그 때야말로 과거의 미의 역사는 그것이 얼마나 미술적인가에 따라서 평가되지 않고 그것이 얼마나 공예적인가에 따라서 결정될 것이다. 미술사도 미학도 새로운 미의 표준을 필요로 한다. 그래서 나는 그 표준을 '공예성'이라는 말로써 나타낼 때가 온다는 것을 믿는다. 그리고 이렇게 말할 것이다. 과거의 미술에 아름다운 것이 있었다면, 그것은 공예적인 아름다움이 있기 때문이라고. 이렇게 해서 미래의 역사도 미학도 지금까지 등한시했던 공예 문제로 몹시 다망해질 것이다. 그래서 미술가는 그의 위치를 가능한 한 공예에 접근시키는데 새로운 생활을 찾게 될 것이다. 미술을 고상한 것이라고 자부하던 긍지는 와해될 것이 확실하다. 그래서 그때가 되면 미술의 진정한 부활을 맛보게 될 것이다.

핵심 개념

① 전통
② 근대
③ 관습
④ 인습·관례
⑤ 야만인
⑥ 개화의 등급
⑦ 미술
⑧ 공예
⑨ 민중
⑩ 미(美)

기본 문제

(1) 홉스봄은 우리가 전통이라고 믿는 것들의 대부분이 만들어진 것이라고 주장한다. 실제로 우리 주변에서 상식적으로 전통이라고 인정받으며 우리의 생활을 지배해왔던 만들어진 전통의 사례에는 어떤 것들이 있는지 찾아보고 무엇을 위해 만들어진 것인지에 대해 서로 이야기해보자.

(2) 디포의 『로빈슨 크루소』와 투르니에의 『방드르디, 태평양의 끝』의 내용을 서로 비교 분석해 보고, 로빈슨이 프라이데이에게 행한 행동들은 정당한 것이었는지에 대해 비판적 관점에서 토의해보자.

(3) 페미니즘의 선구자라 불리는 메리 울스턴크래프트는 『여성의 권리 옹호』를 통해 남성과 마찬가지로 여성도 이성을 가진 온전한 인격체로서, 동등한

교육을 받을 권리와 정치에 참여할 기회를 얻어야 한다고 주장하였다. 그렇다면 많은 시간이 흐른 오늘날의 여성문제를 비롯한 성평등의 문제에는 어떠한 쟁점이 있는지, 그것에 대한 자신의 입장은 어떠한지 이야기해 보자.

(4) 야나기 무네요시는 천재성을 중시하는 예술가의 작품보다 일상의 소박함이 깃든 공예에서 전통의 미를 찾고자 하였다. 그러나 오늘날은 기계생산을 통해 공예품과는 비교도 할 수 없을 정도로 좋은 물건들이 쉽고도 빠르게 만들어지고 있다. 그렇다면 공예품을 통해 찾을 수 있는 우리의 문화의식과 정신문화는 어떤 것들이 있는지 각자의 의견을 이야기해보자.

심화 문제

전통에 대한 재조명과 긍정적인 재인식을 통해 전통을 재발견하는 문화 사업들이 활발히 추진 중이다. 뿐만 아니라 지방자치단체를 중심으로 전통과 현대가 공존하는 매력적인 도시재생사업 등이 진행되고 있다. 우리 주변에서 살펴볼 수 있는 전통과 현대가 융합된 대표적인 사례들을 조사해보고, 그 속에서 한국 전통문화의 정체성이 무엇인지, 전통문화가 인간의 존엄과 정신적 가치를 어떻게 강화하고 있는지에 대해 토의해보자.

더 읽어볼 책

(1) 레이먼드 윌리암스 지음, 이현석 옮김, 『시골과 도시』, 나남, 2013

(2) 마샬 버먼 지음, 윤호병 옮김, 『현대성의 경험』, 현대미학사, 2004.

(3) 미셸 투르니에 지음, 김화영 옮김, 『방드르디, 태평양의 끝』, 민음사, 1995.

(4) 베네딕트 앤더슨 지음, 윤형숙 옮김, 『상상의 공동체』, 나남, 2004.

(5) 야나기 무네요시 지음, 민병산 옮김, 『공예문화』, 신구문화사, 1993.

(6) 조현범 지음, 『문명과 야만 (타자의 시선으로 본 19세기 조선)』, 책세상, 2002.

(7) 클로드 레비스트로스 지음, 안정남 옮김, 『야생의 사고』, 한길사, 1996.

(8) 클로드 레비스트로스 지음, 박옥줄 옮김, 『슬픈열대』, 한길사, 1998.

제7장 생명과 자연
인간에게 자연이란 무엇인가

• 들어가는 말

1. 사회문제로서의 생태문제: 머레이 북친의 『사회 생태론의 철학』
2. 녹색의 상상력: 게리 스나이더의 『지구, 우주의 한 마을』
3. 자연에서 찾은 삶의 속도: 헨리 데이빗 소로우의 『월든』
4. 도달할 수 없는 유토피아: 올더스 헉슬리의 『멋진 신세계』
5. 생명을 보존하는 방법: 장주의 『장자』

제7장 생명과 자연

들어가는 말

생태학(ecology)이란 자연과 인간을 포함하여 그 속에 살고 있는 모든 생명체를 연결해주는 학문이다. 지금껏 생태학적 관점에서 인간 존재에 대한 문제들이 많이 논의 되었는데, 자연과의 관계에서 인간이 어떠한 존재인가를 고민하면서 다음의 문제들에 대한 답을 찾고자 노력해 왔다. 우리는 자연을 하나의 대상으로 바라보고 있는가? 그렇다면 자연은 인간의 소유물인가? 아니면 인간을 거대 유기체인 자연의 일부로 여겨야 하는가? 우리 인간은 자연을 위한 성실한 일꾼인가?

이와 더불어 오늘 우리에게 닥친 생태계의 위기는 우리로 하여금 어떻게 하면 자연과 인간이 공존하는 생태사회로 나아갈 수 있는가를 고민하게 만든다. 이 장에서는 생태학적 주제를 다루고 있는 몇몇 저작들의 다양한 관점들을 함께 살펴보면서 이러한 문제를 숙고해보도록 하자.

머레이 북친의 『사회 생태론의 철학』에서는 오늘날의 생태 문제가 근본적으로 사회 문제로부터 야기되었다는 점을 지적하고 있다. 북친에 따르면 생태문제는 근본적으로 사회문제이므로 생태학은 사회생태학을 의미한다. 즉 인간과 인간이 만들어낸 문화의 산물은 자연과 연속된 것으로서 사회적인 것은 생태적인 것으로부터 분리될 수 없고, 더 나아가 인간은 자연으로부터 분리될 수 없다는 것이다. 이런 관계 속에서 그는 생태계 위기를 가져온 근본적인 원인을 사회의 위계적 지배구조로 본다. 그리고 이러한 사회적 구조는 자연을 지배하고 착취하는 데 있어서도 일종의 동기와 수단을 제공한다고 볼 수 있다.

북친은 인간과 자연이 공존하는 생태사회로 나아가기 위해서는 현행의 사회 구조가 변해야 한다고 주장하면서 생태적 변증법이라는 방식을 해결방안으로 제시하고 있다. 그는 기존의 틀을 깨고 일차 자연과 이차 자연 개념을 제시하였는데, 생태사회란 이러한 구분을 초월하여 새로이 자유로운 자연으로 향하는 것이라고 정의했다. 또한 양자가 그 특수성과 통합성을 잃지 않은 채 자유롭고 합리적이며 윤리적인 자연으로 수렴되는 자연을 말한다. 북친은 저서에서 우리 사회와 공동체가 '하나의 쇼핑센터'로 축소되었다고 이야기하면서 이를 극복하기 위해서는 경쟁보다는 협력, 소유보다는 존재, 성장보다는 균형과 절제에 근거한 윤리를 회복해야 한다고 역설했다.

『지구, 우주의 한 마을』에서는 세계적인 시인 게리 스나이더의 인간과 자연, 우주에 대한 깊고 섬세한 사유와 통찰을 담고 있다. 그는 시인으로서 뿐만 아니라 평생을 자연 속에서 명상하면서 보낸 구도자로 잘 알려져 있다. 사유의 대상은 드넓은 우주이지만 그 가운데 아주 작은 지구에 대해 경이롭게 바라보고 있으며, 또한 그 안에 깃들어 사는 아름답고도 연약한 존재인 생명들에 대해 관심을 기울인다. 즉 인간중심주의와 이분법적 사고방식을 극복하고 주체와 타자, 인간과 환경에 대한 새로운 관점을 제시하면서 상호 소통과 평화로운 공존을 역설하고 있다. 그는 자연과 생명에 대한 사랑을 마치 지구에 존재하는 모든 자연계와 생명체에 직접 연결되어 소통하고 있는 것처럼 표현한다. 이처럼 그는 인간이 본래 가지고 있던 근원적인 의사소통의 에너지를 회복하여 현대 문명에서 차단되었던 자연계와의 소통과 공감을 이루어야 한다고 주장했다. 이를 통해 상호의존적이고 상호존중의 생태계로 나아가야 한다는 것이다.

스나이더는 생태학이란 단어에서 이미 자연계에 존재하는 상호관련성, 즉 인과관계를 이루는 그물을 발견하고 있으며, 생태계를 일종의 '만다라(曼茶羅)'에 비유했다. 그리고 만다라 안에 등장하는 각각의 존재는 중요한 역할을 맡고 있으며 그 관계 또한 평등함을 지적하고 있다. 우리는 모든 존재의 상호의존성을 이해하고 상호 존중하는 사회적 윤리를 회복함으로써 평화로운 공존의 사회가 가능해질 것이다. 문학과 인류학 등을 전공한 스나이더는 그 자신이 선불교도이자 불교철학에 조예가 깊은 것이 사실이다. 그러나 그는 '자비심'이라는 것이 불교나 특정한 전통에서 유래된 것이 아니라 인간 내면의 보편적인 요소임을 강조하며 모든 사람들이 자발적으로 자비심을 깨닫는 체험이 필요하다고 제안했다.

헨리 데이빗 소로우의 『월든』에서는 대자연에 대한 예찬과 문명사회에 대한 비판을 담고 있다. 이 책의 문학적, 사상적 영향력은 시간이 지난 오늘날에도 오히려 확대되어 19세기에 쓰인 가장 중요한 책들 중 하나로 평가받고 있으며, 수십 개의 언어로 번역되어 많은 독자에게 읽히고 사랑받고 있다. 이 책은 국내에서도 '소로우 현상'이라는 말이 있을 정도로 사회 각 분야에 영향을 미쳤으며, 자아와 인생에 대해 성찰하고 앞으로 나아갈 방향을 고민하는 많은 독자들에게 훌륭한 조언자 역할을 하고 있다. 1845년 스물여덟 살이 된 소로우는 월든 호숫가 숲 속으로 들어가 통나무집을 짓고 밭을 일구면서 자급자족하는 소박한 생활을 2년여에 걸쳐 시도하였는데, 이 책은 바로 그러한 체험의 산물이라고 할 수 있다. 소로우는 이 책에서 인간의 이기적인 욕망과 자본주의 원리에 의해 자연이 착취되고 파괴되었으며 그에 따라 인간이 스스로를 소외시킨 결과를 초래했다고 보았다. 그리고 이를 극복하기 위한 하나의 방법으로서 자급자족의 생활을 실천한 것이다. 즉 인간의 자기 절제와 윤리의식을 소박한 삶을 통해 회복하고자 노력했다.

또한 이 책은 자연주의자로서의 소로우의 면모를 강하게 드러내고 있는 것이 사실이지만 넓은 견지에서는 어떤 것에도 구속되거나 길들여지지 않으려는 독립적인 한 인간의 투쟁을 보여준다. 이 책은 "왜 우리는 성공하려고 그처럼 필사적으로 서두르며, 그처럼 무모하게 일을 추진하는 것일까?"를 묻고 있다. 저자는 누군가가 자기 또래와 보조를 맞추지 않더라도 그 나름대로의 삶의 속도와 리듬에 따라 걸어가도록 내버려두라고 제안한다. 우리는 자본주의라는 미명 아래 물질적인 성공을 좇아가기 위해 속도와 경쟁에 자신을 내맡기고 있다. 소로우는 이런 가치관과 삶의 태도는 과연 누가 결정한 것인지를 묻고 있는 것이다. 사회적으로 인정받기 위해 기존의 가치관과 인습을 그대로 따를 것인가, 아니면 자신만의 주체적인 가치관에 따라 새로운 삶의 방식을 선택할 것인가. 소로우는 후자를 몸소 실천했으며 에세이를 통해 독자들에게 용기를 북돋아주고자 했다.

올더스 헉슬리의 『멋진 신세계』는 현대의 첨단 과학 문명이 어디로 치닫고 있는가를 희화적으로 묘사하면서 그것이 지닌 위험을 경고하는 소설이다. 그는 소설 속에서 과학기술의 극단적인 발전을 이끌어온 오늘날 문명의 진보가 인류에게 과연 유토피아를 가져다줄 수 있는가 하는 문제를 담고 있다. 미래의 사회를 그리는 이 소설은 인간이 스스로 발전시켜온 과학기술에 의해 오히려 지배당하고 철저히 통제됨으로써 인간의 가치와 존엄성을 상실하게 되는 비극적 사회를 그리고 있다. 그리고 우리에게 유토피아를 가져다 줄 수도 있을 과학과 기계문명이 전체주의 사상과 결합함으로써 결국 인간을 파국으로 이끌 수도 있음을 경고하고 있다. '멋진 신세계' 라는 반어법적인 제목과 풍자적이고 희화적인 과장이 드러나는 소설의 내용은 오늘날 우리가 현실로 느끼는 현대 문명의 심각한 위기를 절감하게 만든다.

『장자』는 잘 알려져 있다시피, 전국시대 중기 초나라 장주(莊周)의 저작으로 알려진 도가(道家)의 대표적인 작품이다. 사마천은 『사기』 <노자한비열전>에서 장자는 양혜왕, 제선왕과 같은 시대 사람으로 노자의 학설을 근본으로 하고 있으며, 『장자』의 내용 대부분이 우언(寓言)으로 구성되어 있다고 소개하면서 세상사와 정리(情理)에 합당하게 잘 비유하여 유가와 묵가를 공격하고 당대 대학자라도 공격을 피할 길이 없었다고 평가했다.

『장자』에서 취하고 있는 논증방법으로서 우언은 "논하고자 하는 것 이외의 사물을 빌려 간접적으로 설명하는 것"인데, 예를 들어 아버지가 아무리 자기 아들을 칭찬한다 하더라도 남이 믿으려 하지 않지만 다른 사람이 칭찬하는 편이 효과가 있는 것과 마찬가지의 방식을 의미한다고 한다. 따라서 우언은 암시적이고 풍자적인 특징을 보여주는데, 여기에서는 우언으로 논증하려는 이론들에 국한해서 양생(養生), 지락(至樂), 달생(達生) 등 생명윤리와 관련된 이론을 소개할 예정이다.

『장자』의 현존본은 총 33편으로 구성되어 있는데, 그 내용 전부가 장주의 저작이 아니라 후대의 첨삭이 이루어졌다는 것이 통설이다. 철학사적으로 장자의 입장은 무위(無爲)를 주창하고 유가, 법가, 묵가 등 전국시대 경쟁학파들과 달리 부정(否定)의 논리를 수립함으로써 근본으로서 도(道)로 일체화하는 것만이 진실을 규명하는 것임을 제시했다는 점에 있다. 특히 유가, 묵가, 법가 등이 인의, 유덕함, 겸애, 법을 통해 춘추전국의 혼란을 극복하고 현실을 개혁하려는 목적을 분명히 했다면, 도가의 경우 인간이 인위적으로 정치적, 사회적, 경제적, 문화적 개혁을 조작하는 것이 결국 인간본성의 소박함, 자연스러움, 자족을 상실하는 결정적인 요소라고 비판했다. 따라서 전국시대 도가의 교의를 직선적이고 발전과 진보를 내용으로 하는 진화론적 세계관이기보다 변증법적 세계관을 대변하는 것으로 이해하는 것이 보다 용이할 것이다.

1

사회문제로서의 생태문제

머레이 북친의 『사회 생태론의 철학』, 문순홍 옮김, (솔, 1997).

자연이란 무엇인가? 인간이란 무엇인가? 그리고 자연과 사회는 어떠한 관계에 놓여 있는가? 현재의 일상적 삶 자체가 위협받고 인류와 다른 생명체들의 미래가 보장되지 않는 이 생태 위기의 시대에 가장 의미 있고 중요한 작업은 위의 질문에 대한 해답을 추구하는 것이다. 이 물음은 결코 형이상학적인 사색의 세계에 속하는 추상적이고 철학적인 질문이 아니다. 그래서 우리는 이 물음들에 대해 시적 은유를 빌려 아무 생각 없이 비이성적인 반응으로 답할 수는 없다. 우리가 이 물음에 대답할 때 사용하는 개념과 윤리 기준은 향후 지구의 미래 즉, 인간 사회가 자연 진화를 창조적으로 촉진시킬 수도 있고, 이 지구를 인간을 포함한 모든 생물이 서식할 수 없는 곳으로 만들 수도 있는 것이다.

얼핏 보기엔 모든 사람들이 자연이 무엇인지를 "알고" 있는 것처럼 보인다. 우리를 둘러싸고 있는 것들, 즉 나무, 동물, 바위 따위가 바로 자연이다. 또한 인간들이 석유로 덧칠을 해서 죽어가고 있는 현실이기도 하다. 그러나 우리가 조금만 주의를 기울여 관찰한다면, 이 서툰 정의들은 산산이 깨져버린다. 만일 자연이 우리를 둘러싸고 있는 것이라면, 이성에 호소하는 몇 가지 물음에 부딪히게 된다. 잘 손질되어 있는 교외 잔디는 자연이 아닌가? 이 잔디들이 에워싸고 있는 집은 또 어떠한가? 이 집을 메우고 있는 가구들은 도대체 무엇인가?

오늘날, 이러한 종류의 질문은 몇 가지로 분류되어 답변될 수 있다. 그 하나는 "야생 자연 그대로", "원시적인" 또는 인간의 손길이 미치지 않은 자연만이 확실한 자연이라는 열정적인 고백이다. 또 다른 부류의 사람들은 자연이 기본적으로 물질이라거나 아니면 우주의 물질화된 질료라고 대답할 것이다. 철학자들은 이것을 오랫동안 존재Being라고 불러왔다. 사실 수세기 동안 유럽의 철학자들은 자연에 대한 정의를 둘러싸고 대단한 차이를 보여 왔다. 비록 오늘날 모든 생명체의 미래에 가장 중요한 환경 이슈에서 자연이 차지하는 위치가 핵심적인 것이라 할지라도, 이러한 차이는 아직까지 해결되지 않은 상태로 남아 있다.

우리 인류란 종도 자연의 한 부분임을 고려한다면, 자연에 대한 정의는 보다 복잡한 작업이 될 것이다. 인간 사회는 갈등하는 사회적인 이해관계들과 제도들은 차치하더라도 기술과 인조물들로 가득 채워져 있지 않은가? 그리고 인간이 자연의 한 부분이라면 인간은 많은 생명체들 중 한 종에 불과한 것이 아닌가? 아니면 나머지 생명 세계와 비교해 보았을 때 다른 종들에게 결여되어 있는 책임성을 가지고 있는 유일한 종은 아닌가?

자연이 무엇을 의미하든 간에, 우리 인간은 어떻게 자연과 조화를 이루어야 하는지 그 방식을 결정하여야만 한다. 그리고 우리는 사회, 즉 과거에 존재했거나 오늘 존재하고 있거나 아니면 미래에 등장할 다양한 유형의 사회와 자연이 맺는 복합적인 관계에 대한 도전적인 물음을 대면하여야만 한다. 만일 우리가 이러한 물음에 합리적으로 명료하게 답할 수 없다면, 혹은 적어도 충분히 논의하지 못한다면, 아마도 우리는 환경 문제를 다루는 과정에서 윤리적인 방향성을 상실할 것이다. 만일 우리가 자연이 무엇인지 그리고 자연 속에서 인간과 사회가 처할 수 있는 위치가 무엇인지를 알지 못한다면 우리 인간들은 세상에 대한 앎을 명료한 관점으로 논리화하지도 못하고 나아가 효율적인 행동을 위한 지침도 제공하지 못한 채 애매모호한 직관과 비이성적인 감성만을 지닌 존재로 남겨질 것이다.

...(중략)...

자연은 우리가 뒤창을 통해 바라보는 경관이 아니다. 특정 순간에 얻게 되는 풍경은 이전의 풍경이나 이후에 전개될 풍경과 연결되지 않는다. 또한 자연은 고매한 산봉우리에서 바라다보는 원경도 아니다. 자연은 존재하는 모든 것이고, 그 이상의 의미를 가진다. 특히 생물적 자연은 요동치고 상호 작용하는 비유기체적 세계와 더불어 끊임없이 분화하고 복잡해지는 생명체들의 진화의 누적물이다. 적어도 키케로에까지 거슬러 올라가는 전통을 쫓는다면, 우리는 이러한 상대적으로 무의지적인 자연의 발전을 "일차 자연"이라 부를 수 있다. 화석 기록이란 의미에서 "일차 자연"은 포유류와 원생동물, 인간 생명을 결과 시켰다. 그리고 잠재성이 구체화되는 과정에서 고도로 질서 정연한 연속성을 노출시킨 것도 일차 자연이다. 이러한 잠재성은 보다 복잡하고 자기 의식적인 또는 주관적인 생명체의 등장에 기여한다. 이 연속성이 인지 가능하다면, 이것이 자신의 결과란 점에서 의미와 합리성을 가질 수 있다. 여기에서 정교해진 다양한 생명체들이 이해될 수 있고 개념화될 수 있으며, 상징적인 관점에서 상호 의사소통을 할 수 있게 된다.

이러한 자기 반성적이고 의사소통적인 능력이 고도로 분화되고 완벽하게 발전된 것이 바로 언어와 개념적인 사고이다. 이러한 능력을 기존 생명체에서는 찾아볼 수 없는데, 바로 인류가 이 능력을 가지고 있는 것이다. 자기 자신에 대한 의식과 이를 환경에 대한 체계적인 이해, 즉 철학, 과학, 윤리학, 미학 등으로 일반화할 수 있는 능력, 자신과 환경을 지식과 기술을 도구로 해서 체계적으로 변경시킬 수 있는 능력은 인간으로 하여금 일차 자연에서 보여주는 제한된 주관성의 영역을 넘어서도록 한다.

인간을 일차 자연의 전 영역을 의식적으로 변화시킬 수 있는 유일한 생명체라고 말함으로써, 나는 일차 자연이 인간에 의해 "만들어졌다"거나 "착취되었다"고 주장하는 것이 아니다. 물론 이러한 주장은 생태주의자들이 인간 중심주의를 비난하기 위해 가끔씩 제기하여왔다. 이들의 "만들어진 세계"란 아이디어는 신학 특히 초자연적인 존재가 자연 세계를 창조하였고, 진화는 신적인 원리와 혼재되어 있다는 믿음에 그 기원을 두고 있다. 게다가 이들은, 인간은 자연을 착취할 수 없다고 한다. 왜냐하면 인간은 자연이라는 "위계질서"에서 "명령하는" 위치에 서 있기 때문이라는 것이다. "명령"과 "착취", "위계질서"란 단어들은 사실 인간들이 상호관계를 맺는 방식을 기술하는 사회적인 용어일 뿐이다. 그래서 이를 자연세계에 적용한다면, 자연의 의인화만을 초래할 것이다.

변증법적 유물론의 입장에서 볼 때, 일차 자연을 변형시킬 수 있는 인간의 어마어마한 능력은 신이나 우주적 영성이 구현된 것이 아니라 그 자체가 자연 진화의 결과에서 나온다는 것이 가장 적합한 표현일 것이다. 진화론적 관점에서, 인간은 적극적이고 의도적으로 그리고 합목적적으로 일차 자연에 개입해서는 전 지구적 규모로 이를 변형시키도록 구성되었다. 이러한 능력을 비난하는 것은 유기적인 복합성과 주관성—자의식적 지성으로 스스로를 구현하는 일차 자연의 가능성—을 향한 자연 진화 자체의 추진력을 부정하는 것이다. 어떤 사람들은 이러한 추진력이 신성의 결과로 엄밀한 확실성을 가지고 이미 예정된 것이라고 주장할 수도 있고, 어떤 사람은 우연이라고 말할 수도 있으며, 또 다른 사람은 일차 자연에 고도의 복잡성과 주관성을 향한 자연적 경향—이 경향은 자의식을 향한 노력(nisus), 즉 물질의 상호작용으로부터 등장한다—이 존재한다고 주장할 수도 있다. 그러나 여기에서 결정적인 것은 일차 자연에 의도적으로 개입하고 영향을 주려고 인간의 자연적인 능력이 "이차 자연"—문화적인 자연, 사회적인 자연, 정치적인 자연—을 발생시켰고, 이것이 오늘날 거의 모든 일차 자연을 흡수하였다는 사실이다.

오늘날 인간 활동에 영향을 받지 않은 세계는 거의 존재하지 않는다. 극점이나 대양의 깊은 심연도 예외는 아니다. 야생 지역조차도 인간의 개입으로부터 보호되길 요구하고 있다. 오늘날 야생 보호 지역으로 지정된 지역들이 거의 모두 인간 활동에 심각하게 영향을 받았다. 사실 야생성은 그것을 보호하자는 인간 결정의 결과로서만 존재할 수 있다. 오늘날 존재하는 인간이 아닌 생명체들은 대부분, 좋든 싫든, 어느 정도 인간의 보호와 관리를 받고 있고, 그래서 야생 보호 지역이 자연적이고 야생적인 방식으로 보전되느냐의 여부는 거의 인간의 태도와 행동에 달려 있다.

이차 자연이란 일차 자연이 진화한 결과이고 그래서 자연적인 것으로 명명될 수 있다고 주장한다 할지라도, 이차 자연이 필연적으로 창조적이고 진화론적인 견지에서 자의식적임을 설명해줄 수 있다. 이차 자연은 인간의 내적 자연과 사회와 동의어이다. 사회 또는 내적 자연은 더 좋아지든가 아니면 더 악화되는 진화의 과정에 놓여 있다. 비록 사회의 진화가 유기체들의 진화, 더 정확히 말하자면, 진화의 단계들에 기반을 두고 있다 할지라도 이것은 유기체적인 진화와 근본적으로 다른 것이다. 의식과 의지, 변경 가능한 제도들, 경제적인 힘의 작동, 기술은 전개 과정에서 유기체들의 세계를 질적으로 승화시키기도 하고 파괴적인 상황으로 몰아가기도 한다. 오늘날 존재하는 이차 자연은 어마어마한 속성들, 즉 위계질서, 계급, 국가, 사유재산, 경쟁적인 시장 경제—시장 경제에서 경쟁자들은 서로서로를 희생시키면서 성장할 의무가 있다—따위에 의해 특성화되고 있다. 여기에서 나는 이차 자연의 한 특성인 윤리적 판단이 특수한 가정 아래에서만 의미를 가진다고 말하고 싶다. 이 가정은 보다 큰 주관성과 의식, 자기 성찰성을 향해 발전하는 유기적인 진화에 자기 방향성과 잠재성이 있다는 것이다. 추측건대, 그것은 가장 의식 있는 생명체, 즉 인간이 가지고 있는 책임성으로, 유기적인 진화에 지적으로 대응하라는 목소리 없는 자연의 "목소리"이기도 하다.

만일 유기적 진화에서의 이러한 경향이 부정된다면, 왜 인간들은 다른 종과는 달리, 신비주의 생태학의 표현을 빌리자면, 다른 생명체들을 희생시키면서 자신의 필요를 충족시키고 자아를 실현하는가라는 물음에 답할 수 없다. 인간이 "유기적 자연"을 착취, "파괴", "남용"하고 있으며 그래서 인간 중심적으로만 행동하고 있다고 비난된다면, 이는 이차 자연이 도덕적인 책임감의 담지자임을 간접적으로 인정하는 것이다. 이 도덕적 책임감은 일차 자연에는 존재하지 않는다. 만일 모든 생명체들이 존중되어야만 하는 "내재적 가치"를 가지고 있다면, 이 가치는 오직 인간의 의지적·도덕적·미적인 능력이 그들에게 이것을 귀속시키는 한에서만 인정되는 것이다. 이러한 능력을 어떤 다른 생명체도 가지고 있지 않다. 오직 인간만이 "내재적 가치"란 개념을 구성할 수 있고, 오직 인간만이 이에 대한 윤리적 책임성을 부여받고 있다. 사실 인간의 "내재적 가치"란 예외적이고 독특한 것이다.

내가 주장하는 것의 핵심은 이차 자연이, 전체로서의 자연이 아직 완성되지 않은, 그래서 부적절하게만 진화된 과정에 놓여 있다는 점이다. 헤겔은 인간의 역사를 도축장이라고 묘사하였다. 위계질서와 계급, 국가, 그리고 이와 유사한 것들이 자연의 미완성된 잠재적 가능성을 증명해 준다. 인간이 자의식적으로 스스로를 창조적인 자연으로 실현해내기에는 아직 미흡하다. 지금 존재하는 바로서의 인간은 자의식화된 자연이 아니다. 생물권의 미래는 이차 자연이 새로운 사회 또는 새로운 유기적인 협력 체계로 이행해갈 수 있는가의 여부에 전적으로 달려 있다. 이 새로운 체계를 나는 "자유로운 자연"이라 부르고자 한다. 이 자연은 일차 자연과 이차 자연에서 존재하는 고통과 아픔을 최소화하려는 자연이다. 결국 자유로운 자연은 의식적이고 윤리적인 자연이며 생태적 사회이다. 이것은 내가 나의 책 『생태 사회를 향하여(Toward an Ecological Society)』와 『자유의 생태학(The Ecology of Freedom)』, 『사회의 재구성(Remaking Society)』에서 상세히 탐구하려 했던 주제이기도 하다.

...(중략)...

반인본주의적 이데올로기가 사람을 혐오하는 태도와 행동을 촉진시켰다면, 인간을 상품으로 환원하는 이데올로기는 그동안 인간에게서 본성을 박탈하거나 인간을 타락시켜왔다. 인간 상품화의 가장 사악한 유형은 개개인을 생산과 소비의 수단으로 조작하는 것이다. 이러한 유형에서 인간은 문자 그대로 생산과 소비를 위한 단순한 고안물이나 기술로 간주되고, 인간의 창조력과 그들의 진정한 필요는 객체화된 현상으로 왜곡된다. 결과적으로 우리가 오늘날 목도하고 있는 것은 마르크스의 용어를 빌려 말하자면, "상품의 물신화"와 필요의 물신화인 것이다. 인간들은 실존적인 분열 속에서 자신들이 가지고 있는 본성으로부터 분리되고 자연 세계로부터 분리되었다. 사실 이러한 분열은 데카르트가 영혼과 육체를 이론적으로 분리시킨 것에 극적인 현실성과 구체성을 부여한 것이다. 이런 의미에서, 오늘날의 자본주의가 "자연에 전면적으로 배치되는 질서"라고 주장한다면, 이것은 날카로운 현실 통찰이라 할 수 있다.

현대 사회의 비극은 환경을 오염시킨다는 점뿐만 아니라, 자연의 생태 공동체와 사회관계, 인간의 정신조차도 단순화시킨다는 점에 놓여 있다. 자연 세계의 파편화는 사회 세계와 심리 세계의 파편화와 동반되어왔다. 이런 의미에서 토양의 박토화, 사막화를 이야기할 수 있고, 더 나아가 형이상학적 의미에서의 사회의 변질과 인간 정신의 변질을 이야기할 수 있다. 오늘날 우리들이 직면하고 있는 가장 큰 위협은 핵무기나 핵발전소의 희생물이 되는 것 말고도, 시장사회에 의한 세계의 동질화, 모든 인간관계와 경험의 상품화, 객체화이다.

인간 본성을 재발견하는 것은 그 본성이 자연 진화의 창조과정과 연결되어 있음을 재발견하는 것이고, 동시에 그 독특성을 인정하는 것이다. 진화 과정에 생명체가 참여하고 있음을 이해하는 것은 자연이 초기 자유의 영역이었음을 인정하는 것이다. 우리가 자연 이해로부터 강조하려는 것은 "필연의 영역"으로서의 자연이 아니라 참여와 자유의 원천으로서의 자연이며, 이러한 강조는 전통적으로 자연에 부여된 이미지와 근본적으로 단절하는 것을 포함한다.

결론적으로, 사회 생태론은 문화가 자연 진화와 아무런 관련성도 갖지 않다는 생각에 반대한다. 그래서 사회 생태론은 문화의 뿌리를 자연 속에서 탐구하고자 하며, 자연으로부터 사회에 이르는 생물 진화의 점진적인 변화 과정을 확인하고자 한다. 동시에 사회적인 것이 자연적인 것과 구분될 수 있는 결정적인 근거들을 탐구하고자 노력하며, 사회 발전 자체가 점진적으로 변화하고 있음을 확인하려 한다. 이를 통해 사회 생내론이 추구하는 것은 새로운 인본주의적인 생태 사회의 형성이다. 이처럼 두 가지 진화 과정과 설명방식은 이 두 영역을 포괄하는 전체 사회로 모아지는데, 이 전체는 영구적인 성장과 이윤에 의거하고 있는 현 사회와 동일시하는 태도, 자본주의가 인간을 자연으로부터 해방시켜줄 것이기 때문에 이 사회에서 해방운동의 가능성을 보는 태도는 자연에 사회가 뿌리박고 있음을 무시하는 것이고, 왜곡된 사회를 인본주의 자체와 동일시하는 것이며, 이로써 생태적인 사유 속에 반인본주의적인 경향을 확실히 주입시키는 것이다.

무엇보다도 분명한 것은 자연세계 내 인간의 위치를 바라보는 방식이 사회세계를 조직하는 방식과 깊이 연결되어 있음이다. 대개의 경우 전자의 방식이 후자로부터 도출되고, 교대로 전자가 사회 이데올로기를 강화하는 데 기여한다. 모든 사회는 자신에 대한 이미지를 자연에 투사하고 있다. 부족 사회의 우주관은 친족 공동체에 뿌리를 두고 있으며, 봉건제적인 우주론은 엄격한 권리와 의무의 위계질서에서 기원하고 역으로 이를 강화한다. 자본주의적인 우주론은 경쟁과 적대성을 장려하는 시장 사회를 중심으로 구조화되었고, 흐름 도면, 피드백 체계, 위계 조직으로 도면화된 조합적인 우주관은 현대 조합주의 사회의 조작 체계를 반영한다. 공동체이든 사이버네틱한 에너지 흐름이든, 이것들이 가지고 있는 몇 가지 이미지가 자연이 가지고 있는 몇몇 측면들을 나타내 준다는 사실은 '그들 구성 요소가 전 세계에 대한 대표성을 가진다'는 보편적이고 제국주의적인 주장을 정당화하지 못한다. 궁극적으로 헤겔의 표현을 빌리자면 그 스스로 진리가 되는 사회, 즉 합리적이고 생태적인 사회는 억압적이고 위계적인 사회들이 우리가 가지고 있는 자연관에 부과하는 한계로부터 우리를 해방시킬 수 있다.

사회 생태론의 힘은 사회와 생태계 간 연합을 구축하려는 시도에, 사회적인 것을 적어도 자연 속에 잠재화된 자유의 완성으로 이해하려는 점에, 그리고 생태적인 것이 사회 발전의 주요 조직 원리라고 생각하는 점에 놓여 있다. 요약하자면, 사회 생태론은 생태 사회를 위한 지침들을 제시해줄 수 있다. 자연과 사회, "생물적인 것"과 "문화적인 것"간의 거대한 분할은 진화에서의 다양성 증가라는 발전적 개념을 공유함으로써 극복될 수 있다. 전체 우주에 참여하는 구성원들의 수가 광범위해지고 완벽해지면 질수록, 자유와 자기 성찰의 지평이 확대될 가능성이 많아지면 질수록, 사회도 인간의 마음처럼 독자적으로 움직이는 것을 멈춘다.

…(중략)…

인간이 "일차 자연"으로부터 진화하고 이 과정을 통해 "이차 자연"을 창조하는 것은 극히 자연스러운 일이었다. 나는 이차자연이란 개념으로 독특하게 발달된 인간 문화 전반, 예를 들면 다양하게 제도화된 인간 공동체 유형들, 효율적인 인간 기술, 풍부한 상징 언어, 그리고 주의 깊은 식품 관리 등을 칭하고자 한다. 그 형태가 어떠한 것이든, 이원론은 이 두 가지 자연을 서로 적대적인 것으로 대립시키고 있다. 반대로 일원론은, 그것이 자유주의이든, 파시즘이든, 아니면 최근의 생물 중심주의이든 간에, 한쪽의 자연을 다른 쪽의 자연으로 해체한다. 특히 생물 중심주의는 인간을 혐오하는 반 인본주의와 대단히 유사한 모습을 보여주고 있다. 이 일원론적인 이데올로기들은 일차 자연을 이차 자연으로 해체할 것인가 아니면 역으로 이차 자연을 일차 자연으로 해체할 것인가에 따라 상이한 모습을 취할 수 있다.

따라서 기존의 이원론과 일원론에는 공통점이 있는데, 그것은 지배의 조건들은 받아들이고 있다는 점이다. 고전적인 논의에서, "인간에 의한 자연 지배"의 반대는 "자연에 의한 인간 지배"이다. 마르크스주의와 자유주의가 전자를 후자의 상황에서 등장하는 필연으로 간주했던 것처럼, "자연법"의 열광자들은 후자를 사실로 받아들이고 전자에 도달하려는 모든 노력들을 비난하였다. 여하튼 이러한 견해들은 모두 쓸모없는 것들인데, 그 이유는 이것들이 잘못된 생각이거나 편협한 생각이기 때문이고 나아가 이것들이 철학적으로 구조화되거나 논증되는 방식에 문제가 있기 때문이다. 그러나 내가 제기하는 문제는 이차 자연이 "평등론적" 일차 자연에 대립하느냐, 반대하느냐, 아니면 온화하게 "참여하느냐"의 여부에 있지 않다. 오히려 내가 관심을 가지는 문제는 어떻게 이차 자연이 일차 자연에서 도출되는가이다. 보다 흥미로운 문제는 일차 자연에서 이차 자연으로 진화하는 다양한 국면들과 고도의 변형 과정이 어떻게 사회 제도들과 인간들 간 상호 작용 그리고 일차 자연과 이차 자연의 상호 작용을 발생시키는가, 최상의 경우엔 이 변형 과정이 어떻게 두 개의 자연 모두를 풍요롭게 하고 나름대로의 진화 과정을 가지는 이차 자연을 생산 하는가 등이다. 우리가 오늘날 직면하는 생태 위기는 바로 사회가 생물계에서 등장하는 과정의 위기이며, 이와 더불어 나타난 지배·위계 조직·가부장제 계급 그리고 국가의 위기인 것이다.

일차 자연과 이차 자연이 존재하지만 "유사물"로 이원화되거나 단순히 하나의 통일물로 축소될 수 없다는 사실은 나의 개념인 사회 생태론을 상당 부분 설명해주고 있다. 덧붙여서 사회 생태론은 우리를 괴롭히고 있는 생태 위기가 사회 위기로부터 등장한다는 특별한 의미를 가진다. 그런데 근본 생태학이라는 조야한 생물주의는 일반적으로 이 사회위기를 무시한다. 더 나아가 이들은 사회 위기에서 탈출하는 것이 합리적인 노선에 따라 사회를 재조직함으로써만 달성될 수 있다고 생각하는데, 이것은 이미 생태 철학과 생태적인 감성(ecological sensibility)에 물든 생각이다.

...(중략)...

일차 자연과 이차 자연의 중간 지대에서 생물적인 진화는 점차적으로 사회적인 진화로 진행되고, 사회적인 진화는 위계 조직의 형태를 띠기 시작하였다. 이러한 과정이 과연 회피될 수 있는지는 말할 수 없다. 그리고 예측하는 것도 무의미하다. 어쨌든 사회 진화는 위계적이고 계급적이며 국가주의적인 제도의 방향으로 전개되었고, 이것은 국민 국가와 궁극적으로 불가피한 것은 아니었지만 자본주의 경제를 등장시켰다. 우리 자신의 시대에 이 경제 유형이 사회 전체로 전면 침투해 들어간 것은 이차 자연의 심각한 왜곡을 야기하였다. 시장 경제, 사실 고대로부터 현재에 이르는 모든 문화가 다소 받아들이길 꺼려하고 그래서 제한을 설정하려 했던 시장 경제는 이제 본질적으로 하나의 시장 사회가 되었다. 이 사회는 역사적으로 유례가 없는 독특한 것이다. 이 사회는 진보를 협력보다는 경쟁과 동일시하고, 사회를 정교화된 인간관계의 영역이라기보다는 사물들을 소유하는 영역으로 파악하며, 균형과 억제에 근거하는 것이 아니라 성장에 기반하는 윤리를 창조한다. 인간사에서 최초로, 사회와 공동체는 거대한 쇼핑센터로 축소되었다.

2

녹색의 상상력

게리 스나이더의 『지구, 우주의 한 마을』, 이상화 옮김, (창비, 2015).

지구의 날 그리고 상상력과의 전쟁

1990년 4월 22일 '지구의 날'(Earth Day)에 나는 북캘리포니아의 사우스 유바 강가에 있는 브리지포트 크로싱에서 개최된 한 지역집회에 강연 요청을 받았다. (대개는 내가 다 알고 지내는 사이인) 수 백 명의 시골 사람들이 상쾌하게 반짝이는 강 바로 위 완만하게 비탈을 이룬 초원에 모였다. 연단은 참나무와 바위들로 이루어졌으며, 협곡은 위와 뒤로 뻗어가 동쪽 상류와 연결되었다. 여러 단체들의 임시 오두막과 음식이 마련되었고, 음악과 깜짝 놀랄 '재생품' 패션쇼도 열렸다. 주립공원지구 관리인, 토지관리국 지역관리인 등 공유지(公有地) 관리자들이 지역주민들과 그들의 열기에 끼어들었어도 모두가 편안해하고 정다웠으며 서로 즐겁게 대화를 나누었다. 우리가 그곳에 서 있는 동안 가늘지만 달디단 봄비가 내렸다. 모든 사람이 기뻐했다. 다음은 내가 말한 내용이다.

산기슭 작은 언덕에서 우리 삶의 질을 보호하고 향상시키는 일에 전념하고 있는 옛 친구들과 새 친구들이 여기 사우스 유바 강기슭에서 다시 모이니 참 좋군요. 이 작은 분지는 적어도 7천년 동안 사람들이 고맙게 생각해온 곳입니다. 우리가 이곳에 오기에 앞서 니세난(Nisenan) 부족은 서쪽으로는 유바 강을 따라 아래로 내려가 페더(Feather) 강이 합류하는 곳, 그러니까 지금 우리가 메리스빌(Marysville)이라고 부르는 곳까지, 그리고 동쪽으로는 능선을 따라 4천 피트 정도 되는 겨울 설선(雪線)이 있는 산에 걸쳐 살았습니다. 그들에게는 이야기와 음악과 의식 그리고 동식물에 대한 깊이 있는 지식이 어우러진 풍요로운 문화가 있었습니다. 나는 산기슭의 작은 언덕에서 살고 있는 우리가 니세난족을 우리의 스승이며 영적인 조상으로 삼으면서 우리의 이야기를 시작할 날이 오기를 바랍니다. 1849년의 골드러시 때 캘리포니아로 몰려와 따분한 공식 신화를 만들어내며 우리 주(州)의 문장(紋章)을 장식한 저 금광 광부들의 시대로부터 시작할 게 아니라 말입니다. 당시 광부들의 삶은 대담하고 창의성이 풍부한 것이었습니다. 하지만 비록 그것이 생생한 이야기이기는 해도 반세기에 걸친 광산 착취 일화들에만 우리의 이야기를 한정할 필요는 없겠지요. 우리가 오늘 여기에 모인 것은 땅과 좀 더 깊은 관계를 맺기 위해서입니다.

나는 20년 전 첫 '지구의 날'에도 강연을 했었습니다. 내가 참석한 집회는 그릴리(Greely)에 위치한 콜로라도 주립대학에서 열렸습니다. 연설자와 가수들이 등장했을 때 광장에 앉아 있던 수천명 학생들의 머리 위로 낮게 드리운 하늘은 시커멓고 위협적인 비구름으로 덮였고 그 사이로 햇살이 흩어지고 있었습니다. 거의 모두가 반바지를 입고 하이킹화를 신고 있었습니다. 가냘픈 몸집의 한 여학생은 '나는 국가의 적'이라 씌어진 티셔츠를 입고 있었습니다. 그 첫 번째 '지구의 날'은 엄밀히 말해 하나의 시작은 아니었습니다. 그것은 하나의 돌쩌귀였으며, 하나의 모퉁이를 도는 것과 같았습니다. 그날은 반전운동의 필요성이 점차 쇠퇴하면서 우리의 에너지를 지구의 건강을 지키기 위한 투쟁에 돌리겠다고 천명하는 날이었습니다. 그날을 기점으로 학생세대 전체와 이전에 자연에 대해 깊이 생각해본 적이 없던 많은 사람들이 생명과 죽음, 자연의 전과정을 지키는 운동에 동참하게 되었지요.

물론 그전에도 환경운동은 있었습니다. 그것은 환경보호운동이라고 불렸고, 그 연원은 20세기 초로 거슬러 올라갑니다. 그 운동의 특별한 관심사는 적절한 공유지 관리 실천과 야생지구의 확립, 그리고 야생동물 보호였습니다. 환경보호운동은 겉으로는 차분했지만 그 밑에 깔린 열정은 대단했습니다. 그 운동가들은 그들의 글에서도 알 수 있듯이 은밀한 이교도이거나 초창기의 급진적 '녹색주의자'들인 경우가 많았습니다. '지구 먼저!'(Earth First)의 창시자의 한 사람인 데이브 포먼(Dave Foreman)조차 자신은 대학시절에는 '젊은 공화당원'이었으나 공유지 보호운동을 하면서 급진적 환경주의자가 되었노라고 말합니다.

1970년의 '지구의 날'은 몇 가지 새로운 상황을 예고했습니다. 환경보호운동은 환경주의 또는 생태학이라고 부르는 것의 일부가 되었습니다. 수수하지만 투지만만하게 시작한 그 운동은 미국 정치사에서 가장 성공적인 민주주의운동의 하나가 되었습니다. 그 운동이 제기한 쟁점들은 현실적인 것이고, 의회는 그 운동에 이끌려 스스로 무슨 일을 하고 있는지 알기도 전에 공기와 물과 야생동물을 위한 법안을 작성하고 통과시켰습니다. 오늘날 지속되고 있는 환경문제의 압력은, (양심적인 과학자의 비판과 이따금씩 출현하는 훌륭한 경제이론 덕분에) 산림관리국과 의회를 밀어붙여 그들로 하여금 마지못해 공유지에서의 산림관리 관행을 개혁하도록 했습니다. 환경주의자들은 국내외 정치에서 일정한 역할을 담당함으로써 자기 운동노선의 선명성을 희석시키거나 누군가의 전유물로 만들지 않을 수 없는 처지에 몰리기도 합니다. 좀더 깊은 의미에서 생태적 사고는 인간이 세계 안에서 자신을 바라보는 완전히 새로운 방식의 한 전형이 되었습니다.

친숙한 땅을 재생시키기 위한 전 세계적 쟁점의 일부는 다음과 같습니다.

- 세계적인 산림벌채와 토양의 유실, 급속히 사라져가는 습윤한 열대우림이 가장 중요한 예입니다. 또 하나의 예는 많은 제3세계 국가에서 별 규제 없이 시작되는 대규모 채굴작업입니다.
- 생물 다양성의 급속한 감소. 동식물종의 멸종 위기와 멸종.
- 전 세계적인 수질오염과 공기오염. 독성물질과 방사성물질이 생물권에 방출되어 암 발생률이 증가하고, 불임, 유전자 손상 등 심각한 결과를 가져올 가능성이 높아지고 있습니다.
- 수 천 년에 걸쳐 발전해온 지역 문화·언어·기술·지식의 상실. 지구 도처의 작은 공동체들이 붕괴되고 있습니다.
- 가슴과 영혼의 상실. 이것은 심각합니다! 자연 속에서의 삶을 잃어버린다는 것은 발랄함, 다양성, 놀라움 그리고 온갖 작은 가르침들과 광대한 공간을 가진 '타자'를 잃어버리는 것입니다.

이상의 문제들은 어느 정도는 다음의 것들과 결부되어 일어납니다.

전 세계적 인구과잉: 그것은 문제가 아니며, 문제의 원인도 아니라는 말을 누구도 하지 못하도록 합시다. 지금 세계 인구는 약 55억입니다. 1950년에는 그 절반이었고 1650년에는 1/10이었습니다. 2025년에는 85억이 될 것입니다. 제3세계에는 15억의 사람들이 있는데 그곳의 땔나무는 곧 동날 것입니다. 그 결과 잔 나뭇가지의 수준까지 산림벌채가 진행될 것이고 토양의 황폐화는 더 심화될 것입니다. 인류의 사회·경제적 정의가 성취된다고 해도 생태적 정의의 필요성은 절대적일 것입니다. 생태적 정의란 곧 인간이 아닌 생명체들에게 땅과 물을 풍부하게 공급하는 것을 의미합니다.

선진국에는 5억대의 자동차가 있습니다. '부의 불평등한 분배'는 끝없는 사회적 혼란을 일으키며 자연파괴를 심화하고 있습니다. 미국 가정의 상위 20%

가 전체 수입의 43% 이상을 벌어들이고 있습니다. 그 상위 20%의 가정이 순 재산의 67%를, 그리고 순 금융자산의 거의 90%를 보유하고 있습니다. 상위 1%를 차지하는 가정의 평균 순 재산은 나머지 99%의 평균보다 22배 이상 많습니다. 상위 1% 가정의 순 금융자산의 평균은 나머지 99%의 그것의 237배나 됩니다. 가장 부유한 1% 가정의 절반은 약 43만 가구인데, 그들이 법인주식의 40%를 소유하고 있습니다. 백인의 순 재산의 평균은 흑인의 그것보다 11.7배가 높습니다. 흑인 가정의 67%는 순 재산이 0이거나 마이너스입니다. (이 통계는 『크리스천 싸이언스 모니터』(Christian Science Monitor) 1990년 3월 30일자에 발표된 데이비드 R.프랜씨스(David R.Fancis)의 글에 실린 것입니다.) 이런 세상이라면 사람들은 오로지 앞서가려고 서로 할퀴고 아웅다웅할 것이며, 자연이나 위기에 처한 생물종은 별 관심을 받지 못할 것입니다.

이런 역학은 '산업경제'와 세계경제체제에 의해 형성되며, 동시에 그것을 지탱해주는 버팀목입니다. 경제부문은 주 오염원이자 수익자이기만 한 것이 아닙니다. 지금까지 경제계는 공기와 물 같은 '공동자원'에 그들이 끼친 파괴적인 영향으로 초래된 실질적 손해비용을 책임지지 않습니다. 대중과 나머지 자연계 전체가 오염원인 기업이 분담해야 할 비용을 떠안았습니다. 대중과 나머지 자연계 전체가 오염원인 기업이 분담해야 할 비용을 떠안았습니다. 어떤 사람들은 건강이나 생명으로 그 대가를 치렀습니다. 선진국의 경제구조는 지속불가능한 경제발전을 선호하고 장려하며, 인구문제를 심각하게 다루지 않는데는 그 나름의 이유들이, 하나의 예로 값싼 노동의 필요성 같은 이유가 있습니다.

이 세상에는 사회·정치적 참호로 둘러싸인 '태도와 조직들'이 있고, 그것이 자연을 학대하고 인간끼리의 잔혹을 조장합니다. 일부 주요 문명국들은 자연계를 객체화, 상품화합니다. 문명세계들은 자연을 단지 무정(無情)한 자원으로 그리고 투기의 대상으로 봅니다. 이것은 나쁜 형이상학이라고 말할 수 있겠지만, 실은 그 말 이상으로 더 나쁩니다. 그것은 상상력의 실패입니다. 연민과 자선의 실패는 상상력의 실패인 것입니다. 다이앤 디 프리마(Diane di Prima)는 주목할 만한 시 「란트」(Rant)에서 이렇게 말했습니다.

문제가 되는 유일한 전쟁은 상상력과의 전쟁이다.

우리는 이런 문제들이 이곳 북부 씨에라네바다 산맥의 서쪽 비탈에서도 일어나고 있는 것을 쉽게 볼 수 있습니다. 하나는 통제 불능의 경제성장입니다. 그것의 끝은 어디일까요? 그렇게 해서 부를 거머쥔 사람들이 있습니다. 그런 사람들, 혹은 그런 사람들의 기업들은 흔히 우리 주의 다른 곳에 사업기반을 갖고 있기에 그들에게는 '어떤' 공동체든 장소든 그에 대한 충실성이 없습니다. 자기 가정을 진지하게 생각하고 그들 가정이 손주 대까지, 가령 어떤 아메리카 원주민들의 말처럼 '7대손까지' 생명을 유지하고 살아갈 만한 곳이기를 바라는 사람들에게, 이 문제는 좀 더 복잡한 것입니다.

부동산업자와 사업가들은 즐겨 경제발전과 개발은 불가피한 것이라고 주장합니다. 지역의 개발추진주의자들은 성장을 정지시키는 것이 이기적이라고 말합니다. 그런 사람들에게 나는 아주 단호하게 "어떤 공동체든 이웃이든 자기 뒷마당에서 원치 않는 경제발전과 성장이 이뤄지지 않도록 규제하려는 행위는 이기적인 것이 아니다"라고 말하겠습니다. 실제로 무리하게 경제개발을 밀어붙이는 자들은 바로 그 개발로 이득을 얻는 사람들입니다. 그들은 개인 이익을 위해 그러한 행동을 하지 않습니까? 이 나라는 이윤 추구를 전적으로 정당한 목적이라 인정하고 있습니다. '질'의 추구 또한 전적으로 합당한 목적이 아닌가요? 파괴적인 개발이나 침략적인 산업에 저항할 때 우리는 전혀 사과할 필요가 없습니다. 그렇게 함으로써 우리는 공동체의 가치와 우리가 사는 장소에 존재하는 생물의 생존력이 유지되는 걸 돕고 있는 것입니다.

과도한 성장과 자원 착취 뒤에는 국제적인 세력이 있습니다. 하지만 우리가 여기서 성취하는 것이 무엇이든 그것은 전 세계로 메시지를 보내는 것입니다. 지역운동에는 분명 '한계'가 있습니다. 어떤 지역이든 최적의 생태학적 수용능력이라는 것이 있습니다. 수용능력의 평가는 수자원, 공기의 질, 인간의 주거와 건강한 야생동물이 공존할 수 있는 적절한 공간, 일자리를 창출할 자원과 그것의 장기적인 잠재력, 그 밖의 여러 생물학적 기준과 건강 관련 기준을 판단의 근거로 삼습니다. '수용능력' 개념에서 최우선 관심사는 인간의 복지입니다만 그것은 또한 자연계의 전체의 복지도 포함합니다. 옛날 사냥용품 목록에 적혀 있듯이 "야생동물이 살 수 없는 곳에서는 인간도 살 수 없"습니다. 올 2월에 네바다 주의 관개(灌漑) 부서는 주의 수자원이 당장 한계에 도달했으며, 앞으로 물의 공급은 수자원보호 여부에 달렸다고 발표했습니다. 수용능력의 관점에서 나는 이 지구가 이미 인구과밀 상태이며 가능하다면 앞으로 수 십 년에 걸쳐 인구의 점진적인 감소를 목표로 삼아야 한다고 굳게 믿습니다. 물론 자발적이어야겠지요.

그러나 만약 어떤 원치 않는 개발이 우리의 이웃에서는 이뤄지지 않도록 저지하면서 바로 그 같은 침입이 그 다음 다른 지역에서 일어나 그곳이 곤경에 처했을 때 우리가 그에 관심을 갖지 않는다면, 이는 실로 무책임한 일이 '될' 것입니다. 가령 유독물질 폐기장 건설 같은 명백히 문제적인 것을 막는다면 우리는 우리가 추방한 바로 그 위협과 싸워야 하는 다른 지역의 친구들에게도 응당 지원을 보내야 합니다. 한 지역사회가 원치 않는 것을 저지하는 데 성공했다는 사실은 다른 지역사회에 희망과 힘의 원천이 되어야 합니다. "그것을 다른 곳으로 보내버리는" 경우가 되어서는 안 됩니다. 어느 지역이든 사람들이 독극물이나 나쁜 개발계획에 저항하면서 연합전선을 펼 때, 그것은 최종적으로 기업과 정부 대리인에게 '받아들일 수 없다. 당장 멈추거나 아니면 근본적으로 다른 방법을 찾아라'라는 메시지를 보내는 것입니다. 한 지역사회가 제초제나 살충제에 노출되거나, 그 지역에 핵폐기물을 보관하거나, 거대한 댐을 건설하는 데 길을 내주기를 원치 않는다는 결론을 내리는 것은 무책임한 일도 잘못된 일도 아닙니다. 그것은 지역 사람들의 선택인 것입니다. 그런 반대가 분명 어떤 사람에게 금전적인 손해를 입힐 수 있고 어떤 계획을 망쳐 놓을 수도 있습니다. 하지만 범죄와의 전쟁도 마찬가지입니다. 살충제와 무기 제조가 그렇듯 범죄 역시 수백만의 일자리를 만들어내지만, 우리는 범죄를 막기 위해 실로 대단한 노력을 기울이고 있지 않은가요.

그래서 우리는 정치적 활동을 전개하는 데 주저해서는 안 됩니다. 우리는 선출된 관리와 정부 각료들에게, 여러 가지 연구와 비판에, 우리 행동단체의 지지자들에게 말하는 데에 숙달될 필요가 있으며, 주와 군의 사람들이 어떻게 생각하고 행동하는지 좀 더 잘 파악해야 합니다. 우리는 지도를 검토하고, 환경영향평가서의 작은 인쇄물들을 읽고, 국유림에 대한 장기 관리계획을 차근차근 검토해야 합니다. 우리는 지속적으로 집회와 회의에 참석하고 언제든 즉시 일어나서 우리가 생각한 안건을 말할 수 있어야 합니다.

이제 우리가 거주할 장소가 있다는 사실을 축복합시다. 그곳은 더운 곳일 수도 있고, 건조한 곳일 수도, 바위투성이일 수도 있고, 여름마다 산불이 잘 나는 곳일 수도 있습니다. 그곳은 알프스처럼 꽃이 많지 않을 수도, 오레곤처럼 푸르지 않을 수도 있습니다. 하지만 무엇 때문에 그런 비교를 하나요? 이 위대한 청록 빛 지구 위, 서반구에 있는 북부 캘리포니아의 이 산맥, 여기가 이 땅 위에서 우리가 살아가는 장소입니다. 여기에서 어떤 미래를 창조할 것인가는 이 장소에 살고 있는 우리의 손에 달려 있습니다. 이곳의 산림벌채가 혹심하고 산불로 숲이 불타버렸다 해도 불의 생태를 이용해 성장림(成長林)을 복원할 수 있습니다. 2백년쯤 후에는 톱으로 켜낸 마디 없는 훌륭한 원목을 중앙계곡 사람들에게 팔게 될 것입니다. 야생초, 생물·그림문자 같은 것이 새겨진 둥근 돌들은 우리에게 가르침을 줄 것입니다. 강물은 전보다 더 맑게 흘러 여러 종류의 담비들이 다시 돌아올 것입니다. 우리의 가정은 계속 삶을 영위할 것이고, 미래의 아이들은 이 땅에 처음 들어온 우리의 상상을 뛰어넘는 훌륭한 이야기들을 말할 것입니다.

그러니 우리는 계속 언덕길을 걷고, 숲속 오솔길과 꽃과 새 그리고 오래된 공동묘지와 광산에 남겨진 옛 굴대와 잊혀진 협곡에 대해 배워가도록 합시다. 참가자가 각자 한 가지씩 가져온 음식을 나누어 먹고, 아이들을 위한 삼림 생태교실을 열고, 아메리카 원주민들이 사용한 것과 같은 작은 목욕통을 갖도록 합시다. 느릅나무좀과 곤충에 대한 자연교실을 열고, 고지대 스키 유람을 하고, 시낭독회를 열고, 유역회의를 개최합시다. 우리는 편안하게, 현명하게, 창조적으로, 그리고 야성의 상태로 살아갈 필요가 있습니다.

야성적인 것은 상상입니다. 공동체도 그러하며, 즐거운 시간도 그렇습니다. 거칠지만 선(善)한 '녹색' 혹은 '무지개'의 전사(戰士)가 되어 야성의 자연과 공동전선을 구축하도록 합시다. 그리고 그런 활동 속에서 열렬한 즐거움을 누립시다.

수면의 파문

게리 스나이더

“아래로 은빛 연어가 지나가는 —
수면의 파문은 — 미풍으로
생기는 파문과는 다르다”
파도 위에서 질주하는 물기둥은 —
곱사등이 고래가
청어를 삼키며
숨쉬기 위해 공중 위로
돌파하는 것
　　— 자연은 책이 아닌, *연기*, 하나의
뛰어난 오랜 문화

언제나 새로운 사선들
비벼서 벗기고, 문질러 지우고, 그렇게 이용하고, 이용하고, 또 다시 —
풀밭 밑에 감춰진
강들의 서로 꼬인 수로들 —

광활한 황야
　　외따른, 집,
황야 속의 그 작은 집,
　　그 집 속의 황야,
둘 다 잊혀진다.
　　無性

　　그 둘이 함께, 하나의 커다란 빈 집.

RIPPLES ON THE SURFACE

Gary Snyder

"Ripples on the surface of the water—
were silver salmon passing under—different
from the ripples caused by breezes"

A scudding plume on the wave—
a humpback whale is
breaking out in air up
gulping herring
　　—Nature not a book, but a *performance*, a
high old culture

Ever-fresh events
scraped out, rubbed out, and used, used, again—
the braided channels of the rivers
hidden under fields of grass—

The vast wild
　　the house, alone.
The little house in the wild,
　　the wild in the house.
Both forgotten.
　　No nature

　　Both together, one big empty house.

게리 스나이더의 『무성(無性)』, 강옥구 옮김, (한민사, 1999).

3

자연에서 찾은 삶의 속도

헨리 데이빗 소로우의 『월든』, 강승영 옮김, (은행나무, 2011).

지금 당장 가장 먼 서쪽 길을 향해 떠나라. 그 길은 미시시피 강이나 태평양 해안에서 멈추지 않으며, 케케묵은 중국이나 일본에 가는 것도 아니며, 당신의 세계와 직접적인 접선을 이루며 당신을 그리로 인도해줄 것이다. 여름에도 겨울에도, 낮에도 밤에도, 해가 지고 달이 지고 마침내 지구마저 지더라도 말이다.

미라보는 "사회의 가장 신성한 규범에 공공연히 대적하는 일에 가담하려면 어느 정도의 결의가 필요한지를 확인하기 위하여" 노상에서 강도질을 했다고 한다. 그는 "대열 속에서 싸우는 병사는 노상강도의 반만큼의 용기도 필요 없다"고 단언했다. 그는 또 "충분히 생각해본 끝에 어떤 굳은 결심을 하게 되면 명예나 종교의 구애를 받지 않고 그 일을 해 낼 수 있다"고 말했다.

세속적인 견지에서 보면 그의 말은 남자다운 데가 있다. 그러나 그것은 자포자기는 아닐지라도 한가롭기 짝이 없는 말이다. 생각이 제대로 박힌 사람은 보다 신성한 법칙을 따르는 과정에, 소위 "사회의 가장 신성한 규범"에 "공공연히 저항하는" 위치에 놓인 자신의 모습을 발견하는 적이 한두 번이 아닐 것이다. 그리하여 그는 미라보처럼 탈선적인 행동을 하지 않더라도 자신의 결의를 시험할 기회를 얻게 될 것이다.

사회에 대해 무조건 저항적인 태도를 취하는 것이 한 인간의 의무는 아니다. 자기 내부의 법칙을 따르는 과정에서 자신이 취하게 되는 태도를, 그것이 어떠한 것이건 간에 견지하는 것이 그의 의무이다. 그리고 그 자세는 올바른 정부(만약 그러한 정부가 있다면)에 대해서는 결코 반항적인 자세가 아닐 것이다.

나는 숲에 들어갈 때나 마찬가지로 어떤 중요한 이유 때문에 숲을 떠났다. 내게는 살아야 할 또 다른 몇 개의 인생이 남아있는 것처럼 느꼈으며, 그리하여 숲 생활에는 더 이상의 시간을 할애할 수 없었던 것이다. 우리가 자신도 느끼지 못하는 사이에 얼마나 쉽게 어떤 특정한 길을 밟게 되고 스스로를 위하여 다져진 길을 만들게 되는지는 놀라운 일이다. 내가 숲 속에서 산 지 일주일이 채 안 되어 내 집 문간에서 호수까지는 내 발자국으로 인해 길이 났다. 내가 그 길을 사용하지 않은 지 5,6년이 지났는데 아직도 그 길의 윤곽은 뚜렷이 남아있다. 아마 다른 사람들도 그 길을 밟아 길로서 유지되게 했나 보다. 땅의 표면은 부드러워서 사람의 발에 의해 표가 나도록 되어있다. 마음의 길도 마찬가지이다. 그렇다면 세계의 큰 길은 얼마나 밟혀서 닳고 먼지투성이일 것이며, 전통과 타협의 바퀴 자국은 얼마나 깊이 패었겠는가! 나는 선실에 편히 묵으면서 손님으로 항해하는 것을 좋아하지 않으며 인생의 돛대 앞에, 갑판 위에 있기를 원했다. 나는 이제 배 밑으로 내려갈 생각은 없다.

나는 실험에 의하여 적어도 다음과 같은 것을 배웠다. 즉 사람이 자기 꿈의 방향으로 자신 있게 나아가며, 자기가 그리던 바의 생활을 하려고 노력한다면 그는 보통 때는 생각지도 못한 성공을 맞게 되리라는 것을 말이다. 그때 그는 과거를 뒤로하고 눈에 보이지 않는 경계선을 넘을 것이다. 새롭고 보편적이며 보다 자유로운 법칙이 그의 주변과 내부에 확립되기 시작할 것이다. 그렇지 않으면 묵은 법칙이 확대되고 더욱 자유로운 의미에서 그에게 유리하도록 해석되어 그는 존재의 보다 높은 질서를 허가받아 살게 될 것이다. 그가 자신의 생활을 소박한 것으로 만들면 만들수록 우주의 법칙은 더욱더 명료해질 것이다. 이제 고독은 고독이 아니고 빈곤도 빈곤이 아니며 연약함도 연약함이 아닐 것이다. 만약 당신이 공중에 누각을 쌓았더라도 그것은 헛된 일이 아니다. 누각은 원래 공중에 있어야 하니까. 이제 그 밑에 토대만 쌓으면 된다.

영국인이나 미국인들은 그들이 당신의 말을 알아들을 수 있도록 당신이 말을 평이하게 하기를 요구한다. 그러나 그것은 우스꽝스러운 요구이다. 사람이든 버섯이든 그런 식으로 자라나지 않는다. 마치 그들이 당신을 이해하는 것이 중요한 일이며, 그들 이외에는 당신을 이해할 사람이 없다는 듯한 태도이다. 마치 대자연이 한 가지의 이해 방법만을 지지한다는 듯한 태도이며, 또 대자연이 네발짐승들과 동시에 새들을, 땅을 기는 생물들과 동시에 하늘을 나는 생물들을 먹여 살리지 못한다는 태도이다. 그것은 소가 알아듣는 "이러"나 "워"가 가장 훌륭한 말이라고 생각하는 태도이다. 또한 안전이라는 것은 우둔 속에만 있다는 듯한 태도이다.

그러나 내가 가장 두려워하는 것은, 나의 표현이 충분히 '상궤(常軌)를 벗어난' 것이 되지 못하지나 않을까 하는 것이다. 내가 확신하고 있는 진리를 알맞게 표현할 수 있도록 나의 일상적인 경험의 좁은 한계를 벗어나 멀리 나아가지 못하지나 않을까 하는 것이다. '상궤를 벗어난다는 것' 그것은 당신이 어떤 울타리에 둘러싸여 있는가에 따라 달라진다. 새로운 풀밭을 찾아서 다른 위도로 옮겨가는 들소는 젖 짤 시간에 통을 차서 둘러엎고 울타리를 뛰어넘어 제 새끼가 있는 곳으로 달려가는 암소만큼이나 상궤를 벗어난 것은 아니다.

나는 어딘가에서 제한 없이 이야기를 하고 싶은 욕망을 느낀다. 잠에서 깨어

나는 사람이 잠에서 깨어나는 다른 사람들에게 이야기하듯 말이다. 왜냐하면 진실된 표현의 기초만이라도 마련하기 위해서는 아무리 과장을 하더라도 충분치 않다는 것을 나는 확신하고 있기 때문이다. 한 가락의 음악을 들어본 사람이라면 상궤를 벗어난 투로 이야기하는 것을 그 후로는 결코 두려워하지 않을 것이다.

미래를 생각할 때, 또 앞으로 가능한 일들을 생각할 때, 우리는 앞쪽 방면으로는 어느 정도 느슨하게, 선을 그어놓지 말고 살아야 할 것이다. 그쪽의 우리의 윤곽을 희미하고 막연한 것으로 남겨두어야 할 것이다. 마치 우리의 그림자가 태양을 향해서 눈에 보이지 않게 땀을 흘리듯이 말이다. 우리들의 어휘들이 지닌 휘발성의 진실은 잔재적인 표현의 부적당함을 끊임없이 폭로해야 한다. 진실은 그 자리에서 바로 전달되고 자의(字義)뿐인 기념비만이 뒤에 남는다. 우리들의 믿음과 경건함을 표현하는 말은 명확하지 않다. 그러나 탁월한 성향을 지닌 사람들에게 그 말들은 의의가 깊으며 유향과도 같은 향기를 지니는 것이다.

왜 우리는 항상 자신의 수준을 가장 둔한 통찰력에 내려맞추고는 그 것을 상식이라고 찬양하는가? 가장 평범한 상식은 잠자고 있는 사람들의 상식이며, 그들은 그것을 코고는 소리로 표현한다. 우리는 보통 사람의 한 배 반쯤의 지적 능력을 가진 사람을 반편으로 치부해버리는데, 그것은 우리가 그런 사람의 지적 능력을 3분의 1밖에 이해하지 못하기 때문이다. 하기야 어떤 사람들은 빨간 아침노을에 대해서도 흠을 잡으려 들 것이다. 그 사람들이 아침 일찍 일어날 수만 있다면 말이다.

"인도의 신비주의자 카비르의 시는 네 가지 다른 의의, 즉 환상, 기백, 지성과 브라만교의 심오한 교리를 담고 있는 것으로 사람들은 이해한다"는 말을 들은 적이 있다. 그러나 지구의 이쪽에서는 어떤 사람이 쓴 글이 한 가지 이상의 해석을 허용하면 그것은 비판의 대상이 될 근거가 있다고 여긴다. 영국에서는 지금 감자 썩는 병의 치료법을 알아내려고 혈안이 되어있다고 하는데, 그보다 훨씬 위험하고 더 널리 퍼져 있는 머리 썩는 병에 대한 치료법은 그 누가 알아낼 것인가?

나는 나의 글이 애매모호한 경지에 이르렀다고는 생각하지 않는다. 그리고 나의 글 가운데서 월든 호수의 얼음에 대해 사람들이 트집 잡는 이상의 치명적인 결함이 발견되지 않는다면 무척 자랑스럽게 생각하겠다. 남부에서 얼음을 사가는 사람들은 얼음이 순수하다는 증거인 청색을 흐린 것으로 생각해서 월든의 얼음 대신, 희긴 하지만 수초의 맛이 도는 케임브리지의 얼음을 택했다. 사람들이 좋아하는 순수성이란 지구를 둘러싸고 있는 안개 같은 것이지 그 안개 위에 있는 창공의 정기 같은 것은 아니다.

어떤 사람들은 우리 미국인들 그리고 일반적인 현대인들이, 고대인들은 물론 엘리자베스 여왕 시대의 사람들과 비교해서도 지적인 소인배들에 지나지 않는다고 귀가 아프게 떠들어 댄다. 그러나 그게 어떻다는 말인가? 살아있는 개는 죽은 사자보다 나은 것이다. 자기가 왜소한 피그미족에 속했다고 해서 가장 큰 피그미가 되려고 노력하지 않고, 가서 목을 매야 한단 말인가? 각자는 자신의 일에 열중하며, 타고난 천성에 따라 고유한 인간이 되도록 노력해야 할 것이다.

왜 우리는 성공하려고 그처럼 필사적으로 서두르며, 그처럼 무모하게 일을 추진하는 것일까? 어떤 사람이 자기의 또래들과 보조를 맞추지 않는다면, 그것은 아마 그가 그들과는 다른 고수(鼓手)의 북소리를 듣고 있기 때문일 것이다. 그 사람으로 하여금 자신이 듣는 음악에 맞추어 걸어가도록 내버려두라. 그 북소리의 박자가 어떻든, 또 그 소리가 얼마나 먼 곳에서 들리든 말이다. 그가 꼭 사과나무나 떡갈나무와 같은 속도로 성숙해야 한다는 법칙은 없다. 그가 남과 보조를 맞추기 위해 자신의 봄을 여름으로 바꾸어야 한단 말인가? 우리의 천성에 맞는 여러 여건이 아직 갖추어지지 않았다면 대신 끌어다댈 수 있는 현실은 무엇인가? 우리는 헛된 현실이라는 암초에 우리의 배를 난파시켜서는 안 되겠다. 우리가 애를 써서 머리 위에 청색 유리로 된 하늘을 만들어본들 무슨 소용이 있겠는가? 그것이 완성된다 하더라도 우리는 분명 그런 것은 없다는 듯이 그 훨씬 너머로 정기에 가득 찬 진짜 하늘을 바라볼 것인데.

쿠우루에 완전을 갈구하던 한 장인이 있었다. 어느 날 그는 지팡이를 만들려는 생각을 하게 되었다. 불완전한 일에는 시간이 한 요소가 되겠으나 완전한 일에는 시간이 문제가 되지 않는다고 생각한 그는, 비록 한 평생 딴 일은 아무것도 못 하는 한이 있더라도 모든 점에서 완벽한 지팡이를 만들리라고 스스로에게 다짐했다. 부적당한 재료를 써서는 안 되겠다고 결심했으므로 그는 재목을 구하러 즉시 숲으로 떠났다. 그가 쓸만한 나무 하나하나를 살피다가 퇴짜를 놓는 사이에 그의 친구들은 점차로 그의 옆을 떠났으니, 그들은 각자의 일을 하다 늙어서 죽었던 것이다.

그러나 그는 조금도 늙지 않았다. 한 가지 목표를 추구하는 그의 결심과 숭고한 믿음이 자신도 모르는 사이에 그에게 영원한 젊음을 주었기 때문이다. 그는 시간과 어떠한 타협도 하지 않았으므로 시간은 그의 길에서 비켜나 그를 굴복시키지 못한 것을 한탄하며 멀리서 한숨만 지을 뿐이었다. 그가 모든 점에서 알맞은 재목을 찾아냈을 때는 쿠우루는 폐허가 된 지 이미 오래였다. 그는 그 폐허의 어느 흙 둔덕에 앉아 지팡이를 깎기 시작했다.

지팡이의 모양이 채 갖추어지기도 전에 칸다하르 왕조가 망했다. 그는 지팡이의 끝으로 모래 위에 그 왕조 마지막 왕의 이름을 쓰고는 다시 일을 계속했다. 그가 지팡이를 매끄럽게 다듬어놓았을 때 칼파는 이미 북극성이 아니었다. 그리고 그가 지팡이 끝에 쇠붙이를 달고 보석으로 장식된 지팡이의 손잡이 부분을 달았을 때는 브라흐마 신은 수없이 잠이 들었다 깼던 것이다. 그런데 지금 내가 왜 이런 이야기를 하는 것인가?

그의 작품에 마지막 손길이 가해지자 지팡이는 깜짝 놀라는 장인의 눈앞에서 브라흐마 신의 창조물 가운데 가장 아름다운 것으로 승화되어 갔다. 그는 지팡이를 만드는 가운데 새로운 체계, 충실하고도 균형 잡힌 새로운 세계를 만들어낸 것이다. 그리고 옛 도시들과 왕조들은 사라졌지만 그보다도 더 아름답고 영광스러운 도시들과 왕조들이 그 안에 자리를 잡고 있었다. 그리고 그제야 그는 발밑에 수북이 쌓여 있는 나무 깍은 부스러기를 내려다보았는데, 그것들이 아직도 생생한 것을 보고 이제까지의 시간의 경과는 단지 하나의 환각에 지나지 않았으며, 브라흐마 신의 두뇌에서 나온 한 섬광이 인간 두뇌의 부싯깃에 떨어져서 불붙은 시간에 지나지 않았다는 것을 깨달았다. 그의 재료가 순수했고 그의 기술도 순수했으니 그 결과가 경이로운 것 외에 무엇일 수 있겠는가?

우리가 어떤 사물에 부여하는 어떠한 표현도 진실만큼 우리에게 도움이 되지는 못한다. 오직 진실만이 모든 것을 견디어낸다. 대체로 우리는 우리가 있어야 할 곳에 있지 않고 거짓된 입장에 있다. 천성의 어떤 약함 때문에 우리는 하나의 사정을 지레짐작하고 우리를 그 속에 맞추어 넣어버린다. 그러므로 우리는 동시에 두 가지 사정에 처해 있으며, 거기서 빠져나오기란 두 배나 어려운 것이다.

정신이 온전할 때 우리는 사실만을, 즉 실제로 존재하는 사정만을 응시한다. 당신의 의무감으로 느끼는 것을 말하지 말고 진실로 내부에서 느끼는 것을 말하라. 어떤 진실도 거짓보다는 낫다. 땜장이 탐 하이드는 교수대에 섰을 때 무슨 할 말이 있느냐고 질문을 받았다. 그때 그는 다음과 같이 말했다고 한다. "재봉사들에게 최초의 한 바늘을 꿰매기 전에 실 끝을 매듭짓는 것을 잊지 말라고 전해주시오." 그 옆에서 기도를 드리고 있던 동료의 기도의 말은 전해져 있지 않다.

당신의 인생이 아무리 비천하더라도 그것을 똑바로 맞이해서 살아나가라. 그것을 피한다든가 욕하지는 마라. 그것은 당신 자신만큼 나쁘지는 않다. 당신이 가장 부유할 때 당신의 삶은 가장 빈곤하게 보인다. 흠을 잡는 사람은 천국에서도 흠을 잡을 것이다. 당신의 인생이 빈곤하더라도 그것을 사랑하라. 당신이 비록 구빈원의 신세를 지고 있더라도 그곳에서 유쾌하고 고무적이며 멋진 시간들을 가질 수 있다. 지는 해는 부자의 저택이나 마찬가지로 양로원의 창에도 밝게 비친다. 봄이 오면 양로원 문 앞의 눈도 역시 녹는다. 인생을 차분하게 바라보는 사람은 그런 곳에 살더라도 마치 궁전에 사는 것처럼 만족한 마음과 유쾌한 생각을 가질 수 있을 것이다.

때때로 마을의 가난한 사람들이 가장 독립적인 생활을 하는 것 같은 생각이 들 때가 있다. 어쩌면 그들은 기분을 상하지 않고 남의 도움을 받아들일 만큼 마음이 넓은 것인지도 모른다. 대부분의 마을 사람들은 자신들이 마을의 경제적 도움을 받는 것을 상상도 할 수 없는 일로 생각하고 있다. 하지만 그중 여러 사람들이 부정한 방법으로 돈을 벌어 생활하고 있으며, 그것은 훨씬 불명예스러운 일인 것이다.

샐비어 같은 약초를 가꾸듯 가난을 가꾸어라. 옷이든 친구이든 새로운 것을 얻으려고 너무 애쓰지 마라. 헌 옷은 뒤집어서 다시 짓고 옛 친구들에게로 돌아가라. 사물은 변하지 않는다. 변하는 것은 우리들이다.

옷은 팔더라도 생각은 그대로 간직하라. 신은 당신이 외롭지 않도록 보살펴 줄 것이다. 만약 내가 날마다 온종일 거미처럼 다락방의 한구석에 갇혀 있더라도 나의 생각만을 잃지 않는다면 세상이 조금이라도 좁아진 것으로 생각되지 않을 것이다. 철학자는 말했다. "3군(三軍)으로 된 군대라도 그 우두머리를 사로잡으면 무너뜨릴 수 있으나, 필부(匹夫)일지라도 그의 지조를 빼앗을 수는 없다"고.

자신을 개발하기 위하여 서두른 나머지 수많은 영향력에 자신을 내맡기지 마

라. 그것도 일종의 무절제이다. 겸손은 어둠이 그러하듯이 천상의 빛을 드러나게 한다. 가난과 옹색함의 그림자는 우리 주위에 드리워 있지만, "그런데 보라! 창조는 우리 시야에서 전개되어 간다."

부자로 유명했던 크로이소스 왕의 재산을 우리가 물려받는다 하더라도 우리의 목적은 전과 다름없을 것이며 우리의 수단 역시 본질적으로 크게 달라지지 않을 것이다. 당신이 가난하기 때문에 활동 범위의 제한을 받더라도, 예를 들어 책이나 신문을 살 수 없는 형편이 되더라도 당신은 가장 의미 있고 중요한 경험만을 갖도록 제한되는 것에 지나지 않는다. 당신은 가장 많은 당분과 가장 많은 전분을 내는 재료만을 다루도록 강요를 받게 된 것이다. 뼈 가까이에 있는 살이 맛있듯이 뼈 가까이의 검소한 생활도 멋진 것이다. 당신은 인생을 빈둥거리며 보내지 않도록 보호받게 된 것이다. 어떤 사람도 높은 수준의 정신생활을 하는 것으로 인해 낮은 차원에서 손해를 보지는 않는다. 남아돌아가는 부는 쓸모없는 것들밖에 살 수 없다. 영혼에게 필요한 단 한 가지의 필수품을 사는 데는 돈이 필요 없다.

...(중략)...

나는 내 자신의 본연의 자세에 돌아와서야 마음이 편한 사람이다. 나는 남의 눈에 잘 띄는 곳에서 다른 사람들과 함께 화려하게 과시하며 돌아다니기보다는, 가능하다면 우주를 창조한 분과 함께 거닐어보고 싶다. 그리고 이 들떠 있고 신경질적이며 어수선하고 천박한 19세기에 사는 것보다는 이 시대가 지나는 동안 서 있거나 앉아서 생각에 잠기고 싶다. 사람들은 무엇을 축하하고 있는 것인가? 그들은 모두 준비위원회의 자리 하나씩을 차지하고서는 매 시간마다 누군가가 연설하기를 기다리고 있다. 하느님도 그날의 사회자에 불과하며, 연설은 웹스터가 하게 되어있다.

나는 저울대에 매달려 자신의 무게를 달면서 균형을 잡다가 나를 가장 강하게 그리고 가장 정당하게 끌어당기는 인력에 의해 끌려가고 싶다. 저울대에 매달려 몸무게가 적게 나가려고 발버둥치고 싶지 않다. 어떤 사정을 지레짐작하는 것이 아니라 실제로 존재하는 사정만을 받아들이고 싶다. 나는 내가 갈 수 있는 유일한 길, 그 위에서는 그 어떤 권력도 나를 막을 수 없는 길을 가고 싶다. 단단한 토대를 쌓기도 전에 아치를 세우는 따위의 짓은 나에게는 아무런 기쁨을 주지 못한다. 살얼음판에서 벌이는 아이들 장난은 그만두도록 하자. 어느 곳이든지 단단한 밑바닥은 있다.

어떤 나그네가 한 소년에게 자기 앞에 있는 늪의 밑바닥이 단단한지 아닌지를 물어보았다는 얘기를 어디선가 읽은 적이 있다. 소년은 밑바닥이 단단하다고 대답했다. 그 말을 듣고 앞으로 나간 나그네의 말은 이내 복대끈까지 빠져들어 갔다. 나그네는 소년에게 물었다. "너 이 늪의 밑바닥이 단단하다고 하지 않았느냐?" 소년은 대답했다. "밑바닥은 정말 단단해요. 하지만 아저씨는 아직 절반도 못 들어가셨어요."

4

도달할 수 없는 유토피아

올더스 헉슬리의 『멋진 신세계』, 이덕형 옮김, (문예출판사, 1998).

"여러분은 노예 신분이 좋습니까?" 그들이 병원으로 들어갔을 때 야만인이 말하고 있었다. 그의 얼굴은 붉게 상기되어 있었고, 눈망울은 정열과 분노로 빛나고 있었다. "여러분은 갓난아기 상태가 좋습니까? 그렇습니다. 여러분은 갓난아기들입니다. 보채고 앵앵 우는 젖먹이들입니다." 야만인은 그들의 짐승 같은 우둔성에 대해 어찌나 분개했던지 자신이 구해주러 온 대상인 그들에게 모욕적인 언사를 퍼붓고 있었다. 모욕적인 언사는 거북등과 같은 완강한 그들의 우둔성 앞에서 무력한 메아리처럼 되 튕겨 왔다. 그들은 분노에 찬 표정을 눈에 담고 야만인을 멍하고 침울하게 응시할 뿐이었다. "당신들은 자유롭고 인간답게 살고 싶지 않습니까? 인간다움과 자유가 무엇인지도 모릅니까? 그렇다면 좋습니다. 내가 가르쳐 주겠습니다. 당신들이 원하든 원하지 않든 당신들을 자유롭게 해주겠습니다." 그리고는 병원의 안뜰로 향한 창문을 열더니 약상자를 열고 소마 알약을 한 주먹씩 꺼내어 던지기 시작했다. 카키색의 군중들은 이 오만한 신성모독에 놀라움과 공포로 말을 잃고 돌처럼 굳어 버렸다.

"미쳤군." 버나드는 눈을 휘둥그렇게 뜬 채 속삭였다. "저들이 그를 죽일 거야. 죽일 거야." 군중들로부터 요란한 함성이 터져 나왔다. 야만인을 향하여 무서운 인파가 몰려들었다. 위협적인 물결이었다. "포드님, 그를 구해 주소서!" 버나드는 기도하고 눈을 외면했다. "포드는 스스로 돕는 자를 돕는 법" 헬름홀츠 왓슨이 말하며 웃었다. 아니 웃음을 머금은 채 군중을 헤치며 뛰어들었다. "자유! 자유!" 야만인은 외치며 한 손으로는 계속 소마를 밖으로 내던지고 다른 손으로는 공격해 오는 군중의 얼굴을 후려갈기고 있었다. "자유다!" 하고 다시 외칠 때 갑자기 그의 옆에 헬름홀츠가 와 있었다. "착한 헬름홀츠!" 그는 여전히 주먹질을 멈추지 않으며 그를 반겼다. "마침내 인간이 된 거야!" 그러는 동안에도 열린 창문을 통해 한줌씩 소마를 버렸다. "그렇다. 이제 인간들이 되었어! 인간이!" 이제 독약은 하나도 남지 않았다. 그는 약상자를 들어 군중에게 텅 빈 속을 보여주었다. "여러분은 자유로워진 것입니다!" 델타 계급들은 전보다 배가된 분노를 느끼며 포효하며 공격해 왔다.

…(중략)…

갑자기 인조음악기로부터 어떤 목소리가 이야기를 시작했다. '이성의 목소리', '우정의 목소리'였다. 녹음테이프가 회전하기 시작하더니 합성폭동진압연설 제2호(강도는 중간)가 시작되었다. 실재하지 않는 인간이 가슴 깊은 곳으로부터 곧바로 "나의 친구들아! 나의 친구들아!"하고 그 목소리는 애조를 띤 채, 무한히 부드러운 질책을 담고 이야기하고 있었기 때문에 가스 마스크를 쓴 경찰관의 눈에도 일순간 눈물이 고였다. "이게 도대체 무슨 일입니까? 왜 여러분들은 함께 행복하고 우애롭게 살지 못하는 겁니까? 행복하고 우애롭게." 그 목소리는 그 어휘를 반복했다. "진정하세요. 진정하세요." 그 목소리는 떨리며 속삭임으로 줄어들었다가 순간적으로 끊어졌다. "오오, 나는 여러분들이 행복하기를 바라고 있습니다." 다시 그 목소리는 간절한 열의로 이야기를 시작했다. "나는 여러분들이 착한 마음을 갖기를 바랍니다. 제발 착하게 우애를 나누세요."

2분 후 그 목소리와 소마의 살포가 효과를 발휘했다. 델타 계급들은 눈물을 흘리며 서로 껴안고 키스를 나누고 있었다. 한꺼번에 여섯 명 정도의 쌍둥이들이 한 덩어리가 되어 포옹했다. 심지어 헬름홀츠와 야만인도 울상이 되어 버렸다. 출납계로부터 다시 새로운 소마 상자를 가져왔다. 급속히 배급이 진행되었다. 또한 애정이 담긴 그 목소리가 바리톤으로 고별사를 말할 때 쌍둥이들은 가슴이 터져라 울음을 터뜨리면서 흩어졌다. "안녕히 가십시오. 나의 소중한 친구들이여, 포드님의 가호가 있기를! 안녕히 가십시오. 나의 소중한 친구들이여, 포드님의 가호가 있기를!" 델타 계급의 마지막 사람까지 빠져 나갔을 때 경찰관은 스위치를 껐다. 천사의 음성이 중단되었다. "잠자코 따라오겠습니까?" 수사부장이 물었다. "아니면 마취를 할까요?" 그가 위협적으로 물 권총을 가리켰다. "순순히 따라가겠습니다." 야만인은 터진 입술과 할퀸 자국이 난 목과 물어뜯긴 왼팔을 어루만지며 대답했다.

...(중략)...

"예로 이 책을 택해 볼까?" 그는 깊은 목소리로 다시 읽기 시작했다. "인간은 늙는다. 따라서 노년에 수반되는 쇠약, 무기력, 불쾌감 같은 어쩔 수 없는 느낌을 자신 속에서 체험하게 된다. 이런 느낌을 느낄 때 인간은 단순히 질병에 걸렸다고 상상하며 이런 고통스러운 상태는 무슨 특별한 원인에 기인한다는 생각을 가지고 자신의 공포심을 달래면서 이러한 상태도 질병으로부터 회복되듯 곧 탈피하게 될 것이라고 기대한다. 그것은 바보 같은 상상이다! 그 질병은 노령인 것이다. 노령이란 무서운 병이다. 인간들이 나이가 듦에 따라 종교를 찾게 되는 것은 죽음에 대한 공포와 죽은 뒤에 일어날 것에 대한 공포 때문이라고 사람들은 말한다. 그러나 내 자신의 경험이 안겨 준 확신에 의하면, 그러한 공포나 상상과는 아무런 관계없이 종교적 감정은 나이를 먹음에 따라 저절로 성장하는 경향이 있는 실체인 것이다. 격정이 진정되고 공상과 감수성이 이전보다 흥분되지 않고 또 자극적인 경향을 잃어감에 따라, 우리의 이성은 그 활동에 있어 침착하게 되고, 전에는 심취되고 말았던 상상이나 욕망이나 기분전환 등에 의해 흐려지던 상태에서 벗어나게 됨에 따라 종교 감정이 성장하게 되는 것이다. 거기에서 신이 마치 구름 뒤편으로부터 나오듯 자태를 드러내게 된다. 우리의 영혼은 모든 빛의 원천을 느끼고 보고 그곳으로 향하게 된다. 그곳으로 눈을 돌리는 것은 자연스럽고 불가피하다. 왜냐하면 감각의 세계에다 그 생명과 매력을 주었던 것이 우리로부터 새어나가기 시작하고 현상세계가 이제 내부로부터 그리고 외부로부터 인상에 의해 지탱될 수 없는 것으로 되기 때문에, 우리는 영속성이 있는 무엇, 우리를 배신하지 않을 무엇, 다시 말해 실체, 절대적이면서 항구적인 진리 같은 어떤 것에 의지할 필요성을 느끼게 되는 것이다. 그렇다. 우리는 어쩔 수 없이 신에게 눈을 돌리지 않으면 안 된다. 이러한 종교적 감정은 성질상 그것을 경험하는 영혼에게는 순수한 것이고 매우 행복한 것이기 때문에 모든 여타의 손실을 우리에게 보상해 주는 것이다." 무스타파 몬드는 책을 덮고 의자에 기댔다. "하늘과 땅 위에 존재하는 수많은 것 중에서 이들 철학자들이 꿈도 꾸지 못한 한 가지가 있는데, 그건 이것이야." 그가 손을 내저었다. "바로 우리들, 즉 현대 세계야. '앞길이 창창한 젊은 시절에만 신에 의존하지 않는다. 신으로부터의 독립은 최후까지 인간을 안전하게 인도하지 못한다'고 말하고 있었지? 그런데 우리는 지금 죽을 때까지 청춘과 번영을 잃지 않게 되었단 말일세. 그 결과가 무엇이냐고? 분명 우리는 신으로부터 독립할 수 있게 된 걸세. '종교적 감정이 모든 손실을 보상해 줄 것이다'라고 기술하고 있네만 우리에겐 보상할 손실이란 것이 없는 형편인 걸. 종교적 감정은 쓸데없는 것이 되고 말았어. 젊음의 욕망이 쇠퇴하지 않는 마당에 왜 구태여 그것의 대용품을 찾아 나서겠는가? 최후까지 옛날의 모든 바보스러운 유희를 즐길 수 있는데, 무엇 때문에 기분 전환의 대용품을 찾아 나서겠는가? 우리의 심신이 계속적으로 활동의 기쁨을 누리는 마당에 왜 휴식할 필요가 있겠나? 소마가 있는데 위안이 무슨 소용이란 말인가? 사회의 질서가 있는데 불변부동의 그 무엇이 왜 필요하겠는가?"

"그럼 총통께선 신이 없다고 생각하십니까?"

"아니 아마 하나쯤 있을 거라고 생각하고 있네."

"그러면 왜…"

무스타파 몬드는 말을 막았다.

"그런데 신은 인간에 따라 다른 모습으로 자신을 드러내는 걸세. 근세 이전의 시대에는 이들 책 속에 묘사된 존재로서 그 자신을 드러냈던 거야. 지금은…"

"지금은 어떤 형태로 나타납니까?" 야만인이 물었다.

"글쎄… 그것은 무(無)의 형태를 취하고 있지. 마치 존재하지 않는 것처럼."

"그것은 총통님의 잘못입니다."

"문명의 잘못이라고 부르게. 신은 기계나 발달된 의약품이나 보편적 행복과는 양립할 수 없는 걸세. 자네도 선택을 해야 하네. 우리의 문명은 기계와 의약품과 행복을 택한 것일세. 그래서 나는 이러한 서적들을 계속 이 금고에 처박아 두었던 것일세. 이것들은 추잡한 것이야. 사람들은 아마도 충격을 느낄 걸세. 만일…", "하지만 신이 존재한다고 느끼는 것은 자연스러운 일이 아닙니까?", "바지를 지퍼로 올렸다 내렸다 하는 것이 자연스럽지 않느냐고 묻는 편이 낫겠

네." 총통은 야유적으로 말했다. "자네 말을 듣고 있으니까 브래들리라는 이름의 옛날 사람이 생각나는군. 그 사람은 철학이란 인간이 본능적으로 믿는 것에 형편없는 이유를 붙이는 학문이라고 정의했던 사람이었네. 인간은 본능적으로 무엇이나 믿는다는 투였지. 사실 인간이 어떤 것을 믿게 되는 것은 그렇게 믿도록 조건이 주어지기 때문이야. 인간이 어떤 그릇된 이유로 무엇을 믿게 될 때 그에 대한 다른 엉터리 이유를 발견하는 것, 이것이 철학이란 것이야. 인간이 신을 믿는 것은 신을 믿도록 조건 지워지기 때문이야."

"하지만 여하튼." 야만인이 주장했다.

"인간이 홀로 있을 때 가령 밤에 혼자서 죽음을 생각할 때 신을 믿는 것은 자연스러운 일입니다."

"그렇지만 현재의 인간은 절대로 혼자가 아니거든." 무스타파 몬드가 말했다. "우리는 인간들로 하여금 증오하도록 만들고 있네. 고독을 갖지 못하도록 그들의 생활을 설계하고 있는 걸세."

야만인은 침울하게 고개를 끄덕였다. 멜파이스에서는 프에블로족의 촌락활동으로부터 추방되었기 때문에 그로 인해 그는 많은 고통을 겪었었다. 그러나 이곳 문명화된 런던에서는 사회활동으로부터 벗어나 혼자 있을 수 있는 길이 없기 때문에 고통을 겪고 있는 셈이다.

"『리어왕』 속에 이런 장면이 기억나십니까? 야만인이 마침내 입을 열었다.

"'신은 공평하다. 우리의 쾌락적인 악덕을 재료로 우리를 괴롭히는 연장을 만드신다. 너를 낳은 어둡고 사악한 장소가 그의 두 눈을 잃게 한 것이다' 여기에서 에드먼드가 답하기를 - 총통께서도 그가 부상을 입고 죽어가는 장면을 기억하실 겁니다 - '하긴 너의 말이 맞구나. 인과의 수레가 한 바퀴 완전히 돌았구나. 그리하여 내가 여기에 있구나'[『리어왕』 5막 3장중에서] 여기를 어떻게 생각하십니까? 사물을 관장하고 벌하고 포상하는 신이 있는 것 같지 않습니까?"

"그래?" 이번에는 총통이 질문했다.

"임신하지 않는 여자와 아무리 많은 쾌락의 외도를 즐겨도 자네는 자네 아들의 애인에 의해 눈알을 빼앗길 염려는 없을 걸세. '인과의 수레바퀴는 한 바퀴 회전해서 내가 여기 왔도다'라고 말하고 있네만 오늘날 에드먼드가 어디 있겠나? 푹신한 의자에 앉아 팔로 여자의 허리를 감아 안고 성호르몬이 든 껌을 씹으며 촉감영화를 보고 있을 걸세. 신이 공평한 것은 의심할 여지가 없네. 그러나 신의 계율은 결국 사회를 구성하는 인간들이 규정하는 것일세. 신의 섭리도 인간으로부터 얻는 것이야."

"틀림없습니까?" 야만인이 물었다.

"푹신한 의자에 앉아 있는 에드먼드가 부상을 입고 피를 흘리며 죽어가는 에드먼드만큼 가혹한 형벌을 받지 않는다고 확신하십니까? 신은 공평합니다. 신은 인간으로 하여금 타락시키게끔 하는 수단으로 인간의 사악한 쾌락을 사용한 것이 아닐까요?"

"어떤 위치로부터 타락시킨단 말인가? 행복하고 열심히 일하고 상품을 소비하는 시민으로서 인간은 완전무결해. 물론 자네가 우리의 기준이 아닌 다른 기준을 택한다면 인간은 타락했다고 말할 수 있겠지. 그러나 일관성이 있는 기준을 고수해야 하네."

"하지만 가치라는 것은 인간의 개인 의지로 결정되는 것이 아닙니다." 하고 야만인이 말했다.

"물건의 가치는 가치를 부여하는 사람에 의해서 뿐 아니라 그 자체가 귀한 것일 때 가치와 권위가 붙는 것입니다."[『트로일로스와 크레시다』 2막 2장중에서]

"이봐, 이봐, 그건 이야기가 지나치지 않은가?" 무스타파 몬드가 항의했다.

"총통 각하께서 스스로 신을 생각하신다면 탈선적인 쾌락으로 타락하는 자신을 용납하지 않으실 텐데..., 총통께서는 인내와 용기를 가지고 일을 처리하는 것을 존중하실 겁니다. 나는 인디언들에게서 그 실례를 보았습니다."

"틀림없이 보았겠지." 무스타파 몬드가 말했다.

"그런데 우리는 인디언이 아니냐. 문명인은 불쾌하기 그지없는 어떤 일을 참을 필요가 없다네. 일을 성취하는 데도 말하자면 –그런 생각을 하는 것 자체를 포드님은 엄금하실 걸세. 인간들이 독자적으로 어떤 일을 하기 시작하면 모든 사회질서는 붕괴되고 말걸세."

"그러면 극기에 대해서는 어떻게 생각하십니까? 신을 갖는다면 극기할 이유가 있을 것 아닙니까?"

"산업문명은 극기가 없을 때 비로소 가능한 것이야. 위생학과 경제학이 허용하는 극한까지 방종에 빠지는 거야. 그렇지 않으면 세계의 바퀴는 회전이 중지되고 말 것이니까."

"순결을 지킬 이유는 있지 않습니까?" 그 단어를 발음하면서 약간 얼굴까지 붉히며 야만인이 말했다.

"순결은 정열을 의미하며 신경쇠약을 의미하는 거야. 그런데 정열과 신경쇠약은 불안정을 의미해. 그런데 불안정은 문명의 종말을 의미하지. 타락한 쾌락이 풍부하지 않고는 영속적인 문명은 기대할 수 없네."

"하지만 신은 모든 고귀하고 아름답고 비장한 것의 근거가 아닙니까? 만일 신이 있다면...", "젊은 친구" 무스타파 몬드가 말했다. "문명은 고귀함이나 비장함을 전혀 필요로 하지 않는 것일세. 그러한 것은 정치적 비능률을 나타내는 징후일 뿐이야. 우리처럼 적절히 조직된 사회에서는 그 누구에게도 고귀하고 영웅적이 될 기회란 있을 수 없는 걸세. 그러한 계기가 발생하기 전에 여건이 지극히 불안정한 상태가 되겠지. 전쟁이 일어나거나 어느 쪽에 충성을 맹세할지 모르는 경우이거나 저항해야 할 유혹이 있거나 쟁취하거나 방어할 사랑의 대상이 있는 경우, 그런 경우가 생긴다면 틀림없이 고귀함과 비장함도 어떤 의미를 가질 거야. 그렇지만 오늘날엔 전쟁이 없단 말일세. 어떤 사람이 어떤 사람을 지나치게 사랑하는 일이 발생하지 않도록 우리는 최대의 신경을 쓰고 있는 중일세. 어느 쪽에 충성을 맹세할 것인가 하는 문제는 일어나지 않고 있어. 마땅히 해야 할 일을 하지 않을 수 없도록 조건반사 훈련이 되어 있단 말일세. 또한 해야 할 일이라는 것은 대체로 매우 유쾌한 것이며 여러 가지 자연적인 충동은 모두 자유롭게 만족되기 때문에 저항할 유혹이란 것이 존재하지 않는다는 것이지. 만일 불행한 우연으로 인해 어떤 불쾌한 사태가 일어나면 그러한 상황으로부터 도피시켜 줄 소마가 항상 준비되어 있네. 분노를 진정시키고 적과 화해시키고, 인내하고 수난을 참도록 하는 소마가 있다 이 말이야. 옛날에는 대단히 어려운 노력을 거치고 오랜 수양을 쌓아야 겨우 도달되는 미덕이었지. 그러나 이제 반 그램짜리 두세 알만 삼키면 그러한 수양의 경지에 도달한다는 말일세. 이제 누구나 군자가 될 수 있다네. 그러니까 덕성(德性)의 반은 적어도 병 속에 지참하고 다닐 수 있다는 이야기야. 참회의 눈물을 흘리지 않고도 기독교 정신을 터득하는 것, 그것이 소마의 본질일세.", "하지만 눈물은 필요한 것입니다. 오셀로의 말을 기억하시죠? '만일 폭풍이 지난 후 이러한 평온이 찾아오는 것이라면 사자(死者)의 눈을 뜨게 할 때까지 바람아 부소서[『오셀로』 2막 1장 중에서]라는 대목 말입니다. 인디언들이 우리에게 들려주던 이야기가 하나 있습니다. 마타스키의 소녀에 대한 이야기입니다. 이 소녀와 결혼하고 싶은 청년들은 소녀의 집 정원에서 한나절 동안 호미질을 해야 했습니다. 이것은 손쉬운 일 같았지만 뜰에는 파리와 모기들이 있었는데, 그것들은 마법의 파리와 모기였습니다. 그래서 대부분의 청년들은 물리고 찔리는 아픔을 참지 못했지만, 참고 견딘 청년이 있어서 그 소녀와 결혼했다는 이야기입니다.", "참으로 멋있는 이야기야! 하지만 문명국에서는" 총통이 말했다. "여기서는 호미질을 하지 않고도 여자를 얻을 수 있네. 또한 물어뜯을 파리도 모기도 없어. 벌써 몇 세기 전에 그것들을 박멸해 버렸으니까." 야만인은 찡그리며 고개를 끄덕였다. "전부 박멸시켰군요. 총통다운 이야기십니다. 불쾌감을 안겨 주는 것이면 참는 법을 배우는 것이 아니라 모두 제거한다는 말씀이시군요. '포악한 운명의 팔매나 화살을 참을 것인가 아니면 고난의 바다를 향해 무기를 들고 싸워 그것을 근절할 것인가, 그 어느 쪽이 우리의 정신에 유익할 것인가?'[『햄릿』 3막 1장 중에서] 그러나 총통께선 그 어느 쪽도 하지 않고 있는 것입니다. 인내도 저항도 하지 않고 계십니다. 돌팔매나 화살을 그냥 포기할 뿐입니다. 그것은 너무 안이하군요."

...(중략)...

"당신들에게 필요한 것은 어떤 변화를 위해 눈물이 따르는 그 무엇일 것입니다" 하고 야만인은 말을 계속했다. "이곳에는 희생을 치를 가치가 있는 것이 전혀 없습니다. 썩어 버리고 말 보잘것없는 육신을 운명과 죽음과 위험에 내맡기고 겨우 계란 껍질 한 개를 얻는다는 것.[『햄릿』 4막 5장 중에서] 이런 처사에도 무언가가 있는 것이 아닙니까?" 그는 무스타파 몬드를 바라보며 물었다. "신이라는 문제는 관두고라도 말입니다. 물론 신은 그런 행위를 할 만한 충분한 근거가 되겠습니다만, 위험 속에서 삶을 산다는 것에도 무슨 의미가 있지 않을까요?", "큰 의미가 있는 것이야." 총통이 대답했다. "남녀들은 때로 아드레날린의 자극이 필요하니까.", "네?" 야만인은 무슨 말인지 몰라서 물었다. "그것은 완전한 건강을 위한 한 가지 조건이야. 그래서 우리는 V.P.S 요법을 강제로 시행하고 있는 것일세.", "V.P.S 라고요?", "격정대용약(Violent Passion Surrogate)이란 뜻이야. 매월 1회씩 정규적으로 복용하지. 신체의 모든 조직에 아드레날린을 충만 시키는 요법일세. 공포와 분노의 효과를 가져 오는 완전한 생리학적 대용물일세. 데스데모나를 살해하고 오셀로에 의해 살해당하는 것 같은 강장제적 효과를 얻으면서도 전혀 불편한 일이 일어나지 않거든.", "하지만 저는 불편한 것을 좋아합니다.", "우리는 그렇지 않아." 총통이 말했다. "우리는 여건을 안락하게 만들기를 좋아하네.", "하지만 저는 안락을 원치 않습니다. 저는 신을 원합니다. 시와 진정한 위험과 자유와 선을 원합니다.", "그러니까 자네는 불행해질 권리를 요구하고 있군 그래.", "그렇게 말씀하셔도 좋습니다." 야만인은 반항적으로 말했다. "불행해질 권리를 요구합니다.", "그렇다면 말할 것도 없이 나이를 먹어 추해지는 권리, 매독과 암에 걸릴 권리, 먹을 것이 떨어지는 권리, 내일 무슨 일이 일어날지 몰라서 끊임없이 불안에 떨 권리, 온갖 표현할 수 없는 고민에 시달릴 권리도 요구하겠지?" 긴 침묵이 흘렀다. "저는 그 모든 것을 요구합니다." 야만인이 마침내 입을 열었다. 무스타파 몬드는 어깨를 추슬렀다. "마음대로 하게"하고 그가 말했다.

5

생명을 보존하는 방법

장주의 『장자』, 박일봉 옮김, (육문사, 2000).

생명을 안락하게 하는 근본

우리 인간의 일생은 유한한데, 그 알아야 할 것은 무한히 많다. 유한한 일생으로 무한한 사물의 일(物事)을 다 알려고 애쓰면, 인생을 허비하게 될 뿐이다. 그럼에도 불구하고, 지혜를 쓰려고 하는 자는, 전적으로 일생을 망치려는 것이다. 그러므로 좋은 일을 행해도, 세상의 좋은 평판을 얻지 않게 하고 나쁜 일을 행해도 형벌을 받지 않게 하는 것처럼, 어느 쪽에도 치우치지 않고 자신의 내면인 것을 법으로 삼으면, 타인으로부터 비난받지 않고 자신을 지키는 것도, 화(禍) 없이 생명을 안전하게 하는 것도, 일가를 평화롭게 하여 부모를 섬기는 것도, 타고난 수명을 다하는 것도 가능하다.

...(중략)...

지극한 즐거움

이 세상에는 참된 즐거움이라는 것이 있을까, 아니면 없을까? 즐거움 외에, 몸을 편안하게 보전할 수가 있는 것이 따로 있을까, 아니면 없을까? 대체 지금, 사람은 무엇을 행하고 무엇을 그만두며, 무엇을 피하고 무엇에 접근하며, 무엇에 나아가고 무엇을 버려, 결국 무엇을 즐거워하고 무엇을 싫어해야 옳을까?

대저, 이 세상의 사람들이 인생에 있어서 가장 가치 있는 것으로 귀히 여기는 것은, 재산의 많음·신분의 고귀함·장수·높은 명예이다. 가장 즐거운 것으로서 여기고 있는 것은, 신체의 안락함·맛있는 음식물·아름다운 의복·마음에 드는 여자·즐거운 음악이다. 또, 가장 업신여기는 것은, 가난함·신분이 낮은 것·일찍 죽는 것·악평이다. 가장 고통스럽게 여기는 것은, 신체의 안락함을 얻지 못하는 것·맛있는 음식을 먹지 못하는 것·아름다운 의복을 몸에 걸치지 못하는 것·마음에 드는 여자를 보지 못하는 것·즐거운 음악을 듣지 못하는 것이다. 이와 같이 하여 사람들은 몸을 안락하게 보전하려고 하는데, 이 얼마나 어리석은 일인가!

대저, 부유한 자는, 자신의 몸을 혹사시키며 부지런히 일하여 재산을 많이 모으지만 그것을 다 쓰지도 못한다. 이와 같이 하여 몸을 안락하게 보전하려 하는 것은, 말할 것도 없이 도(道)에 위배된다. 신분이 높은 자는, 밤낮을 이어 한 순간도 쉴 틈이 없이 物事의 선악을 생각한다. 이와 같이 하여 몸을 안락하게 보전하려 하는 것은, 말할 것도 없이 생각이 부족한 것이다. 사람의 인생이란, 끊임없이 걱정스런 일과 함께 살아가는 것이다. 그래서 수명이 긴 자는 늘 멍청한 상태로 언제까지나 걱정만을 할 뿐 죽음이란 안식(安息)에 나아가지도 못하는 것이다. 이 얼마나 괴롭겠는가! 이렇게 하여 몸을 안락하게 보전하려고 하는 것은, 말할 것도 없이 도(道)로부터 너무나도 동떨어져 있는 것이다. 또, 공적(功績)을 올린 열사(烈士)는, 천하의 사람들로부터는 훌륭하다고 극구 칭송을 받기는 하지만, 자신의 몸을 살릴 수는 없다. 따라서 나로서는, 그것이 진정 선(善)한 것인지, 아니면 사실은 불선(不善)한 것인지 알 수가 없다. 만일 그것이 선(善)이라고 하면, 그 선은 자신의 몸을 살릴 수가 없다. 그렇지 않고 그것은 실은 불선(不善)이라고 하면, 그것이 다른 사람을 살리게 하는 것이다. 그래서 '성의(誠意)를 다한 간언(諫言)은 받아들여지지 않는다. 겸양하여 자신을 낮추어 善을 다투려 하지 않는 것이 좋다'라고 하는 것이다. 그 증거로, 오자서(伍子胥)가 오왕(吳王)과 善을 논쟁하였기 때문에 죽음을 당했던 것을 들 수 있다. 그렇지만, 善을 다투지 않았다면, 伍子胥의 열사(烈士)라고 하는 명성은 없었을 것이다. 이런 사실에서 생각해 보면, 참으로 훌륭한 공이라는 것이 있는 것일까? 그렇지 않은 것일까?

지금, 세상 사람들은 앞에서 말한 것들을 애써 구하며 그 즐거움으로 삼고 있는 것을 얻으려고 하는데, 나는, 그 즐거움으로 삼고 있는 것이 참으로 즐거운 것인지 아니면 즐거운 것이 아닌지 알 수 없다. 세상 사람이 즐거워하는 모습을 보면, 사람들은 모두 떼를 이루어 즐거움을 향해 내달려, 그 쏜살같이 달리는 기세는 도저히 멈추게 할 수가 없다. 이렇게까지 하며 모두들 즐겁다고 하지만, 나는 이것을 즐겁다고 생각하지 않는다. 단, 이따금 그 즐거움에 둘러싸이면, 나로서도 전혀 즐겁지 않다고 생각하는 것만은 아니다. 이렇게 보면, 진실로 즐거움이란 있는 것인가, 아니면 없는 것인가? 나는 무위(無爲)야말로 진정 즐거운 것이라고 생각한다. 그런데 이것을, 세상 사람들은 더없이 고통스러운 것으로 생각하고 있다. 그래서 '참된 즐거움에는 세속적인 즐거움이 없고, 참된 선공(善功)의 명성(名聲)에는 세속적인 칭찬이 없다'라고 하는 것이다.

세상에서 物事의 시비(是非)를 결정한다는 것은 참으로 곤란한 일이다. 그 까닭은, 무위(無爲)여야만이 시비를 결정할 수 있기 때문이다. 그래서 참으로 안락하게 몸을 보전하는 것도, 오직 무위에 의해서만이 가능할 것이다. 시험 삼아이 점에 관해 논해 보기로 하자. 하늘은 무위이기 때문에 日·月이 빛나며 맑음을 항상 지니고 있는 것이며, 대지는 무위이기 때문에 만물을 싣는 편안함을 늘 지니고 있는 것이다. 나아가, 天·地의 무위가 합치되어, 천지 사이에서 만물이 모든 성장과 발전을 이루는 것이다. 천지는 희미하고 미미한 것으로 아무것도 만들어 내지 않으며, 또 미미하고 희미하여 아무런 모습도 이루고 있지 않지만, 만물은 천지의 무위로부터 쑥쑥 자라나는 것이다. 그래서 '천지는 無爲이다, 그럼에도 모든 작용을 완수 한다'라고 하는 것이다. 이를 본받아, 누가 이 무위를 지킬 수 있을 것인가?

...(중략)...

삶과 운명에 통달한다면

인간의 참된 삶의 방법에 통달한 자는, 이미 살 수 없는데 무리하게 살려고 하지 않는다. 인간의 참된 운명에 통달한 자는, 인간의 지력(知力)으로는 어떻게 할 수 없는 것을 무리하게 하려 하지 않는다. 무릇, 인간은 몸을 기르지 않으면 안 되는데, 세상 사람들은, 그러기 위해서는 우선 物資를 획득하는 일이 중요하다고 생각하여, 그것을 얻고자 안달을 하며 애쓴다. 그렇지만, 物資가 여유 있더라도 신체를 편안하게 기를 수는 없는 것이다. 또, 인간의 생명을 유지하는 데에는 무엇보다도 신체를 생명으로부터 떨어지지 않도록 하는 것이 가장 중요하다고 생각하여, 온갖 수고를 다한다. 그런데, 신체가 떠나지 않더라도 참된 생명은 멸하는 일이 있다. 인간의 생명이 와 인간이 태어나는 것은 인간의 생각으로 간단히 물리칠 수 있는 일이 아니며, 그것이 떠나가 인간이 죽음을 맞는 것도 멈추게 할 수 있는 일이 아니다. 그럼에도 불구하고, 슬픈 일이도다. 세상의 사람들이 신체를 기르기만 하면 생명을 오래 보전할 수 있다고 생각하여 저토록 애를 쓰고 있으니……. 아무리 애를 써도 생명을 유지할 수 없기 때문에, 세상 사람들처럼 안달하며 애를 쓸 필요가 있겠는가! 결코 그런 짓을 할 필요가 없는데도, 모든 사람이 앞을 다투어 그렇게 하고 있는 것은, 세상이 관습으로부터 벗어나지 못하기 때문이다.

세상 사람들은 신체를 더없이 중요한 것으로 여기는데, 그런 일로부터 벗어나려면, 세상의 일을 버리는 것이 가장 좋다. 세상의 일을 버리면, 마음이 평안하게 된다. 되살아나면, 참된 생명이 완전히 실현되는 것이다. 어째서, 세상의 일을 버리고 삶의 영위를 잊지 않으면 안 되느냐 하면, 세상의 일을 버리면 신체를 고통스럽게 하며 무리하게 애쓰는 일이 없게 되고, 삶의 영위를 잊으면 무리하게 지력(知力)을 작용시켜 정기(精氣)를 손상시키는 일이 없게 되기 때문이다.

이렇게 하여 신체가 건전해지고 정기가 본디의 상태로 회복되면, 천지와 일체가 되어 자연 그대로 사는 것이 된다. 그 천지란, 만물을 생육(生育)시키는 부모로서, 그들의 기(氣)가 합하면 만물을 자라게 하는 광대한 하늘과 땅이라는 형태도 되고, 그들의 기(氣)가 널리 퍼지면 만물들이 제각기 성립되기도 하며, 자연스런 전개(展開)를 이루는 것이다. 그래서 인간도 그 근원으로 돌아가면, 신체도 정기도 아무런 손상을 받지 않고 자연스럽게 物事에 대응하면서 살아가게 되는데, 이것을 '능이(能移)'라 한다. 이 정기를 더욱더 밝혀 가면, 단순히 그 생명을 온전히 할 수 있을 뿐 아니라, 천지의 작용을 돕게 되는 것이다.

핵심 개념

① 생명

② 자연

③ 환경주의

④ 생태학

⑤ 사회생태론

⑥ 인간중심주의(anthropocentricism)

⑦ 지배문화(governing culture)

⑧ 소비문화

⑨ 무위(無爲)

⑩ 유토피아

기본 문제

(1) 생태계 위기를 가져온 근본적인 원인은 사회를 위계적 지배구조로 보았기 때문이다. '인간에 의한 자연지배는 인간에 의한 인간지배로부터 비롯된다'고 주장하는 머레이 북친의 사회생태론의 핵심 개념에 대해 자유롭게 논의해보자.

(2) 게리 스나이더는 야성의 상상력과 탐구 정신을 주장한다. 이를 실천하고자 했을 때 현대인이 지닌 한계와 어려움을 자유롭게 논의해보자.

(3) 소로우의 『월든』은 단순한 숲 생활의 기록이 아니라 자연의 예찬인 동시에 문명사회에 대한 통렬한 풍자이며, 그 어떤 것에 의해서도 구속받지 않으려는 한 자주적 인간의 독립 선언문이기도 하다. 소로우가 말하고 있는 문명

사회에 대한 비판적 관점을 논의해보자.

(4) 『멋진 신세계』는 과학의 진보와 기계문명의 발달이 역설적이게도 인간을 노예화시켜 인간적 가치와 존엄성 상실이라는 비극을 묘사한 소설이다. 이러한 풍자는 오늘날 현대문명의 위기 상황에 시사하는 부분이 있다. 이와 관련된 구체적인 사례들을 찾아보고 논의해보자.

심화 문제

인간에게 자연이란 무엇인가? 인간은 과연 자연 속에서 어떠한 존재인가? 이러한 물음들은 인간과 자연의 관계에 관한 다양한 논의들을 발전시켜 오고 있다. 가령 환경주의, 생태주의, 사회생태주의, 생명사상 등 여러 각도에서 질문과 해답이 모색되어져 왔다. 그렇다면 지금까지 어떠한 논의들이 있어왔으며 그 핵심 내용은 무엇인지 다각적으로 찾아보고 그 의의와 한계를 이해해보자.

더 읽어볼 책

(1) 김경수 지음, 『노자 생명사상의 현대적 담론』, 문사철, 2010.

(2) 머레이 북친, 서유석 옮김, 『사회적 생태론과 코뮌주의』, 메이데이. 2012.

(3) 루이스 토마스 지음, 강만식 옮김, 『세포라는 대우주: 한 생물학자의 관찰기록』, 법양사, 1981.

(4) 이경숙, 박재순, 차옥숭 지음, 『한국 생명 사상의 뿌리』, 이화여자대학교출판부, 2001.

(5) 장 지오노 지음, 김경온 옮김, 『나무를 심은 사람』, 두레, 2005.

(6) 장진기 지음, 『슬픈 지구』, 문학들, 2016.

(7) 표트르 A. 크로포트킨 지음, 김훈 옮김, 『만물은 서로 돕는다』, 여름언덕, 2015.

(8) 헬레나 노르베리 호지 지음, 양희승 옮김, 『오래된 미래』, 중앙북스, 2007.

제8장 인문강좌 토의·토론

• 들어가는 말

1. 토의·토론의 이해
2. 토의·토론의 기본 전제
3. 토의·토론의 핵심 요소
4. 토론의 필수 쟁점
5. 토의·토론의 실제

제8장 인문강좌 토의·토론

들어가는 말

오늘날 세계는 과학기술의 진보와 더불어 정보화 및 글로벌화가 가속화되고 있다. 그러나 기술의 발전이 가져다줄 낙관적인 유토피아의 이면에 인간이 설 자리를 잃어가는 음울한 디스토피아의 그림자를 지울 수가 없다. 사람과 사람, 국가와 국가 간의 물리적 거리와 한계는 비약적인 기술발전으로 극복되어 왔지만, 역설적이게도 개인이나 집단, 국가 간의 갈등과 분쟁은 나날이 심화되고 상호이해와 소통의 어려움은 커져만 가고 있다. 급격한 사회·문화·환경 등의 변화 속에 소외되고 고립되어 가는 사람이 늘어가고, 세계 각지에서는 크고 작은 사건들이 끊이지 않는다. 가깝게는 자신이 속한 지역 사회에서부터 멀리 지구 반대편에 있는 나라에 이르기까지 오늘날 세계 각지에서 발생하는 무수한 사건들은 더 이상 개인과 무관하지 않다. 한층 더 가깝고 긴밀해진 세계의 일부로서 개인은 공동체가 당면한 문제들에 대해 관심과 이해를 기울여야할 것이다. 또한 공동체의 보다 나은 미래를 모색하기 위하여 공동체 구성원 간에 유연하고 합리적인 커뮤니케이션, 즉 의사소통을 통한 협력이 필요불가결하다. 제4차 산업혁명이라는 불확실한 시대의 도래를 목전에 두고 있는 현재, 인간의 상호 협력과 소통 능력은 그 어느 때보다 더 절실히 요구되는 상황이다.

특히 사회와 국가, 세계를 이끌어갈 세계 시민으로서의 교양인을 양성하는 대학에서 이러한 소통능력을 함양하는 데 가장 적절한 교육방식은 토의와 토론이라 할 수 있다. 인간의 삶에 있어서 우선해야할 도덕적인 가치를 비롯해 정치, 경제, 사회 등 공동의 합의가 필요한 주요 현안에 대해 집중적으로 탐구하고 자신의 주장을 합리적인 근거와 형식, 절차에 따라 제시하는 훈련을 통해 리더십과 민주적인 의사결정과정을 익힐 수 있다. 토의와 토론의 과정은 자신과 입장이 다르거나 소수의 의견이라 할지라도 합리적인 견해라면 귀를 기울이고 다양성을 인정하며 존중하는 태도를 자연스럽게 체득함으로써 건전한 의사소통 능력을 배양하는 최적의 방안이기 때문이다.

본 장에서는 토의와 토론의 개념 및 전제, 논증 요소 등 기초적 사항을 개관하고 수업에서 실제로 활용할 수 있는 몇 가지 토의·토론의 방식을 제시하고자 한다. 이러한 토의와 토론의 핵심 개념과 절차를 이해하고 실습을 통해 체득하는 과정에서 학생들은 다양한 소양을 기를 수 있게 된다.

우선, 학생들은 개인적 차원의 사적 말하기가 아닌, 공적인 장에서 공적 주제에 관해 말하는 훈련을 통해 사회적 존재로서의 자신을 보다 깊이 인식하게 된다. 개인을 넘어 공동체의 문제에 대해 관심과 이해의 폭을 넓히게 됨으로써 자신이 속한 사회를 객관적으로 바라보게 되면 사회 구성원으로서의 자신의 역할에 대해서도 자각하는 계기가 될 것이기 때문이다. 이러한 자각은 건전한 민주사회의 시민으로 성장하는 첫걸음이라 할 수 있다.

학생들은 한 주제에 관해 토의와 토론을 준비하며 자료를 수집하고 분석하여 통합하는 과정을 통해 논리적이고 비판적인 사고를 기르게 된다. 또한 사물을 총체적으로 파악하는 훈련을 통해 타인과의 의견을 교환하며 자신의 생각을 정교하게 다듬어간다. 그 과정을 거쳐 최종적으로 말로 표현해내는 일련의 과정은 결국 글쓰기 과정과도 많은 부분에서 연결된다.

아울러 토의와 토론 과정에서 구성원들 사이에 경험하게 되는 협력과 화합 혹은 갈등과 경쟁, 청중과의 상호작용 등을 통해 학생들은 자신에 대해 성찰하는 계기를 갖게 된다. 민주적이고 합리적인 토의·토론 절차에 따라 규칙과 예절을 익히는 과정은 다양성과 차이를 인정하는 관용의 미덕을 체득해가는 과정이기도 하다.

1

토의·토론의 이해

토의나 토론을 한다는 것은 자신의 주장에 대한 이유를 제시하는 것이기도 하다. 왜 우리는 주장을 할 때 이유를 제시하는 것일까? 그것은 자신이 믿고 있는 것을 상대방도 믿게 하고 싶기 때문일 것이다. 이미 기정사실화 되어 있거나 절대적인 진리는 토론의 대상이 아니다. 불확실하고 확정적이지 않는 쟁점들을 대상으로 서로의 주장을 들어보고 상대방을 설득하거나 상대에게 설득되는 상호 과정이 바로 토론이다.

토의와 토론

자주 함께 거론되는 '토의'와 '토론'은 그 목적과 형식 등의 차이에 주목해서 양자를 구분하여 사용하는 것이 일반적이다. 토의(discussion)는 주어진 문제나 공동의 관심사를 해결하기 위해 여러 입장을 지닌 다수의 사람들이 서로의 견해를 교환하고 검토한 후 협의를 통해 결론을 도출해내는 의사 결정 방식이라 할 수 있다. 어느 한 편이 이기고 지기 보다는 의견 수렴을 통해 가장 바람직한 제3의 의견을 이끌어 낸다는 점에서, 찬반의 의견대립이 뚜렷한 토론(debate)과는 구별된다. 토의의 궁극적 목표는 협동적 사고를 통해 최선의 해결책을 마련하는 것이다. 그러므로 토의에 참여하는 사람들이 자유롭게 개진한 다양한 의견들을 취합하고 조율하는 대화의 정신이 요구된다. 학생들은 토의를 통해 문제 해결 능력을 함양하고 상호 소통의 중요성을 인식하게 될 것이다.

토론도 토의와 마찬가지로 현 상황에 대한 문제의식에서 출발한다. 그러나 서로 의견이 다른 이들이 찬반으로 나뉘어 팽팽하게 대립하며, 서로의 논리적 허점을 공격하고 자신의 주장을 조리 있게 밝혀서 상대를 설득하려 한다는 점에서 토론은 토의보다 논쟁적이다. 일상적인 생활에서 토론과 비슷한 의미로 사용되는 논쟁(argument)이란 단어는 종종 말다툼과 같은 부정적인 의미로 쓰이기도 하지만 토론과 같은 의미로 혼용되기도 한다. 토론은 좀 더 체계적인 형식을 갖추고 논리적인 개연성을 통해 상대방을 설득하고자 하는 논증(argumentation)의 형식을 빌려 주장을 전개해 나간다는 측면에서 논쟁과 구별된다고 할 수 있다.

토의·토론은 아주 보편적이고 오래된 인류의 의견교환 방식이긴 하지만 점점 고립화 되어가는 현대 사회에서 어떤 면에서는 위기에 처해 있는 방식이기도 하다. 토의·토론이 실제로 일상생활에 널리 퍼져 있고 모든 사람에게 충분히 익숙하다는 이유 때문에 오히려 쉽게 여기고 더 주의 깊게 공부해 보거나 관련 지식을 일부러 찾아 연마하지 않는 측면이 있다. 또한 종종 의견 차이 자체가 좁히기 힘든 것으로 취급되어, 결과적으로 타협, 심사숙고, 상호 이해와 같은 기회들이 약화되고 있는 것이 현실이다. 이 때문에 토의·토론은 의견 충돌의 해결책으로서 어쩌면 우리에게 그 어느 때보다도 더욱 필요한 삶의 기술이라 할 수 있다.

한편 토론은 수사학과 논리학 등 다양한 학문이 만나는 분야이기도 하다. 오늘날 수사학은 종종 겉치레, 공허함, 허풍 등의 부정적인 의미를 지니고 있기도 하지만 원래는 고대 그리스 시절부터 토론 상대방 혹은 청중을 염두에 두고 서로 어떻게 메시지를 효과적으로 주고받을 수 있는가를 탐구한 학문이었다. 또한 논리학에서는 근거와 논거로부터 결론을 이끌어내는 추론의 방식과 체계에 대해서 도움을 받을 수 있고, 문제를 주의 깊게 숙고하는 법도 배울 수 있다. 이 밖에도 토론의 과정 전체가 서로 질의응답을 주고받는 형식을 통해 이루어진다는 점에서 고대로부터 지식에 접근해가는 가장 일반적인 방식이었던 문답법 역시 토론의 한 축을 담당하고 있다.

설득

토론은 사람들이 서로 다른 입장에서 맞서는 과정인 동시에 상호 불일치의 해결을 모색하는 과정이다. 토론자들은 서로를 설득하려고 노력하지만, 동시에 상대방에게 영향을 받기도 한다. 아리스토텔레스는 남을 설득하기 위해서는 논리에 호소하는 로고스(Logos)뿐만 아니라 말하는 사람이 지닌 권위, 카리스마, 호감 등에 호소하는 에토스(Ethos)와 듣는 사람의 감정에 호소하는 파토스(Pathos)를 효과적으로 동원해야 한다고 보았다.

에토스

에토스는 화자(話者), 즉 말하는 사람의 개인적인 자질에 관한 것이다. 화자는 신뢰할만한 사람처럼 보이는 것이 중요하다. 어떤 사람의 에토스는 자신의 의견을 표현하는 표정이나 음성, 몸짓 등을 통해 드러난다. 에토스에 영향을 미치는 요소로는 복장과 같은 겉모습, 사용하는 어휘뿐만 아니라 사회적 지위 등과 같은 사회적 측면도 포함된다. 청중이 화자를 신뢰하게 되면 그 사람이 논리적 설득력이 떨어지고(로고스 부족), 청중의 마음을 잘 파악하지 못해도(파토스 부족)

그 사람에게 설득당할 수 있다는 점에서 에토스는 매우 중요한 요소이다.

파토스

파토스는 청중에 대한 화자의 정서적 영향력을 총칭하는 말이다. 청중을 설득하기 위해서는 그들의 심리나 감정 상태를 적절히 활용하는 것이 중요하다. 아리스토텔레스는 화자가 청중의 다양한 심리적 상태를 이해하고, 상황에 따라 효과적으로 그들의 감정을 이끌어내야 한다고 지적했다. 여기서 감정이란 청중의 판단에 영향을 끼치는 다양한 정서들, 즉 고통과 즐거움, 분노, 동정, 두려움 등을 의미한다.

로고스

로고스란 화자의 주장을 설득력 있게 청중에게 전달하기 위해 논리적으로 말해진 것, 또는 논리력을 말한다. 타당한 근거와 합리적 추론을 통해 주장을 전개하는 것을 '논증'이라고 하는데, 논증이 잘 이루어진 주장일수록 청중에게 설득력을 지니게 되므로 로고스, 즉 논리력은 높아진다.

2

토의·토론의 기본 전제

토의·토론을 의사결정의 수단으로 사용할 때 전제되는 몇 가지 요소들이 있다.

1) 참여자의 역할

토의·토론에는 기본적으로 사회자, 발언자, 청중의 역할이 정해진다. 토의의 사회자는 토의를 진행하며 토의한 결과를 정리하여 보고한다. 토의의 발언자는 관련 자료를 분석 검토하여 문제를 제기하고 해결방안에 대한 의견을 제시한다. 토의에는 버즈 토의나 직소 토의, 월드 카페 등 전원이 참가하는 방식이 있는가하면, 포럼이나 세미나, 패널 토의처럼 일부의 발언자와 청중으로 구성되는 형식도 있다. 이 때 청중은 토의 논제와 관련하여 모르는 부분이나 이해되지 않는 부분 등을 발언자에게 질문할 수 있다. 토론의 경우는 사회자의 역할이 크지는 않지만, 찬성과 반대쪽의 의사 발언이 공정하게 이루어지도록 진행한다. 토론의 발언자는 논제를 분석하여 양쪽 주장의 쟁점을 분명하게 파악해야 한다. 찬성 측 발언자는 현재의 상황이 변화되는 것을 주장하는 입장으로 입론을 하고 논거를 들어 주장을 입증하는 역할을 한다. 반대 측 발언자는 현재의 상황을 유지하려는 입장에서 찬성 측의 공격에 반대 논거를 들어 반론해야 한다. 토론의 청중은 양측의 발언이 끝난 후에 평가를 하거나 질문을 할 수 있다.

2) 적절한 주제 선택

토의·토론은 불확실성이라는 조건 하에서 이루어진다. 확실한 것에 대해서는 논쟁의 여지가 없기 때문에 불확실한 쟁점들만이 잠재적으로 논쟁의 주제가 된다. 불확실성이란 사물이 다른 방식으로 존재할 수도 있다는 가능성, 즉 이것이 될 수도 있고 저것이 될 수도 있음을 의미하며, 결과적으로 무엇이 될지 확실하지 않다는 것을 의미한다.

3) 주장에 대한 정당화

토의·토론은 주장에 대한 정당화 과정이 동반된다. 토론자들은 불확실한 주장의 설득을 위한 논리적 근거를 제시해야한다. 근거란 결론에 이르는 추론을 가능케 하는 이유이다. 비판적인 판단력을 가진 합리적인 사람을 설득해 내기 위해서는 합당한 이유들을 제시해야만하고, 그렇게 할 수 있을 경우 우리는 그 주장을 정당하다고 말한다. 정당한 주장은 객관적 증거와 달리, 주관적이며 청중에 따라 달라질 수 있다.

4) 공통의 기준 및 목표

토의·토론은 겉보기에는 의견 대립이라는 적대적인 성격을 지녔음에도 불구하고, 근본적으로는 협력적인 과정이다. 토론자들은 주어진 상황에서 최선의 결정을 도출하려는 공동의 목표를 공유하기 때문이다. 결국 토론의 대립적 요소들도 공동의 목표를 성취하기 위한 수단으로 볼 수 있다. 찬반 양측의 대립적 구도와 엄정한 절차를 통해 중요한 세부 사항을 치밀하게 검토하고, 이를 통해 결과적으로 신뢰성을 높일 수 있다.

3

토의·토론의 핵심 요소

논제

토의·토론에서는 논쟁의 본질을 담고 있는 최종적인 주장을 논제(resolution)라 한다. 실제의 토론과정에서는 여러 개의 주장이 모여서 하나의 결정적인 주장인 논제를 구성하게 된다. 따라서 논제를 선정할 때는 몇 가지 주의해야 할 점이 있다. 첫째, 논제는 항상 찬성 측의 입장을 담아야 한다. 왜냐하면 토론은 현 상태를 문제 상황으로 인식하여 바꾸고자하는 찬성 측의 문제제기로 성립되기 때문이다. 사람들은 일반적으로 현재의 체제나 정책, 가치관 등을 유지하고 싶어 한다고 추정하는데, 이를 추정의 원칙이라 한다. 둘째, 찬성 측은 추정의 원칙에 입각하여 현 상황을 반드시 바꾸어야만 하는 타당성을 입증할 책임이 있다. 이를 입증의 책임이라 한다. 셋째, 찬성 측의 입증 책임에 대하여 반대 측은 그에 대한 반증의 책임이 있다. 찬성 측이 현재 상황에 변화가 필요함을 입증하면, 반대 측은 현 상황을 유지해야만 하는 이유를 증명해야 하는 것이다.

논제는 담고 있는 주장의 성격에 따라 사실논제, 정책논제, 가치논제 등으로 분류되는데 이를 간단히 표로 정리하면 다음과 같다.

	사실논제	가치논제	정책논제
성격	어떤 사항이 진실인가 아닌가의 여부	어떤 사항이 좋은가, 나쁜가의 가치판단, 가치의 우선순위	어떤 사항이 행해져야 하는가, 아닌가라는 법제, 정책 등의 필요성 여부
예시	• 피고는 유죄이다. • 대형마트 의무휴업일 지정은 전통시장 보호에 효과가 없다. • 동물실험은 필요악이다. • 국가보안법은 위헌이다.	• 환경보존이 개발보다 중요하다. • 소비자의 선택권을 전통시장 보호보다 우선해야 한다. • 동물 실험은 비윤리적이다. • 국민의 자유를 침해하는 국가보안법은 정당하지 않다.	• 동성결혼은 합법화되어야 한다. • 대형마트 의무휴업은 폐지 되어야 한다. • 동물 실험은 금지해야 한다. • 국가보안법은 철폐해야 한다.

논증

토론 과정에서 제기되는 주장들은 **논증**(論證)을 거쳐야 **정당성**과 **설득력**을 가질 수 있다. 논증이란 논리적 근거와 타당한 추론을 통해 자신의 주장을 제시하는 과정이다. 어떤 문제에 대해 자신의 입장을 밝히는 주장(결론)을 제시할 때, 그 주장을 뒷받침 해주는 신뢰할 수 있는 근거가 바로 논거이며, 그 논거를 토대로 주장에 이르는 논리적 전개과정을 추론이라고 부른다.

추론에는 여러 가지 방식이 있는데 크게 분류하면 **연역**(演繹, deduction) **추론**과 **비연역 추론**으로 나눌 수 있다. 먼저 연역 추론이란 **주어진 전제가 참이면 필연적으로 참인 결론을 얻는 추론** 방식으로, 기본적이고 일반적인 원리를 전제로 구체적이고 특수한 결론을 이끌어내게 된다.

① A=B이다. 예)소크라테스는 사람이다. (전제, 근거)

② B=C이다. 예)사람은 모두 죽는다. (전제, 근거)

③ A=C이다.　예)그러므로 소크라테스는 죽는다.　(결론, 주장)

만약 ①과 ②가 참이면 ③도 항상 참이 되는 것이다. 전제가 참이면 참인 결론을 이끌어내는 근거가 되지만, 전제가 참이 아닐 경우에는 제대로 된 결론이 도출될 수 없으므로, 이는 타당한 논증이라 할 수 없다.

① 소크라테스는 사람이다.
② 사람은 모두 어리석다.
③ 그러므로 소크라테스는 어리석다.

예컨대 위의 논증에서 '사람은 모두 어리석다.'라는 전제②를 참이라고 인정하기 어렵다면 '그러므로 소크라테스는 어리석다.'라는 결론③도 참이라고 단정할 수 없게 되는 것이다.

연역추론과 달리 **비연역 추론은 전제가 참이라고 해서 결론도 반드시 참이라고 보증할 수 없다**. 비연역 추론은 다시 **귀납**(歸納, induction)과 **귀추**(歸推, abduction)로 분류할 수 있는데, 귀추를 귀납 안에 포함시키는 견해도 있다. 귀납 추론은 개별적이고 특수한 사례에서 일반적이고 보편적인 규칙이나 법칙을 찾아내고자 하는 방식으로, 이를 다시 단순 일반화, 통계적 일반화, 통계적 삼단논법, 유비(類比) 추론 등으로 세분할 수 있다.

귀납은 가정(가설)A가 결론B를 수반하는 몇 가지 사례를 관찰한 결과로서 'A면 B이다.'라는 규칙을 개연적으로 추론한다. 예를 들면 사람으로서 죽음을 수반한 사례, 즉 죽음을 피하지 못한 많은 사례들을 관찰하여 '모든 사람은 죽는다.'는 규칙(법칙)을 개연적으로 추론하는 식이다.

소크라테스는 죽었다. (사례)

아리스토텔레스도 죽었다. (사례)

키케로도 죽었다. (사례)

…

이들은 모두 사람이다.

그러므로 사람은 모두 죽는다. (규칙)

이러한 귀납 방식은 앞에서도 언급했듯이 전제(사례)가 참이라고 해서 결론도 필연적으로 참이라고 단정할 수는 없다. 예를 들어 새라고는 까마귀밖에 보지 못한 사람이 '새는 모두 검다.'라는 잘못된 결론을 내릴 수 있듯이, 현실에서 일어나는 현상들을 전체가 아닌 일부의 사례만으로 정확하게 파악하기는 어렵다. 관찰이나 경험 등을 통해 축적된 데이터로부터 이론이나 법칙을 도출하는 귀납법은 어디까지나 통계적·확률적으로 개연성 있는 결론을 제시하기 때문이다.

한편, 귀추는 이미 발생한 어떤 현상을 가장 잘 설명할 수 있는 가설을 도출하는 추론 방식이라 할 수 있다. 귀추는 결론B에 'A면 B이다.'라는 규칙을 적용시켜 가정(가설)A를 추론한다. 귀납이 가정과 결론으로부터 규칙을 추론하는 것과 달리, 귀추는 결론과 규칙으로부터 가정을 추론한다.

도로가 젖어 있다. (현상, 결론)

비가 오면 도로가 젖는다. (규칙, 법칙)

그러므로 비가 왔을 것이다. (가정, 가설)

여기에서 주목해야할 것은 도로가 젖는 원인은 한 가지가 아니라는 점이다.

도로는 비가 와서 젖을 수도 있지만, 살수차가 지나갔거나 수도관 파열로 젖을 수도 있기 때문에 실제 논증 과정에서 추론을 할 때는 다양한 가능성을 생각해야 한다.

4

토론의 필수쟁점

필수쟁점

어떤 유형의 토론 주제에는 반복적으로 제기되고, 반드시 다루어야만 하는 정형화된 쟁점들이 있는데, 이를 필수쟁점(stock issues, 또는 topoi)이라 한다. 이 필수쟁점들은 주어진 주제에 관해 찬반 양측의 견해가 가장 첨예하게 대립되는 핵심적인 사항들이다. 따라서 찬반 양측은 각자의 입장을 잘 드러낼 주요 쟁점들을 명료히 하고, 그 쟁점에 관한 자신의 주장과 근거를 얼마나 잘 정리하느냐가 토론 승패의 관건이다.

예를 들어 사실 논제의 경우 필수쟁점은 '주장의 진위를 평가하는 기준은 무엇인가?', '기준이 있다면 그 기준은 충족 되었는가?' 등이다. 그리고 가치 논제의 필수쟁점은 '그 가치는 정말 찬반 양측의 주장대로 좋은가 혹은 나쁜가?', '서로 경쟁하는 가치 중 어느 가치가 더 우선되어야 하는가?', '그 가치가 특정 상황에 적절하게 적용 되었는가?' 등이다. 한편 정책 논제의 경우는 '정말로 현 상황에 문제가 있는가?', '그 정책이 지금 시점에서 당장 필요한가?', '그 정책이 문제를 해결할 수 있는가?', '정책의 구체적인 실행방안은 있는가?', '그 정책을 실행했을 때 얻는 것과 잃는 것은 무엇인가?' 등이 필수쟁점에 해당된다.

이러한 필수쟁점들은 보통 찬성 측의 제1토론자가 입론을 통해 제기하고, 입증책임을 지게 된다. 논제를 주장하는 찬성 측은 강력한 사례를 제시하여 이러한 입증책임을 충족시키기 위해 적극적으로 노력해야 한다. 찬성 측의 입증책임이 충족되고 나면 반대 측에는 반증의 책임이 생겨난다. 이와 같은 입증 및 반증 책임은 법정에서의 증거제출 책임(burden of production)과 유사한데, 토론을 진행하는 과정에서 나누어갖는 상호 책임이다.

쟁점의 수와 범위, 순서는 논제의 성격이나 청중 등 여러 요인을 고려해 전략적으로 결정해야 한다. 효과가 가장 강력한 쟁점을 전면에 내세워 처음부터 기선을 제압하고 과감하게 나갈지, 아니면 마지막까지 아껴둘 것인지, 상대방의 질문과 이의제기가 나오기 전에 미리 예상하고 답변을 하는 편이 나을지, 어떤 답변을 준비해야할지 등을 고려해야한다. 이 밖에도 친숙한 쟁점부터 논증해야 할지, 익숙하지 않은 쟁점부터 다루어야할지 등도 고민해야 한다.

쟁점상황(Stasis)

쟁점 중에서도 찬반 양측에게 초미의 관심사가 되는 단계를 쟁점상황이라 한다. 즉, 어떤 한 가지 쟁점을 놓고 찬반 양측이 가장 치열한 공방을 벌이게 되는 지점을 의미한다. 이는 원래 고전 수사학에서 재판을 위해 고안된 개념으로, 쟁점상황을 다음 네 가지 범주로 나눈다.

추정 쟁점상황 (Stasis in Conjecture)	정의 쟁점상황 (Stasis in Definition)	성질 쟁점상황 (Stasis in Quality)	장 쟁점상황 (Stasis in Place)
행위가 발생했는가? (사실 유무를 확정하기 전인 추정단계의 상황)	행위를 무엇으로 정의할 것인가?	행위는 질적으로 어떤 성격인가? (행위가 정상참작이나 정당화될 성격인지 여부)	적절한 장(場,포럼)에서 토론이 이루어지고 있는가? (행위를 평가하기에 적절한 논의의 장인가 여부)
• 학대가 있었느냐 없었느냐? • 폭행을 했느냐 안 했느냐? • 배임이 있었느냐 없었느냐? (증거, 동기, 행위 능력의 유무 등으로 증명)	• 외설이냐 예술이냐? • 사랑이냐 불륜이냐? • 강압이냐 자발이냐? • 선물이냐 뇌물이냐?	• 불가피한 정당방위였나? • 고의성이 있느냐 없느냐? • 범죄수법이 잔혹한가, 아닌가? • 피해가 경미한가, 위중한가? • 전과가 있느냐 없느냐?	(치외법권 등을 주장하며 범죄행위자가 재판중인 해당 법정에 대해) 이곳이 나를 단죄할 수 있는 자리인가 아닌가?

5

토의·토론의 실제

1) 토의·토론의 종류와 형식

(1) 토의의 종류와 형식

토의 유형에는 집단의 규모와 활동 방식에 따라 원탁 토의, 패널 토의, 버즈 토의, 직소 토의, 월드 카페 등이 있다.

원탁 토의(Round Table Discussion)

'원탁 토의'란 둥근 탁자에 앉아서 참가자 모두가 평등한 입장에서 이야기할 수 있다는 데에서 유래된 것으로, 소규모의 사람들이 서로 동등한 자격으로 화제 제공자의 발언에 따라 공동 주제에 대해 자유롭게 의견을 나누는 토의 방식을 말한다. 원탁토의의 주제로는 일상적인 것에서 사회적 현안에 이르기까지 다양한 분야의 문제들을 대상으로 삼을 수 있다. 인원은 대개 10명 내외의 작은 규모가 적절하다. 정해진 토의 규칙이 있는 것이 아니므로 토의 과정과 의견 교환이 자유롭다는 장점이 있는 반면, 자칫 산만한 분위기로 흘러서 해결 방안을 도출하기까지 시간을 허비할 수 있으므로 대규모의 집단 토의에는 부적절하다. 토의 참가자들은 제한 시간을 정해놓고 효율적으로 진행하는 것이 필요하다.

패널 토의(Panel Discussion)

패널 토의는 다른 말로 '배심 토의'라고 한다. 토론에 참가하는 인원이 너무 많아 모든 사람에게 발언권을 주는 전체 토의가 힘들 경우에 자주 사용되는 토의 방식이다. 주어진 논제에 대하여 전문적 지식이나 관련 자료를 가진 4-6명의 토의자(패널리스트)들이 청중 앞에서 각자 자신의 의견을 발표하는 좌담회 형식의 공개토론이다. 이 때 패널리스트들의 토의가 일정 부분 끝난 이후에는 청중도 논의에 참가하여 질의응답 및 자신의 의견을 발표할 수 있다.

이와 유사한 토의 방식 중에 특정 논제에 대하여 그 분야의 전문가들이 자신의 의견을 강연식으로 발표하고 청중의 질문에 응답하는 형식의 심포지엄이 있다. 심포지엄의 경우는 몇 명의 발표자가 자기의 견해를 개진하고 난 후에 지정 토론자나 청중과 질의응답을 벌이는 토의방식이라고 한다면, 패널 토의는 토론자간의 상호 토의에 중점을 둔다고 할 수 있다.

패널 토의에서는 무엇보다도 전체의 내용을 파악하고 진행하는 사회자의 역할이 매우 중요하다. 사회자는 패널의 발표가 끝나면 그 발표 내용에 대해 간단히 정리하거나 제시된 의견에 의미나 가치를 부여하기도 한다. 패널들 간의 상호 의견교환이 활발히 이루어지도록 토론자들 간의 질문과 답변을 이끌거나 유도한다. 토론자는 논제에 대한 자신의 입장을 분명히 밝히고, 필요에 따라서는 수집한 자료를 알기 쉽게 정리하여 발표에 사용하기도 한다. 토론자는 다른 토론자에게 질문하거나 청중 및 다른 토론자의 질문에 답변해야 한다. 청중은 토론자의 발표를 주의 깊게 듣고서, 발언권이 왔을 때에 여러 패널들의 입장에 대한 자신의 입장을 밝히면서 적극적으로 의견 교환에 참여한다. 패널 세션은 일반적으로 60-90 분 동안 지속되는 것이 일반적이다.

버즈 토의(Buzz Discussion)

'버즈 토의'는 미시간 대학의 J. 필립스(J. D. Phillips)에 의해 고안된 소그룹의 토의 방식이다. 브레인스토밍의 한 방법으로, 구성원의 수가 많을 때 전체를 각 그룹별로 나누어 브레인스토밍을 실시하고 그 결론을 전체 토의에서 발표하는 순서로 진행한다. 각 그룹이 자유스런 분위기에서 왁자지껄하게 토의하는 과정이 마치 벌들이 윙윙거리는 것과 같다는 뜻에서 'Buzz Session'이라고 한다. 소규모의 그룹으로 이루어지는 이점으로 평소 그다지 발언하지 못한 사람도 편하게 의견을 낼 수 있어서 토의법 중 학습자 참여유도를 위한 효과적인 방법으로 많이 사용되고 있다. 기본적으로 6명이 한 그룹이 되어 한 가지 주제에 대하여 6분간 토의한다고 해서 '6-6토의'라고 불린다. 제한된 시간 내에 많은 인원이 토의할 때에 적당하다. 이때 각 그룹에서는 사회자의 역할을 하는 리더와 기록자를 정하여 진행한다. 소집단의 토의가 끝난 이후 전체토의에서는 소그룹 리더들이 각 그룹에서 나온 의견이나 결론 등을 차례로 발표하여 모든 참여자들이 공유하도록 한다. 버즈 토의는 많은 인원이 모였을 경우에도 소집단을 통해 자유롭고 활발하면서 밀도 있는 토의가 가능한 점과 참여자들의 학습에 대한 참여의식을 향상시킬 수 있는 장점이 있다. 다만, 시간제한이 느슨해지지 않도록 하는 점과 팀별 과열 경쟁이나 토의 내용이 주제에서 벗어나지 않도록 주의할 점들이 필요하다.

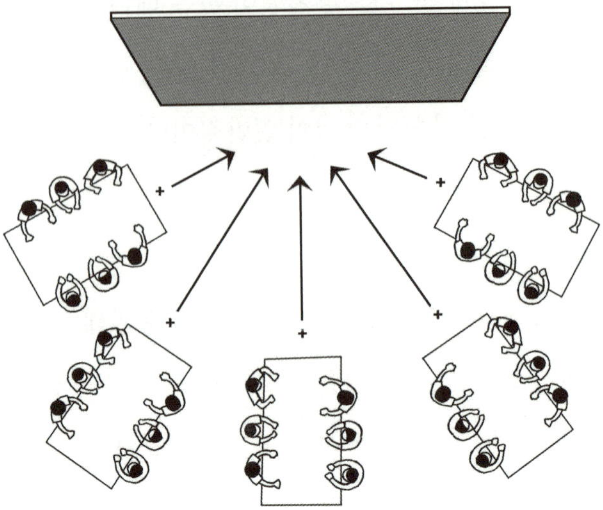

직소 토의(Jigsaw Discussion)

'직소 토의'는 1978년 미국 텍사스 대학의 애론슨(Aronson)과 그의 동료들에 의해 개발되었으며 이후 '직소Ⅰ' 모형을 수정한 '직소Ⅱ', '직소Ⅲ', '직소Ⅳ' 등의 모형이 제시되었다. 직소라는 이름은 '모집단'이 '전문가 집단'으로 갈라졌다가 다시 모집단으로 돌아오는 모습이 마치 'Jigsaw puzzle(조각난 그림 끼워 맞추기)'과 같다고 하여 붙여졌다. 직소 토의의 진행 방식은 다음과 같다. 각각의 모집단에서 해당 주제를 몇개의 하위 주제로 나눈 후 개별적으로 탐구활동을 실시한다. 이후 소집단의 참여자들이 각자 맡은 주제를 가지고 전문가 집단으로 이동하여 탐구하고 토론하여 정리한다. 그리고 다시 모집단으로 돌아가 전문가 집단에서 토론한 내용을 각자 돌아가면서 동료들에게 전달한다. 모집단에서는 서로 간의 질의와 토의를 통해 결론을 도출해낸다. 이와 같은 토의방식을 통해 학습한 내용을 습득할 뿐만 아니라 의사소통능력도 함께 신장시킬 수 있다.

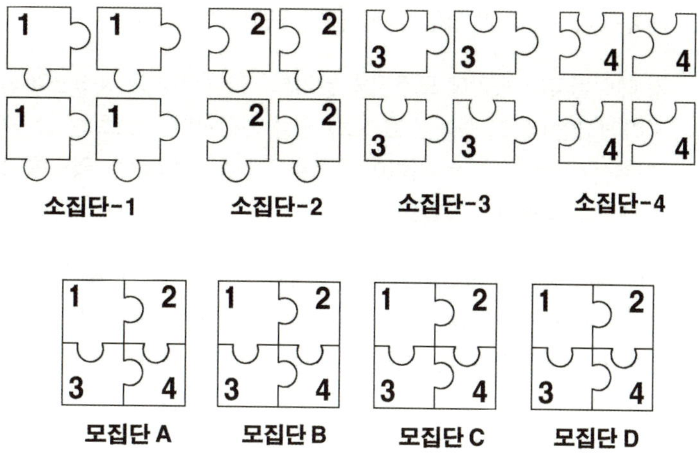

월드 카페(World Cafe)

월드 카페는 1995년 미국의 주아니타 브라운(Juanita Brown)과 데이비드 이삭(David Isaacs)에 의해 개발된 새로운 방식의 집단 토의 방식이다. 두 사람은 카페처럼 편안하게 느낄 수 있는 분위기의 열린 공간이 사람들로부터 주체성과 창조성을 높이는 대화를 이끌어내고 창의적인 아이디어를 창출하여 집단 지성에 이를 수 있다고 제창하여 월드 카페라고 이름 붙였다. 이 토론 방식의 참가자는 일련의 질문들에 대하여 대화를 이어가며 테이블을 옮겨 다니면서 해답을 찾게 된다. 멤버조합을 바꿔가면서 4-6명 단위의 소그룹 토론을 계속하여 마치 모든 참가자가 이야기 하는 듯한 효과를 얻을 수 있다. 참가자 수는 12명에서 1,000명 이상도 가능하다. 월드 카페의 방식에 대해서는 주최자 등에 따라 다소 차이가 있을 수 있지만, 기본적인 방식은 아래와 같다.

진행방식①	대화를 나누기 위한 질문을 테이블의 수만큼 준비한다.
진행방식②	각 테이블마다 중앙에 모조지와 필기도구를 준비하고, 4-6인이 한 조가 되어 자리에 앉는다. 그 중에서 호스트 1인을 선정한다. 호스트는 참가자간의 대화를 촉진시켜주고, 모든 사람이 골고루 의견을 개진할 수 있도록 조정하며, 대화 내용을 정리하는 역할을 한다.
진행방식③	10분에서 20여분 동안 자유롭게 논의를 하고 테이블에 놓인 모조지에 떠오른 아이디어와 의견을 남긴다. 시간이 되면 호스트 1인을 남기고 모두 다른 테이블에 각각 이동한다. 호스트는 이동해 온 새로운 사람들에게 그 테이블에서 진행된 이야기를 2-3분 정도 간단히 정리하여 알려준다. 그리고 새로운 사람들과 논의를 한 후 놓인 모조지에 새로운 의견과 아이디어를 남기고 시간이 되면 다른 테이블로 이동한다.
진행방식④	10분에서 20여분 정도씩 여러 차례의 라운드를 돌면서 다른 테이블의 토론에 참여한다.
진행방식⑤	라운드가 끝나면 처음 자신의 테이블 자리로 돌아온다. 호스트는 모조지에 그려진 내용들을 설명하면서 테이블에서 이루어진 논의와 아이디어들을 조원들과 공유한다.
진행방식⑥	각 조에서의 모든 대화가 끝나면 테이블의 호스트들이 앞에 나와 각 테이블의 대화 내용을 소개하면서 모두가 전체의 내용을 공유하도록 한다.

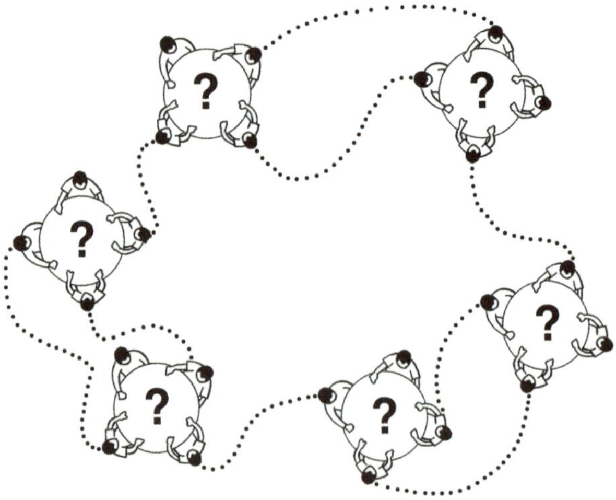

(2) 토론의 종류와 형식

토론은 분류 기준에 따라 다양한 유형으로 나눌 수 있다. 우선 논제의 성격에 따라 분류하면 사실토론·가치토론·정책토론 등으로 구분할 수 있고, 토론의 목적이나 중점을 어디에 두느냐에 따라 일반토론과 아카데미토론으로 나눌 수 있다. 일반토론에는 TV 등의 매체를 통해 다양한 패널들이 나와 사회적 이슈를 논하는 자유토론·공공토론 등이 있다.

아카데미토론은 교육을 위한 대결 형식의 토론으로 자신의 신념과 관계없이 한 논제에 대해 찬반 양쪽의 입장을 모두 경험하는 기회를 갖게 된다. 학생들은 자신이 기존에 갖고 있던 신념이나 태도의 한계를 벗어나 반대 입장의 논리에도 귀를 기울이고 타당한 점이 있다면 받아들이는 훈련을 통해 균형 잡힌 시각을 키워갈 수 있다. 아카데미토론에는 주장의 배열 방식에 따라 의회 형식 토론(Parliamentary Debate), 링컨·더글러스 형식 토론(Lincoln-Douglas Debate), 칼 포퍼 형식 토론(Karl Popper Debate), 교차조사 형식 토론(CEDA:Cross Examination on Debate Association) 등 다양한 유형이 있다. 대표적인 토론 형식의 특징과 발언 순서 및 시간 등을 표로 정리하면 다음과 같다.

의회 형식	
영국 의회의 전통에 기초해 1820년대부터 시작된 스타일로 논제가 토론 직전에 발표된다. 논제에 대한 정보나 지식의 양보다 논리력이나 순발력, 웅변술 등을 겨루는 즉석토론의 성격이 강하다.	
절차	시간(총40분)
① 찬성 측 1 [수상] 입론	7
② 반대 측 1 [야당대표] 입론	8
③ 찬성 측 2 [여당의원] 입론	8
④ 반대 측 2 [야당의원] 입론	8
⑤ 반대 측 1 [야당대표] 반박	4
⑥ 찬성 측 1 [수상] 반박	5

링컨·더글러스 형식	
1858년 상원의원 선거 대결전에서 공화당의 링컨과 민주당의 더글러스 사이에 펼쳐졌던 기념비적인 토론들을 기념하여 만든 토론 형식으로 여러 가치와 정책을 논하기에 적절한 형식이다.	
절차	시간(총32분)
① 찬성 측 입론	6
② 반대 측 질문(교차조사)	3
③ 반대 측 입론	7
④ 찬성 측 질문(교차조사)	3
⑤ 찬성 측 반박	4
⑥ 반대 측 반박	6
⑦ 찬성 측 반박	3

칼 포퍼 형식	
『열린 사회와 그 적들』로 널리 알려진 오스트리아 출신의 영국 철학자 칼 포퍼의 비판적 정신을 기려 만들어진 형식으로, 반대 측이 마지막 발언권을 갖는 점이 다른 토론 형식들과 구별되는 특징이다. 현 상황을 유지하자고 주장하는 반대 측도 자신의 입장이 타당하다는 증명의 책임을 져야한다.	
절차	시간(총54분)
① 찬성 측 1 입론	6분
② 반대 측 3 질문	3분
③ 반대 측 1 입론	6분
④ 찬성 측 3 질문	3분
⑤ 찬성 측 2 반박	5분
⑥ 반대 측 1 질문	3분
⑦ 반대 측 2 반박	5분
⑧ 찬성 측 1 질문	3분
⑨ 찬성 측 3 반박	5분
⑩ 반대 측 3 반박	5분
준비시간(작전타임)	가5분

교차 조사 형식	
1971년 미국의 '남서부교차조사디베이트협회(the Southwest Cross Examination Debate Association)'를 중심으로 고안된 형식이다. 이 형식의 특징은 찬반 양측이 상대의 입론을 주의 깊게 듣고 교차로 체크하는 절차가 강화된 점이다. 질의응답을 통해 상대 팀의 논리적 모순이나 자료의 허점 등을 부각시켜 상대의 주장을 약화시키고 자신의 주장을 강화할 수 있다.	
절차	시간(총92분)
① 찬성 측 1 입론	9분
② 반대 측 2 질문(교차조사)	3분
③ 반대 측 1 입론	9분
④ 찬성 측 1 질문(교차조사)	3분
⑤ 찬성 측 2 입론	9분
⑥ 반대 측 1 질문(교차조사)	3분
⑦ 반대 측 2 입론	9분
⑧ 찬성 측 2 질문(교차조사)	3분
⑨ 반대 측 1 반박	6분
⑩ 찬성 측 1 반박	6분
⑪ 반대 측 2 반박	6분
⑫ 찬성 측 2 반박	6분
준비시간(작전타임)	각 10분

2) 토의·토론의 진행 절차와 내용구성

(1) 토의의 진행절차

순서	단계	내용
1	토의준비	• 토의 소집단을 편성한다. • 논제를 설정하고 참가자에게 설명한다. • 집단 별 토의 결과를 정리할 양식을 준비한다. • 사전 토의별 자료를 준비하고, 자신의 의견이나 입장을 정리해 둔다.
2	토의실시	• 집단별로 주제를 배분한다. • 집단별 사회자 및 기록자를 선정한다. • 집단별 토의를 실시한다. • 청중과 토의조 간의 질의응답을 유도한다. • 토의를 마무리 하고 결과를 정리한다.
3	토의정리	• 토의를 마친후에 각 그룹별로 내용을 발표한다. • 전체 토의를 거쳐 결론을 도출한다. • 종합 정리 및 소감발표, 평가를 실시한다.

(2) 토론의 진행절차

순서	단계	내용
1	논제 설정	• 현 상황과 반대되는 주장, 변화의 필요성을 담아야 한다.
2	찬반 입장과 팀 구성	• 합의한 토론 형식과 상황에 따라 2:2 또는 3:3과 같은 인원 구성으로 팀을 짠다. • 찬반의 입장은 반드시 토론 참여자의 신념과 일치하지 않을 수 있다.
3	자료 조사 및 분석	• 논제와 관련한 자료를 폭넓게 검토해 필수쟁점을 정리한 후, 다시 초점을 좁혀 자료를 조사한다. • 조사한 자료는 어느 주장에 대한 증거나 근거로 사용할 것인지 자료의 의미를 정리해둔다.

순서	단계	내용
4	토론 내용 구성	• 쟁점 정리 • 입론, 질문, 반박 등 내용구성(자세한 사항은 교차조사형식 토론 사례에서 다룬다) • 상대측 전략 분석 및 대비
5	토론 실행	• 발언 기회, 순서, 시간 등 절차를 엄격히 준수하며 진행한다.
6	평가	평가는 크게 다음의 세 가지 측면에서 검토한다. • 주장의 논리성 입론은 주요 개념을 정확히 정의 내리고 필수쟁점을 잘 담고 있는지, 자신 측 주장은 제대로 논증했는지, 질문과 반박을 통해 상대측을 잘 반박했는지 평가한다. • 전달력 정확하고 효과적인 언어표현을 구사했는지, 발성, 제스처 등 비언어적 요소가 적절했는지 평가한다. • 토론 과정에서 보여준 태도를 평가(청중에 대해, 또는 팀원 간)한다.

(3) 토론 구성

다음에서는 학교 교육에서 가장 보편적으로 사용하는 교차조사 형식과, 1:1 가치토론의 진수를 보여주는 링컨·더글러스 형식의 토론 구성 사례를 중심으로 토론의 구체적 진행 방법과 사례를 제시하고자 한다.

1) 교차조사형식 토론 구성

교차조사형식 토론은 미국에서 가장 규모가 큰 대학 간 정책토론 대회이며, 교차질의를 통한 토론방식의 한 형태로서 널리 이용되고 있다. 간단히 줄여서 정책토론 방식이라고도 부른다. 일반적으로 이와 같은 아카데미식 토론은 논제가 주어지면 각각 찬성과 반대 입장을 배정받아 어느 입장에 서더라도 타당하게 논리적 전개를 해나갈 수 있음을 보여주어야 한다.

논제를 지지하는 쪽과 반대하는 쪽 양 팀은 각 2인으로 구성해 총 네 명의 참여자가 각자 세 번의 발언 기회(입론, 교차질의, 반론)를 공평하게 부여받아 다른 팀의 주장을 반박하면서 자신의 논제를 뒷받침하는 주장을 제시해야한다. 논제는 다음과 같이 현재의 문제 상황을 변화시켜야 한다는 찬성 측의 주장을 담아야 한다.

대형마트 의무휴업은 폐지되어야 한다.
동성결혼은 합법화되어야 한다.

토론 참여자들의 논제에 대한 조사 및 연구시간은 자유 시간에 각자 재량으로 준비하면 되기 때문에 별도의 제한은 없다. 다만 토론 도중에는 준비시간이 주어지는데, 이를 작전 타임 또는 숙의(熟議) 시간이라고 표현한다. 발언을 하기 전에 그에 대한 준비를 하거나 교차질의 시간을 연장해서 더 많은 시간을 질의에 할당하는 등 주어진 시간 안에서 참여자가 자율적으로 사용한다.

단계	다루어야할 내용
찬성 측 입론	찬성 측 입론 토론자는 • 주요 개념 정의 및 논제가 등장하게 된 배경을 설명한다. • 논제의 현 상황(Status Quo) 및 문제점들에 관한 분석을 제시한다. • 자신의 주장에 대한 당위성을 보여야 한다. • 토론자는 논제의 성립에 필요한 필요조건(requirement)들을 증명해야하는 입증 부담 (burden of proof)을 지닌다. • 찬성 측 첫 번째 토론자는 토론의 전체적인 방향을 좌우하는 핵심적 필수쟁점들을 제시해야한다. 정책 토론을 판정하는 일반적인 기준 중 하나가 찬성 측이 필수쟁점이라고 불리는 특정 쟁점들을 잘 다루었는지를 보기 때문이다.
찬성 측 입론	필수쟁점: 의미, 해결력, 문제점, 내재적 장애요인, 화제성을 총칭해 일명 "S.H.I.T.S (Significance, Harms, Inherency, Topicality, Solvency)"라고도 한다. • 의미 (혹은 중요성, Significance) 정책이 얼마나 많은 영향력을 미치는가? 일반적으로 이 문제는 해악적 문제점에 관한 필수쟁점과 통합된다. • 해결력 (Solvency) 제시한 정책이 해악적 문제들을 실제로 해결할 수 있는가? • 해악적 문제점 (Harms) 제시한 정책의 실현을 정당화할 수 있는 현 상태에서의 해악적 문제점은 무엇인가? • 내재적 장애요인 (Inherency) 문제해결을 가로막는 지속적 장애요인은 무엇인가? 구조적 혹은 법적인 장애인가 아니면 다른 무엇인가? • 논제관련성 (Topicality) 정책이 논제의 사례에 해당하는가? 찬성 측이 주장하는 정책은 논제가 담고 있는 내용과 일치하는가?

단계	다루어야할 내용
반대 측 입론	반대 측 입론 토론자는 • 찬성 측 첫 번째 토론자가 제시한 입론에 대한 교차질의 과정에서 드러난 논리적인 문제들을 중심으로 찬성 측이 제시한 개념의 정의나 필수쟁점 등을 중심으로 반박하는 입론을 제시해야한다. 이때 반대 측 토론자는 찬성 측에서 제시한 입론 중에서 견해를 달리하는 부분을 명확하게 제시해야한다. • 개념 정의에 대한 이견을 제시하거나 찬성 측이 제시한 필수쟁점이 토론의 논제를 벗어나는지의 여부를 따질 수도 있고, 혹은 더 나은 해결책을 제시한다거나 반대로 찬성 측이 제시한 해결책이 오히려 더 심각한 불이익을 초래할 수 있다는 주장 등을 피력해서 자신의 입장을 더 설득력 있게 보여줄 수 있다. • 교차조사를 통하여 드러난 제일 취약한 부분을 집중 공략하는 것이 전략적으로 가장 효과적일 수 있다.
교차 질의	교차질의는 • 상대방의 논리적 문제점을 부각시킬 수 있는 과정이다. • 교차질의를 할 때는 상대방의 주장을 주의 깊게 듣고, 주장에 내재된 논리적 허점이나 오류 등을 드러내는 날카로운 질문을 통해 허점을 파고 들어야한다. • 상대측의 주장에서 인용된 자료 출처의 신뢰성에 대한 의문이나 제시된 사실의 근거를 따지는 등 상대방이 앞서 한 말에 관해서 무엇이든지 질의할 수 있다.
반론	양측의 반론은 • 교차질의 시 드러난 상대방의 논리적 허점을 종합적으로 검토하여 반박하는 과정이다. • 상대방의 논리적 허점을 정리하는 한편 파괴력 있는 공격 태세를 갖추어야한다. • 자신의 논리적 취약점에 대해서 방어할 수 있는 대응 능력도 함께 갖추어야한다. • 찬성 측은 필수쟁점을 통해서 토론의 범위를 제한할 수 있는 이점이 있는 반면, 반대 측의 주장에 한 가지라도 재반박을 하지 못하게 되면 토론에 불리하게 되므로 반드시 반대 측이 제시하는 모든 주장에 빠짐없이 반론을 펼쳐야만 한다. • 반대 측은 찬성 측의 정책 제안이 논제와 관련이 없다거나, 중요치 않다거나 아니면 비합리적인 해결 방안이라는 점을 심사위원들에게 납득시켜야한다는 부담이 있다.

입론 개요서의 예

논제	다가올 첨단 산업시대의 심각한 실업문제 해결을 위한 재원마련을 목적으로 로봇세를 신설해야한다.
입장	찬성
쟁점	시의성, 필요성, 실행효과, 실행방안, 합리성, 정당성

Ⅰ. 서론

[개념 정의, 배경]

1. 2016년 유럽의회가 로봇세 도입을 위한 초안 작업에 착수하며 논란이 촉발된 로봇세는 빌 게이츠가 "인간과 같은 일을 하는 로봇의 노동에도 세금을 매겨야 한다"라고 주장함으로써 널리 확산된 개념이다.
2. 향후 20년간 로봇이 많은 노동자를 대체할 것이라는 다수 예측기관들의 전망과 더불어 심각한 실업 발생 우려가 제기되고 있어 우리도 이에 대한 방안을 모색해야 할 필요가 있다.
3. 주요 선진국에서는 로봇세의 대상 기준과 과세 근거, 타당성 및 형평성을 놓고 다양한 공방이 벌어지고 있는 등, 현실 정치에서도 이미 이와 관련한 움직임들이 포착되고 있다.

Ⅱ. 본론

[시의성과 필요성]

1. 앞으로 로봇이 인간의 일자리를 대체함으로써 심각한 실업 문제를 야기할 것이므로 이에 대한 방안으로 현 시점에서 로봇세 신설이 필요하다.
   1) 로봇산업이 이제 겨우 태동 단계라고 하지만 모든 문제가 충분히 다 불거진 이후가 문제 해결을 위한 최선의 시기라고 보는가? 문제가 드러나고 결과가 나타나기 시작한 이후에는 너무 늦다.
   2) MIT와 보스턴대 연구진이 발표한 논문에 따르면 산업용 로봇 1대가 인간 근로자 6명의 일자리를 빼앗게 된다고 한다. 아울러 10년 안에 600만개가 넘는 일자리가 사라질 전망이라고 밝혔다.
   3) 저명한 노벨경제학상 수상자인 로버트 실러 예일대 교수 역시 향후 경제전망과 관련해 가장 큰 걱정거리는 자동화와 인공지능이라며 로봇이 구조적인 장기침체를 일으킬 수 있다고 경고했다.

[로봇세 시행효과와 실행방안]

2. 로봇에 세금을 부과하게 되면 기업의 급속한 자동화 속도를 늦추게 해서 결과적으로 급격한 실업 감소를 완화시킬 수 있어서 사회적인 불안을 최소화할 수 있다.
   1) 급속한 기술혁신에 열광하기보다 먼저 공포심을 갖는 사람들이 적지 않다.
   2) 로봇세 도입으로 자동화의 확산 속도를 의도적으로 낮추어서라도 사람들의 미래에 대한 반감과 불안을 완화시켜줄 필요성이 있다.

3. 또한 로봇세를 재원으로 하는 복지기금을 마련하여 향후 대량 실업에 대비한 사회 보장제도의 구축 토대를 마련할 수 있다.
   1) 기계화로 인해 실직하는 근로자들에게 로봇세를 활용하여 새로운 일자리를 제공해 줄 수도 있다.
   2) 실직 근로자들을 노인이나 어린이를 돌보는 서비스 분야에 투입하는 방안이 그것이다.

[합리성과 정당성]

4. 로봇세는 조세형평성의 원칙에도 부합된다.
   1) 조세의 가장 기본적인 원칙은 부를 창출하는 곳에 과세를 하는 것이다. 로봇을 통해 부를 창출하는 곳이 있다면 과세를 하는 것이 조세형평성 차원에서 당연한 것이다.
   2) 노동자들의 소득에 대해서는 소득세를 비롯해 각종 사회보장세 등의 세금을 물리면서 마찬가지로 소득을 창출하는 로봇에게는 세금을 물릴 수 없다는 것은 논리적으로도 타당하지 않다.

Ⅲ. 결론

[본론 요약, 주장 강조]

1. 로봇세에 대한 논의는 지금 여기에서 이루어져야 한다. 만일 이것이 나 자신, 내 집 안의 문제라면 어떻게 하겠는가? 혹은 이것이 암세포나 무서운 질병의 예후라면 어찌하겠는가? 과연 충분히 기다렸다가 문제 해결에 나서야한다고 주장할 수 있겠는가?
2. 로봇산업이라는 기술문명의 총아는 인류가 과학발전을 위해 이룩해온 유산에 빚진 바가 아주 크다. 오늘날의 산업 발전이 있기까지 공헌해온 대다수 노동자들을 다시 한 번 쓸모없는 존재로 낙인찍어 맨손으로 돌려보낼 수는 없다. 첨단 로봇공학 발전의 성과가 결코 일부 소수 계층만의 전유물이 되어서는 안 된다. 첨단 과학기술의 개가에 따른 성과를 이제는 인류의 구성원들이 고루 돌려받을 차례이다.

입론 개요서 쓰기

논제	
입장	
쟁점	

서론
본론
결론

토론 개요서의 예

토론 개요서는 찬반 양측의 입론과 반박 전략을 한 눈에 알아볼 수 있게 간략한 개요를 정리한 것이다. 상대측의 입론과 반박 전략도 미리 예상해봄으로써 자신의 주장을 보완하고 강화할 수 있다.

논제	다가올 첨단 산업시대의 심각한 실업문제 해결을 위한 재원마련을 목적으로 로봇세를 신설해야한다.	
입장	찬성	반대
쟁점	시의성, 필요성, 실행효과, 실행방안, 합리성, 정당성	
입론	1. 향후 로봇이 인간의 일자리를 대체해 심각한 실업발생이 우려되므로 로봇세를 신실해 대비해야 한다. 1) 로봇산업이 태동 단계라고 하지만 이로 인해 실업문제가 심각해지기 전에 로봇세 도입을 논의해야 한다. 2) 세계적으로 권위 있는 연구기관들은 향후 자동화와 인공지능기술의 발전을 배경으로 로봇에게 수많은 인간이 일자리를 빼앗기게 될 것이며 이는 결국 구조적인 장기침체로 이어지리라 경고했다. 2. 로봇세는 기업의 급속한 자동화 속도를 늦추게하여, 급격한 실업 감소를 완화시키고 사회적 불안을 최소화할 수 있다.	1. 로봇이 향후에 많은 노동자들을 대체할 것이란 주장은 근거 없는 우려이다. 1) 새로운 기술 혁신이 도래할 때마다 언제나 음울한 비관론이 제기되었음에도 불구하고 기술 혁신은 그런 우려를 보란 듯이 불식시키며 지금껏 발전해왔다. 2) 4차산업혁명이 고용에 미치는 부정적 영향력은 다분히 과장되었다. 3) 역사에 비추어보면 기술 진보로 기존 일자리가 없어지기도 하지만, 그보다는 더 많은 새로운 일자리가 만들어졌음은 주지의 사실이다. 2. 개념도 모호한 로봇세는 인공지능과 로봇산업의 발전을 저해함으로써 오히려 전체 일자리가 줄어드는 결과를 초래하게 될 것이다.

입론	1) 급속한 기술혁신에 열광하기보다 먼저 공포심을 갖는 사람들이 적지 않다. 3. 로봇세를 재원으로 하는 복지기금을 마련하여 향후 대량 실업에 대비한 사회보장제도를 구축할 수 있는 토대를 마련할 수 있다. 1) 기계화로 인해 실직하는 근로자들에게 로봇세를 활용해 노인이나 어린이를 돌보는 서비스 분야에 투입하는 등 새로운 일자리를 제공 해 줄 수도 있다. 4. 로봇세는 조세형평성의 원칙에도 부합된다. 1) 조세는 부를 창출하는 곳에 과세를 하는 것이 원칙이다. 로봇을 통해 부를 창출하는 곳이 있다면 과세를 하는 것이 조세형평성 차원에서도 합당하다. 2) 노동자의 소득에는 소득세와 각종 사회보장세 등의 세금을 물리면서, 소득을 창출하는 로봇에게는 세금을 물리지 않는 것은 부당하다.	1) 더 높이 경제적 도약을 해야 하는 이 중차대한 시점에서 로봇세를 도입하게 된다면 물가는 오르게 되고 국제 경쟁력은 하락하게 될 것이다. 2) 최근 유럽의회도 로봇세에 반대한다는 내용을 담은 결의안을 발표한 것도 이런 이유 때문이다. 3) 국제로봇협회(IFR)도 로봇세가 로봇산업의 혁신을 저해할 뿐만 아니라 고용분야에도 오히려 부정적인 결과를 가져오리란 이유로 로봇세와 관련해 반대 입장을 표명했다. 3. 로봇세는 조세형평성 면에서도 문제점이 크다. 1) 로봇세는 엄연한 이중과세이다. 로봇으로든 그 무엇으로든 생산성과 부가 증가한 기업은 이미 법인세 납부부담을 지고 있다. 4. 로봇은 인류의 생활수준 제고에 매우 유효한 수단이다. 1) 로봇이 위험하거나 단순반복적인 일들로부터 인간을 해방시켜주게 되면 인간은 그만큼 삶의 수준을 향상시킬 수 있다. 2) 아직 제대로 꽃도 피우지 못한 로봇산업에 세금을 추가적으로 부과하게 된다면 로봇개발자 및 로봇산업에 큰 부담으로 작용해 결과적으로 로봇산업 발전의 저해요인이 되고 말 것이다.

입론	5. 로봇에 세금을 부과하는 방법으로는 두 가지 방안을 제시할 수 있다. 1) 로봇이 지닌 부가가치에 대해 세금을 부과하는 방식이다. 2) 이를 위해서는 로봇을 독립적인 경제활동을 통해 부가가치를 창출하는 법적인 인격으로 인정하는 것이 전제되어야 할 것이다. 3) 부가가치세법상 무인자동판매기는 설치된 장소를 사업장으로 간주하고 무인자동판매기 별로 사업자 등록번호를 부여하여 세금을 부과한다. 로봇에게도 이러한 방식을 적용할 수 있다.	5. 로봇세란 발상 자체가 애초에 탁상공론에 가깝다. 1) 사실 로봇세 예상 세수는 우리가 기대하는 만큼 그렇게 많지 않다. 유럽의회의 분석에 따르면 4차 산업혁명에 의해 로봇이 활동하게 될 주요 산업 부문은 자율주행차, 드론, 산업용 로봇, 간호 로봇, 엔터테인먼트 로봇 정도가 될 것으로 보인다. 2) 과세표준 이하의 근로자는 소득세 부담이 거의 없으므로, 기존의 인간 노동을 대체하는 로봇에게 과세표준 이상의 급여를 주는 경우에만 소득세 징수 효과가 발생하게 된다. 3) 과연 로봇에게 이 정도의 급여를 주는 회사가 현실적으로 존재할 수 있는가?
반박	1. 과거 산업혁명의 급물결 속에 기계화에 밀려나 좌절하고 고통 받던 노동자들이 러다이트운동을 벌이며 거세게 저항했던 역사적 사실이 반증하듯, 지금 우리는 그들과 비슷한 두려움과 우려를 품지 않을 수 없다. 역사를 통해 이미 충분히 교훈을 얻고도, 그것이 아직 일어나지 않았다는 이유만으로 가만히 다가올 재앙을 두고 보는 것은 옳지 않다. 주요 선진국에서는 로봇세의 대상기준과 과세 근거, 타당성 및 형평성을 놓고 다양한 공방이 벌어지고 있다.	1. 로봇으로 인한 실업 문제에 많은 학자들이 우려를 표명한 것은 사실이지만, 로봇에 대한 그러한 우려가 현실화되기까지 생각보다는 더 오랜 시간이 걸릴 것이란 전망도 적지 않다. 2. 기술 발전으로 새로운 서비스 및 수요가 창출 되는 만큼 로봇을 단순히 인간을 몰아내는 약탈자로만 보아서는 안 된다. 독일, 일본, 한국처럼 로봇 보급률이 높은 사회에서 실업률이 오히려 더 낮다는 것은 로봇이 실업률을 높인다는 세간의 우려에 대한 반증이다.

반박	2. 현재의 기술발전에 따른 일자리 감소는 산업혁명 시절, 새로운 기술의 도입으로 생산력이 크게 향상되었고 그 결과 대규모의 새로운 일자리 창출이 이어졌던 과거의 선순환 기조와는 분명히 다른 양상을 보이고 있다. 3. 자본주의의 최첨단에 서 있는 미국을 예로 들더라도 2008년 금융위기 이후 기업들은 자동화를 통한 지속적인 혁신을 이룩했지만, 불행히도 그 혁신에 상응하는 양질의 일자리 창출은 결코 일어나지 않았다. 4. 과거 포드 자동차나 GM이 전성기를 구가하던 시절만큼이나 구글이나 페이스북이 고용을 창출할 수 있겠는가? 극히 소수의 엘리트에게만 부가 더욱 독점되는 현상이 날로 심화되고 있는 것은 전 세계적인 현상이다. 5. 자동화로 인한 인간의 일자리 감소는 거스를 수 없는 추세이다. 기술이 모든 것을 해결해 줄 수 있다는 장밋빛 전망만을 남발하는 것은 산업혁명 시절에 만들어진 녹슨 기계들만큼이나 낡은 발상이다.	3. 산업혁명 시절에 대량실업을 초래했다고 방직기나 증기기관에 세금을 매겼더라면 과연 지금처럼 기술이 발전할 수 있겠는가? 오히려 인센티브를 주어서라도 더욱 기술 발전에 박차를 가하도록 돕는 것이 더 합당하다.

재반박	1. 세금을 걷어서 모든 것을 해결하겠다는 지나친 행정편의주의적인 발상이 아니냐는 반대 입장의 우려에도 일리가 있다. 이 점을 고려해, 조성된 재원을 실직 근로자들이 재취업을 위한 기술을 배우는 데 필요한 재원으로 엄격히 제한하는 등의 보완조치가 필요할 것으로 보인다. 2. 로봇세의 주장 배경은 무엇보다도 로봇으로 인해 일자리를 잃게 될 근로자들에 대한 대책 마련이다. 그런데 반대 측의 항변에는 근로자들이 전혀 보이지 않고 근로자들 보다 걱정을 덜해도 될 대기업들에 대한 염려와 옹호로만 가득 차 있다. 반대 측 에게 묻겠다. 로봇세에 관한 우리 논의의 출발점이 기업의 이익 보호였는가, 아니면 근로자에 대한 대책 때문인가? 반대 측은 지금 기업의 입장에서 논리를 전개하면서 결과적으로 논의의 초점을 흐리고 있다. 3. 로봇이 기술과 산업 발전에 기여하는 것에 대한 인센티브는 충분하고도 남음이 있게 제공되고 있다. 가장 큰 인센티브는 자본주의 그 자체이다. 이윤이 있는 곳에 기업이 달려가고 투자가 이루어지는 것은 자본주의의 근본 원리이므로 걱정하지 않아도 로봇 산업에 대한 투자 유인은 이미 자본주의 시스템 안에 충분히 갖추어져 있다.	1. 이제 겨우 태동 단계의 로봇 산업에 별도의 세금을 부과하자는 이야기는 결국 모든 것을 세금으로 쉽게 해결하려는 행정 편의주의적인 발상이다. 과학이 발전하고 그에 따라 산업이 고도화될수록 직업은 더욱 다양해지고 전문화되어 간다. 이러한 변화 과정에서 일시적으로 실직자들이 발생할 수도 있지만, 이들에 대한 재취업 교육 등을 통해 새로운 직업으로 전환할 수 있게 도울 수 있는 정책을 병행해 나가면 된다. 무조건적으로 새로운 세금을 늘리는 것보다는 기존 시스템 안에서 해결 방법을 찾아가는 노력을 기울여야한다. 2. 반대 측이 기업의 입장만을 대변하고 있다고 보지는 않는다. 다만 합리적인 의문을 제기할 뿐이다. 경제에 관한 정통한 지식을 갖고 있는 많은 주류 경제학자들이 로봇세에 반대하고 있다. 특히 이들은 로봇이 인간의 일자리를 빼앗아 간다는 게 맞는 얘기인지부터 따져봐야 한다고 주장한다. 클린턴 시절 미국 재무장관이었던 래리 서머스 하버드대 교수는 항공기 탑승권 무인발급기, 사이버 뱅킹, 은행의 현금자동 입출금기(ATM) 같은 시스템의 도입으로 인해 일자리가 줄어들긴 했지만, 그렇다고 해서 이런 기술에 과세한 적은 없다는 점을 지적했다.

재반박	4. 지적한 대로 로봇세 찬반 논란이 뜨거웠던 유럽의회는 로봇세 도입을 결국 반대하긴 했지만, 로봇에 '전자인간(Electronic Person)'이라는 법적 지위를 부여하는 안건을 통과시킨 점은 로봇 과세에 대한 법적 근거를 마련했다는 의미로 해석될 수 있다.	3. 로봇 관련 기술들은 많은 종류의 특허들과 관계되어 있다. 이런 특허들은 미국 실리콘 밸리의 대기업들이 거의 독식하고 있다는 점에서, 앞으로 우리 기업들의 기술 종속이 더욱 심화될 수 있는 위기 상황에 놓여 있다. 로봇세로 왈가왈부하기 보다는 로봇산업에 필요한 원천기술 개발에 더 집중하고 오히려 장려책을 고려해야할 시점이다. 4. 인간과 로봇 사이에는 아직 해결되지 못한 난제가 많이 남아있다. 세금은 법인격이 부여된 자에게만 과세할 수 있다. 그리고 현행법상 오직 자연인과 법인만이 그러한 법적 인격을 부여받고 있다. 로봇세는 로봇에 대한 법적, 윤리적, 기술적 문제들에 대한 제반 여건이 충분히 성숙된 이후에 논의되어도 결코 늦지 않다.

토론 개요서 쓰기

찬반 양측의 입론과 반박 전략을 한 눈에 알아볼 수 있게 개요를 미리 작성해 보자.

논제		
입장	찬성	반대
쟁점		
입론		
반박		
재반박		

2) 링컨·더글러스 형식 토론 구성

이 토론 구성안은 링컨·더글러스 토론 형식에 맞춰 실제 총 9차례에 걸쳐 이루어졌던 두 사람 간의 논쟁을 재구성한 것이다. 국가의 주요 정책과 공동체의 가치들을 둘러싸고 치열하게 공방을 벌인 링컨·더글러스 간의 실제 토론은 아카데미토론 형식의 학습에 좋은 모델이다. 아울러 다양하게 펼쳐진 수사법과 기교도 흥미로운 관전 포인트 중 하나이다. 대부분의 내용들은 양측의 발언을 토대로 한 것들이지만, 토론 형식에 맞춰 내용과 순서를 수정했으므로 원래의 발언 내용 및 순서들과 반드시 일치하지 않을 수도 있음을 미리 밝혀둔다.

토론의 배경

스티븐 더글러스는 1853년부터 1854년 사이에 미국 상원에 캔사스-네브래스카 법안을 상정하여 통과시켰다. 이 법안은 종전에 이 지역을 노예제도를 금지하는 지역에 포함시켰던 미주리 타협안과는 달리 해당 주의 주민들이 노예제도 허용 여부를 표결로 결정할 수 있게 하려는 것이어서 거센 논란을 불러 일으켰다. 이를 링컨이 비판하면서 상원의원 선출을 둘러싸고 격돌하게 된 두 사람은 공개적인 토론을 하자는 링컨의 제의를 더글러스가 받아들이면서 총 9차례(이전의 2차례 토론 포함)에 걸친 토론에서 노예제도와 관련한 첨예한 논쟁을 벌였는데, 이후 미국의 기념비적인 정치토론 사례로서 큰 주목을 받아왔다. 이 토론으로 인해 링컨은 그 해 상원의원 선거에서는 졌지만 결국 이 때 얻은 명성을 토대로 미국의 대통령에 선출될 수 있었다.

링컨·더글러스 간 실제 토론 일정

순서	장소	일시
제1차토론	일리노이주 오타와(Ottawa)	1858년 8월 21일
제2차토론	일리노이주 프리포트(Freeport)	1858년 8월 27일
제3차토론	일리노이주 존즈버러(Jonesboro)	1858년 9월 15일
제4차토론	일리노이주 찰스톤(Charleston)	1858년 9월 18일
제5차토론	일리노이주 게일스버그(Galesburg)	1858년 10월 7일
제6차토론	일리노이주 퀸시(Quincy)	1858년 10월 13일
제7차토론	일리노이주 알톤(Alton)	1858년 10월 15일

링컨·더글러스 형식 토론 구성의 예

순서	발언자	내용
찬성 측 입론	더글러스	링컨은 상원의원 후보 지명 수락 연설인 '분열된 집(House Divided)'에서 이렇게 밝혔습니다. 제가 지금부터 그 연설문 중 일부를 읽어 보도록 하겠습니다. "분열되어 자기 자신을 향해 적대하는 집은 바로 설수 없으리라는 성경 말씀이 있습니다. 나는 이 정부가 절반은 노예제도를 찬성하고 절반은 반대를 하는 상태로 영원히 버텨낼 수는 없으리라고 생각합니다. 물론 저는 집이 무너지기를 바라지는 않습니다. 하지만 이 집의 분열이 그치기를 바라고 있습니다. 결국 이쪽이든 저쪽이든 간에 둘 중 하나를 택해야 할 것입니다. 하지만 노예제도를 반대하는 사람들은 어떻게든 노예제도가 추가적으로 확산되는 것을 막으려 할 것이고 노예제도가 궁극적으로는 폐지되는 과정 속에 놓여있다는 신념이 대중 속에 뿌리내릴 수 있도록 노력할 것입니다. 반면에 노예제도 옹호론자들은 기존의 주에서부터 신생 주에 이르기까지, 남쪽에서부터 북쪽에 이르기까지 미국 전역에서 노예제도가 합법화될 수 있을 때까지 끝까지 밀어붙이려 할 것입니다."

순서	발언자	내용
		노예제도를 반대한다는 그의 얘기를 듣고 흑인 공화당원들은 아주 좋아하더군요. 하지만 저는 그럴 수 없었습니다. 링컨은 멕시코 전쟁을 반대했습니다. 또한 도주노예법을 반대하고 워싱턴에서 노예 해방을 주장한 적도 있습니다. 링컨은 백인과 흑인에 대한 모든 사회제도 상의 평등을 주장하여 심지어는 흑인과 백인이 결혼할 수도 있게 하려하고 있습니다. 링컨의 주장은 사회적인 불안과 충돌을 가져올 수 있는 위험한 발상입니다. 여기서 제가 밝혀둘 것은 제가 통과시킨 캔사스-네브래스카법의 원래 취지는 무엇보다도 미합중국이 자치의 원칙에 따라 자신들의 문제를 그 지역에 거주하는 주민들 스스로가 결정하게 하자는 주권재민(popular sovereignty)의 원칙에 충실하자는 것입니다. 미국에 새로 편입되는 주의 지역주민들이 노예제도에 관해 허용할 지의 여부를 스스로 결정하게 하자는 것입니다. 저는 주권재민의 올바른 적용이야 말로 노예제도로 인한 갈등을 끝내고 북부와 남부의 주들이 평화로운 공존을 되찾을 수 있는 방법이라고 믿습니다.
반대 측 질문	링컨	더글러스 후보는 저를 모함하는 많은 의문과 질문을 던졌습니다. 하지만 그는 저를 모함하는 자신의 주장들에 대해 아무런 근거를 제공하지 못했습니다. 저는 그의 질문에 대해 분명히 대답하겠습니다. 우선 제가 그동안 취해왔던 정치적 입장들 중 일부는 제 개인의 의견이라기보다는 제가 속해 있는 공화당의 입장도 섞여있다는 점을 밝혀둡니다. 먼저 저는 도주 노예법의 폐지를 주장한 게 아니고 수정을 요구했음을 밝혀 둡니다. 더글러스의 주장은 이렇듯 사실 부분에서 여러 가지로 잘못된 점이 많습니다. 저는 '흑인은 헌법상 연방시민이 아니기 때문에 재판을 청구할 자격이 없고 노예의 소유는 헌법에 보장된 재산권의 일부로서 보호 되어야한다'는 내용의 드레드 스콧 판결문을 지지했던 더글러스에게 묻습니다. 이 판결문의 법리대로라면 지역 주민 대다수가 노예제도의 폐지를 원한다고 해도 과연 가능하기나 한 것일까요?

순서	발언자	내용
		더글러스가 통과시킨 캔사스-네브래스카 법은 그동안 미합중국에서 노예제도가 인정될 수 없는 지역이라고 국가적 합의가 이루어졌던 지역에 다시 노예제도를 도입할 수 있는 길을 여는 행위 아닙니까? 더글러스야 말로 노예제도를 미국 전역으로 확산시키려고 하고 있는 것 아닙니까? 그리고 노예제도가 과연 주정부 자치 차원에서 해결해야 하는 문제라고 보십니까? 과연 주류법 같은 자치 영역의 문제들과 같은 차원에서 다루어질 수 있는 문제일까요?
반대 측 입론	링컨	친애하는 국민 여러분! 본론에 앞서 먼저 밝혀둘 것이 있습니다. 저와 더글러스가 결코 다투지 않고 기꺼이 합의하는 원칙들이 다수 있습니다. 그 중 하나는 모든 주가 노예제도를 포함하여 자치 문제에 관해 자주적으로 결정할 수 있는 권한이 있다는 그의 주장인데, 저 역시 이에 전적으로 동의하는 바입니다. 그는 제가 이 문제에 관해 그와 아무런 차이가 없다고 거듭 주장했는데도 불구하고 제 견해를 계속 왜곡하고 있지만 이에 관한 제 입장을 다시 한 번 분명히 밝힙니다. 그는 '왜 우리 정부가 절반은 노예제도를 찬성하고 절반은 반대를 하는 상태로 영원히 버텨낼 수는 없는가?'라고 의문을 제기했습니다. 오늘 여러분 앞에서 저의 그와 같은 의견에 대한 이유를 간략히 설명하겠습니다. 그의 또 다른 질문 한 가지는 '왜 건국의 아버지들이 세운 토대를 그대로 놔두지 않는가?'였는데 바로 이 점이 그와 제가 정확히 갈라지는 지점이기도 합니다. 저는 더글러스와 그의 동료들이 우리 건국의 아버지들이 다져 놓은 원래의 건국이념을 훼손했다고 감히 말하고 싶습니다. 더글러스가 우리의 역사적 사실에 대해 대단히 오해하고 있는 점이 있는데, 그건 바로 우리 건국의 아버지들이 노예 매매를 근절시켜서 노예제도의 근원을 차단했으며, 기존의 주 이외에 새로 생기는 주에서만큼은 노예제도를 제한시키는 제도를 채택했다는 분명한 사실입니다. 이러한 점으로 볼 때 건국의 아버지들의 의도는 너무나 명백해서 분별 있는 사람이라면 어느 누구든 그것이 노예제도의 근절을 염두에 둔 포석임을 당연히 알아차릴 수 있을 것입니다. 더글러스는 저더러 왜 건국의 아버지들이 만든 그대로 놔둘 수 없느냐고 물었는데 오히려 제가 그에게 왜 그분들이 만든 대로 놔두지 않았는지 묻고 싶습니다.

순서	발언자	내용
		하지만 더글러스와 그의 동료들은 이 건국 당시 정책을 파기시켜 버린 후에 미국 전역에까지 영향을 미치는 영구적인 새로운 제도로 바꾸어버렸습니다. 그 어디서건 제가 요구하거나 바라는 바가 있다면 그건 오직 우리의 건국의 아버지들이 원래 닦아놓은 법률적 토대로 이를 다시 되돌려야만 한다는 것입니다. 저는 노예제도를 이미 실시하고 있는 지역들에서만 합법화하고 새로운 주들에게로 확산시키지 않도록 제한함으로써 건국의 아버지들이 추구했던 정책으로 다시 되돌리기만 한다면 언젠가는 노예제도가 완전히 사라질 것을 믿어 의심치 않습니다. 저는 이 자리에서 캔사스-네브래스카 주에서 노예제도를 허용하는 것이 주권재민에 관한 문제인양 본질을 호도하는 것은 자유인과 노예가 공존할 수 없다는 미국 건국이념에 위배된다는 더욱 근본적인 문제의 초점을 흐리는 것임을 분명히 밝혀둡니다.
찬성 측 질문	더글러스	링컨은 국부들이 노예제도 폐지를 원했다고 주장하는데 이것이 맞는 말입니까? 과연 그럴까요? 우리 건국의 아버지 중의 하나인 토머스 제퍼슨은 이에 관해 뭐라고 말했을까요? 과연 우리 건국의 아버지들이 링컨의 주장대로 생각했던 것일까요? 미국 건국의 주역은 도대체 누구입니까? 우리 백인 남성들이었습니까? 아니면 흑인들이었습니까? 여러분들은 우리가 흑인들과 동등하게 대우 받아야 한다는 링컨의 주장에 찬성하십니까?
찬성 측 반론	더글러스	솔직히 말하자면 우리 정부는 백인이 주축이 된 건국의 아버지들에 의해 만들어졌습니다. 즉 백인에 의해, 백인의 이익을 보호하고, 백인의 무궁한 번영을 위해 만들어졌으며, 다가올 모든 시대에도 백인에 의한 지배가 이루어질 것을 염두에 두고 세워졌습니다. 링컨의 연설은 내전을 부추기는 연설입니다. 링컨이 드레드 스콧 판결을 비판하는 이유는 그 자신이 백인과 흑인 간의 인종 평등을 추구하기 때문입니다. 또한 제가 주장하는 주권재민이야말로 우리 건국의 아버지 중의 하나인 토머스 제퍼슨이 꿈꾸었던 지역분권형 정부의 이상을 실현하는 것입니다. 독립선언서의 참여자들이 모든 인간은 평등하다고 선언했을 때, 흑인이나 인디언들은 포함되지 않았습니다.

순서	발언자	내용
		흑인이 백인과 동등하다고 생각하는 사람들은 심지어 사회적, 정치적, 법적인 평등까지 부르짖고 있습니다. 그런 생각에 동의하신다면 링컨에게 표를 던지십시오. 저는 노예해방 뿐 아니라 백인과 흑인의 사회적 통합까지 주장하는 링컨 같은 급진적인 공화당원이 결코 아닙니다. 그런데 참 재미있는 것은 링컨은 북쪽으로만 가면 극단적인 노예해방론자처럼 굴면서도, 남쪽으로 가면 또 자신이 충실한 휘그당원인 것처럼 주장합니다. 이렇게 링컨은 지역에 따라서 자신의 주장을 이리 저리 바꾸는 사람입니다. 링컨처럼 가는 곳마다 주장이 달라져서는 안 될 것입니다. 링컨은 두 얼굴을 가진 이중인격자입니다. 또한 그는 예전에 자신이 경영하던 상점에서 법을 어기고 술을 판 적도 있습니다. 이것은 분명한 불법행위이고, 이렇게 법을 어긴 사람이 상원의원에 당선된다면 이 나라의 법과 질서를 어떻게 바로잡을 수 있단 말입니까? 링컨은 절대로 상원의원으로 당선 되어서는 안 될 사람입니다. 마지막으로 밝혀두고 싶은 게 한 가지 더 있습니다. 제가 만든 법안이 반드시 노예 찬성 입장 쪽으로만 이용되지 않을 수도 있습니다. 노예 해방을 원하는 수의 수민들은 지역 경찰법에 노예소유주가 도망간 노예를 경찰권으로 되찾아올 수 있는 조항을 제정하지 않음으로써 결과적으로 노예제도를 선택하지 않는 효과를 얻을 수도 있을 것입니다.
반대 측 반론	링컨	더글러스는 저더러 두 얼굴을 가진 이중인격자라고 했습니다. 그런데 그 말은 좀 이치에 맞지 않습니다. 여러분, 생각해 보십시오. 만일 제가 얼굴이 하나 더 있었더라면 오늘처럼 중요한 날에 하필 잘생긴 얼굴을 놔두고 이렇게 못생긴 얼굴로 여기까지 나왔겠습니까? 그리고 더글러스가 제가 술을 팔았단 얘길 한 것도 맞습니다. 그런데 정작 제가 가게를 운영하던 때에 제 가게에서 가장 술을 많이 사 먹던 고객이 바로 더글러스였습니다. 그리고 이보다 더 확실한 한 가지 사실은 저는 이미 술을 파는 계산대를 떠난 지 오래되었지만 더글러스는 아직까지도 그 술파는 가게의 충실한 고객으로 남아있다는 점입니다.

순서	발언자	내용
		이제 본론으로 들어가겠습니다. 제가 언제 백인과 흑인 간의 완전한 사회적, 정치적 평등을 주장한 적이 있습니까? 저는 흑인들이 투표권을 갖게 된다거나, 배심원이 된다거나 혹은 공직에 오르고 또 백인과 결혼하는 것까지 지지하는 것은 아닙니다. 독립선언서가 만들어진 이후 불과 몇 해 전까지만 해도 전 세계 어디서도 흑인이 독립선언서에 포함되지 않았다는 주장을 단 한 번도 들어본 적이 없습니다. 독립선언서에 흑인이 포함된 것은 당연한 것으로 받아들여졌습니다. 그런데 3년 전 어느 무렵부터 독립선언서의 '모든 사람'이란 말에 흑인이 포함되지 않는다는 말들이 나오기 시작했습니다. 아, 물론 저를 오해하진 마십시오. 저는 3년 전보다 훨씬 더 이전부터 노예제도의 우위와 영속성을 정당화하려는 사람들이 있었다는 것도 잘 알고 있으니까요. 그러나 독립선언서에 대한 이러한 공격을 익히 잘 알고 있는 제가 단언컨대, 적어도 3년 전까지는 아무도 감히 그것을 대놓고 공격하는 사람은 없었습니다. 적어도 겉으로라도 믿는 척 가장하는 은밀한 방식이었던 것이 이 무렵부터 독립선언서에 흑인이 포함되지 않는다고 공공연하게 주장하기 시작했습니다. 제가 알기로 처음으로 이 이야기를 공개적으로 꺼낸 사람은 드레드 스콧 사건의 수석판사인 테이니였습니다. 그리고 그 다음이 바로 여러분이 아시는 더글러스이며, 아시다시피 그것은 지금 더글러스가 속해 있는 당 전체의 캐치 프레이즈가 되었습니다. 또한 더글러스는 제 주장이 가는 곳마다 달라진다고 하는데 제 연설문은 아시다시피 언론에 여러 차례 보도가 되었기 때문에 여러분이 직접 비교를 해보시면 과연 제 말이 달라졌는지를 확인해 보실 수 있을 겁니다. 제가 인종평등을 추구하는 사람이라고 하셨지요? 네, 맞습니다. 사실 저는 노예해방론자들 못지않게 노예제도를 혐오해 왔습니다. 저는 노예제도 자체가 적법하지 않은 것이기 때문에 싫습니다. 저는 이 제도가 미국이 민주국가로서의 모범을 전 세계에 보이지 못하도록 방해하고 있기 때문에 싫습니다.

순서	발언자	내용
		노예제도는 자유에 기반을 두는 민주주의 제도의 적이 될 수 있고, 우리를 위선자로 조롱할 수도 있기 때문에 싫습니다. 그것은 우리의 참된 자유의 동반자들이 우리의 진실성을 의심하게 만들 수 있기 때문에 싫습니다. 노예제도를 주장하는 사람들은 독립선언문을 조롱하고 이기심 이외에는 인간에게 적절한 행동원리가 없다고 주장하면서, 자유에 대한 기본적인 원칙이나 전제들과 대립하도록 우리의 많은 선한 이웃들을 몰아가기 때문에 싫습니다. 노예제도는 정의를 추구하는 인간의 지향과 반대되는 이기심에 기초해 있기 때문에 싫습니다. 미주리 타협안을 배척하고 독립선언문을 무시하고 우리의 지난 모든 역사를 되돌린다 해도 고귀한 가치를 지향하는 인간의 또 다른 본성을 모두 떨쳐버릴 수는 없습니다. 노예제도의 확산이 나쁘다는 도덕적 판단은 누가 가르치지 않아도 인간 심성 깊숙이 자리하고 있으며 앞으로도 계속 생명력을 유지할 것입니다. 자치의 원칙은 옳습니다. 절대적으로 영원히 옳습니다. 그러나 주권재민의 원칙은 이 문제에 관해 적용될 수 있는 사안이 아닙니다. 노예제도에 자치의 원칙이 적용되는 문제는 흑인이 인간인지 아닌지의 여부에 달려 있다고 할 수 있습니다. 흑인이 사람이 아니라면 우리는 이 문제를 자치에 내맡길 수도 있습니다. 하지만 흑인이 인간이라면 그들 스스로를 규율할 수 있는 권리를 막는 것 그 자체가 자치의 원칙을 파괴하는 것이 아닐까요? 약 80년 전에 우리는 모든 사람이 평등하게 창조되었다는 선언과 함께 탄생되었습니다. 그러나 이 신성한 원칙이 다른 사람을 노예로 삼는 권리를 신성한 자치의 원칙인 것처럼 호도하는 일부 무리들에 의해 짓밟히고 있습니다. 이 두 가지 입장은 함께 공존할 수 없습니다. 그것들은 하느님과 우상이 서로 공존할 수 없는 것과 같은 이치입니다. 인디애나 주에는 크랜베리가 있기 때문에 크랜베리법이 필요한 것인데 크랜베리도 없으면서 크랜베리법을 고집하는 것은 어리석다는 더글러스의 주장에 저도 전적으로 동의하는 바입니다. 또한 버지니아 주에는 굴이 있어서 굴법이 필요한 것인데 그런 법이 없다고 해서 버지니아의 굴법 제정을 반대하는 것은 정말로 잘못된 것이라는 점 역시 전적으로 동의합니다.

순서	발언자	내용
		저는 더글러스가 아니라 그 누구의 주장일지라도 지역마다 토양과 기후와 모습이 다르기에 저마다 추구하는 농업과 산업이 다르고 따라서 그에 걸맞은 법률 체계가 필요하다는 점에 충분히 동의하고, 이런 부분이 자치의 영역이라는 점 역시 전적으로 동의하는 바입니다. 하지만 이런 문제는 우리가 얼굴 붉히지 않고도 얼마든지 서로의 이익을 위해 평화롭게 해결할 수 있는 문제입니다. 우리가 언제 인디애나 주의 크랜베리법이나 버지니아 주의 굴법 때문에, 혹은 메인 주의 벌채법이나 루이지애나 주가 설탕을 생산하고 일리노이 주가 밀을 생산한다는 것 때문에 서로 간에 다툼이나 분쟁을 겪은 적이 있습니까? 하지만 노예제도가 확산되는 문제는 이와는 다릅니다. 이 문제에는 항상 분쟁과 소요가 뒤따릅니다. 노예제도는 인디애나 주의 크랜베리법, 버지니아 주의 굴법, 메인 주의 벌채법과 같이 일반적으로 인정되는 주정부의 소관 사항과는 근본적으로 차원이 다른 문제입니다. 미국 건국의 가장 기본적인 정신에 닿아있는 평등에 관한 문제이니 만큼 연방정부 전체 차원에서 접근해야 하는 중차대한 문제입니다. 또한 더글러스의 주장대로 독립선언문이 당시 영국계 백인들이 주축이 되어 작성된 것 역시 맞습니다. 하지만 이후 유럽 각지의 다양한 국가에서 수많은 사람들이 미국으로 이주해서 오늘날의 미국을 만드는데 크나큰 기여를 했습니다. 이러한 미국의 보편성이 부정이 될 때, 결국 민주주의의 위기가 찾아오게 될 것입니다. 오히려 민주주의의 원칙이 더욱 보편적으로 적용될 때 더 튼튼한 정부가 세워지게 될 것입니다. 노예제도에 대한 논란은 더글러스나 내가 입을 다물게 된 후에도 여전히 계속될 것입니다. 올바른 원칙과 그릇된 원칙 간의 투쟁은 세계 도처에서 끝없이 이어지고 있습니다. 이 두 가지 원칙은 태초부터 서로 맞서왔으며 결코 멈추지 않고 지속될 것입니다. 인간으로서의 평범한 권리와 왕들이 지니는 고귀한 권리는 별개의 것입니다. 그것이 어떤 형태로 발전되었든 간에 사실 그 기저에 흐르는 정신은 동일한 것인데 바로 "네가 일하고 수고해서 빵을 얻으면 내가 먹으리라."입니다.

순서	발언자	내용
		그것이 자기 백성들을 깔고 앉아 그들의 노동의 과실로 먹고사는 왕의 입에서 나오는 말이 되었든, 혹은 다른 인종을 노예로 부리는 또 다른 인종에게서 나오는 변명이 되었든, 그 두 가지 모두 남을 압제하는 자의 것이란 점에서 원칙적으로 동일합니다. 이는 제가 상원의원에 당선되고 말고의 문제가 아닙니다. 이것은 우리가 가장 중요한 원칙을 지키기 위해 싸워나가야 하는 문제입니다. 노예제도는 건국의 아버지들이 작성한 독립선언문의 신성한 원리에 대한 장엄한 해석을 위반하는 것입니다 노예 문제는 자치의 원칙이 적용되어서는 안 되는 차원입니다. 백인이 스스로를 통치하면 자치겠지만 자신에게 동의하지 않는 사람들까지 통치하려들게 되면 그것은 자치가 아니라 폭정의 다른 이름입니다. 다른 사람을 노예로 만드는 도덕적 권리란 존재할 수 없습니다. 아주 오랜 세월이 흘러야할지도 모르겠습니다. 그래도 언젠가는 인종 간에 우열이 존재한다는 궤변이 사라지고 모든 인간은 평등하게 태어났다는 말이 진리임이 입증될 날이 오고야 말 것입니다.
찬성 측 반론	더글러스	링컨과 제가 토론을 시작한 지가 이제 거의 4개월이 지나갑니다. 링컨이 상원의원 후보 지명 수락연설에서 제기한 주장은 다음과 같습니다. 첫째, 절반의 주는 노예제도를 찬성하고 나머지 절반은 반대한 채로 미국이 영원히 분열된 상태를 유지할 수는 없다. 둘 중 하나를 선택해야한다. 그렇지 않으면 연방 정부는 무너지고 말 것이다. 이것은 제 말이 아니고 대부분 링컨이 한 말들입니다. 둘째, 그가 드레드 스콧 판결에 대해 반대한다는 것이었습니다. 그가 반대하는 이유는 미국 헌법에서 보장한 국민의 기본권에서 흑인들의 권리를 박탈했다는 것입니다. 그는 저와의 논쟁 도중 심지어는 기존 입장에서 더 나아가서 흑인이 백인 남성과 동등하다는 입장을 표명했습니다. 그는 또한 '독립 선언문은 신의 명령에 따라 모든 인간이 자유롭고 평등하다고 선언한 것이며, 흑인의 평등권 또한 양도할 수 없는 권리로서 박탈될 수가 없다'는 내용의 북부와 중부지역에서 잘 알려진 몇몇 선언문들에 대한 지지를 표명했습니다.

순서	발언자	내용
		그는 모든 인간이 평등하게 창조되었다는 독립선언문의 조항에는 흑인도 포함되어 있다고 주장했으며, 심지어는 평등권에 흑인을 포함하지 않는다는 입장을 취하는 것이 허용된다면 다른 사람들도 마찬가지로 평등권에서 배제시킬 수 있는 근거가 될 수 있다고 주장했습니다. 그는 이 사람과 저 사람, 이 인종과 저 인종 사이의 모든 차별을 철폐해야만 하며, 흑인을 포함한 모든 사람이 평등하게 창조되었음을 선언하는 독립 선언문의 해석을 지지해야 한다고 주장했습니다. 이에 대한 판단이 옳은 지의 여부는 여러분들에게 맡기겠습니다.

* 미주리 타협안(Missouri Compromise): 1820년 미 의회에서 노예제 찬성파와 반대파 사이에서 탄생한 타협안으로서, 미주리주 경계 내부를 제외하고는 루이지애나보다 먼저 형성된 위도 36°30′ 북쪽 지역의 노예제도를 금한다는 내용의 노예제도 제한법이다.

* 캔사스–네브래스카 법(Kansas-Nebraska Act): 캔사스 및 네브래스카 영토에 있는 사람들이 국경 내에 노예 제도를 허용할 지 여부를 스스로 결정할 수 있게 한다는 내용으로, 1854년 5월 30일 미국 의회에서 통과되었다. 더글러스에 의해 만들어진 이 법안은 1820년 미주리 타협안(Missouri Compromise)을 철회하는 결과를 가져왔다.

* 드레드 스콧 판결(Dred Scott Decision): 일리노이주에 살던 흑인 스콧(Scott)이 주인을 상대로 자신을 노예로 부리는 행위는 불법이라며 제기한 소송에 대한 판결로, 흑인은 헌법상 연방시민이 아니기 때문에 재판을 청구할 자격이 없고, 노예는 헌법에 보장된 재산권의 일부로서 보호되어야 한다는 내용이다.

미네르바 인문 읽기와 토의·토론
- 인간의 삶과 가치 -

초 판 1쇄 발행 2017년 9월 1일
개정판 1쇄 발행 2018년 8월 29일
개정판 2쇄 발행 2019년 8월 26일
개정판 3쇄 발행 2020년 8월 28일

지은이 미네르바 교양대학 교재편찬위원회
발행인 김인철
총괄 · 기획 윤성우 Director, University Knowledge Press
편집장 신선호 Executive Knowledge Contents Creator
전자책 · 사전 장혜린 Contents Creator
도서편집 이근영 Contents Creator
재무관리 하누리 Managing Creator
발행처 한국외국어대학교 지식출판콘텐츠원
02450 서울특별시 동대문구 이문로 107
전화 02)2173-2493~7
팩스 02)2173-3363
홈페이지 http://press.hufs.ac.kr
전자우편 press@hufs.ac.kr
출판등록 제6-6호(1969. 4. 30)
디자인 · 편집 (주)이환디앤비 02)2254-4301
인쇄 · 제본 네오프린텍 02)718-3111

ISBN 979-11-5901-217-4 13710 정가 18,000원

*잘못된 책은 교환하여 드립니다.

HU:NE은 한국외국어대학교 지식출판콘텐츠원의 어학도서, 사회과학도서, 지역학도서 Sub Brand이다. 한국외대의 영문명인 HUFS, 현명한 국제전문가 양성(International +Intelligent)의 의미를 담고 있으며, 휴인(携引)의 뜻인 '이끌다, 끌고 나가다'라는 의미처럼 출판계를 이끄는 리더로서, 혁신의 이미지를 담고 있다.

미네르바 인문 읽기와 토의·토론

- 인간의 삶과 가치 -